裴宏 著

马克思
剩余价值理论

MARX'S THEORY OF SURPLUS VALUE

理论阐释与数理分析

Theoretical Interpretation and
Mathematical Analysis

社会科学文献出版社
SOCIAL SCIENCES ACADEMIC PRESS (CHINA)

序

马克思主义经济学的传统数理研究有两个比较典型的特征。一是以矩阵分析为工具。这意味着模型往往是线性的和静态的。虽然矩阵分析并非绝对不能研究时间序列上的动态问题，但对于当前经济学者的知识体系而言非常困难，常见的动态分析也主要体现为一些相对简单的迭代过程。

二是忽视交换价值和货币。这造成了在目前的数理模型中，往往只见"价值生产"，难见"价值实现"。因为传统模型本质上是一个生产模型，当它谈及价值和剩余价值时，其实谈的都是二者在"车间"里的形成过程。当剩余价值被生产出来时，就默认已经分配完成，并顺理成章地转化为积累。笔者在和国外学者的讨论中发现，缺乏货币意识这一问题在国外研究者的观念中也很牢固。

但是，马克思的"价值"范畴不是一个只在车间里得到确定的概念，它必须在交换中，通过交换价值的形式才能为人所把握。价值和交换价值——或者说货币——之间的矛盾，是私人劳动和社会劳动矛盾的体现，由此进一步蕴含第一、第二含义社会必要劳动时间范畴之间的关系。这些是传统数理研究方法所无法反映的。

而要想真正理解货币和交换价值的意义，就必须等到理解资本循环后回过头加以琢磨。在一些讨论中，笔者感受到，如何认识"货币"在马克思主义经济学中的意义，并将之吸收进数理研究框架这一话题，引起了国内外马克思主义学者的兴趣。（尽管也遭到了很多严厉的批评。）马克思不是一个货币数量论者，货币不可能是面纱，它对经济增长具有真实的效应；但马克思主义经济学又不能像某些西方经济学体系那样，不是唯物主义地探求其中的经济学原理，而是将货币流通与价值生产相等同。

就数理马克思主义经济学的研究传统而言，人们对《资本论》第二卷和第三卷的系统探讨很少。第二卷仅限于固定资本更新和社会再生产即两部类平衡问题（还抛去了其中的货币平衡问题），第三卷仅限于价值转形和利润率趋向下降规律问题。而资本周转、商业资本和流通、货币银行等重要问题仍未被纳入研究范围。同时，已有研究均是以专题的形式展开，且大多未有定论。笔者认为这是因为，由于忽视货币，围绕第一卷内容展开的数理框架和结论无法自然延伸至对第二、第三卷内容的研究。这破坏了马克思经济学说的整体性。绝对一点地说，这一问题若未解决，要在传统研究思路下解决转形问题、利润率趋向下降规律问题，恐怕仍遥遥无期；而若这一问题得以解决，转形问题、利润率趋向下降规律问题等也就自然消解。

某种意义上讲，将货币和资本循环问题纳入马克思主义经济学的数理研究，是完成"从抽象到具体"研究环节的必要工具准备。

无论如何，都仍有很多非常重要的问题在本书中尚未得到回答。例如，中央银行和货币政策、家庭消费和劳动力再生产、创新和技术进步，等等。如何将这些问题纳入马克思主义经济学的数理框架；它们如何影响资本循环和资本积累，从而作用于经济增长的机理，在未来值得进一步深入研究。

除此以外，对马克思主义经济学进行数理研究，不仅仅能用数学语言体现马克思主义经济学的科学性和严谨性，更重要的是能将马克思主义经济学基本原理应用于对现实问题的分析。传统的数理研究在这一方面已有较为成熟的体系。不过，由于其模型特性，对现实数据提出了很高的要求，在经验研究上存在一定局限性。因此，探讨一种非线性、非静态的数理模型，能进一步扩大马克思主义经济学对现实问题进行数据研究的应用场景。如何将这种数理模型和现实数据相匹配，构建成熟的数据研究方法，是另一个值得专门研究的问题。

由于笔者视野和能力有限，书中仍有大量偏颇和错误之处，敬请各位专家、学者和读者朋友批评指正！

裴　宏

目 录

第一章 剩余价值的生产过程 ………………………………………… 1

第一节 劳动价值论的基本原理 …………………………………… 2
    一 劳动价值论的基本内涵 …………………………………… 2
    二 复杂劳动还原 …………………………………………… 21
    三 市场价值 ………………………………………………… 34

第二节 剩余价值理论 ……………………………………………… 39
    一 剩余价值 ………………………………………………… 39
    二 劳动力价值 ……………………………………………… 48

第三节 劳动价值论和剩余价值理论的数学表达 ………………… 51
    一 内禀价值 ………………………………………………… 51
    二 社会价值和劳动时间的货币表示 ……………………… 55
    三 剩余价值 ………………………………………………… 62
    四 复杂劳动 ………………………………………………… 64

第四节 对剩余价值问题的进一步讨论 …………………………… 73
    一 相对剩余价值和绝对剩余价值 ………………………… 73
    二 非生产部门对剩余价值的影响 ………………………… 75
    三 劳动力价值和剩余价值的关系 ………………………… 80

第五节 理解劳动价值论和剩余价值理论：
        对线性模型的再思考 ……………………………… 88
    一 "标准模型"及其困境 …………………………………… 88
    二 "后标准模型"的形式及缺陷 …………………………… 95

三　中国学者对线性方法的研究 …………………………………… 96

第二章　货币 …………………………………………………………… 101

第一节　劳动价值论中货币的本质及职能 …………………………… 101
　　一　马克思货币理论的内涵 …………………………………… 101
　　二　价值尺度 …………………………………………………… 108
　　三　流通手段 …………………………………………………… 112
　　四　贮藏手段、支付手段和世界货币 ………………………… 115

第二节　抽象货币的价值 ……………………………………………… 121
　　一　内在货币与外在货币 ……………………………………… 121
　　二　货币的"价值形式" ……………………………………… 129

第三节　抽象货币的流通 ……………………………………………… 133
　　一　抽象货币的流通模型 ……………………………………… 133
　　二　马克思的货币流通规律 …………………………………… 140

第四节　在现代经济中货币流通规律的进一步展开 ………………… 150

第三章　剩余价值的实现、流通和分配过程 ………………………… 158

第一节　资本循环 ……………………………………………………… 158
　　一　资本循环模型的结构 ……………………………………… 158
　　二　《资本论》第一卷中的资本循环 ………………………… 163
　　三　包含银行和信贷的资本循环 ……………………………… 167
　　四　资本循环建模的比较研究 ………………………………… 171

第二节　生产时间和流通时间 ………………………………………… 177
　　一　生产时间和流通时间的内涵 ……………………………… 177
　　二　资本循环模型中对生产时间和流通时间的分析 ………… 186
　　三　经济均衡及稳态增长 ……………………………………… 193

第三节　资本周转：固定资本的建模研究 …………………………… 200
　　一　马克思的固定资本理论 …………………………………… 200
　　二　基于联合生产的固定资本模型及其局限性 ……………… 205

三　基于资本循环的固定资本动态周转模型 …………………… 213
　　四　对固定资本理论的细节补充 ………………………………… 228
　　五　对马克思固定资本理论的进一步思考 ……………………… 242
第四节　金融资本和金融资产 ………………………………………… 247
　　一　金融资本和金融资产的概念 ………………………………… 247
　　二　金融资产外生情况下的模型 ………………………………… 256
　　三　金融资产的再次派生 ………………………………………… 265
　　四　工资支出的金融化 …………………………………………… 272
第五节　商业资本和一般商品的金融化 ……………………………… 283
　　一　商业资本 ……………………………………………………… 283
　　二　一般商品的金融化 …………………………………………… 295
第六节　生产价格和地租 ……………………………………………… 305
　　一　生产价格理论的内涵及其争议 ……………………………… 305
　　二　马克思的地租理论 …………………………………………… 316
　　三　地租和金融资本的关系 ……………………………………… 330

第四章　剩余价值的积累过程 ……………………………………… 339
第一节　资本积累过程 ………………………………………………… 339
　　一　资本循环中的资本积累过程 ………………………………… 341
　　二　资本循环视角下对西方经济增长理论的再思考 …………… 354
第二节　资本积累视角下的利润率趋向下降规律 …………………… 361
　　一　马克思的利润率趋向下降规律理论：
　　　　一个资本积累理论 …………………………………………… 361
　　二　对置盐定理的再研究 ………………………………………… 372

3

第一章　剩余价值的生产过程

马克思的剩余价值理论首先分析的是剩余价值的生产过程。《资本论》第一卷就是从生产的视角对剩余价值的生产和积累问题展开分析。马克思在多次调整了他的写作计划后，最终将反复修订过的、内容极为广博而又具有极强独立性的《资本论》第一卷呈现给世人，表现出马克思对剩余价值生产也即资本的生产过程的重视程度。在一定意义上可以说，马克思对资本主义生产关系和生产方式的分析，首先就是对剩余价值生产过程的分析。

但是，马克思的辩证法决定了，对生产的研究不能脱离对流通的研究，对剩余价值生产的研究不能脱离对剩余价值实现的研究。要认识这一点，就必须认识到在作为剩余价值理论基础的马克思劳动价值论中，价值、交换价值和使用价值之间的辩证关系。尤其是，马克思从未脱离交换价值来阐述价值，脱离了交换价值对价值的表现过程，人们就无法确定和认识价值。以此为基础，脱离了剩余价值的实现过程，也就无法全面地认识剩余价值的生产过程。

这也意味着，不理解马克思的劳动价值论，就不可能真正理解他的剩余价值理论。这正是英法古典经济学和当代部分西方马克思主义经济学的局限性。

第一节 劳动价值论的基本原理

一 劳动价值论的基本内涵

（一）古典劳动价值论和马克思劳动价值论的差异

在古典经济学中，价值理论首先是一个相对价格理论，而古典劳动价值论——以李嘉图为代表——首先是一个用劳动耗费来解释商品相对价格或者说交换比例的理论。在这层意义上，古典劳动价值论和其他相对价格理论——如边际效用价值理论相竞争。同时，在古典经济学中，相对价格理论还进一步构成了微观分析和宏观分析之间的纽带，通过相对价格理论，古典经济学演绎出古典分配和积累理论。此时，古典劳动价值论本质上是一个核算体系，劳动耗费在核算中起到加权系数的作用。在这层意义上，古典劳动价值论有别于同时期的其他相对价格理论。为了完善这个核算体系，古典经济学一直致力于寻找"不变的价值尺度"，即一个和分配无关的、客观的加权系数。可以把古典劳动价值论看作这个核算体系的"精度"大约在"93%"的早期尝试，而这个核算体系的现代版本则是斯拉法框架。从对价值理论的认识上说，古典经济学（及其现代版本）的特点是，它认为价值理论应当是一种"计算论"，即"价值"——既是商品的交换比例，又是一种核算加权系数——原则上可以通过生产过程中的技术条件计算出来，并且这个计算值在相当程度上解释了现实中的价格体系。

马克思的劳动价值论完全是另外一个体系，尽管在研究的早期阶段马克思从古典经济学那里汲取了很多思想和灵感。通过劳动二重性和商品二因素理论，马克思的劳动价值论呈现如下特点。首先，在马克思的劳动价值论中，价值是劳动的耗费和凝结，是一种真实存在的实体。从而对于马克思而言，即便在将所有资本视为一个总体的分析中，价值范畴也具有实际意义。而在古典经济学中价值是没有意义的，因为在总分析中，既不需要相对价格，也不需要核算加总。

其次，虽然马克思也认为价值量的大小是由劳动耗费决定的，但马克思不是一个古典的"计算论"者。马克思认为，价值实体虽然在生产过程中已经创造出来，但只能在交换中通过一个外在于它的对象——"价值形式"——得以表现和确认。换言之，马克思认为在商品经济条件下人们永远无法孤立地"计算出"价值，只有通过现实的交换过程，一个商品的价值才能通过另一个商品的使用价值的量表现出来。这派生了马克思独到的"价值实体—价值形式""价值创造—价值实现"分析框架。

最后，货币对于马克思的劳动价值论极其重要。古典劳动价值论（及其现代版本），在内涵上是一个"相对价格—加权核算"体系，在方法论上是一种"计算论"，因此货币范畴在其体系内没有任何"主动性"，被视作中性且被动的"面纱"；从而进一步派生出"古典二分法"的经济观。货币只在有限的场合起到如下作用：（1）确定绝对价格的高低；（2）在理论上作为物物交易的瞬时媒介。而且这两个作用在大多数古典模型中实际上都是被抽象掉的。可见，萨伊定律和货币数量论只是古典劳动价值论及其货币观的逻辑延伸。

相反，对于马克思经济学来说，货币是表现和确认价值的价值形式，也是剩余价值的实现形式，价值和剩余价值的运动过程从原则上不可能脱离货币得到说明和实现。在这个意义下，货币非中性是马克思劳动价值论和剩余价值理论的必然内涵。不过，在《资本论》第一卷中，马克思并没有继续深入这一观点，从第三篇开始，马克思转而从抽象层面研究剩余价值的生产问题而暂时忽略货币的影响。而由于《资本论》第一卷对剩余价值生产的论述的高度完整性，人们若仅以《资本论》第一卷为视角，容易产生如下错误认识——货币章节看起来似乎是全书中的一个相对"孤立"的部分，并由此低估马克思的劳动价值论和剩余价值理论同古典经济学之间的巨大差别以及马克思剩余价值理论的卓越贡献和理论张力。

（二）马克思劳动价值论的体系

为了更好地说明马克思的劳动价值论，此处先简单说明一下本书的总体框架和结论。本书将"价值"这一抽象概念基于"价值实体—价值形式"理论进一步展开。"价值"被分为"内禀价值"和"社会价值"两个概念。所谓"内禀价值"是指在生产过程中真实的劳动耗费，并由此产生的抽象劳动"凝结"实体。而"社会价值"则是指这种内在实体通过货币这一外在形式得以表现的量。本书在联合生产等条件下指出，在一般意义上，人们不可能绕开货币量仅从技术意义上为商品生产的劳动耗费进行"赋值"。而只有通过商品的交换价值，即通过货币这一价值形式，"价值"才能被把握。货币确实是马克思劳动价值论中最重要的逻辑环之一。

但这并不是说任何一个现实中的货币价格直接代表了商品的社会价值。任何一种商品的现实价格是一个非常复杂的市场现象。根据交易空间和时间的不同，价格呈现一种几乎随机的空间分布和时间轨迹。在本书中，把现实中的货币价格及其分布称为"市场价格"。任何一个具体的市场价格都无法直接反映商品的社会价值，或者说无法反映生产商品的社会必要劳动时间。相反，社会价值只能通过市场价格的不断变化得以体现。这种表现过程可以被"可视化"地想象成如下图景：市场价格是分布在时空坐标系中数量极大的、不断变化的但又不均匀分布的点，这些点的动态轨迹存在一个理论上的"聚合重心"——社会价值，它反映出社会需要将社会总劳动耗费的多大部分分配在相应的商品上，即社会必要劳动时间。在本书中，除非特别指明，"价格"不是指"市场价格"，而是指一种货币化了的、抽象的、潜在的市场价格"重心"。在一定意义上，可以将其理解为理想状态下的"均衡价格"。

传统研究中存在围绕"第一含义"社会必要劳动时间和"第二含义"社会必要劳动时间的讨论。但是笔者认为，不存在内涵不同的"第一含义"社会必要劳动时间和"第二含义"社会必要劳动时间，二者是对同一范畴在不同抽象程度下的不同表述。当马克思谈到所谓"第一含义"必要劳动时间时,他对抽象劳动的描述是:"它是每个没有任何专长的普通人的机体平均具有的简单劳动力的耗费。"① 接着他进一步引入"复杂劳动"的概念,说道:"比较复杂的劳动只是自乘的或不如说多倍的简单劳动,因此,少量的复杂劳动等于多量的简单劳动。"②"一个商品可能是最复杂的劳动的产品,但是它的价值使它与简单劳动的产品相等,因而本身只表示一定量的简单劳动。"③ 并且进一步强调:"为了简便起见,我们以后把各种劳动力直接当作简单劳动力,这样就省去了简化的麻烦。"④

因此,在"第一含义"社会必要劳动时间的语境下,马克思实际上是做了如下抽象:抽象掉交换过程(从而交换价值)和价值之间的关系,抽象地讨论劳动二重性中抽象劳动的量的规定性;此时在《资本论》的叙述逻辑中,价值形式范畴尚未展开。

但是,只有在价值形式范畴充分展开之后,马克思劳动价值论中"价值—使用价值—交换价值"的辩证关系才能得到完整阐述。此时,一种商品的价值最终是通过交换价值,即价值形式得到表现的。一种商品正是在它作为相对价值形式这一地位上,在与其等价形式——直接社会劳动的表现形式——的对立中,展示了生产该商品的私人劳动如何表现为一定量的社会简单劳动。在差异化的个别生产条件下,通过差异化的私人劳动耗费所生产的同种商品,在市场上获得了相同的交换价值,或者说通过相同的价值形式来表现其不同的"内在"价值即抽象劳动凝结。这一过程便展示了马克思所言的"个别价值"和"市场价值"的矛盾——正是在对这一矛盾的叙述中,马克思讨论了"第二含义"社会必要劳动时间。

此时,"复杂劳动"也随着交换过程及交换价值再次回到了劳动价

---

① 马克思:《资本论》(第一卷),人民出版社,1975,第57~58页。
② 马克思:《资本论》(第一卷),人民出版社,1975,第58页。
③ 马克思:《资本论》(第一卷),人民出版社,1975,第58页。
④ 马克思:《资本论》(第一卷),人民出版社,1975,第58页。

值论的叙述框架中：一定量的私人劳动在交换中表现为多倍的社会简单劳动。在交换中，处于相对价值形式的私人劳动产物以何种数量转化为处于等价形式的、作为社会简单劳动代表的价值形式，便构成了私人劳动向社会简单劳动的折算问题，即复杂劳动还原问题。如马克思所说：这种复杂劳动向简单劳动的转化，或者说"各种劳动化为当作它们计量单位的简单劳动的不同比例"，是"在生产者背后由社会过程决定的"。①

马克思劳动价值论中的"简单劳动—复杂劳动"和"私人劳动—社会劳动"等关系，必须在马克思的"价值—交换价值"或者说"价值实体—价值形式"理论下进行把握。正如有学者指出：简单劳动和复杂劳动，"在交换中需要以简单劳动作为基础，把复杂劳动折合成代表社会必要劳动的简单劳动……反映的是商品个别劳动和社会必要劳动的关系"②，说明的是"生产各种商品的个别劳动如何折合为社会劳动"③。"因为生产者通过交换劳动产品才发生社会接触，私人劳动才在事实上成为社会总劳动的一部分"④，"市场……是把个别劳动时间抽象到社会必要劳动时间的过程……也就是决定生产商品时所花费的劳动时间能够在多大程度上形成价值，即决定价值量是一个市场过程，而不是个人的实际劳动过程和劳动量"⑤。也有学者用术语"证成"来表述这一逻辑，即商品的价值在交换中通过它的交换价值对自身进行"证成"，这一过程也是生产商品所耗费的一定量的私人劳动"证成"为特定量社会劳动的过程。⑥ 在马克思的框架下，不存在割裂的矛盾和范畴，交换价值、价值和使用价值三者不可分割。

---

① 马克思：《资本论》（第一卷），人民出版社，1975，第58页。
② 余陶生：《劳动价值论争论评说》，中国社会科学出版社，2017，第105页。
③ 余陶生：《劳动价值论争论评说》，中国社会科学出版社，2017，第106页。
④ 顾钰民：《劳动创造价值是马克思经济学的核心观点——与刘珍英〈马克思对"价值"的否定理解〉四个观点的商榷》，《思想教育研究》2016年第10期，第20~24页。
⑤ 顾钰民：《劳动创造价值是马克思经济学的核心观点——与刘珍英〈马克思对"价值"的否定理解〉四个观点的商榷》，《思想教育研究》2016年第10期，第20~24页。
⑥ 刘召峰：《从"抽象上升到具体"与马克思的劳动价值论——以"劳动的耗费、凝结与社会证成"为中心线索的解读》，《政治经济学评论》2013年第2期，第186~208页。

在对商品的分析中,马克思说道:"一切劳动,从一方面看,是人类劳动力在生理学意义上的耗费;作为相同的或抽象的人类劳动,它形成商品价值。一切劳动,从另一方面看,是人类劳动力在特殊的有一定目的的形式上的耗费;作为具体的有用劳动,它生产使用价值。"① 因此,在商品的生产过程中,无论是个别的私人劳动还是社会总劳动,都包含这种二重性。基于这个前提,图1-1-1展示了马克思劳动价值论的完整框架。

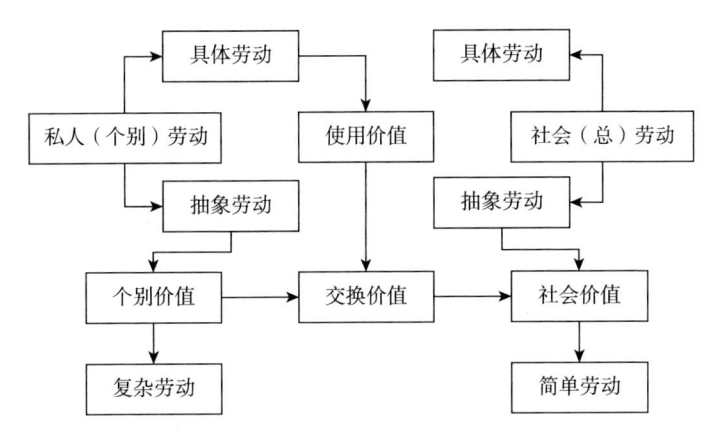

图1-1-1 劳动价值论的框架

让我们从左向右观察图1-1-1。在马克思所研究的资本主义社会中,任何私人劳动都是生产一种(或少数几种)商品的私人的、个别的劳动。这种劳动具有二重性,其中具体劳动生产出使用价值、抽象劳动创造出价值。这里的价值是该私人劳动过程中劳动力的耗费,即个别劳动时间下抽象劳动的凝结。当该商品(记为"商品A")尚未进入交换环节时,这种抽象劳动凝结以一种潜在的形式蕴含在劳动产品中。只有当该商品和其他商品(记为"商品B")发生交换时,商品A处在相对价值形式,它的个别价值才通过处在等价形式的商品B的使用价值的量表现出来。此时,这种处在等价形式的商品B的使用价值的量,便成为商品A的个别价值即它作为私人劳动的抽象劳动凝结的外在表现形

---

① 马克思:《资本论》(第一卷),人民出版社,1975,第60页。

式。商品 B 虽然是一种私人劳动的产物，此时却代表了社会劳动的量。通过这一过程，凝结在商品 A 中的私人劳动及个别价值，就表现为一定量的社会劳动及社会价值。换句话说，生产过程中的真实劳动耗费通过市场交换，由价格即一定量的货币确认和表现。一定量的私人劳动耗费在交换中表现为特定量的社会劳动的过程，就是复杂劳动还原。① 正是在这个意义上，马克思说道：“商品形式在人们面前把人们本身劳动的社会性质反映成劳动产品本身的物的性质，反映成这些物的天然的社会属性，从而把生产者同总劳动的社会关系反映成存在于生产者之外的物与物之间的社会关系。”②

另外，图 1-1-1 中使用价值和交换价值的关系，并不仅在于商品 B 的使用价值作为价值形式来表现商品 A 的价值，或者说作为商品 A 的交换价值；也在于商品 A 的使用价值对于其自身价值、交换价值的先决作用，即一个商品的使用价值是其价值的前提。马克思是这样说的："没有一个物可以是价值而不是使用物品。如果物没有用，那末其中包含的劳动也就没有用，不能算作劳动，因此不形成价值。"③ "如果使用价值丧失，价值也就丧失。"④ 在传统上，人们倾向于认为马克思在这里只是强调了商品必须具有使用价值这一特点，即对生产商品的劳动进行规定。对于那些快速消耗的物品来说，使用价值之于价值、交换价值的作用，可能仅限于此；但对于固定资本或耐用品而言，一个商品自身的使用价值对于价值和交换价值便有额外的意义。例如，在固定资本的"精神磨损"中，"精神磨损"所带来的价值和交换价值的丧失，就是因为在技术更新过程中，旧商品的使用价值的丧失（被新技术所替代），使得其中包含的劳动不再被算作劳动；原先凝结在商品中的抽象劳动耗费只能表现为较少的社会价值或者说社会劳动。这造成，随着技

---

① 此处"复杂劳动"作为区别于简单社会平均劳动的概念，宽泛地适应于个别价值大于、等于和小于表现出来的社会价值等多种场合。
② 马克思：《资本论》（第一卷），人民出版社，1975，第 88~89 页。
③ 马克思：《资本论》（第一卷），人民出版社，1975，第 54 页。
④ 马克思：《资本论》（第一卷），人民出版社，1975，第 229 页。

术改进，一个固定资本或耐用品，其新品价值不是由生产它的实际劳动耗费决定的（表现为其交换价值为购买时的历史价格），而是由当前技术条件下"再生产"它（或其替代物）的劳动耗费决定的（表现为其交换价值为当期市场上的重置价格）；而在其使用过程中发生的价值转移及残值，也是以新品在市场上不断变化的价格或者说交换价值为依据的。① 总之，马克思的劳动价值论没有割裂价值、使用价值和交换价值中的任何二者。

最后，社会总劳动作为所有个别私人劳动的总体，其具体劳动创造出千差万别的使用价值，其抽象劳动所创造的"内在"价值就是总商品的社会价值。换言之，总商品的社会价值必然等于社会总劳动的耗费，也就是所有个别的私人劳动耗费的总和。

通过以上分析可知，"第二含义"社会必要劳动时间是以价值和交换价值的辩证关系为基础的，阐述了私人劳动和社会劳动之间的对立统一关系。因此，"第一含义"社会必要劳动时间向"第二含义"社会必要劳动时间的转换，反映的是"价值—交换价值""简单劳动—复杂劳动"以及"私人劳动—社会劳动"这些关系在抽象劳动的量的规定性上的展开，而不存在对社会必要劳动时间的两种平行的、彼此对立的规定。结合马克思从抽象到具体的研究方法，可以认为"两种含义"社会必要劳动时间之间是抽象和具体的关系。因此在本书中，不区分所谓"第一含义"社会必要劳动时间和"第二含义"社会必要劳动时间，而是在图1-1-1的逻辑下，代之以"内禀价值"和"社会价值"这一对概念。

有学者从价值规律的角度对两种含义社会必要劳动时间的内涵进行了解读。② 这种观点认为，对价值规律的传统表述是：由于一些外部因

---

① 这一观点受哈维的启发，哈维在固定资本流通的计算问题上谈到了这一观点。参见：大卫·哈维《资本的限度》，张寅译，中信出版集团股份有限公司，2017，第338~348页。
② 乔晓楠：《第二种含义社会必要劳动时间的新解析——纪念魏埙教授诞辰100周年》，《政治经济学季刊》2019年第4期，第70~86页。

素的短期影响，市场价格总是围绕价值上下波动，价格有向价值收敛的趋势。相反，在"第二含义"社会必要劳动时间的解释下，个别生产过程根据价格信号进行调整，从而生产过程中凝结的"内在"价值或者说劳动耗费，不断向价格调整逼近。[①] 笔者对此做进一步的补充，在"调整说"中，"价值"指的是个别价值，而"价格"则是指社会价值的货币表现（而非偶然的、不断波动的市场价格）。"调整说"表达的是，在私人生产过程中凝结的个别价值或者说私人劳动耗费，和该商品在社会上通过货币表现出来的社会价值或者说社会劳动的量之间的矛盾，会引导每一个私人生产者调整其私人劳动过程，使得私人生产不断适应社会生产和再生产的需要。对于这种价值规律的结果，马克思说道："商品的价值规律决定社会在它所支配的全部劳动时间中能够用多少时间去生产每一种特殊商品。"[②] 因此，"调整说"和本书的观点都强调私人劳动和社会劳动、个别价值和社会价值之间的矛盾关系，并以此对马克思劳动价值论进行阐释，只是表述方法和侧重点不同。

（三）价值范畴的展开结构

我们应当把马克思的"价值"范畴理解为一个可以根据研究的抽象层次不同而不断展开的结构。在总的、最抽象的分析层次上，"价值"是一个单独成形的概念，这适应于对总资本的积累和运动进行分析。在这个层次上，价值可以通过"第一含义"社会必要劳动时间进行解释。随着抽象层次的下降，原来抽象的、单独成形的"价值"范畴消失了，它展开为一对概念——个别价值和社会价值，此时"价值"的规定性有了新的内涵[③]，这构成了分析资本主义基本矛盾的框架。当抽象层次再次下降时，个别价值、社会价值等范畴也消失了，它们进一步转化为现实中的货币量：价值范畴只能通过货币——作为价值的外在

[①] 为了行文的方便，下文将这一观点称为"调整说"。
[②] 马克思：《资本论》（第一卷），人民出版社，1975，第394页。
[③] 与之相适应的是，"劳动"范畴也展开并包含"私人劳动—社会劳动"的矛盾以及"简单劳动—复杂劳动"的矛盾。

形式——进行把握，价值的运动过程就表现为资本循环和周转的动态过程。而当研究下落至最具体的现实事物时，作为价值形式的货币也消失了，取而代之的是对各种现实资本及其收益的运动的研究。

在《资本论》的三卷结构中，马克思大致是按照从抽象到具体的上述逻辑来叙述的，但是，他对价值范畴的"展开"结构并没有专门加以清晰地阐述。例如，在第一卷中，马克思站在总的、抽象的层次上对资本主义生产过程、资本积累等进行总体分析，此时的"价值"范畴是一个抽象层次最高的、尚未展开的概念，因此马克思的论述方法遇到了如下情况：（1）"交换价值—价值形式—货币"这一理论脉络在第一篇提出之后，没有需要系统地发挥实质作用的场合（除了在对"商品拜物教"的讨论中）；（2）但第一卷的研究对象又不可避免地涉及市场流通、资本主义生产的私人性质等，从而马克思必须对本属于"价值"展开形态的"个别价值""复杂劳动"等较为具体的范畴提前做一定的说明。因此，对于这类问题，马克思总体上采用了"指出但并不详述"的形式。而到了较为具体的第二卷和第三卷，对资本运动的具体规律（如资本的周转过程、两部类的平衡、平均利润率的形成等）的讨论占据了内容的主要部分，很少再系统性地回到劳动价值论的基本构架来阐述价值范畴的展开结构。这一叙述方法在客观上给人们理解劳动价值论造成了一定的困难。但是无论如何，价值范畴的不断展开确实是《资本论》三卷的内在线索。正如谢弗德在谈到转形理论时所言："价值形式理论不仅在第一卷作为商品拜物教理论和货币理论的基础而出现，还延伸到第三卷，并在价值转化为价格的转形问题中凸显了它最重要的意义。"[1]

（四）劳动价值论传统模型的局限性

1. 作为传统解释的"线性解释"和"计算论"

在对劳动价值论的长期研究中，人们已经构建了大量数理模型以研

---

[1] 波特伦·谢弗德：《再谈转形问题：随机系统中价值向价格转形》，姜宏译，《政治经济学季刊》2020年第1期，第8~40页。

究马克思的思想。出于行文的方便，下文将这类研究统称为"传统模型"。传统的劳动价值论模型大多具有如下特点：（1）使用价值和价值两个范畴彼此无关，交换价值范畴被略去，"价值"是一个同交换和市场无关的、可以通过技术条件先验地计算出来的量；（2）货币只起到纯粹的计价名义的作用；（3）简单劳动和复杂劳动的区分要么被以假定的形式忽略，要么只被视作一个独立于劳动价值论模型主线之外的"扩展包"[①]；（4）私人劳动和社会劳动之间的关系很少谈及；（5）诸如个别价值、价值实现等概念难以被正面定义和阐述。

传统的劳动价值论模型，可以看作是在"第一含义"社会必要劳动时间这一抽象层次上进行研究的，本质上没有包含"价值实体—价值形式"这一对偶体系。传统模型往往认为，劳动价值这一概念必须满足"（a）非负的，（b）唯一的和（c）不受市场行情所支配的"[②]；甚至进一步断言，马克思"认为价值可以单独由技术决定，因而不会受到市场上工资和价格的变化的影响，只要选定的生产方法保持不变"[③]。而交换价值则被视作这样一个派生概念：它是在通过技术条件计算出"价值"的绝对量后，人们通过比较不同商品的价值量所得到的交换比例或者说相对价格。并由此进一步将"等价交换"定义为商品的相对货币价格等于价值之比。[④] 由于忽视了"第一含义"社会必要劳动时间的抽象层级，而直接将其模型化，人们得到了对马克思劳动价值论的"线性

[①] 例如，传统模型往往会这样表述：假设所有的劳动都是同质的简单劳动。然后在基于这一假设的研究已经完成之后，人们可以沿着既有路径对模型进行扩展，得到一个形式上更为复杂但与标准模型思想基本相同的扩展形态。参见 Okishio Nobuo, *Essays on Political Economy*：*Collected Papers*（Verlag Peter Lang GmbH, Frankfurt am Main, 1993）。

[②] 森岛通夫：《马克思的经济学——价值和增长的双重理论》，袁镇岳等译，上海人民出版社，1990，第209页。基于这一思想，森岛通夫在其著作中探讨了多种从技术条件出发的价值的数学定义。他的这一思路对他之后的研究路径产生了很大影响。

[③] 森岛通夫：《马克思的经济学——价值和增长的双重理论》，袁镇岳等译，上海人民出版社，1990，第13页。

[④] 这一传统做法的例子可以参见：森岛通夫《马克思的经济学——价值和增长的双重理论》，袁镇岳等译，上海人民出版社，1990；Okishio Nobuo, *Essays on Political Economy*：*Collected Papers*（Verlag Peter Lang GmbH, Frankfurt am Main, 1993）。

解释"：技术条件→劳动耗费→价值量→交换价值→货币价格。

大卫·哈维在其著作《资本的限度》中对这种传统的"线性解释"进行了解读。他指出，在"线性解释"中，人们认为价值范畴的作用在于解释商品和交换；使用价值从一开始就被撇开，而对交换价值进行的考察也只是作为一个"引子"，在于最终表明不能通过交换价值研究资本主义。哈维认为，在"线性解释"中，交换价值只是在价值范畴得到充分认识之后推导出来的"次生"概念，从而在"线性解释"下，马克思的整个劳动价值论和剩余价值理论是成立还是倒塌严重依赖于"价值"在逻辑上和现实上能否解释价格。① 在关于劳动价值论的争论中，很多经济学家都掉入了"线性解释"的陷阱。② 例如，森岛通夫就认为："在马克思的经济学中，劳动价值理论有两个职能：(i) 解释商品的均衡价格（或交换价值），商品的实际价格随时围绕着它上下波动；(ii) 提供总合工具，或总合的权数，以便运用它把许多产业部门（或最初的部门）总合为少数'部类'"。③ 显然，森岛通夫错误地将马克思的劳动价值论理解为古典劳动价值论。

还应当认识到，"线性解释"对抽象劳动时间的价值创造过程在本质上采用了一种"计算论"的观点。所谓"计算论"是指这样一个观念，人们认为如果已知生产技术条件，那么在原则上就可以计算出任何一种商品的"价值"，即可以从无数个别劳动耗费中计算出平均劳动耗费，并进一步推演出所有诸如复杂劳动还原系数、市场价值、生产价格等相关量。但通过前文论述我们已经知道，在马克思劳动价值论框架下，价值不是通过对生产环节的耗费计算得到的，而是通过交换中的交换价值得以表现的。

---

① 事实上，还由此派生出诸如价值转形中的"两个等式能否同时成立"、马克思基本定理、萨缪尔森的"多余论"等问题。
② 大卫·哈维：《资本的限度》，张寅译，中信出版集团股份有限公司，2017，第46～47页。
③ 森岛通夫：《马克思的经济学——价值和增长的双重理论》，袁镇岳等译，上海人民出版社，1990，第13页。

"线性解释"过分简化了马克思劳动价值论的理论框架。"线性解释"的框架如图1-1-2所示。① 这种简化将马克思的劳动价值论退化为一种由劳动耗费核算的相对价格理论。在一定意义上,"线性解释"及其派生的传统劳动价值论模型描述了一种马克思和李嘉图两人劳动价值论的混合体。此外,复杂劳动还原和货币等概念被视作理论上独立的"可选"组件,额外"悬挂"在劳动价值论分析的线性"主轴"上。

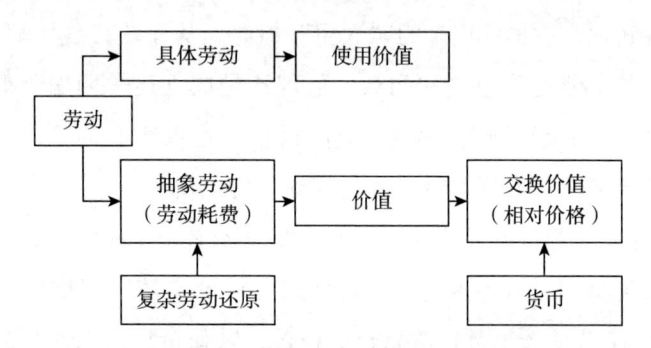

图1-1-2 "线性解释"下的劳动价值论体系

在图1-1-2所示的"线性解释"下,《资本论》中从"价值形式"到"货币"的章节显得多少有点"离题",因为它既不能被视作对货币发展的全面历史描述,在逻辑上也不是劳动价值论的必要"构件"。马克思在此处的写作意图就变得非常不连贯。如果对价值形式和货币职能的阐述在逻辑上只是为已经通过技术条件计算确定的劳动价值量寻求一种名目表示,那么马克思完全没有必要进行长达80余页的考证。而与之相对的是,按照"线性解释"所理解的"马克思对劳动价值论的讨论"只用了7页。

"线性解释"在简单劳动和复杂劳动的问题上也产生了很多争议和困惑。由于"线性解释"这种从劳动耗费推导出相对价格的单向特征,从逻辑上讲,人们必须在商品交换之前就将复杂劳动和简单劳动的折算

---

① 图1-1-2中用括号标记的概念为"线性解释"下传统劳动价值论模型的实际讨论对象。例如,在传统模型中当谈及"抽象劳动"时,实际上模型化的对象是直接劳动耗费。

关系确定下来，以便导出交换的比例。这产生了两种方案：一是利用工资作为权重对异质劳动进行标准化，把复杂劳动转化为简单劳动；二是将复杂劳动还原过程"技术化"，认为复杂劳动还原是一种类似商品生产的技术过程。[①] 事实上，这两种方案都充满争议，后文会专门论述。

在前文已经说明，马克思的"价值"范畴是一个随抽象程度降低逐层展开的体系。在最抽象层次上，"线性解释"和传统劳动价值论模型表现尚可，在一定范围内——往往以"第一含义"社会必要劳动时间的观点——有效地表述了马克思劳动价值论和剩余价值理论的基本观点和论断。但是，当问题涉及货币流通、生产价格、利润率和固定资本等更具体的范畴时，基于传统劳动价值论模型构建的分析框架迅速丢失了它的有效性。其根源在于，传统框架将基于抽象程度较高的"第一含义"社会必要劳动时间所建的模型过分外推，将其直接应用于包含大量具体市场现象的场合，忽视了价值范畴的展开。从而随着抽象层级的降低，高度简化的"线性解释"不再能良好地覆盖马克思劳动价值论的完整内涵。

2. 马克思使用的"计算论"式的术语

"线性解释"从何而来呢？由于"线性解释"本质上是"计算论"这一观念的反映，因此，应当从"计算论"的观点来阐述"线性解释"的来源。

从思想史来讲，古典经济学及其现代版本（如斯拉法方法）都是"计算论"的支持者，这对马克思劳动价值论的阐释产生了重要的外部影响。另外，在《资本论》中，马克思本人也多次使用"按价值出售"这一术语并将其用于算例或建模。这一研究方法看起来确实具有很明显的"计算论"色彩：仿佛在市场交换之前，人们就可以计算出不同商品的价值或生产价格，然后再根据这些量确定相应的市场交换体系。要如何理解这一问题呢？

[①] 顾海良主编《百年论争——20世纪西方学者马克思经济学研究述要》（上册），经济科学出版社，2015，第260~269页。

笔者认为，"按价值出售"是一种不严格的、启发性的表述方式，在《资本论》中的不同语境下有不同的意义。例如，在第一卷第四章，马克思说："全体商品所有者都高于商品价值10%互相出卖商品，这与他们把商品按其价值出售完全一样。"① 这里的重点在于阐述剩余价值的形成和资本积累过程，正如马克思在接下来说的："剩余价值的形成，从而货币的转化为资本，既不能用卖者高于商品价值出卖商品来说明，也不能用买者低于商品价值购买商品来说明。"② 又例如，在第十五章，马克思说："我们假定：1. 商品是按照它的价值出售的；2. 劳动力的价格有时可能比它的价值高，但从不比它的价值低。"③ 这里重点在于研究剩余价值量的变化，而把纯粹的市场波动因素撇开，也撇开靠纯粹压低工资的方式获得利润的方法。在第七篇中，马克思说"我们在这里一方面假定，生产商品的资本家按照商品的价值出售商品"④，这一假设的立意在于他接下去立即阐述的："而不去进一步研究资本家如何回到商品市场：既不研究资本在流通领域里所采取的那些新形式，也不研究这些形式所包含的再生产的具体条件。"⑤ 即这里是为了假设价值总能实现而抽象地研究资本积累过程。除了上述内容以外，马克思在很多其他地方也涉及这一问题，总的来说，在第一和第二卷中，当马克思谈及"按价值出售"时，总的理论立意在于撇开市场的偶然因素，抽象地研究资本运动的规律。

在《资本论》第三卷中，马克思谈及"按价值出售"时有进一步的含义。因为这一册中，马克思进一步引入了生产价格的相关概念。⑥

---

① 马克思：《资本论》（第一卷），人民出版社，1975，第183页。
② 马克思：《资本论》（第一卷），人民出版社，1975，第183页。
③ 马克思：《资本论》（第一卷），人民出版社，1975，第567页。
④ 马克思：《资本论》（第一卷），人民出版社，1975，第620页。
⑤ 马克思：《资本论》（第一卷），人民出版社，1975，第620页。
⑥ 当然，在第三册中也有在第一和第二册中那种含义上使用"按价值出售"这一术语的场合。例如，马克思说："因为在这里我们仍然假定，商品是按照它的价值出售的，由竞争引起的价格波动在这里仍与我们无关。"参见：马克思《资本论》（第三卷），人民出版社，1975，第124页。

在生产价格理论中，马克思指出商品的售价不再由价值决定而由生产价格决定，并且"一部分商品出售时比自己的价值高多少，另一部分商品出售时就比自己的价值低多少"①，"社会本身所生产的商品的生产价格的总和等于它们的价值的总和"②。在这个研究背景下，马克思实际上是在强调生产过程中的实际劳动耗费和生产价格之间的差异。生产价格理论本质上说明的是生产过程中耗费的劳动如何在交换中表现为一个平均的利润率。这一表述方式还进一步延伸到马克思的地租理论中，他说："土地产品高于它们的生产价格出售这一事实，决不证明它们也高于它们的价值出售，正如工业品平均按它们的生产价格出售这一事实，决不证明它们是按它们的价值出售一样。农产品高于它们的生产价格但低于它们的价值出售的现象是可能的；另一方面，许多工业品之所以会提供生产价格，只是因为它们是高于它们的价值出售的。"③ 在对地租的研究中，马克思说农产品按照其价值（劣等地的个别价值）出售时，其实也是立足于强调农产品的劳动耗费和农业资本家所获得平均利润之间的差异，由此阐释农业地租的来源。

总之，面对马克思所使用的"按价值出售"这一术语，我们应当结合相应的研究背景理解其理论含义。马克思并不是一个价值"计算论"者，当他讨论商品是否"按价值出售"时，并不是否定其"价值实体—价值形式"理论并向李嘉图后退。事实上可以发现，当谈及"按价值出售"时，马克思的分析都是以劳动价值论已经得到完整说明为前提的，是在研究某些具体范畴和规律时采用的通俗的、启发性的表述。在正确理解"价值实体—价值形式"理论的前提下，使用"按价值出售"这一术语或进行建模反而是一个非常方便的理论抽象及行文方法。

---

① 马克思：《资本论》（第三卷），人民出版社，1975，第 176 页。
② 马克思：《资本论》（第三卷），人民出版社，1975，第 179 页。
③ 马克思：《资本论》（第三卷），人民出版社，1975，第 855 页。

3. 分析马克思主义对劳动价值论的说明及其局限性

在一些分析马克思主义文献中，"线性解释"以及"计算论"获得了一种独特的表达方式，本书称之为"分析解释"。"分析解释"将劳动价值论解释为一种"三段论"：（1）首先，社会必要劳动时间决定价值；（2）其次，价值决定均衡价格；（3）最后，社会必要劳动时间决定均衡价格。据此，这些文献认为劳动价值论是对价值量，进而均衡价格的"解释性"学说。于是他们陷入了"线性解释"的困境，由于无论是从现实还是从理论来看，第三种观点都明显错误——马克思本人也引入了生产价格理论以对资本主义价格体系进行分析，现在只能在第一种和第二种观点之间进行取舍。这使得他们在解释马克思和李嘉图的差异时显得极其"挣扎"。

这种"挣扎"还有一个前提，"分析解释"否认劳动能够"创造"价值——在他们看来，价值不是一种实体，而只是一种需要被解释的交换价值量。"分析解释"否认劳动"创造"价值的逻辑是这样的。第一个例子是，如果价值是一种劳动凝结的实体，那么在商品生产完成之后就应当被"固化"在商品内。（他们仿佛将价值的实体性理解成某种"物质性"。）那么，人们应当如何解释那种在过去消耗了大量劳动生产出来的商品如今（可能由于技术进步）在市场上只有较小的"价值"；或者反之在过去没有消耗大量劳动的商品，如今（可能由于资源枯竭）在市场上有较大的"价值"呢？他们认为马克思的如下两种观点是矛盾的：劳动创造价值，价值是由凝结在商品中的劳动耗费决定的，和商品价值是由再生产这种商品所需的劳动耗费所决定的。第二个例子是，由于劳动生产率的不同，相对于社会必要劳动时间，如果能说一些低效率的劳动耗费没有创造或者说凝结成价值，那么对于那些高效率的劳动过程，没有发生的劳动耗费是如何凝结成价值的呢？[①]

可见，"分析解释"并没有真正理解马克思劳动价值论的框架（见

[①] 马增奎编《马克思与诺齐克之间——G. A. 柯亨文选》，江苏人民出版社，2007，第18~35页。

图1-1-1），本质上仍然是一种"线性解释"。在第一个例子中，真正展示的恰是马克思劳动价值论中所强调的价值实体和价值形式之间的矛盾，换言之是价值和交换价值之间的矛盾。商品中凝结的劳动只能在给定的外在环境，即市场中通过一定量的交换价值得以表现；反之，交换价值所表现的，是当下的社会必要劳动时间（无论是从第一含义还是从第二含义的角度来说），而不是生产该商品过程中过去发生的实际劳动耗费。价值和交换价值之间的这种关系天生蕴含着生产和流通的矛盾，而正是这种矛盾通过流通环节的市场竞争不断调整着生产过程中的实际耗费（正如前文提到的"调整说"）。这一现象的一个具体例子是固定资本的"精神磨损"问题。在一个固定资本，比如一台机器被投入生产之后，随着新机器的发明，它的交换价值会不断变化，不再由生产它时的历史的劳动耗费所决定，而是由重置它的劳动耗费所决定。随着机器交换价值的变化，它转移到它帮助生产的产品中的价值也发生变化。这种价值革命通过对资本周转的影响，不断调整实际生产过程。

撇开固定资本价值转移的理论细节不谈，在这里我们只需讨论如下问题，在劳动过程中发生的生产资料的价值转移，转移的是生产资料的"价值"还是"交换价值"？对这一问题的回答有助于我们厘清价值实体和价值形式的辩证关系。

马克思本人在这一点上并没有给出特别明确的答案。从实际表述上说，马克思既使用了"价值"又使用了"交换价值"，而主要是从"价值"范畴角度进行表述的。例如，马克思说道："就它的具体的特殊的有用的属性来说……把这些生产资料的价值转移到产品上，从而把这些价值保存在产品中。"[1]"在劳动过程中，只有生产资料失掉它的独立的使用价值同时也失掉它的交换价值，价值才从生产资料转移到产品上。生产资料转给产品的价值只是它作为生产资料而失掉的价值。"[2] 这些观点构成人们对生产资料价值转移的基本理解。

---

[1] 马克思：《资本论》（第一卷），人民出版社，1975，第227页。
[2] 马克思：《资本论》（第一卷），人民出版社，1975，第229页。

但是，马克思在一些时候也使用"交换价值"这一术语。例如，"它的使用价值已经完全被劳动消耗了，因此它的交换价值也完全转移到产品上去了"①；"生产出来的是旧交换价值借以再现的新使用价值"②。或者用一种混合的方式说道："不变资本，按照它在丧失使用价值时丧失掉的交换价值的比例，把价值转给产品。"③ 如何理解这个问题呢？

在劳动价值论的意义上说，用"交换价值"显然是不准确的，因为交换价值是在交换中表现一种商品价值量的另一种与之交换的使用价值的量，具体劳动当然不能把一定量的使用价值（如一盎司黄金）转移到另一定量的使用价值（如一件上衣）中去。而且，这种实体意义上的价值保存和积累正是人类文明得以延续和发展的物质基础。但是，马克思并没有刻意对二者做出区分，甚至可以猜测在特定的语境中，马克思可能是特意使用了"交换价值"这一术语。因为无论是在第一卷中对绝对剩余价值生产的分析，还是在第二卷中对固定资本周转的研究（对价值转移的分析大量出现在这两个部分），马克思都面临这样一个问题：生产资料的价值补偿是在货币范畴下实现的，实际上就是对预付的不变资本的补偿。在这个场景下，"价值"范畴不再是一个总的、抽象的"价值"，而是一个蕴含着私人劳动和社会劳动矛盾的范畴，或者说已经展开为个别价值和社会价值。通过具体劳动，生产资料所转移的价值不是个别价值或者说私人劳动耗费，而是在市场中通过货币量所表示的社会价值或者说社会劳动耗费。因此，马克思使用"交换价值"来反映生产资料的价值转移是一个生产过程和流通过程的统一体。由于价值革命和技术进步，不变资本的价值总是处于不断的变化之中，不变资本的价值转移和补偿是由其在市场中的交换价值（即货币价格）决定的。可以说，没有脱离交换价值的价值转移，也没有脱离价值的交换

---

① 马克思：《资本论》（第一卷），人民出版社，1975，第229页。
② 马克思：《资本论》（第一卷），人民出版社，1975，第234页。
③ 马克思：《资本论》（第二卷），人民出版社，1975，第176页。

价值转移。不变资本的价值转移很好地体现了马克思劳动价值论中价值和交换价值之间不可分割的"质"和"量"间的辩证关系。

第二个例子反映的则是价值和交换价值矛盾的另一面，即个别生产和社会生产之间的矛盾、私人劳动和社会劳动之间的矛盾。对于高效率的生产过程，"矛盾"不在于劳动耗费的"无中生有"，而在于私人劳动过程中的劳动耗费向表示社会劳动的交换价值的转化过程。与第一个例子一样，这种转化过程中的矛盾，是流通过程通过市场竞争调整生产过程的途径，也是价值实体和价值形式辩证关系的表现。

总之，"分析解释"也是将交换价值看作价值的"计算价格"，而不是将价值和交换价值看作商品在生产和流通过程中形成、蕴含的一对辩证矛盾。和"线性解释"一样，在"分析解释"中价值、交换价值和使用价值从未真正被视作一个统一体。

二 复杂劳动还原

(一)《资本论》中的复杂劳动理论

上述分析已经蕴含着对复杂劳动还原的探讨，现在较为系统地讨论一下复杂劳动及其还原问题。

在《资本论》中，马克思并未非常清晰地界定复杂劳动和简单劳动这一对概念的内涵，对复杂劳动还原过程也只是简单带过。马克思写道："在每一个价值形成过程中，较高级的劳动总是要化为社会平均劳动，例如一日较高级的劳动化为 x 日简单的劳动。"[1] 这里的简单劳动，"是每个没有任何专长的普通人的机体平均具有的简单劳动力的耗费"[2]。而"比社会平均劳动较高级较复杂的劳动，是这样一种劳动力的表现，这种劳动力比普通劳动力需要较高的教育费用，它的生产要花费较多的劳动时间，因此它具有较高的价值。既然这种劳动力的价值较高，它也就表现为较高级的劳动，也就在同样长的时间内物化为较多的

---

[1] 马克思：《资本论》（第一卷），人民出版社，1975，第224页。
[2] 马克思：《资本论》（第一卷），人民出版社，1975，第57~58页。

价值。"① 对于什么是较高级的劳动，什么是简单劳动，马克思写道："较高级劳动和简单劳动，熟练劳动和非熟练劳动之间的区别……偶然的情况起着很大的作用……同很轻巧的细活相比，需要很多力气的粗活常常成为较高级劳动，而细活倒降为简单劳动。如瓦匠的劳动在英国要比锦缎工人的劳动高得多。另一方面，剪毛工人的劳动虽然体力消耗大，而且很不卫生，但仍被看作'简单'劳动。"② 在其他地方中，马克思也曾说过："我们假定：同纺纱工人的劳动相比，珠宝细工的劳动是高次方的劳动，前者是简单劳动，后者是培养训练较为困难而在同一时间内能创造出较多价值的复杂劳动。"③

从上述行文来看，笔者认为存在以下几点。首先，在与复杂劳动相关的场合，马克思并没有非常刻意地界定和区分复杂劳动、高级劳动和熟练劳动的概念。在如下场合，它们在宽泛的意义上交互使用，即某一种劳动过程中较少的劳动耗费在市场上能表现为数量较大的交换价值。这种原因可以来自数个本质上完全不同的场合：更熟练的劳动（这意味着更高的个别劳动生产率）、需要专门技术培训的劳动（行业差异），甚至单纯是体力要求更高的劳动（用马克思的话讲，"偶然"的因素）。其次，复杂劳动既是对具体劳动特征的描述，也是对抽象劳动价值形成的描述。最后，复杂劳动的范畴也蕴含着从事这种劳动的劳动力的特征，即有学者派生出所谓"简单劳动力"和"复杂劳动力"的区分。④整体上，马克思在《资本论》中对复杂劳动和简单劳动的讨论是启发性的。本书把马克思行文中所泛用的这类"复杂的""高级的"劳动概念称为"复杂劳动Ⅰ"，把与之相对的劳动称为"简单劳动Ⅰ"。

可以总结地说，复杂劳动Ⅰ是这样的劳动，在具体劳动上，是"熟

---

① 马克思：《资本论》（第一卷），人民出版社，1975，第223页。
② 马克思：《资本论》（第一卷），人民出版社，1975，第224页。
③ 马克思：《资本论》（第一卷·法文版），转引自：孟捷、冯金华《复杂劳动还原与产品的价值决定：理论和数理的分析》，《经济研究》2017年第2期，第187~198页。
④ 陈振羽：《正确理解马克思的简单劳动和复杂劳动理论》，《经济经纬》1999年第2期，第23~27页。

练的劳动""高级劳动"以及"需要培训的劳动"等各种宽泛类型的集合；在抽象劳动上则强调同样劳动耗费能"创造"出更多的价值。复杂劳动Ⅰ是各种复杂劳动力的耗费过程。复杂劳动力即需要专门培训、有特定技能技巧的劳动力。

　　复杂劳动及其还原理论的核心在于如何描述复杂劳动的"价值创造力"，或者说在劳动价值论的框架下解释特定的劳动力为何能在相同时间内创造出多倍的价值。但是对于复杂劳动Ⅰ而言，缺乏这方面的一致性理论。例如，熟练劳动是复杂劳动Ⅰ的一个类型，如果说熟练劳动能创造出更多的价值是由于更高的个别劳动生产率，其产品的个别价值低于社会价值，因此在市场上能获得超额利润，或者说实现超额剩余价值，那么与之相对，无论人们怎样解释如珠宝细工或瓦匠那样的"高级劳动"——它们也是一种复杂劳动Ⅰ——的更高的价值创造力，其机制都必然不可能是如熟练劳动那样来自劳动生产率的差异。

　　另外，复杂劳动Ⅰ并没有厘清具体劳动之于抽象劳动的"价值创造力"的作用。从马克思的劳动二重性理论来说，具体劳动只创造使用价值，创造价值的是抽象劳动，是人类劳动力的耗费。"在表现为这些价值的劳动中，劳动的有用形式即缝和织的区别也被抽去了。"① 但是，在对复杂劳动Ⅰ的表述中，仿佛抽象劳动会创造多少价值，依赖于具体劳动的形态，或者说，仿佛具体劳动不仅创造使用价值，还会决定抽象劳动能创造多少价值。例如，在复杂劳动Ⅰ的概念下人们可能会产生这样的观念，一个劳动作为具体劳动越熟练，它就表现为越复杂或越高级的劳动。于是，在单位时间内创造出越多的使用价值，其抽象劳动就能创造出越多的价值。当然，人们可能从另一个方面强烈地抵抗上述观念，因为马克思明确说过："生产力的变化本身丝毫也不会影响表现为价值的劳动。既然生产力属于劳动的具体有用形式，它自然不再同抽去了具体有用形式的劳动有关。"② 但是复杂劳动Ⅰ本身不拒绝这种观念，

---

① 马克思:《资本论》（第一卷），人民出版社，1975，第58页。
② 马克思:《资本论》（第一卷），人民出版社，1975，第59~60页。

特别是当复杂劳动不被理解为熟练劳动,而是被理解为工种或行业上的差异时,复杂劳动Ⅰ就不再坚持马克思的"属于劳动的具体有用形式,它自然不再同抽去了具体有用形式的劳动有关"这一论断。

在复杂劳动Ⅰ下,抽象劳动的"价值创造力"和从事该劳动的劳动力的特征之间的关系也不够清晰。马克思指出:"尽管缝和织是不同质的生产活动……这只是耗费人类劳动力的两种不同的形式……但是,商品价值体现的是人类劳动本身,是一般人类劳动的耗费……人类劳动在这里也是这样。它是每个没有任何专长的普通人的机体平均具有的简单劳动力的耗费。"① 在这里,马克思有两层递进的意思:一是商品价值作为一般人类劳动的耗费,要以某种"标准"来计量各个劳动过程中,表现为各种形式的、具体的劳动力耗费所蕴含的一般的、抽象的劳动力耗费的量;二是把这种"标准"设定为"没有专长"的普通人的劳动力耗费,称之为"简单劳动力"的耗费。

对于其中的关系,笔者的理解是,这里的第一层意思,实际上要解决的就是抽象劳动的衡量和表示问题,这在劳动价值论框架下其实最终是由价值形式理论完成的,即商品的价值或者说抽象劳动的量,是在交换中由另一种与之交换的商品的使用价值的量所表示的,也就是货币的价值尺度职能。但是在《资本论》写到这一部分为止,由于商品的交换关系尚未展开,于是马克思首先定性地确认了劳动耗费的"同质性",以假设存在某种先验的"没有专长"的简单劳动为前提,然后去一一计算每一种具体劳动力耗费所内含的这种一般的简单劳动力的量。这一表述在形式上确实体现了很强烈的"还原论"色彩,即设定所有的劳动均存在某种共同的"基本要素"——简单劳动,且不同形式的劳动力耗费包含不同数量的这种"基本要素"。于是,劳动价值论仿佛变成一种自然科学式的"称量"体系,人们试图通过量化每一种劳动包含多少简单劳动从而为每一种商品赋予特定的"劳动价值",完全忽

---

① 马克思:《资本论》(第一卷),人民出版社,1975,第57~58页。

视了马克思所言:"每一个商品不管你怎样颠来倒去,它作为价值物总是不可捉摸的……价值对象性纯粹是社会的……只能在商品同商品的社会关系中表现出来。"①

马克思还从"简单劳动"这一范畴出发,根据"劳动是劳动力的耗费"这一原则提出了"简单劳动力"这一概念。但是,马克思是基于复杂劳动 I 这一"启发性"表述展开这一对关系的,仿佛在各种形式的劳动过程中,根据技术条件意义上的"简单"和"复杂"程度不同,各种劳动力的耗费便对应形成简单劳动和复杂劳动。从而简单劳动和复杂劳动的区分,归结于简单劳动力和复杂劳动力的区分。也就是说,判断一种劳动是不是具有多倍"价值创造力"的复杂劳动,就是判断它对应的劳动力是不是熟练劳动力或需要特殊技能的劳动力。这种表述产生了至少如下问题:第一,仿佛劳动力的具体差异是比劳动价值范畴更基本的分析起点;第二,仿佛只有界定清楚了简单劳动力,人们才能依次定义并表述整个劳动价值体系;第三,与此同时,人们只能通过"高级""复杂""需要特殊技能"等日常观念来设想一个关于"复杂劳动"的模糊概念,缺乏一个严谨而可行的定义。

马克思所使用的"复杂劳动 I"概念的宽泛性产生了如下影响。首先,对于"复杂劳动"和"简单劳动"这一对概念是对于具体劳动而言还是对于抽象劳动而言,学术界有不同的看法。② 其次,将复杂劳动直接等价于熟练劳动等其他概念。这种观点在国外学者中比较常见。最后,将复杂劳动(简单劳动)的特征转化为复杂劳动力(简单劳动力)的特征。具体而言,认为复杂劳动(简单劳动)的规定性(无论是在具体劳动还是在抽象劳动层面)在逻辑上是从复杂劳动力(简单劳动力)的规定性中演绎出来的。

但事实上,"简单劳动"在理论上只是作为衡量抽象劳动的、可通

---

① 马克思:《资本论》(第一卷),人民出版社,1975,第61页。
② 当然,也有文献既认为复杂劳动是对于抽象劳动而言的,同时也将这一概念指向某种具体的"高级的"或"需要专门培训"的劳动形式。

约的价值尺度而存在的,并不真的需要界定一种先验的"简单劳动力"范畴来作为整个劳动价值论的逻辑起点。相反,简单劳动力这一范畴是简单劳动范畴的逻辑延伸和理论"二次"建构,即:以简单劳动这一范畴为中介,在千差万别的劳动力的具体形式中抽象出一种"简单劳动力"的概念,并在理论上将抽象的简单劳动表达为抽象的简单劳动力的耗费。与简单劳动范畴一样,简单劳动力首先是一种理论产物,而非某种具体的、真实存在的劳动力形态。① 如果不能认识这一点,则必然将马克思的劳动价值论视为一个以"能够确定并选择出简单劳动及简单劳动力"为前提的"还原论"和"计算论"体系。

马克思在理论上引入并构建简单劳动力这一范畴,一方面令简单劳动范畴更加完整,另一方面简化了对劳动力价值进而剩余价值的分析。有了简单劳动力的概念,人们可以抽象掉现实工资体系的复杂性,以"简单劳动力—简单劳动"为单一的理论要素来分析剩余价值的本质。事实上,马克思正是通过这一方法,在对剩余价值的研究过程中不再纠缠于劳动价值范畴本身的辩证性和复杂性,也不再纠缠于现实中对应于不同劳动力的工资体系的多样性和复杂性,以高度约化的"简单劳动力—简单劳动"框架来说明剩余价值生产的实质。正如马克思本人所言:"为了简便起见,我们以后把各种劳动力直接当作简单劳动力,这样就省去了简化的麻烦。"②"对于价值的增殖过程来说,资本家占有的劳动是简单的、社会平均劳动,还是较复杂的、比重较高的劳动,是毫无关系的。"③"在每一个价值形成过程中,较高级的劳动总是要化为社会平

---

① 在这里强调的是简单劳动力范畴在理论上的意义,但从逻辑和历史统一的角度来讲,在《资本论》分析利润率平均化的过程中,马克思也曾论述到"一切生产部门的劳动都已最大限度地化为简单劳动"(马克思:《资本论》第三卷,人民出版社,第219页)这一社会过程。哈维认为简单劳动是资本主义经济现实中客观存在的现象,是资本主义积累过程中劳动过程"去技能化"的结果。罗斯多尔斯基亦从资本主义经济中劳动力广泛流动的角度阐述了复杂劳动还原的现实性。参见:罗曼·罗斯多尔斯基《熟练劳动问题》,樊纲译,《政治经济学报》2017年第1期,第45~56页。
② 马克思:《资本论》(第一卷),人民出版社,1975,第58页。
③ 马克思:《资本论》(第一卷),人民出版社,1975,第223页。

均劳动，例如一日较高级的劳动化为 x 日简单的劳动。因此，只要假定资本使用的工人是从事简单的社会平均劳动，我们就能省却多余的换算而使分析简化。"①

（二） 对复杂劳动理论的传统研究

传统上，复杂劳动问题是沿着"一定劳动时间能创造出更多的价值"这一思路进行的，即认为复杂劳动是在相同时间能"创造"出更多价值的劳动，即一个单位复杂劳动耗费在生产过程中能凝结出相当于若干个单位简单劳动耗费所凝结的价值实体。这一思路认为，由于复杂劳动和简单劳动的"价值创造力"不同，因此同样时间下的复杂劳动耗费和简单劳动耗费之间存在一个类似"价值凝结当量"的东西。那么，复杂劳动还原问题就转化为在技术上如何确定这个"价值凝结当量"的问题，即所谓"还原系数"问题。这种观点表现出强烈的"线性解释"的色彩：复杂劳动还原在逻辑上必须在交换价值范畴出现之前就确定，否则人们就无法从劳动耗费中推导出"价值量"，进而进一步导出"交换价值"和相对价格体系。

在上述逻辑的基础上，对还原系数问题的研究有两个理论进路。第一种进路是从工资差异入手解决复杂劳动还原的系数问题。但是这个方案并不令人满意。因为在马克思的理论中，劳动力的价值和劳动耗费所创造的价值是两个独立的问题。马克思在《资本论》中首次谈到复杂劳动时，在脚注中说道："这里指的不是工人得到的一个工作日的工资或价值，而是指工人的一个工作日物化成的商品价值。在我们叙述的这个阶段，工资这个范畴根本还不存在。"② 正如哈维所指出的："从异质的技能到简单劳动的还原过程必须独立于工资率在市场中的决定过程。"③

在《资本论》中有一段话读起来很接近从工资差异入手解决复杂

---

① 马克思：《资本论》（第一卷），人民出版社，1975，第 224 页。
② 马克思：《资本论》（第一卷），人民出版社，1975，第 58 页。
③ 大卫·哈维：《资本的限度》，张寅译，中信出版集团股份有限公司，2017，第 124 页。

劳动还原问题的进路，马克思说："比社会平均劳动较高级较复杂的劳动，是这样一种劳动力的表现，这种劳动力比普通劳动力需要较高的教育费用，它的生产要花费较多的劳动时间，因此它具有较高的价值。既然这种劳动力的价值较高，它也就表现为较高级的劳动，也就在同样长的时间内物化为较多的价值。"① 那么如何理解马克思这段话的意思呢？笔者认为，如果仔细阅读这一段话的背景，就会发现马克思在这里表达的其实并不是这一段话给人们的第一印象。这一段话来自《资本论》第一卷的第五章，这一章研究的是资本主义劳动过程和价值增殖过程，在这一段话之前，马克思已经阐述完了价值增殖过程的原理，并对"正常质量的劳动力"和"正常质量的棉花"等问题做了必要的补充说明和约定。接着，马克思在上述引文前说的是这样一句话："对于价值的增殖过程来说，资本家占有的劳动是简单的、社会平均劳动，还是较复杂的、比重较高的劳动，是毫无关系的。"② 而在上述引文之后，马克思说道："但是，无论纺纱工人的劳动和珠宝细工的劳动在程度上有多大差别，珠宝细工用来补偿自己的劳动力价值的那一部分劳动，与他用来创造剩余价值的那一部分追加劳动在质上完全没有区别。可见，在这两种场合，剩余价值都只是来源于劳动在量上的剩余，来源于同一个劳动过程——在一种场合是棉纱生产过程，在另一种场合是首饰生产过程——的延长。"③

结合上述所有条件，笔者认为，马克思在谈到"既然这种劳动力的价值较高，它也就表现为较高级的劳动，也就在同样长的时间内物化为较多的价值"这句话时，实际上是在用一种倒推的逻辑来对前文所讨论的价值增殖过程进行补充（正如对"正常质量的劳动力"和"正常质量的棉花"等所做的补充一样），旨在强调复杂劳动问题不会影响该章节之前分析的一般性。这个逻辑就是：即便考虑复杂劳动的问题，从而

---

① 马克思：《资本论》（第一卷），人民出版社，1975，第223页。
② 马克思：《资本论》（第一卷），人民出版社，1975，第223页。
③ 马克思：《资本论》（第一卷），人民出版社，1975，第223~224页。

某些劳动过程使用的"劳动力价值较高",也不影响价值增殖过程,因为"劳动力价值较高"必然是以该劳动"表现为较高级的劳动"为前提的,从而这种劳动能在"同样长的时间内物化为较多的价值"。这意味着,对于复杂劳动(如珠宝细工)而言,剩余劳动和必要劳动在质上总是一样的,剩余价值始终还是劳动量的剩余,即劳动的延长——因此这不影响该章节关于价值增殖的一般性结论。事实上,在这一段话后,马克思以这样的结尾结束了该章节:"另一方面,在每一个价值形成过程中,较高级的劳动总是要化为社会平均劳动,例如一日较高级的劳动化为 x 日简单的劳动。因此,只要假定资本使用的工人是从事简单的社会平均劳动,我们就能省却多余的换算而使分析简化。"① 换言之,马克思这一大篇幅的论证并不在于正面论证复杂劳动还原的机制,而始终是在说明复杂劳动问题不会影响价值增殖的机制,可以不加以考虑。而据笔者查阅,马克思在《资本论》第一卷——副标题为"资本的生产过程"——中的之后部分也不再对复杂劳动问题加以分析。

对还原系数问题进行研究的第二种进路是将这种更高的价值创造能力归结于劳动力的培训过程,认为复杂劳动的凝结过程反映了教育培训过程中投入的活劳动的"累积"及"转移"。② 这一思路是一般商品价值创造过程在劳动力商品问题上的延伸,即仿佛过去投入在劳动力培训上的劳动也化为"死劳动"并随着复杂劳动的耗费过程一起转移到新商品中去,于是复杂劳动在单位时间内便具有更高的"价值创造力"。在一定意义上可以说,这种思路将复杂劳动的价值创造过程类比为先进技术下更高效率的使用价值创造过程,表现为一种更高效率的价值实体的物化过程。这个方案在模型上比第一种方案更精致,但也有自身的局限性:这种通过劳动力培训实现的、将历史上的劳动耗费进行"累积"的过程,几乎无法从劳动二重性理论中得到支撑,而且在价值形成的逻

---

① 马克思:《资本论》(第一卷),人民出版社,1975,第224页。
② 藤森赖明、李帮喜:《马克思经济学与数理分析》,社会科学文献出版社,2014,第119页。

辑上也没有体现劳动力和生产资料二者在价值生产过程中的区别。

　　此外，在传统研究中也存在从具体劳动的角度来理解复杂劳动及其还原过程的观点。将复杂劳动和简单劳动的划分理解为对具体劳动的划分，即主张"复杂劳动"就是那些"更熟练的劳动"或者"需要专业培训的劳动"，而"简单劳动"则是不需要培训就能执行的劳动。这种划分中比较常见的是将复杂劳动等于"熟练劳动"，比较有名的是米克和卢森贝等人。① 基于这种理解，相对于对价值量在理论上的换算或者说还原系数问题，哈维更将复杂劳动还原视作一种真实的历史过程，即劳动过程演化中体现的"去技能化"，即资本主义生产方式所实现的流水线上的简单劳动对传统的工匠技能的替代。"这就意味着熟练劳动被还原成了简单劳动"。② 复杂劳动还原"指的是垄断性技能的消亡和灵活的技能模式的创造"。③ 哈维进一步提出，劳动价值论是以这种劳动过程演化已经发生为前提的。他站在支持马克思的立场上提出如下问题并展开分析："假如劳动过程在历史中的演化并没有走向这样一种还原，我们对一种以这样的还原已经发生为前提的价值理论又能抱有怎样的信任？"④ 最后，他得出的结论是，资本主义确实正在不断催生复杂劳动还原的现实演化过程，从而价值规律越发发挥作用。⑤

　　应当指出，哈维的观点并非完全没有出处。在《资本论》第三卷，马克思在谈到生产价格的形成以及利润率的平均化时，说以下原因会进一步加速平均化的实现，即劳动力能更迅速地在部门之间流动，而这种流动的前提（之一）是，"一切生产部门的劳动都已最大限度地化为简单劳动；工人抛弃了一切职业的偏见"⑥。在这里，马克思显然确实是

---

① 彭必源：《国外学者对马克思劳动还原理论的误解》，《当代经济研究》2000 年第 12 期，第 11~13、45 页。
② 大卫·哈维：《资本的限度》，张寅译，中信出版集团股份有限公司，2017，第 127 页。
③ 大卫·哈维：《资本的限度》，张寅译，中信出版集团股份有限公司，2017，第 212 页。
④ 大卫·哈维：《资本的限度》，张寅译，中信出版集团股份有限公司，2017，第 211 页。
⑤ 大卫·哈维：《资本的限度》，张寅译，中信出版集团股份有限公司，2017，第 211~212 页。
⑥ 马克思：《资本论》（第三卷），人民出版社，1975，第 219 页。

在劳动过程演化的意义上谈及简单劳动这一范畴的。但是笔者认为，综观马克思的整个劳动价值论框架，劳动过程演化意义上的"复杂劳动还原"并非劳动价值论理论意义上的复杂劳动还原，至少不是完全相同的概念。劳动过程演化意义上的"复杂劳动还原"强调的是具体劳动的范畴，是技术进步条件下具体劳动形式的转变；而劳动价值论理论意义上的复杂劳动还原强调的是抽象劳动的范畴，研究的是少量劳动耗费如何"创造出"多倍价值量的问题。马克思认为，随着资本主义的发展，二者在现实上会趋向统一，即所有劳动力和劳动在具体劳动和抽象劳动双重意义上都趋于同质化。尽管"简单劳动"和"复杂劳动"的关系也应当在逻辑和历史统一的方法论下加以把握，但并不能简单地说，在现实的、同质的、具体劳动意义上的简单劳动没有最终确立的条件下，就不存在作为劳动价值论理论概念的简单劳动。

因此，复杂劳动还原固然能在资本主义具体劳动过程的演化中得以历史地表现和考察，但从劳动价值论的角度来讲，它首先是一个理论逻辑；它不是对具体劳动的界定，而是对抽象劳动和价值创造过程的进一步展开。

（三）复杂劳动 II

正如之前所说，马克思的劳动价值论绝不是"计算论"和"还原论"。相反，只有在马克思的价值形式理论得到说明以后才能理解："简单劳动"这一范畴不是指某种具体的劳动形式——不需要任何培训或专长的劳动，而是强调价值尺度在计量价值量上的同质性和标准性。简单劳动就是用于衡量或表现抽象劳动及社会劳动时间的价值尺度，而其现实形式就是一般等价物即货币。与之相对，"复杂劳动"本质上是与这种作为标准的价值尺度相对立的私人劳动；复杂劳动还原为简单劳动就是一定量的私人劳动耗费在交换中表现为与之数量不同的社会劳动的过程。本书把这种含义上的复杂劳动称为"复杂劳动 II"。

这一关系如图 1-1-1 所示，复杂劳动还原本质上反映的是私人劳动向社会劳动的转化过程，体现的是在同一个劳动过程中私人劳动和社会劳动的矛盾性，这里的私人劳动蕴含两层含义：第一，发生在不同行业中的私人劳动；第二，发生在不同生产条件下的私人劳动。从而私人劳动向社会劳动的转化包含两层关系，即：第一，不同行业中的私人劳动耗费如何转化为社会总劳动耗费的一个份额；第二，同行业但不同生产条件下的私人劳动耗费同社会平均生产条件下的劳动耗费之间的关系。复杂劳动还原就是在这两层关系上刻画了私人劳动向社会劳动的转化过程，也反映了作为私人劳动的抽象劳动所创造的个别价值同作为社会劳动的抽象劳动所创造的社会价值之间的转换关系。

也就是说，复杂劳动还原产生于如下原因。（1）某个行业或用于生产某种商品上的较多的社会"必要"的或者说实际需要的劳动耗费和生产过程中实际投入的劳动耗费之间的差别，使得较少的私人劳动表现为较多的货币。通过货币这一价值形式，较少的私人劳动就表现为较多的社会劳动，或者说"价值"。（2）由于某个厂家的生产过程在技术或生产条件上的优势，其实际投入的劳动耗费小于社会平均情形。此时，它较少的私人劳动也就通过货币转化为较多的社会劳动。

通过上述两种原因，教育培训本质上是生产出这样一种劳动力，从而塑造这样一种生产过程：它要么能生产社会需求较多而供给较少的商品，要么能以高于社会平均水平的劳动生产率进行生产，从而较少的私人劳动耗费表现为较多的货币即较多的社会劳动。这两种场合下复杂劳动都仿佛拥有了更高的"价值创造力"。

人们可能会认为对复杂劳动还原的上述解释会遭遇"庞巴维克式"的批评。庞巴维克对复杂劳动还原的批评是，劳动价值论声称用劳动耗费来解释商品的交换体系，但复杂劳动还原的标准是由实际的交换关系所决定的，因此马克思的劳动价值论蕴含着循环论证。[①] 对此，笔者的

[①] "庞巴维克式"的批评在对劳动价值论的批评中很典型。持有类似观点的其他代表还有萨缪尔森，甚至森岛通夫。持有类似观点的人认为，马克思的劳动价值论无法很好地解释相对价格体系，是一个"无关紧要的抽象""不必要的迂回"。参见：大卫·哈维《资本的限度》，张寅译，中信出版集团股份有限公司，2017，第124页。

观点是，这种观点恰好反映了对劳动价值论的"线性解释"。真实的情况是，马克思的劳动价值论不是一种"李嘉图式"的相对价格理论。相对于解释具体的、偶然的相对价格，马克思的劳动价值论构建了这样一个研究框架：（1）通过"私人劳动—社会劳动"的矛盾性，分析资本主义如何通过商品——资本主义经济的"细胞"——的生产和流通体系建立一个社会化大生产结构，及其蕴含的各种内在矛盾；（2）将现实中通过货币形式所表现出来的经济范畴，如工资、利润、利息、地租等，还原为一种围绕劳动展开的社会关系，进而对资本主义生产关系和交换关系展开研究。在这个框架中，复杂劳动还原理论的作用是，通过引入一个隐喻式的概念，对生产过程中等量的劳动耗费在市场上表现为不等量的交换价值这一看似违反"劳动价值论"的事实进行形式化且在理论结构上扁平化的说明。这一隐喻式概念背后的理论实质仍然是资本主义商品生产和交换体系下个别价值和社会价值之间、私人劳动和社会劳动之间的矛盾。

在劳动价值论的不同抽象层级下，复杂劳动还原理论有不同的影响。在最抽象的层次上，即所谓"第一含义"社会必要劳动时间的层级下，劳动价值论旨在说明价值范畴的"质"的规定性，此时通过市场交换所形成的私人劳动和社会劳动之间的关系尚未展开，因此马克思只需简单地假定道："为了简便起见，我们以后把各种劳动力直接当作简单劳动力，这样就省去了简化的麻烦。"[①] 在这个层次上，复杂劳动还原理论不是劳动价值论的重要内容，可以被抽象掉，用一种约化后的"简单劳动力—简单劳动"框架对价值创造和价值增殖等问题进行说明。而当商品交换的内在矛盾在劳动价值论框架中展开时，复杂劳动还原理论就构成了劳动价值论的重要部分，作为私人劳动和社会劳动之间的矛盾在价值"量"上的影响的表现形式而存在。

总之，复杂劳动在数量上如何还原为简单劳动，并不是劳动价值论

---

① 马克思：《资本论》（第一卷），人民出版社，1975，第58页。

逻辑得以成立的起点，相反，在一定意义上甚至可以说，它是劳动价值论逻辑最终的落脚点——劳动价值论正是分析了千差万别的具体的、私人的劳动如何转化为通过货币形式所表达的抽象的社会劳动，在这个过程中，一些劳动表现为复杂的、多倍的劳动，它通过交换过程实现向简单劳动的还原。

因此在后文中，笔者将复杂劳动还原模型化为对生产过程中直接劳动耗费所凝结的价值量的补正。也就是说，作为私人劳动，生产过程中相同的直接劳动耗费总是创造出相同的个别价值，但是通过复杂劳动还原，这个直接劳动耗费仿佛能"创造"出多倍的社会价值。但这个多倍的"价值创造力"的理论实质正是私人劳动向社会劳动转化的过程中个别价值实现为社会价值的过程。

三　市场价值

在《资本论》第三卷第十章中，马克思提出并且深入研究了"市场价值"这一概念，并将之与"个别价值"相区分。

市场价值和个别价值这一对概念是马克思对《资本论》第一卷中所分析的高度抽象层次上的价值概念的进一步具体化。二者的关系是，在每一个个别的、私人的生产过程中，抽象劳动耗费都会凝结成价值实体，这个实体的量是以个别劳动耗费衡量的。不同生产条件下的产品有不同的个别劳动耗费，进而形成不同的个别价值。而市场价值，马克思认为是个别价值的"平均化"。个别价值和市场价值之间的差别在于生产商品所实际耗费的个别劳动时间和在市场上通过货币量所表示的社会劳动时间的差别，或者说，商品的个别价值低于市场价值指的就是"生产这些商品所需要的劳动时间少于市场价值所表示的劳动时间"[①]。

对这个"平均化"的概念，马克思提出了两层含义："市场价值，一方面，应看作是一个部门所生产的商品的平均价值，另一方面，又应

[①] 马克思：《资本论》（第三卷），人民出版社，1975，第199页。

看作是在这个部门的平均条件下生产的、构成该部门的产品很大数量的那种商品的个别价值。"① 这里分别强调了市场价值的质和量的内涵，即：一方面，市场价值在数量上是所有个别价值的以产量为权重的期望值；另一方面，在"质"上则和个别价值在本质上是相同的东西，都是人类抽象劳动的耗费。因此，市场价值是个别价值在市场交换中的派生物。

那么，这个派生过程是怎样的呢？马克思是从市场及竞争的角度说明的。他指出，"价值"是指"价格围绕着运动的重心"②。在第三卷第十章的背景下，"作为价格波动重心的当然是市场价值"③。马克思明确指出，"使商品的各种不同的个别价值形成一个相同的市场价值和市场价格"是通过部门内的竞争实现的。④ "不同的个别价值，必须平均化为一个社会价值，即上述市场价值，为此就需要在同种商品的生产者之间有一种竞争……为了使种类相同，但各自在不同的带有个别色彩的条件下生产的商品的市场价格，同市场价值相一致，而不是同市场价值相偏离……这就要求各个卖者互相施加足够大的压力"。⑤ 马克思的这些论述意味着，市场价值是个别价值在市场交换过程中的产物，它通过货币表现为一种均衡状态下的市场价格。马克思进一步说："平均市场价格或可以称为市场价值的东西（即使不知道这种市场价值由什么决定，以及它同商品的价值规定有什么关系）对于具有不同生产率的劳动所生产的原料来说是相同的。"⑥ "产品（也包括土地产品）市场价值的决定……是以产品的交换价值为依据。"⑦ 可见，马克思将市场价值范畴等同于平均的、均衡的市场价格，在劳动价值论框架内是属于交换价

---

① 马克思：《资本论》（第三卷），人民出版社，1975，第199页。
② 马克思：《资本论》（第三卷），人民出版社，1975，第199页。
③ 《〈资本论〉导读》（第二版），高等教育出版社、人民出版社，2020，第352页。
④ 马克思：《资本论》（第三卷），人民出版社，1975，第201页。
⑤ 马克思：《资本论》（第三卷），人民出版社，1975，第201~202页。
⑥ 《马克思恩格斯全集》（第四十八卷），人民出版社，1985，第482页。
⑦ 马克思：《资本论》（第三卷），人民出版社，1975，第745页。

值这一领域的范畴。

《资本论》第三卷第十章在谈到市场价值的决定时，仿佛体现了很强烈的"计算论"色彩，这使得很多现有文献沿着这一路径讨论了各种"平均"算法。但实际上，马克思的这种表述应当放在第十章的背景——从竞争的角度分析"平均化"的过程——下来把握。马克思对市场价值量的讨论，实际上是在表达市场通过货币所表示出来的社会必要劳动时间，是一个有别于各种个别劳动时间的量，目的是定性地说明个别劳动时间和社会必要劳动时间的相对关系。对于这一点，马克思基于商品供给量和需求量的关系说道："市场价值决不会同在最好的条件下生产的商品的这种个别价值相一致，除非供给极大地超过了需求。"[1] "如果这个量过小，市场价值就总是由最坏条件下生产的商品来调节，如果这个量过大，市场价值就总是由最好条件下生产的商品来调节，因而市场价值是由两端中的一端来规定的，尽管单纯就不同条件下生产的各个量的比例来看，必然会得到另外的结果。"[2] 这体现了对一般意义上的平均方法的补充，指出在一些极端的市场供求条件下，市场价值也可能违反一般意义上的平均算法。也就是说，马克思并不特别在意算法上的具体形式，对于他而言重要的是表达出如下观点：由于各个商品在市场竞争机制下形成了统一的市场价值，从而产生了个别劳动耗费和社会必要劳动耗费之间的差异性。几页纸之后，他总结道："竞争，同供求关系的变动相适应的市场价格的波动，总是力图把耗费在每一种商品上的劳动的总量化为这个标准。"[3] 这个标准就是"耗费在这种商品总量上的社会劳动的总量，就必须同这种商品的社会需要的量相适应"[4]。结论表明，市场价值肯定不是在市场交换之外能通过某种确定的公式"计算"出来的量。

---

[1] 马克思：《资本论》（第三卷），人民出版社，1975，第206页。
[2] 马克思：《资本论》（第三卷），人民出版社，1975，第207页。
[3] 马克思：《资本论》（第三卷），人民出版社，1975，第215页。
[4] 马克思：《资本论》（第三卷），人民出版社，1975，第215页。

可以说，市场价值范畴本质上就是，内含在商品中的千差万别的个别价值——私人抽象劳动的凝结，通过市场竞争的方式在市场中以货币形式所表现出的统一的交换价值，它反映了商品的社会价值或者说社会必要劳动时间。个别价值向市场价值的转化，本质上同样是私人劳动时间向社会劳动时间转化的过程，也是凝结在商品中的抽象劳动获得外在的价值形式的过程。

从上述论述来说，看起来市场价值这一概念就是图1-1-1所表示的"社会价值"这一范畴。但应当指出，在《资本论》第三卷中马克思所使用的"市场价值"这一概念还不严格对应图1-1-1中的社会价值范畴（虽然马克思在行文中也用到"社会价值"一词）。首先，从最根本的角度来说，二者的理论层次不一样。在图1-1-1中，"社会价值"是从最抽象的价值实体和价值形式的关系中提出的概念。而马克思是在《资本论》第三卷中才谈到"市场价值"范畴的。在那里，"市场价值"概念是向生产价格理论迈进的一个理论步骤；是一个在引入了市场竞争等具体经济现象后在较为具体的层次上分析的理论概念。马克思是这样解释"市场价值"这一概念的："竞争在同一生产领域所起的作用是：使这一领域生产的商品的价值决定于这个领域中平均需要的劳动时间；从而确立市场价值。竞争在不同生产领域之间所起的作用是：把不同的市场价值平均化为代表不同于实际市场价值的费用价格的市场价格，从而在不同领域确立同一的一般利润率。"[①] 也就是说，在这个阶段，马克思不太强调从劳动二重性和商品二因素、价值实体和价值形式的角度阐释私人劳动和社会劳动之间的矛盾以及价值和交换价值之间的关系；相对的，他的主旨在于强调竞争的机制，并通过这种机制说明市场对差异化的生产条件所产生的"平均化"的作用，理论分析的最终落脚点是生产价格和一般利润率。事实上，在第十章的最后，马克思强调："关于市场价值所说的一切，加上必要的限定，全部都适用于生产

[①] 《马克思恩格斯全集》（第二十六卷·第二册），人民出版社，1973，第230页。

价格"①。

其次，市场价值和本书的"社会价值"之间的第二个概念差别在于，在《资本论》中，马克思还在更宽泛的意义上使用了"市场价值"这一概念。例如，在分析级差地租时，马克思说道："市场价值始终超过产品总量的总生产价格……这是由在资本主义生产方式基础上通过竞争而实现的市场价值所决定的"②。值得一提的是，哈维在讨论马克思的级差地租理论时说道："市场价值是由最差的土地上的生产价格来规定的。"③ 此时，市场价值是作为与生产价格（"社会生产价格"或"个别生产价格"）相平级的对比物加以提出的，实际上表达的就是农产品的市场售价。

马克思在谈到股票等金融资产的价格时也用了"市场价值"一词，他说道："它们的市场价值……会和他们的名义价值具有不同的决定方法……它们的市场价值，会随着它们有权索取的收益的大小和可靠程度而发生变化。"④ 由于金融资产本身不是劳动耗费的产物，因此其"市场价值"的概念基本上等同于以货币表现出的，平均的、均衡的金融市场价格。

基于上述分析可知，总体来讲，市场价值是以社会价值为理论基础而在具体层次上延伸出的概念。市场价值这一概念实际上可以在三个内涵层次上使用。第一层含义是最内核的，其理论实质就是用货币反映的交换价值，反映的是私人劳动向社会劳动的转化。在这一层次上，市场价值就是社会价值概念的同义词。第二层含义是从"平均化"的角度出发，强调市场的竞争机制的作用，研究主旨在于生产价格理论和平均利润率。这又包含在研究农业地租时涉及的包含地租在内的农产品价格这一子类型。第三层含义是最外延的含义，指代所有以货币为交易媒介

---

① 马克思：《资本论》（第三卷），人民出版社，1975，第222页。
② 马克思：《资本论》（第三卷），人民出版社，1975，第744~745页。
③ 大卫·哈维：《资本的限度》，张寅译，中信出版集团股份有限公司，2017，第545页。
④ 马克思：《资本论》（第三卷），人民出版社，1975，第530页。

的市场上的均衡价格。从《资本论》中的实际研究目的来看，马克思首先是在具体的市场环境这一层次上使用"市场价值"概念的，即取第二和第三层含义，而其背后的理论基础则是建立在第一层含义上的。

第二节 剩余价值理论

一 剩余价值

（一）《资本论》中剩余价值理论的内涵

马克思对剩余价值的研究贯穿《资本论》三卷，从整体上讲，"《资本论》是围绕剩余价值这个核心来展开的"[①]。剩余价值的生产、流通和积累是通过价值——以资本的形式所表现——的生产、循环、平衡和积累过程来实现的。不理解资本的运动就无法理解剩余价值的运动，同样，不理解剩余价值的运动就无法理解资本的运动。

《资本论》第一卷的副标题为《资本的生产过程》，它是在最抽象层次上对《资本论》研究对象的总分析。在这一卷中，从第三篇开始至第五篇，马克思详细阐述了剩余价值理论的基本构架。在这个阶段，正如第一卷的副标题所表示的，对剩余价值的研究，首先是对剩余价值生产的研究，即分析剩余价值是如何通过资本主义生产关系产生的。第六篇是对工资进行一些补充说明，此时仍然是围绕剩余价值的生产过程进行阐述。第七篇讨论的是资本的积累过程，也就是讨论在生产过程中创造出来的剩余价值再次资本化的过程。因此，《资本论》第一卷实际上就是从本质的层面研究剩余价值的生产和积累。其分析框架体现了经济思想史上看待利润概念的一个理论进路，即从古典经济学开始的"剩余传统"：认为利润是净产出在扣除工资之后的一种"剩余"，而这种剩余首先是物质生产的结果。

---

① 《〈资本论〉导读》（第二版），高等教育出版社、人民出版社，2020，第25页。

有学者认为，马克思的剩余价值理论，有狭义和广义之分。狭义的剩余价值理论就是上述的《资本论》第一卷第三至第五篇的内容。广义的剩余价值理论则贯穿在整个《资本论》三卷之中。第二卷的副标题为《资本的流通过程》，在这一卷中主要分三个部分对剩余价值的实现进行讨论：资本的循环过程、资本的周转过程和资本的再生产过程。第三卷的副标题为《资本主义生产的总过程》。在这一卷中马克思分析了剩余价值生产和实现的统一。主要包含剩余价值向平均利润的转化、利润率趋向下降规律，还包括剩余价值分解为企业主收入（又进一步分解为产业利润和商业利润）、利息和地租。马克思基于前两卷所得出的关于"剩余价值生产"和"剩余价值实现"的抽象规律，在现实资本具体形态的层次上，研究了剩余价值的现实形式，也阐述了剩余价值的生产和实现是如何统一于各种现实的、具体的资本运动过程中的。

在本书中，对马克思剩余价值理论的理解取其广义含义，既包括剩余价值的生产，也包括剩余价值的实现和其现实表现形式。这是由于，首先，尽管现代资本主义经济的生产过程确实发生了许多变化，但在马克思经济学研究传统上，相对而言，人们对剩余价值的生产比剩余价值的实现研究得更充分。其次，更重要的是，马克思的理论是一个辩证统一的整体，不可能脱离剩余价值的实现而真正理解剩余价值的生产，不充分研究剩余价值的实现过程，是无法理解资本主义生产关系及其内在矛盾的。

（二）作为劳动价值论延伸的剩余价值理论

应当认识到，当人们谈及剩余价值这一范畴时，人们谈论的是"经济剩余"如何表现为价值、使用价值和交换价值的统一。马克思用剩余价值的生产和剩余价值的实现来解释这种"统一"。剩余价值的生产实际上指的是，劳动作为具体劳动，生产出物量意义上的剩余产品；作为抽象劳动，支出了剩余劳动，或者说在剩余产品中凝结了剩余劳动耗费。同时，这些剩余产品作为商品，必须通过在市场中的交换，通过交换价值即货币量表现这些凝结的劳动。剩余价值的实现过程就是内含在商品中的剩余劳动转化为货币利润的过程,或者说,货币利润就是内含在剩余产品中的剩余价值实体——剩余劳动——在流通中所取得的外在价值形式。

资本主义生产方式包含这样的矛盾。一方面,私人劳动在不断生产剩余产品的过程中凝结了大量的剩余劳动;另一方面,这些私人性质的剩余劳动又必须转化为社会所承认的形式,即货币利润的形式:这就包含剩余价值生产和实现的矛盾。剩余价值生产和实现的矛盾实际上就是资本主义条件下私人劳动和社会劳动这一对矛盾的自然延伸。

但是,对剩余价值理论的传统数理研究忽视了马克思的这一思想,货币和交换价值的概念从未真正进入剩余价值理论模型中。以马克思—斯拉法方法为例,在这一方法中,剩余价值的概念只不过是对剩余产品的价值核算。其计算方法如下:给定投入系数矩阵和劳动耗费量等技术特征,人们可以技术性地计算出物量意义上的剩余产品,同时也可以计算出一个"价值"向量,然后以这个"价值"向量为标准对剩余产品进行计价,计价的结果就是"剩余价值"。因此在这个体系中,和"价值"一样,"剩余价值"也是一个完全由技术特征决定的量。

同时,从投入系数矩阵出发,人们也可以计算出一个由平均利润率所决定的生产价格向量。人们同样可以用这个生产价格向量对剩余产品进行计价,得出一个利润量。那么,马克思—斯拉法方法便遇到了这样的困境。首先,"价值"和"剩余价值"概念在理论上是"多余"的,因为只要给定了技术体系,价格和利润都可以由投入系数矩阵这一物量关系直接"斯拉法式"地计算出来,没有必要通过价值和剩余价值来表述价格和利润。其次,用价值对剩余产品进行核算所得到的剩余价值和用生产价格进行核算所得到的利润一般是不相等的,即产生了所谓的"转形问题"。这是因为,在马克思—斯拉法方法中,本质上价值和生产价格是用两种不同方法得到的两套计价体系,同样的剩余产品用不同的计价标准进行核算,必然会产生不同的结果。在马克思—斯拉法方法下,剩余价值和利润之间最终只能以"马克思基本定理"(即正利润率和正剩余价值在数学上等价）的形式存在很弱的关联。最后，从数学本质上说，在马克思—斯拉法体系下，"经济剩余"——无论是表述为"剩余价值"还是利润——其实都只不过是由预先假设的投入产出矩阵所内含的"生产性"这一数学特征决定的。在一定意义上，正如它的名字所蕴含的（斯拉法学派有时也被称为"新李嘉图"学派），马克思—斯拉法方法在对剩余价值的理解和处理上具有相当的李嘉图色彩。

鉴于马克思—斯拉法模型的困难，有部分分析马克思主义学派的学者主张建立没有劳动价值论和剩余价值理论的剥削理论。分析马克思主义数理模型的逻辑特点在于，通过一个瓦尔拉斯式的一般均衡体系对剩余产品进行定价，并通过一定的折算方式（这些折算方式在数学实质上大多等同于 MELT，即"劳动时间的货币表示"），将剩余产品价格折算为一定的劳动时间，并由此论证资本主义中的剥削现象。分析马克思主义学派往往是这样定义剥削的：给定价格体系，如果一个人通过交换最终获得的商品价格折算为劳动时间，这个时间大于他在生产过程中所实际耗费的劳动时间，那他就是一个"剥削者"；反之，他就是一个"被剥削者"。[1] 这种分析，既淡化了"经济剩余"（鉴于他们不用"剩余价值"这一表述）来自生产过程这一事实，没有延续古典的"剩余传统"，而将关注点投向在给定价格体系下的交换和分配结果；也淡化了马克思的剩余价值理论分析的是阶级之间的生产关系，而不是个别生产者在给定价格体系中所反映的交换关系。事实上，在分析马克思主义的框架下，平均利润率形成过程中剩余价值在不同有机构成部门之间的转移和"剥削"之间的理论边界十分模糊。产生上述结果的原因在于，分析马克思主义没有理解马克思所阐述的私人劳动和社会劳动的关系，对剥削的解释相当于直接将私人劳动和社会劳动进行比较，其结论自然具有极大的局限性。

---

[1] Roberto Veneziani, Yoshihara Naoki, "Exploitation in Economies with Heterogeneous Preferences, Skills and Assets: An Axiomatic Approach," *Journal of Theoretical Politics*, 2015, 27(1): 8-33.

分析马克思主义这种放弃劳动价值论和剩余价值理论的做法，使得其理论框架更多地着眼于对阶级关系和分配的研究，而无法将其分析进一步拓展至对资本循环和资本积累等一系列问题，进而无法实现对资本主义经济规律的总分析。这割裂了马克思所提供的分析大纲。

无论是马克思—斯拉法方法，还是分析马克思主义学派，数理模型均采用的是均衡分析框架，因此拥有这一类模型的固有缺陷：没有给货币理论留出任何空间，在模型中货币价格没有特别的内涵，只是标明相对价格体系，发挥纯粹的计算货币的作用。因而在模型中，货币只是中性的面纱，模型无法包含对市场不均衡过程和动态特征的分析。这事实上就将马克思的劳动价值论和货币理论割裂开来，也就从理论上使得马克思的内生货币以及货币非中性观念丧失了劳动价值论基础。这正是由于忽视了马克思劳动价值论中的"价值实体—价值形式""价值—交换价值"辩证体系，所以割裂了价值分析和货币分析之间的联系。

上述分析说明，传统的剩余价值理论数理模型，固然在不同程度上吸收和延续了马克思剩余价值学说的精神，但也在不同程度上误解和破坏了马克思剩余价值理论的方法和体系。这是由于马克思剩余价值理论是其劳动价值论的延伸，但传统模型要么李嘉图式地误解了马克思的劳动价值论（如马克思—斯拉法方法），要么干脆丢弃了马克思的劳动价值论（如分析马克思主义学派）。

（三）隐藏在货币运动过程中的剩余价值

虽然从交换价值和价值的角度来说，货币利润是剩余价值的转化形式，但并不能说，所有的名义货币利润都对应着一定量的剩余价值，就像并不是每一个货币价格都是价值的外在形式。

由于资本主义生产的循环和积累是通过货币完成的，因此货币本身的积累成为资本追逐的目标，这形成了大量脱离真实价值生产和流通的虚拟资本。虚拟资本通过自己构造的金融空间，以银行体系进行的货币创造和回流为基础，通过纯粹的货币运动，完成一种名义上的资本循环和积累。尽管虚拟资本通常在名义上是真实资本的衍生物，但在现代资本主义金融体系的结构化网络下，它能够脱离实际资本积累而实现自我循环和名义增值，在这一过程中只和真实的剩余价值生产和流通保持松散的联系。这使得在当今以金融化为特征的资本主义体系中，利润具有更加神秘化的特征，仿佛利润能够从货币资本自身上生长出来，或者能从金融交易中得到，而非来自生产过程中的剩余劳动。

固定资本将问题进一步复杂化了。由于固定资本在周转上的特殊性，剩余价值的积累过程也能通过非利润的融资途径得以实现，即通过将暂时闲置的固定资本补偿基金进行扩大投资而实现资本积累。事实上，在企业运营实践中，除了以留存货币利润为典型形式的自有资金以外，各种暂时没有使用的专项使用基金和应付账款、利息等，都构成企业的现金流和现金池，这些理论上都可以被企业暂时用来进行扩大再生产。另外，固定资本本身往往成为银行创造贷款的基础，银行体系的货币创造功能使得剩余价值的积累过程更加隐秘。

总之，现实中的货币运动过程，并不是"依附"于价值和剩余价值运动的一个"面纱"；相反，在现代货币金融体系的作用下，无论是企业的微观现金流管理还是宏观上货币资本的运动，都具有自身的独立性和规律性。因此，货币不只作为一个中性的交易媒介和核算体系执行职能，剩余价值的生产、循环和积累过程，是嵌入并隐藏在性质各异的、多样性的现金流整体中的。

（四）剩余价值的现实形式的变化：企业外部和企业内部的视角

剩余价值的现实形式可以分为企业内部的现实形式和企业外部的现实形式。在《资本论》中，马克思对剩余价值形式的讨论主要是从企业外部来进行的。在企业外部视角中，马克思认为，从收入形式来看，剩余价值表现为企业主收入、利息、地租三种形式。其中企业主收入又分为两个部分，即产业利润和商业利润。企业主收入表现为职能资本发挥作用的产物，而利息和地租则表现为纯粹的所有权收益。

而从量的规定性来看，马克思是以平均利润率概念为中心展开研究的。对于平均利润率，马克思认为，首先，是商品的实际生产过程决定了待分配的剩余价值量。在职能资本中，无论是从发展历史还是从现实职能来看，商业资本都是从产业资本中分离出来的一个部分，因此商业资本和产业资本的量共同参与平均利润率的决定。其次，生息资本不参与平均利润率的决定。这是因为，生息资本通过进一步转化为职能资本发挥作用，因此生息资本不能和职能资本一起将总资本的数量计算两次。利息率被视作对由剩余价值和职能资本量所确定的平均利润的二次分割。马克思认为这种分割的比例关系，也即利息率的决定是完全偶然的。最后，地租的多少决定于农业资本的超额利润，是对农业剩余价值超过平均利润（后者由非农业职能资本所确定的平均利润率给定）部分的转化，也不影响平均利润率的计算。

总的来说，马克思剩余价值理论的派生逻辑可以由如下框架（见图1-2-1）说明。

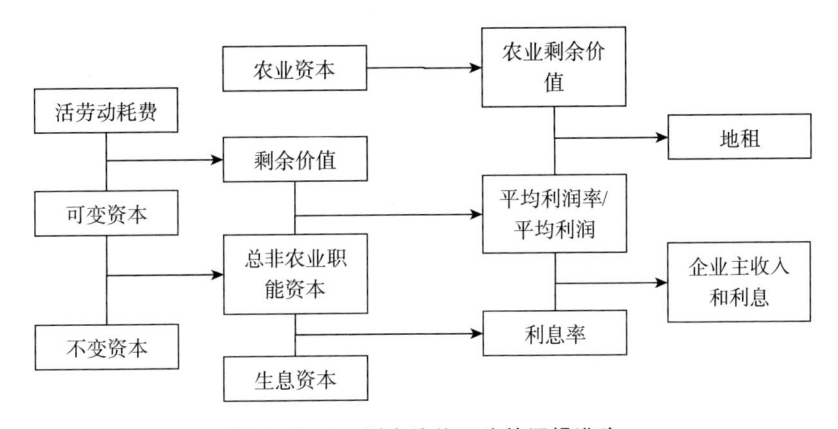

图 1-2-1 剩余价值理论的逻辑进路

值得补充的是，在图 1-2-1 所表达的逻辑基础上，马克思还进一步补充了非生产性耗费之于剩余价值的作用，这集中体现在马克思对商业资本和流通费用的讨论中。马克思认为，商业利润是产业资本所创造的剩余价值的一部分。纯粹流通费用是对产业资本家占有的剩余价值的扣除。而商业工人则不创造剩余价值，仅作用于剩余价值的实现，并使商业资本家占有剩余价值。

应当认识到，在图 1-2-1 中，马克思舍象掉剩余价值的实现过程,抽象地讨论了剩余价值的分配和现实形式。由于图1-2-1讨论的是企业主收入、利息和地租等现实概念如何从剩余价值中逐步生成的逻辑,因此,剩余价值理论框架仿佛表现出一种线性逻辑。这种线性逻辑恰好隐喻了劳动价值论传统模型中的线性解释,强化了劳动价值论线性解释的"合理性"。

但事实上,在围绕货币展开的资本运动过程中,这种线性关系并不成立。例如,图1-2-1中最左侧的可变资本和不变资本本身,必然是通过货币形式,即交换价值得到表现的,因此又必然是平均利润、利息和地租的结果。这是资本主义生产和再生产要通过货币体系驱动和结算以实现资本循环和积累这一生产方式所决定的。这一特征将利润、利息、地租的彼此关系及剩余价值本质隐藏起来。因此,对资本主义的正确理解,不能脱离剩余价值理论,表面地研究经济剩余的具体形态;也不能忽视马克思剩余价值理论中的辩证逻辑,仅线性地理解剩余价值本质同其现实形式之间的关系,而未将之视作一个交互运动的过程。

尽管马克思对剩余价值现实形式的分析主要是从企业外部展开的,但是他并未忽视对资本主义生产方式的企业内部视角的研究。马克思从企业内部视角对剩余价值现实形式的研究,是在对资本主义劳动过程的研究中展开的。在《资本论》中,马克思在两处比较典型地讨论了资本主义劳动过程中的剩余价值现实形式,即在"协作"部分对资本家管理活动的性质的说明,以及在"生息资本"部分对"监督工资"所进行的说明。马克思认为,资本家在企业中的管理劳动及与之相关的"监督工资"是剩余价值在企业内部视角下的现实形式。

马克思认为资本家的企业管理活动具有双重性质。这种管理劳动是保证、促进剩余价值生产和资本增殖的手段。"资本家的管理不仅是一种由社会劳动过程的性质产生并属于社会劳动过程的特殊职能,它同时也是剥削社会劳动过程的职能"[①]。资本主义企业中的管理劳动"一方

[①] 马克思:《资本论》(第一卷),人民出版社,1975,第368页。

面是制造产品的社会劳动过程,另一方面是资本的价值增殖过程"[1]。马克思进一步指出,这种管理劳动产生了这样的观念:仿佛职能资本家所获得的企业主收入不是一种剩余价值,而是一种他所从事的"监督劳动"对应的工资。

随着当代资本主义的发展,剩余价值的企业外部和内部的现实形式都得到了进一步的发展。一是金融系统的发展(既包括虚拟资本的扩张,也包括职能资本的运营手段和内容的复杂化)使得剩余价值的外部现实形式及形成过程更加复杂。复杂性在于,剩余价值的生产、实现和分配是通过成千上万的现金流或者说货币循环所构成的。这些微小的货币循环既有传统的职能资本的循环,同时也有大量的基于地租、利息、虚拟资本以及货币银行系统的纯粹发生在货币上的次级循环。复杂的金融网络让这些循环彼此相扣且层层衍生,形成了一个有演化和涌现机制的复杂系统。剩余价值总的生产、实现、分配和积累是这个复杂系统运行的动态结果。

二是晚近以来资本主义劳动过程和公司治理形式的变化,使得剩余价值在企业内部以更加多样的现实形式得以表现。例如,企业法人制度和以董事会为中心构建的公司治理结构、对高级经理人更复杂的(股权)激励机制和薪酬支付、劳务派遣等用工方式等,都将资本主义生产关系、剩余价值的生产和分配"卷曲"在制度化的职业行为以及表面上仿佛和剩余价值无关的、金融资产意义上的薪酬支付体系中。

本书侧重基于企业外部视角,通过对资本主义剩余价值生产、实现、循环和积累的考察来丰富和发展马克思剩余价值理论。而从企业内部的视角,即从资本主义劳动过程的角度对剩余价值展开的分析则留待未来在其他研究中进一步展开。

---

[1] 马克思:《资本论》(第一卷),人民出版社,1975,第369页。

二 劳动力价值

(一) 马克思的劳动力价值概念

马克思在谈及劳动力价值时指出:"劳动力的价值也是由生产从而再生产这种特殊物品所必需的劳动时间决定的。"① 但是劳动力价值有自身的特殊性,劳动力商品不被视作一个"从无到有"的劳动过程的产物,其价值是以劳动力本身已经存在为前提的:"劳动力的生产要以活的个体的存在为前提。假设个体已经存在,劳动力的生产就是这个个体本身的再生产或维持。"② 在此基础上,马克思进一步提出,这种所谓的"再生产和维持"不仅是劳动者绝对生理意义上的生存性费用,还包含"历史和道德的因素";除此之外,还包括劳动者家庭和子女的生活资料价值以及教育培训的费用。

总体上,劳动力价值表现为一种抽象的、总和的以及静态的含义。具体来说,首先,劳动力的再生产应当理解为资本主义生产关系所保证的整个工人阶级的维持和再生产,而非单个具体工人的维持和再生产。马克思是从一个总资本的视角来谈及劳动力的再生产和价值补偿的,因此抽象掉了更具体和细微的工资差异和决定机制。其次,马克思虽然肯定了劳动力价值会超越生理意义上的生存性的界限,并随着历史和道德的变化而变化,但马克思并没有进一步展开相应的分析,尤其是没有分析单位劳动力价值和再生产条件如何随着剩余价值生产和资本积累呈现扩大再生产的动态过程。

可以看出,在《资本论》第一卷中,马克思所谈及的劳动力价值范畴仍然非常抽象,他只是定性地、抽象地指出,工人的货币工资是劳动力价值的现实形式,其理论目的是指出在资本主义生产关系中,资本家支付给工人的货币工资的实质是维持劳动力的延续的价值,数量上小于工人所创造的价值。在这里,马克思对劳动力价值的分析最终是为在

---

① 马克思:《资本论》(第一卷),人民出版社,1975,第193页。
② 马克思:《资本论》(第一卷),人民出版社,1975,第193~194页。

抽象层次上阐述剩余价值的生产服务的。当然，除去这个研究方法上的原因，从历史背景来看，在《资本论》写作的年代，大多数工人的生活水平基本停留在"生存性工资"的水平，收入支出结构并不复杂，在资本积累的过程中工人生活水平的提高并不明显。因此，马克思对工资或劳动力价值的处理体现了逻辑和历史的统一。总之，在马克思的抽象分析中，劳动力价值被视作一个事先给定的、与价值产品，即劳动所创造出来的价值量相独立的量。

（二）劳动力价值和工资内容的拓展

随着资本主义的进一步发展，也随着理论研究从抽象到具体的推进，工资范畴必然会涉及更多的细致结构。斯拉法提出："工资是工人维持生存的一个必要量……这同燃料之于发动机、食物之于牛群没有什么区别。然而工资除了其社会必要的维度之外，还包括剩余产品的一部分。考虑到工资的这一双重特征，当我们考虑剩余在资本家和工人之间的分配时，将工资一分为二即作为必需品部分的工资和作为剩余的一部分是适当的，并且应当意识到只有后一部分是一个变化的量。"[①] 在这里，斯拉法将工资划分为两个部分，笔者将它们分别命名为"生存性工资"和"协调工资"。前者反映了劳动力维持简单再生产的客观要求，后者反映了协调资本主义生产关系的要求。应当认识到，劳动力的简单再生产并非绝对的、生理意义上的最低限度，而是指对现有生活、抚养及教育培训水平的维持。事实上，这个水平本身就会由于协调工资的变化而不断变化。特别是，随着资本积累进而生产力的发展，原本属于协调工资的内容也会逐渐向生存性工资转化。资本主义工资体系是资本积累的结果而非原因。

在上述引文中，斯拉法表达了这样一个观念：工人或者说劳动力是一个完全由资本支配的客体，只要添加"燃料"或"食物"，这种客体便会自动发挥作用。在这个意义上，劳动力或者说可变资本被看作和不

[①] 转引自：张雪琴《金融化与资本积累理论——基于垄断资本学派的研究》，社会科学文献出版社，2019，第99页。

变资本相同的东西，是一种纯粹由技术条件决定的生产耗费。这一点在马克思—斯拉法方法中体现得十分直接，斯拉法体系通过实物工资向量将可变资本整合进投入系数矩阵，计算出一种整体耗费——不变资本和可变资本的区分在这里是不重要的。但是，在真实的资本主义生产方式中，工人不仅是一个从劳动力市场购买来的"资本运营对象"，而且是作为有主观能动性的劳动者参与劳动过程。因此，即便从原则上说劳动力和生产资料都是生产资本的存在形式，服务于资本增殖的目的，但在实际中，资本主义企业仍然需要运用各种方式（如提高工资、设计企业管理制度，甚至包括引入更多的机器设备）来有效地组织生产。换言之，资本主义企业必须考虑如何将劳动力——一种拥有生产剩余价值"潜能"的要素——在劳动过程中组织起来以保证剩余价值的生产。有学者认为，马克思关于劳动过程的分析大体上基于资本家"强迫"劳动力进行生产，而为了生存，工人被迫完全受资本家或其代理人的支配。[①] 但笔者认为，在这里我们再次碰到了马克思逻辑方法和时代背景的统一：当马克思面对19世纪的资本主义生产方式，并在抽象层次上谈论资本主义生产关系和剩余价值的生产原理时，对劳动力价值和生产过程的细致剖析是不太重要的。而且实际上在《资本论》中，马克思也曾对资本家如何运用延长工作日、计件工资、监督和机械化等方式强化剩余价值生产进行了相当程度的讨论，只是并未以专题的形式加以提炼。

而在当代发达资本主义经济体系中，生存性工资之外的协调工资是个别资本主义企业组织和激励劳动过程的基本力量。通常来说，个别资本主义企业的协调工资既包括该企业工资水平相对于其他企业的一般性提高，也包括在该企业内部所设置的根据不同职位、不同劳动技能而定的工资差异。这种差异包括货币工资数量上的差异，也包括多样化薪酬支付结构的差异。通过精心设计的协调工资，个别企业可以在尽可能低

---

① 迈克尔·布若威：《制造同意——垄断资本主义劳动过程的变迁》，李荣荣译，商务印书馆，2015，第47页。

的工资支出的前提下，实现解决委托代理问题、提高劳动强度、延长劳动时间、吸引拥有更高技能劳动者等目的，最终通过这些方式获得超额剩余价值，在竞争中处于有利地位。

不过，对劳动力价值和货币工资的研究不仅包括对劳动力市场运行规律的研究，还包括对企业内部治理和劳动过程的讨论。后者涉及前文所说的企业内部视角下的剩余价值现实形式问题，超出了本书的预定范围。因此，在后文的进一步研究中，本书仅保留这样的假设：工人的货币工资包括生存性工资和协调工资两个部分，资本主义企业通过对工资数量上的调整促进剩余价值的生产和实现。

第三节　劳动价值论和剩余价值理论的数学表达

一　内禀价值

假设生产可行集 $\mathscr{T} = \{\alpha^{[i]}\}$ 为一凸集。① 任何一个生产过程 $\alpha^{[i]} \in \mathscr{T}$ 取如下形式：$\alpha^{[i]} = (\bar{\alpha}^{[i]}, -\underline{\alpha}^{[i]}, -W^{[i]})$。其中 $\bar{\alpha}^{[i]}$ 为该生产过程中的产出品向量，$\underline{\alpha}^{[i]}$ 为投入品向量，$W^{[i]}$ 为劳动力的投入数量。前两者的单位为产出品和投入品的自然物理单位，劳动力的投入数量单位为自然时间，如自然日。同时，本节中假定在生产过程结束之后，不包含任何未完全折旧的固定资本。换句话说，本节的模型可以理解为，以固定资本已经完全折旧的整个完整周期为视角，研究劳动价值论的相关概念。

为了研究劳动价值论，首先需要对劳动的概念做一定的阐释。一般地说，在 $W^{[i]}$ 个单位自然日中所凝结的劳动耗费 $\alpha_l^{[i]} = \omega^{[i]} W^{[i]}$。其中，

---

① 在本书中，用大写的英文花体字母或大写的希腊字母表示集合，以和变量相区分。不过由于本书涉及的数学符号较多，虽然笔者已尽可能保持符号的一致性，但仍难免在不同章节使用同一个符号表示不同含义。笔者均已在相应场合做出说明，造成的不便请读者见谅。

$\omega^{[i]}$ 代表自然日中处于劳动过程的比率,从而 $\omega^{[i]}W^{[i]}$ 代表用自然时间衡量的工作日的长度。在不研究工作日本身变化的场合,生产过程 $\alpha^{[i]} \in \mathcal{T}$ 可以改记为以下简化形式: $\alpha^{[i]} = (\bar{\alpha}^{[i]}, -\underline{\alpha}^{[i]}, -\alpha_l^{[i]})$。$\alpha_l^{[i]}$ 即用自然时间衡量的直接劳动投入量。

另外,假设生产过程 $\alpha^{[i]}$ 满足如下"世外桃源不可能公理"。

世外桃源不可能公理 $\{\alpha^{[i]} \in \mathcal{T} | \alpha_l^{[i]} \leq 0\} = \varnothing$。

同时,假设经济由 $\mathcal{E} = (\mathcal{I}, f, p, w)$ 描述。其中 $\mathcal{I} \subset \mathcal{T}$ 表示现实中被实际采用的生产过程的集合,f 为单位劳动时间所耗费的生活资料向量,p 为该经济中的价格向量,w 为货币工资率。可以认为,$\mathcal{I}$ 和 f 是从物质体系角度描述经济 $\mathcal{E}$ 的再生产性质,p 和 w 则是从货币体系的角度描述 $\mathcal{E}$ 的再生产特征。那么,进一步假设如下"生产性公理"成立。

生产性公理 $\{\alpha^{[i]} \in \mathcal{T} | \hat{\alpha}^{[i]} = \bar{\alpha}^{[i]} - \underline{\alpha}^{[i]} \leq 0\} = \varnothing$,而且 $\sum_{i \in \mathcal{I}} \hat{\alpha}^{[i]} \geqq 0$。[1]

世外桃源不可能公理要求所有生产过程都必须耗费正的人类劳动时间。[2] 生产性公理要求所有的生产过程必须至少生产出一种正的净产品,同时从社会总体来看,对于每一种商品,都生产出非负的净产品。[3]

定义 1-3-1 [内禀价值] 对于生产过程 $\alpha^{[i]} = (\bar{\alpha}^{[i]}, -\underline{\alpha}^{[i]}, -\alpha_l^{[i]})$ 而言,净产品 $\hat{\alpha}^{[i]} = \bar{\alpha}^{[i]} - \underline{\alpha}^{[i]}$ 的内禀价值为:$iv(\hat{\alpha}^{[i]}) = \alpha_l^{[i]}$。经济 $\mathcal{E} = (\mathcal{I}, f, p, w)$ 的总内禀价值为所有生产过程创造的净产品的内禀价值的加总,即 $\sum_{i \in \mathcal{I}} iv(\hat{\alpha}^{[i]})$。

---

[1] 从下文开始,为了书写简洁,以角标[$\mathcal{I}$]的形式代表该变量对集合 $\mathcal{I}$ 内所有元素加总,如 $\sum_{i \in \mathcal{I}} \hat{\alpha}^{[i]} = \hat{\alpha}^{[\mathcal{I}]}$。而在不产生歧义的情况下,出于简便的目的,进一步以去掉上角标的形式代表这一加总,如此处使用 $\hat{\alpha} = \hat{\alpha}^{[\mathcal{I}]}$。读者可以很容易地根据上下文进行判断。

[2] 在一些文献中,"世外桃源不可能公理"用不同的数学形式进行表述。参见:李帮喜《马克思的价值理论与联合生产》,《政治经济学评论》2014 年第 4 期,第 198~213 页。

[3] 在本书中,在有关向量的场合,用"≧0"代表向量的每一个分量都大于等于 0,且可以每个分量都为 0。而用"≥0"代表每个分量都大于等于 0,但不全为 0。在有关标量的场合,"≥0"即通常意义上的大于等于 0。

内禀价值的定义复述了马克思劳动价值论的一个基本思想：一个生产过程的净产品的价值——新创造出来的价值，即价值产品，在数量上等于该生产过程所耗费的人类劳动时间。显然，世外桃源不可能公理和生产性公理保证了内禀价值为正，并且总是定义良好。这里有几点应当注意到。第一，某净产品内禀价值的量仅仅依赖于生产该净产品的劳动投入，而和该净产品本身没有关系。也就是说，如果同样的净产品由不同的生产过程生产出来，则可能拥有不同的内禀价值；也可能不同的净产品拥有相同的内禀价值。而如果多个生产过程生产出相同的净产品，内禀价值的定义则允许人们按照每个劳动过程所实际耗费的劳动时间为其净产品指定相应的内禀价值。第二，内禀价值只能定义在那些确实通过某些生产过程生产出来的净产品向量上。而一般的，我们不能对任意构造的产品向量定义它的内禀价值，如果它没有被任何实际生产过程以净产品的形式生产出来的话。第三，内禀价值是一个生产概念，和该生产过程所处的交换体系、货币关系以及分配状态无关。另外，显然有 $\sum_{i \in \mathcal{I}} iv(\hat{\alpha}^{[i]}) = \alpha_l$，即总内禀价值等于所有生产过程的劳动耗费总量。

值得指出的是，在基于投入产出矩阵构建的传统马克思—斯拉法模型中，对净产品价值和劳动耗费关系的刻画可以看作定义 1-3-1 应用于线性模型条件下的特例。在线性模型中，总内禀价值既可以理解成所有生产过程各自创造的内禀价值的加总，也可以理解成社会总净产品的内禀价值。具体而言，在线性模型中，对于第 i 个生产部门，其净产品为 $y_i = (B_i - A_i)x$①，其中 B_i 和 A_i 分别为产出矩阵 B 和投入矩阵 A 的第 i 行。其内禀价值为 $iv(y_i) = L_i x_i$，其中 L_i 为直接劳动投入向量 L 的第 i 列。那么总内禀价值为 $\sum_{i \in \mathcal{I}} iv(y_i) = \sum_{i \in \mathcal{I}} L_i x_i = Lx$。而生产出社会总净产品 $y = (B - A)x$ 的劳动耗费也为 Lx。

---

① x 在此表示活动水平向量。

罗默提出了另一种劳动价值的定义。① 他主张，商品（向量）x 的劳动价值应当定义为：

$$\min\{\alpha_l^{[i]} \mid \hat{\alpha}^{[i]} \geqslant x, \alpha^{[i]} \in \mathscr{T}\} \qquad (1-3-1)$$

这一定义事实上可以看作森岛通夫曾提出的最优规划定义的非线性版本。② 罗默的定义要求如下三点假设：（1）经济行为总是选择最有效率的；（2）所有技术过程对企业是可得的；（3）任意商品向量总是可由某个特定的生产过程以净产品的形式生产出来。罗默没有充分说明这三点假设的一般性。尽管该定义在理论上不具有一般性，但式（1-3-1）所定义的价值在技术上可以认为是在一定条件下的内禀价值定义。

定义 1-3-2 ［劣生产过程］对于生产过程 $\alpha^{[i]}$ 和 $\alpha^{[j]}$ 而言，如果 $(\hat{\alpha}^{[i]}, -\alpha_l^{[i]}) \geqslant (\hat{\alpha}^{[j]}, -\alpha_l^{[j]})$ 成立，则称 $\alpha^{[j]}$ 劣于 $\alpha^{[i]}$。如果在集合 $\mathscr{T}$ 中，存在至少一个 $\alpha^{[i]}$ 使得 $\alpha^{[j]}$ 劣于 $\alpha^{[i]}$，则称 $\alpha^{[j]}$ 是一个劣生产过程。

通俗地说，相对于其他某个生产过程，劣生产过程使用了更多的劳动耗费却生产出更少的净产品。

定理 1-3-1 如果集合 $\mathscr{T}$ 中不存在劣生产过程，那么由式（1-3-1）定义的价值和内禀价值一致。

证明： 记 $z(x) = \min\{\alpha_l^{[i]} \mid \hat{\alpha}^{[i]} \geqslant x, \alpha^{[i]} \in \mathscr{T}\}$，取到相应最小值的生产过程记作 α^*。另外，记生产出净产品（向量）x 的生产过程为 $\alpha^{[x]} = (\bar{\alpha}^{[x]}, -\underline{\alpha}^{[x]}, -\alpha_l^{[x]})$，$x = \bar{\alpha}^{[x]} - \underline{\alpha}^{[x]}$。那么根据定义，$\alpha_l^* = z(x) \leqslant \alpha_l^{[x]}$ 且 $\hat{\alpha}^* \geqslant \hat{\alpha}^{[x]} = x$。这蕴含着，如果式（1-3-1）定义的价值 $z(x)$ 不等于生产出净产品 x 的生产过程的劳动耗费 $\alpha_l^{[x]}$，则要么 $\alpha_l^* < \alpha_l^{[x]}$ 且 $\hat{\alpha}^* \geqslant \hat{\alpha}^{[x]}$，要么 $\alpha_l^* = \alpha_l^{[x]}$ 且 $\hat{\alpha}^* \geqslant \hat{\alpha}^{[x]}$。显然，这两种情形都意味着 $\alpha^{[x]}$ 劣于

---

① 约翰·E. 罗默：《马克思主义经济理论的分析基础》，汪立鑫等译，世纪出版集团·上海人民出版社，2007。
② 森岛通夫：《马克思的经济学——价值和增长的双重理论》，袁震岳等译，上海人民出版社，1990。

α^*。这与没有劣生产过程的假设矛盾，因此式（1-3-1）定义的价值 $z(x)$ 必然等于生产出净产品 x 的生产过程的劳动耗费 $\alpha_l^{[x]}$，即其内禀价值。命题得证。

定理 1-3-2 如果 $\alpha^{[i]}$ 是经济 $\mathscr{E}$ 中利润最大化的生产过程，那么 $\alpha^{[i]}$ 必然不是一个劣生产过程。

证明：假设 $\alpha^{[i]}$ 是一个劣生产过程，那么必然存在一个 $\alpha^{[j]}$ 使得 $(\hat{\alpha}^{[i]}, -\alpha_l^{[i]}) \leqslant (\hat{\alpha}^{[j]}, -\alpha_l^{[j]})$ 成立。这意味着 $(p, w)(\hat{\alpha}^{[i]}, -\alpha_l^{[i]}) < (p, w)(\hat{\alpha}^{[j]}, -\alpha_l^{[j]})$ 成立，即 $\pi^{[i]} < \pi^{[j]}$。这与 $\alpha^{[i]}$ 是利润最大化的生产过程矛盾。命题得证。

定理 1-3-2 说明，如果企业总是利润最大化的，且对于每一个企业而言，所有技术 $\alpha^{[i]} \in \mathscr{T}$ 都是可得的，那么集合 $\mathscr{I}$ 中一定不包含劣生产过程。而定理 1-3-1 进一步保证了，当不包含劣生产过程时，式（1-3-1）定义的价值和内禀价值的一致性。因此，在一定意义上可以说，罗默的价值定义和本书所界定的内禀价值并不是相互矛盾的。但应当注意到，定理 1-3-2 要求对于每一个企业来说，所有的技术 $\alpha^{[i]} \in \mathscr{T}$ 都是可得的，从而它总能排除掉劣生产过程。但是，现实中每个企业对技术的选择总是受制于各种客观条件。这意味着，在实际采用的生产过程集合 $\mathscr{I}$ 中可能存在这样的情形，由于不同企业面临的实际条件不同，某些企业不得不采用了相对其他企业更"劣"的生产过程。（当然，对于每一个企业自身所有可能的生产过程而言，那些劣生产过程确实已经被排除了。）因此，无论是从理论还是从实践的角度来讲，集合 $\mathscr{I}$ "几乎"都会包含大量的劣生产过程。因此，内禀价值比罗默定义的价值更具有一般性。

二 社会价值和劳动时间的货币表示

定义 1-3-3 ［特征矢］如果存在向量 $(\varLambda, m) > 0$ 使得以下条件同时成立，那么 $(\varLambda, m)$ 是经济 $\mathscr{E} = (\mathscr{I}, f, p, w)$ 的特征矢：

a. $\Lambda\hat{\alpha} = \sum_{i \in \mathcal{I}} iv(\hat{\alpha}^{[i]})$；

b. $\Lambda\bar{\alpha} = mp\bar{\alpha}$；

c. $(1 - \Lambda f)\alpha_l = m(p\hat{\alpha} - w\alpha_l)$。

特征矢的定义纯粹是数学的，并不依赖于人们为 Λ 和 m 所赋予的经济学含义，Λ 和 m 本身只表现为一种与 p 和 w 不同的数学"权重"。但是，它们确实可以用特定的经济含义加以解释。条件 a 意味着，Λ 是这样一种权重，它将社会总净产品加总为社会所耗费的劳动投入总量。或者说，它表示，社会总劳动量如何被赋值于每一个单位净产品上。条件 b 和 c 意味着，用 p 和 w 计算得到的社会价格总量和利润总量如何用另一种核算权重 Λ 和 m 表示。事实上，由于下文将证明，特征矢构成了唯一的"社会价值"，因此，条件 b 和 c 又意味着，社会价值总量等于价格总量，以及剩余价值总量等于利润总量。这正式地表达了马克思在价值转形问题中提出的两个等式的要求，因此，条件 b 和 c 可被称为"相容性条件"。

定理 1-3-3 $m^* = \dfrac{\alpha_l}{p\hat{\alpha}}$，$\Lambda^* = m^*p$ 是任意经济 $\mathcal{E} = (\mathcal{I}, f, p, w)$ 的特征矢。

证明：只要注意到 $\sum_{i \in \mathcal{I}} iv(\hat{\alpha}^{[i]}) = \alpha_l$ 以及事实 $pf = w$，即可验证。证毕。

定理 1-3-3 声明，对于任意给定的经济 $\mathcal{E} = (\mathcal{I}, f, p, w)$，一定可以通过下述方法求出特征矢：

$$\begin{cases} m^* = \dfrac{\alpha_l}{p\hat{\alpha}} \\ \lambda_i^* = \dfrac{p_i\alpha_l}{p\hat{\alpha}} \end{cases} \quad (1-3-2)$$

其中 λ_i^* 为 Λ^* 的第 i 个分量。该定理保证了任意经济中特征矢的存在性。不过，对于一个给定的经济 $\mathcal{E} = (\mathcal{I}, f, p, w)$ 而言，满足条件 a、 b 和 c 的特征矢一般而言是不唯一的。显然一个拥有多种可能数值的定义并不是劳动价值的合意概念。因此，要在经济 $\mathscr{E}=(\mathscr{A},f,p,w)$ 的所有特征矢中选出一个合适的特征矢充当社会价值以及货币表示的劳动时间。

为了选出合适的特征矢，这里要增加一个原理：对于任意不同的经济 $\mathscr{E}=(\mathscr{A},f,p,w)$，社会价值拥有相同的表达式。这种拥有相同表达式的特征矢可称为共同特征矢。

定理 1-3-4 定理 1-3-3 确定的特征矢 $(\varLambda^*,m^*)$ 是所有经济 $\mathscr{E}=(\mathscr{A},f,p,w)$ 的唯一共同特征矢。

证明：对于任意经济 $\mathscr{E}=(\mathscr{A},f,p,w)$ 而言，假设还存在另一个共同特征矢 $\varLambda'=m^*p+e$，$e\ne 0$。则有 $\varLambda'\hat{\alpha}=m^*p\hat{\alpha}+e\hat{\alpha}=\alpha_l$ 成立，即 $e\hat{\alpha}=0$ 成立。同时，定义 1-3-3 中的条件 b 和 c 意味着，有 $e\bar{\alpha}=0$ 和 $ef=0$ 成立。这意味着对于任意的 $\hat{\alpha}$、$\bar{\alpha}$ 和 f，方程组 $e(\hat{\alpha},\bar{\alpha},f)=0$ 总是存在非零解。这显然是不成立的。事实上，只需考虑一个单产品经济，显然这种情形不存在非零解。因此，$(\varLambda^*,m^*)$ 是唯一共同特征矢。证毕。

定理 1-3-4 保证了，对于所有经济而言，共同特征矢是唯一的。因此，社会价值和劳动时间的货币表示可以由共同特征矢进行定义。下文将展示，它在解释并进一步阐述马克思的思想上具有十分良好的性质。

定义 1-3-4 ［产品 x 的社会价值］ 如果 $x\leqslant\bar{\alpha}$，且 $(\varLambda,m)$ 是共同特征矢，那么 $\varLambda x$ 是产品 x 的社会价值。

定理 1-3-5 社会总产品的社会价值等于生产资料中转移的社会价值加上直接劳动投入量所凝结的新价值。

证明：直接利用定义 1-3-3 中的条件 a，立即得到 $\varLambda\bar{\alpha}=\varLambda(\hat{\alpha}+\underline{\alpha})=\alpha_l+\varLambda\underline{\alpha}$。证毕。

定理 1-3-5 意味着，社会价值是对"内禀价值"的重新分配。这是因为，定义 1-3-3 的条件 a 蕴含着：社会价值是这样一种向量，将其乘以社会总净产品所得到的量等于社会总内禀价值。换句话说，社会价值将内禀价值总量在总净产品中的每一个部分上进行重新分配。

森岛通夫曾经主张：一个合意的劳动价值定义应当满足：非负，唯一，与市场无关。① 本书认为这种主张是对"内禀价值"的合理描述。可以验证，本书所定义的"内禀价值"满足这一要求。但是，这一主张的第三条并不符合"社会价值"的内涵。事实上，社会价值本身就是内禀价值在具体的交换关系中表现出来的量。

定义 1-3-5 [劳动时间的货币表示] 如果 (Λ, m) 是共同特征矢，那么 m 是经济 $\mathscr{E} = (\mathscr{A}, f, p, w)$ 中单位货币所表示的劳动时间。

在定义 1-3-4 和定义 1-3-5 中，价格体系 p 是预先给定的。也就是说，只有在已知商品的货币价格的前提下，才能够认识该种商品的社会价值。这种定义事实上正是描述了马克思劳动价值论的一个核心观点：商品的"内在"价值虽然通过生产过程中的劳动耗费固有地存在，但必须通过外在的价值形式——在货币条件下也就是商品的价格——现实地、定量地表现、确定及实现。

这里的货币价格和商品交换比例是有区别的，货币是"商品价值的具象化"②，是"抽象的人类劳动被社会承认的化身"③。货币体系为价值提供了一个统一的价值形式。商品的价值在通过货币得以表示之前，原则上是不可知的。因此，商品的社会价值量就是它通过货币所表示出来的那个量。正如马克思说的："货币作为价值尺度，是商品内在的价值尺度即劳动时间的必然表现形式。"④ 因此，不能如"计算论"那样把商品的货币价格看作先验"已知"的社会价值的被动反映，相反，在相对价值形式和等价形式的相互作用关系上，它决定了商品的社会价值。

这里对货币价格和社会价值的关系做进一步的补充。在偶然的和扩

---

① 森岛通夫：《马克思的经济学——价值和增长的双重理论》，袁镇岳等译，上海人民出版社，1990。
② 安瓦尔·谢克：《资本主义——竞争、冲突与危机》（上册），赵准等译，中信出版集团股份有限公司，2021，第 253、256 页。
③ 大卫·哈维：《资本的限度》，张寅译，中信出版集团股份有限公司，2017，第 386 页。
④ 马克思：《资本论》（第一卷），人民出版社，1975，第 112 页。

大的价值形式中，并不必然蕴含一个内在一致的社会价值体系。例如，在一个包含三种商品的交换关系中，在扩大的价值形式下，1个单位的商品 A 拥有两种价值形式：2 个单位的商品 B 和 4 个单位的商品 C。在这一观测下，一个内在一致的价值体系应当能推导出 1 个单位商品 B 的价值形式是 2 个单位商品 C。但是，由于商品的扩大的价值形式范畴本身并不能赋予它的诸多价值形式之间相对价值关系的任何规定性，所以当 1 个单位商品 B 处在相对价值形式时，其等价形式可能是 3 个单位商品 C——这并不与商品 A 的扩大的价值形式相容（因为后者潜在地要求商品 B 的等价形式是 2 个单位商品 C）。

只有在一般的价值形式的场合，这种内在一致的社会价值体系才可以确定。任何两种商品之间的交换关系，可以通过它们分别与一般等价物之间的交换关系得以确认。也就是说，1 个单位商品 A 之所以能与 2 个单位商品 B 交换，只是因为它们的价值都能分别用 1 个单位和 2 个单位的商品 C（作为一般等价物）表现。此时，价值规律声明，商品之间的交换比例由双方的价值量确定，而这里的价值量说的正是双方分别由货币所表示的价值量，即由二者的货币价格所确定。

这意味着，尽管任意商品作为社会总产品的一部分，必然蕴含一定量的内禀价值——一种客观的人类劳动凝结实体，但这个量的"外化"则必须在它同货币的交换完成之后得以观察和确定。换言之，只有当商品处在相对价值形式，而货币为等价形式处在交换关系的另一端时，即在同货币的交换中，商品价值量的各种可能性最终"塌缩"并实现为一个唯一的、现实的数值。这既是价值的实现过程，也是内禀价值表现为社会价值的过程。

在商品和货币的交换中，价格表现价值的必然性，是通过商品和货币之间交换比例的大量的偶然性表现出来的。马克思明确地指出："交换比例既可以表现商品的价值量，也可以表现比它大或小的量，在一定条件下，商品就是按这种较大或较小的量来让渡的。可见，价格和价值量之间的量的不一致的可能性，或者价格偏离价值量的可能性，已经包含在价格形式本身中。但这并不是这种形式的缺点，相反地，却使这种形式成为这样一种生产方式的适当形式，在这种生产方式下，规则只能作为没有规则性的盲目起作用的平均数规律来为自己开辟道路。"① 也就是说，马克思认为，商品的价值这一范畴本身必须在大量的、随机的市场价格中以"平均"的方式进行事后认识。正是在不断波动中，货币价格通过其重心标记了一个唯一的、现实的价值量——这个价值量反映着该商品作为总产品的一部分被分配的人类劳动时间。

  这是马克思劳动价值论同古典经济学以及瓦尔拉斯一般均衡价格体系的核心差别之一。在古典经济学和瓦尔拉斯一般均衡理论中，相对价格体系本质上都是由商品之间的直接交换关系确定的，二者的差别仅在于，前者主张这种直接交换行为由劳动量所规制，而后者则依赖于瓦尔拉斯所设想的"拍卖人"机制。因此，无论是在古典经济学还是在瓦尔拉斯一般均衡理论中，货币都是不重要的，是一个中性的面纱。但在马克思的理论中，相对价格体系是由商品的"绝对"价格体系，即商品的货币价值形式确定的。正如在第二节已经说过的，如果认为商品的货币价格只是被动地反映出商品先验的、"已知"的价值量，则将马克思的货币理论和价值理论割裂开来，使得马克思的内生货币理论和货币非中性观念丧失必要的劳动价值论基础。事实上，传统的马克思经济学数理模型几乎都陷入了这样的困境。

  在现代货币经济，特别是记账货币经济中，货币系统本质上只是一个"积分"体系。每一个单位货币就是一"分"。每一个经济主体为每种经济行为或商品赋予特定的"分值"。人们依据"分值"开展经济活动，而"分值"本身却又正是通过人们围绕"分值"展开的经济活动得以确认的。

  在这个积分系统中，"积分"并不需要是"真实"的外部实体。尽管它可以在必要的时候以某种现实的符号来表示，但它本质上存在于一

---

① 马克思：《资本论》（第一卷），人民出版社，1975，第120页。

个虚拟的信用空间中。从而,这种虚拟的分值概念不需要包含某种实体性的"真实价值"。它的价值是通过人们将它和特定的人类劳动耗费建立联系而获得的,这种联系的建立并不必然要求"积分"是真实的劳动产物。例如,只要人们完成了某些劳动行为,记账系统就在虚拟信用空间里为之记录一定的积分,那么对应的分值就被赋予了人类劳动耗费的内涵。不过至此为止,这样的积分仍然不是一种"货币"。只有当这个虚拟信用空间中的分值被用于交易或支付时,这个积分系统才成为一个货币体系。①

在这个意义上,货币价值 m 不必然是某种真实商品的价值。但是,每一个单位货币——一种虚拟的分值——又必然蕴含和真实人类劳动耗费之间的实质联系。在以贵金属为代表的商品货币体系下,这种实质联系简单明了:每一个单位黄金通过特定量的人类劳动耗费生产出来。因此,商品货币体系将关于人类劳动的"积分游戏"隐藏在一种现实中的积分符号——黄金——的真实生产、需求和流通中。而在现代信用货币经济中,这种纯粹的、概念的积分游戏,及其同人类劳动的关系,是通过一般商品市场、劳动力市场和金融系统共同构建的。关于货币及其价值的进一步论述将在第二章展开。

最后,可以用一个平面几何关系来表示社会价值的数学含义。考虑一个包含两种商品的经济。设两种商品的净产品量分别为 y_1 和 y_2,社会总劳动耗费为 L。那么,该经济的特征矢 $\Lambda = (\lambda_1, \lambda_2)$ 为方程组:

$$\begin{cases} \lambda_1 y_1 + \lambda_2 y_2 = L \\ \dfrac{\lambda_1}{\lambda_2} = \dfrac{p_1}{p_2} \end{cases}$$

---

① 这也反映了诸如棋牌和网络游戏等虚拟世界中的"货币系统"的运行机制。在这些虚拟世界中,"货币"不是通过人类劳动过程所生产出"物质实体",但是,它们通过游戏机制被设计成根据游戏中的角色的特定行为获得,并用于支付和交易。这样,一个"货币系统"就被创造出来。在很多游戏中,最终会以"货币"为分数判定玩家的胜负。本质上,这种虚拟世界中的货币体系只是游戏机制设计出来的一个驱动游戏行为的积分系统。

的解。其几何含义是，方程 $\lambda_1 y_1 + \lambda_2 y_2 = L$ 决定了特征矢的所有可能范围，价格 (p_1, p_2) 指出了一条以原点为起点的射线。价格变化引起射线发生旋转，一旦价格被确定下来，就决定了射线和直线的交点，从而决定了唯一的 Λ。接着，一个唯一的 m 便被确定了下来。

三 剩余价值

定义 1 – 3 – 6 ［劳动力价值］单位劳动时间消耗的生活资料的社会价值为单位劳动力价值，即 $vlp = \Lambda f$。单位劳动力价值的加总为劳动力价值总量。

在本节中，假设工人的货币工资都用于购买生活资料，那么有：

定理 1 – 3 – 6 单位劳动力价值等于工资率所表示的劳动时间，即 $\Lambda f = mw$。

证明：$\Lambda f = mpf = mw$。证毕。

定理 1 – 3 – 6 说明，单位劳动力的价值等于工资率所表示的劳动时间，即 $vlp = mw$。那么，利用 $m = \dfrac{\alpha_l}{p\hat{\alpha}}$ 立即得到 $vlp = \dfrac{w}{p\hat{\alpha}} \alpha_l$。这意味着，单位劳动力价值是总劳动耗费的一部分，数值上等于总工资在（用货币核算的）总净产品中所占的比例。

有学者认为，定义 1 – 3 – 6 在数学上等价于"新解释"对劳动力价值的定义。[①] 但事实上，本节的定义完全基于马克思对劳动力价值的界定，而非如"新解释"那样的"重新定义"。定理 1 – 3 – 6 无非证明，"新解释"对劳动力价值的定义可以通过马克思经济学中更基本的观点推导出来，以保证它和马克思经济理论的相容性。

根据定理 1 – 3 – 6，可以用货币工资乘以货币价值的方式定义劳动力的价值。这样在形式上，劳动力获得了与一般商品相似的价值决定方式，即均为市场价格乘以单位货币的价值。但二者仍具有本质的差异。

---

① Nakatani Takeshi, Rieu Dong – Min, "On the 'New Interpretation' of Marxian Labour Theory of Value," *Kobe University Economic Review*, 2003, 49: 51 – 62.

一般商品的"社会价值"决定过程表现了"价值实体—价值形式"以及"相对价值形式—等价形式"的内在逻辑；而对于劳动力商品而言，价值虽然在形式上也可以写作货币价格与单位货币价值的乘积，但此时这一形式不是以"价值实体—价值形式"以及"相对价值形式—等价形式"为内在逻辑得到的。将名义工资乘以单位货币的价值这一计算过程没有劳动价值论含义，定理1-3-6只是在假设货币工资等于工人消费支出的前提下的一个数学结果。在稍后的章节中将会说明，如果允许工人进行储蓄或者考虑更复杂的金融行为，那么工人的货币工资并不总是等于其劳动力价值。此时就无法按照"新解释"的方法直接用货币工资去"定义"劳动力价值。但是定义1-3-6所给出的劳动力价值的定义仍然是良好的，也即如马克思所言，劳动力的价值从根本上说应当由劳动力再生产所耗费的生活资料的价值决定，而货币工资只是这一机制的外在的、间接的反映。

定义1-3-7 ［剩余价值］生产过程 $\alpha^{[i]}$ 创造的剩余价值 $sv^{[i]}$ 为净产品的内禀价值中超过生产该净产品所耗费的劳动时间对应的劳动力价值的部分，即 $sv^{[i]} = iv(\hat{\alpha}^{[i]}) - \Lambda f \alpha_l^{[i]}$。经济 $\mathscr{E} = (\mathscr{I}, f, p, w)$ 的总剩余价值为所有生产过程创造的剩余价值的总和，即 $\sum_{i \in \mathscr{I}} sv^{[i]}$。

定理1-3-7 如果经济 $\mathscr{E} = (\mathscr{I}, f, p, w)$ 存在正的总利润，那么对于任意生产过程 $\alpha^{[i]}$ 而言，$sv^{[i]} > 0$ 成立。

证明：利用 $vlp = \dfrac{w\alpha_l}{p\hat{\alpha}}$ 和总利润 $p\hat{\alpha} - w\alpha_l > 0$，立即得到 $mw < 1$。并考虑到世外桃源不可能公理，从而 $sv^{[i]} = (1 - mw)\alpha_l^{[i]} > 0$ 成立。证毕。

定理1-3-7蕴含着，对于所有生产过程而言，"个别"剩余价值总是正的。

值得顺带一提的是，在马克思—斯拉法框架中，劳动力价值也被定义为 $vlp = \Lambda f$，但其中 Λ 决定于方程 $\Lambda = L + \Lambda A$。A 是投入系数矩阵，L 是直接劳动投入向量。从而 $vlp = L(I - A)^{-1}f$。这样，劳动力价值就转化为由生产条件 (A, L) 决定的生产实际工资品所需的劳动时间耗费。

从而，剩余价值就被定义为 $sv = Lx - L(I-A)^{-1}fLx$，其中 x 为社会总产品。可以以一个单产品资本主义经济为例来说明上述观点。假设经济投入 a 量的原材料和 L 量的直接劳动，产出 b 量的产品。那么这个经济的净产品量为 $y = b - a$。假设工人在单位劳动时间消费 f 量的商品，那么实际工资为 fL，资本家占有的剩余产品为 $y - fL$。如果把这个分配关系用资本家和工人对总劳动时间的分割占有来表示，则意味着在全部劳动耗费 L 中，工人占有的劳动时间为 $\frac{fL}{y}L$，资本家占有的劳动时间为 $\frac{y-fL}{y}L$。这表达了马克思剩余价值理论的核心思想：把工人和资本家对净劳动产品的分割占有表示为对劳动的分割占有。

不过，这种模型存在如下理论问题。由于工人和资本家之间对新创造出的价值的分配是通过货币和商品交换的形式实现的，因此，劳动力价值和剩余价值的概念必须建立在通过货币和商品交换来实现对劳动时间的占有这一原则上。工资，作为一定量的货币，赋予了工人在商品市场上的权利——购回一定量的劳动产品，从而实现对自己所创造的价值的占有。但是，这一过程最终能够"购回"多少的劳动量，必然依赖于工人所面对的价格体系，以及用这个价格体系所核算的净产品和可变资本之间的比例。马克思—斯拉法模型忽略了工人对价值产品的占有必须通过货币工资及商品价格体系下的货币和商品交换来实现这一事实，把劳动力价值和剩余价值理解为纯粹技术意义上的劳动时间耗费，进而仿佛剥削率——反映了工人和资本家对劳动时间的分割——是一个脱离货币和商品交换而独立存在的技术变量。从根本上说，这是由模型中缺乏货币概念这一固有缺陷导致的。

四 复杂劳动

（一）复杂劳动的引入

1. 复杂劳动和超额剩余价值

考虑一个包含劣生产过程的场合。假设生产过程 $\alpha^{[j]}$ 劣于 $\alpha^{[i]}$。这

意味着 $(\hat{\alpha}^{[i]}, -\alpha_l^{[i]}) \geqslant (\hat{\alpha}^{[j]}, -\alpha_l^{[j]})$ 成立。出于简化的目的，不妨设 $\alpha_l^{[i]} = \alpha_l^{[j]} = \alpha_l^*$。这意味着 $\hat{\alpha}^{[i]} \geqslant \hat{\alpha}^{[j]}$ 成立，即生产过程 $\alpha^{[i]}$ 比 $\alpha^{[j]}$ 生产出更多的净产品，进一步假设生产过程 $\alpha^{[i]}$ 和 $\alpha^{[j]}$ 面对相同的工资率 w，那么根据 $mw = mpf = \Lambda f$，可知两个生产过程的实物工资和劳动力价值是相等的，则 $sv^{[i]} = sv^{[j]} = \alpha_l^* - \Lambda f \alpha_l^*$。因此，这仿佛产生了这样的"矛盾"：一方面，从价值量来说，生产过程 $\alpha^{[i]}$ 和 $\alpha^{[j]}$ 所创造的剩余价值是一样的；另一方面，从使用价值量来说，生产过程 $\alpha^{[i]}$ 创造了更多的剩余产品，即 $\hat{\alpha}^{[i]} - f\alpha_l^* > \hat{\alpha}^{[j]} - f\alpha_l^*$。从而直觉上，相对于 $\alpha^{[j]}$，$\alpha^{[i]}$ 的劳动时间中应有更大的部分属于"剩余劳动"。

定义 1-3-8 ［剩余劳动时间］生产过程 $\alpha^{[i]}$ 的剩余劳动时间为 $st^{[i]} = \left(1 - \dfrac{w\alpha_l^{[i]}}{p\hat{\alpha}^{[i]}}\right)\alpha_l^{[i]}$。

在剩余劳动时间的定义中，利用 $mp = \Lambda$ 以及 $w = pf$，可得 $\dfrac{w\alpha_l^{[i]}}{p\hat{\alpha}^{[i]}} = \dfrac{\Lambda f \alpha_l^{[i]}}{\Lambda \hat{\alpha}^{[i]}}$。剩余劳动时间可以进一步改写成 $st^{[i]} = (1 - \mu^{[i]}w)\alpha_l^{[i]}$，其中 $\mu^{[i]} = \dfrac{\alpha_l^{[i]}}{p\hat{\alpha}^{[i]}}$。那么显然，根据定义 1-3-8，在上文 $\alpha^{[i]}$ 和 $\alpha^{[j]}$ 的比较中，$\alpha^{[i]}$ 的剩余劳动时间为 $(1 - \mu^{[i]}w)\alpha_l^*$，其中 $\mu^{[i]} = \dfrac{\alpha_l^*}{p\hat{\alpha}^{[i]}}$，而 $\alpha^{[j]}$ 的剩余劳动时间为 $(1 - \mu^{[j]}w)\alpha_l^*$，其中 $\mu^{[j]} = \dfrac{\alpha_l^*}{p\hat{\alpha}^{[j]}}$。由于 $\hat{\alpha}^{[i]} > \hat{\alpha}^{[j]}$，因此 $\mu^{[j]} > \mu^{[i]}$，从而 $(1 - \mu^{[i]}w)\alpha_l^* > (1 - \mu^{[j]}w)\alpha_l^*$，即 $\alpha^{[i]}$ 比 $\alpha^{[j]}$ 包含更多的剩余劳动时间。

但是，根据剩余价值的定义，生产过程 $\alpha^{[i]}$ 和 $\alpha^{[j]}$ 的剩余价值相等，即 $sv^{[i]} = sv^{[j]} = (1 - mw)\alpha_l^*$。比较后可知，剩余价值 $sv^{[i]}$ 和剩余劳动时间 $st^{[i]}$ 并不相等，二者之间的关系是 $st^{[i]} - sv^{[i]} = (m - \mu^{[i]})w\alpha_l^{[i]}$，且经过简单的运算可以验证：$m = \sum\limits_{i \in \mathscr{I}} \theta^{[i]}\mu^{[i]}$，其中 $\theta^{[i]} = \dfrac{\Lambda\hat{\alpha}^{[i]}}{\Lambda\hat{\alpha}}$。即，劳动时

间的货币表示 m 可以看作所有 $\mu^{[i]}$ 的加权平均值，其权重即生产过程 $\alpha^{[i]}$ 的净产品的社会价值占总净产品社会价值的份额。由此可知，一方面，在一个经济中，劳动时间的货币表示作为总劳动耗费和总净产品价格的比值，是每一个个别生产过程的劳动耗费和其净产品价格的比值的平均化；另一方面，维持总劳动力再生产的社会必要劳动时间 $mw\alpha_l$ 是每一个个别生产过程 $\alpha^{[i]}$ 的"必要劳动时间" $\mu^{[i]}w\alpha_l^{[i]}$ 的加权平均值。

从理论实质上讲，上述剩余价值和剩余劳动时间的不一致性在于劳动力价值是通过社会价值或社会劳动进行定义的，但劳动时间或者说劳动耗费是在私人劳动或者说个别劳动的层次上界定的。剩余价值和剩余劳动时间之间的矛盾，本质上就是私人劳动向社会劳动转化过程的矛盾。

为了解决剩余劳动时间和剩余价值之间的这种不一致性问题，需要引入"劳动复杂度"和"实现的剩余价值"两个概念。

定义 1 – 3 – 9 ［劳动复杂度］生产过程 $\alpha^{[i]}$ 的劳动复杂度为 $\tau^{[i]} = \dfrac{m}{\mu^{[i]}} = \dfrac{\alpha_l/\alpha_l^{[i]}}{p\hat{\alpha}/p\hat{\alpha}^{[i]}}$。①

定义 1 – 3 – 10 ［实现的剩余价值］生产过程 $\alpha^{[i]}$ 实现的剩余价值是 $rsv^{[i]} = (\tau^{[i]} - mw)\alpha_l^{[i]}$，其中 $\tau^{[i]}$ 是生产过程 $\alpha^{[i]}$ 的劳动复杂度。

容易验证，生产过程 $\alpha^{[i]}$ 的实现的剩余价值 $rsv^{[i]}$ 和剩余劳动时间 $st^{[i]}$ 的关系是：$rsv^{[i]} = \tau^{[i]}st^{[i]}$。就是说，实现的剩余价值等于剩余劳动时间乘以该劳动的劳动复杂度。同时，我们可以进一步得到如下推论：

推论 $mp\hat{\alpha}^{[i]} = \tau^{[i]}\alpha_l^{[i]}$。

上述推论意味着，对于任何一个生产过程 $\alpha^{[i]}$，有 $\Lambda\overline{\alpha}^{[i]} = \tau^{[i]}\alpha_l^{[i]} + \Lambda\underline{\alpha}^{[i]}$ 成立。这说明，复杂劳动概念的引入，使得对于任何一个生产过

---

① 孟捷和冯金华从另一个分析角度出发，在事实上得到了与定义 1 – 3 – 9 形式一致的劳动复杂度的计算式。通过分析可以确认，从数学形式上说，孟捷和冯金华的定义正是定义 1 – 3 – 9 的特殊形式。具体参见：孟捷、冯金华《复杂劳动还原与产品的价值决定：理论和数理的分析》，《经济研究》2017 年第 2 期，第 187～198 页。

程，产出品的社会价值必然等于生产资料转移的价值与抽象劳动耗费之和。这里的抽象劳动指的是通过劳动复杂度补正之后的"劳动耗费"。在这个解释下，劳动价值论不仅在总量意义上成立，同时在每一个微观生产过程的意义上也成立。

定理 1-3-8　$rsv^{[i]} = m\pi^{[i]}$。

证明：生产过程 $\alpha^{[i]}$ 所获得的利润为 $\pi^{[i]} = p\hat{\alpha}^{[i]} - w\alpha_l^{[i]}$。对其两边乘以 m，并利用推论 $mp\hat{\alpha}^{[i]} = \tau^{[i]}\alpha_l^{[i]}$ 整理可得：$m\pi^{[i]} = (\tau^{[i]} - mw)\alpha_l^{[i]} = rsv^{[i]}$。证毕。

定理 1-3-8 声明，在微观意义上，每个生产过程获得的货币利润总是等于它实现的剩余价值。这保证了，剩余价值和利润不仅在宏观总量上是一致的，而且通过复杂劳动的概念，二者在微观意义上也是一致的。

定义 1-3-11　[超额剩余价值] 生产过程 $\alpha^{[i]}$ 的超额剩余价值为 $esv^{[i]} = rsv^{[i]} - sv^{[i]}$。

根据超额剩余价值的定义，生产过程 $\alpha^{[i]}$ 的超额剩余价值可以进一步表达为 $esv^{[i]} = (\tau^{[i]} - 1)\alpha_l^{[i]}$。这说明了，超额剩余价值的量可以完全由劳动复杂度解释，或者说，超额剩余价值和劳动复杂度是"一枚硬币的两面"。

同时，对 $\Lambda\bar{\alpha}^{[i]} = \tau^{[i]}\alpha_l^{[i]} + \Lambda\underline{\alpha}^{[i]}$ 等式两边进行加总可得 $\Lambda\bar{\alpha} = \sum_{i\in\mathscr{I}}\tau^{[i]}\alpha_l^{[i]} + \Lambda\underline{\alpha}$，考虑到 $\Lambda\hat{\alpha} = \alpha_l$ 则立即得到 $\sum_{i\in\mathscr{I}}\tau^{[i]}\alpha_l^{[i]} = \alpha_l$，从而 $\sum_{i\in\mathscr{I}}(\tau^{[i]} - 1)\alpha_l^{[i]} = 0$。又由于 $esv^{[i]} = (\tau^{[i]} - 1)\alpha_l^{[i]}$，因此 $esv = 0$，即超额剩余价值总量为零。

这说明了：超额剩余价值和劳动复杂度可以看作在社会价值的形成过程中，一些生产过程（如那些劳动生产率较低的部门）所创造的个别价值（从而剩余价值）"流"向了另外一些生产过程（如那些劳动生产率较高的部门），从而从结果上看似乎一些劳动耗费较少的生产过程的劳动拥有更大的"价值创造力"。① 事实上，利用内禀价值的定义可得，$esv^{[i]} = \Lambda\hat{\alpha}^{[i]} - iv(\hat{\alpha}^{[i]})$，这意味着超额剩余价值从而劳动复杂度，反映的是内禀价值即劳动耗费在不同生产过程之间的分配关系。

另外，根据 $\tau^{[i]}\mu^{[i]} = m$ 和 $esv = 0$，有 $\sum_{i \in \mathscr{I}} \tau^{[i]} st^{[i]} = sv = (1 - mw)\alpha_l = m\pi$。也就是说，所有生产过程的剩余劳动时间的赋权加总等于社会总剩余价值，进而等于总利润。

在这里值得说明的是，现有文献对超额剩余价值的来源展开了争论。整体可以分为"自创说"和"转移说"两种。② "自创说"认为，个别企业通过新技术获得较高的个别生产力，从而其劳动属于复杂劳动，能够在单位时间创造多倍的价值，那么在名义工资不变（或增长较慢）的情况下就能创造更多的剩余价值。"自创说"认为超额剩余价值是一种特殊的相对剩余价值。而"转移说"则认为，先进企业所获得的超额剩余价值就是落后企业生产出来但无法实现的剩余价值，是一种价值的转移。在本书的解释下，二者并不矛盾，超额剩余价值既可以说是复杂劳动的结果，也可以说是价值转移的结果；它们本质上都诠释了以货币为媒介，私人劳动向社会劳动、个别价值向社会价值的转化过

---

① 原则上，劳动复杂度可以是负数。当某个生产过程的劳动复杂度为负数时，意味着该生产过程的净产品的社会价值为负，即该生产过程所耗费的劳动创造出"负值"。但"负价值"只是形式意义上的。本质是，该生产过程的生产资料耗费超过了社会总劳动所相应必要的部分，从而虽然这些生产资料作为商品拥有较大的社会价值或者包含较多的社会劳动，但是社会不需要分配这样多的劳动在这些商品作为生产资料的场合。这时，该生产过程的具体劳动只能将作为生产资料的社会必要的劳动时间或者说价值转移到新产品中去，而剩余部分的生产资料的价值则无法通过具体劳动进行转移。但是注意到，这种形式上的负价值只能发生在该生产过程的净产品价格为负，进而必然获得负利润的场合。在一个正常的价格体系下，具备生产性的劳动过程不应当产生这种结果。

② 马慎萧、朱冰霞：《超额剩余价值从何而来——基于"自创论""转移论""综合论"的梳理与思考》，《中国高校社会科学》2021 年第 6 期，第 28~41 页。

程。这一关系通过下文的分析将更为清楚。①

定义 1-3-12 ［简单劳动］若生产过程 $\alpha^{[i]}$ 的劳动复杂度 $\tau^{[i]}=1$，则 $\alpha^{[i]}$ 的劳动耗费 $\alpha_l^{[i]}$ 是一个简单劳动。

简单劳动是这样一种劳动：该生产过程的剩余劳动时间、创造的剩余价值及其实现的剩余价值均相等。这也意味着，简单劳动所创造的超额剩余价值为零，从而它创造的"个别"剩余价值恰好等于所获得的货币利润。同时，若把所有生产过程看作一个总体，即总生产过程，那么对应的总劳动耗费也是一个简单劳动，因为从全社会总体来看，必然有 $\Lambda\hat{\alpha}=\alpha_l$。可见，简单劳动一方面可以是某种劳动复杂度恰好为 1 的"个别"劳动，另一方面也可以是反映了社会平均的价值创造过程的劳动，即社会劳动。货币是社会劳动的表现形态，从而也就是简单劳动的直接外在形式。正是在这个意义上，"商品价值体现的就是这种一般人类劳动的耗费……生产或形成商品价值的一般人类劳动或抽象劳动，首先应当被理解为简单劳动"②。

因此，复杂劳动还原过程，本质上是商品交换中私人劳动表现为社会劳动的过程。劳动时间的货币表示 m 代表了，单位货币和简单劳动耗费之间的对应关系，从而，当某一个私人劳动过程 $\alpha^{[i]}$ 的产出 $\bar{\alpha}^{[i]}$ 与 $p\bar{\alpha}^{[i]}$ 量的货币相交换，从而其价值通过 $p\bar{\alpha}^{[i]}$ 量的货币加以表示时，也就意味着凝结在 $\bar{\alpha}^{[i]}$ 上的复杂度或高或低（即 $\tau^{[i]}>1$、<1 或 $=1$）的私人劳动耗费表示为 $mp\bar{\alpha}^{[i]}$ 量的简单的社会劳动。

马克思在《资本论》中曾说明，出于便利的目的，先假定所有劳动都已经简化为简单劳动，并基于此论述了剩余价值理论的基本观

---

① 在现有文献中，"自创说"和"转移说"分别面临不同的挑战，尽管具体内容不同，但这些挑战的共性本质上在于基础理论准备不足：对于"自创说"来说是对复杂劳动及其还原理论的准备不足，对于"转移说"而言则是对"价值转移"和"市场价值"等的阐释不足。这些挑战的具体内容可以参见：马慎萧、朱冰霞《超额剩余价值从何而来——基于"自创论""转移论""综合论"的梳理与思考》，《中国高校社会科学》2021 年第 6 期，第 28~41 页。

② 《〈资本论〉导读》（第二版），高等教育出版社、人民出版社，2020，第 39 页。

点。① 马克思的这种研究方法的合理性在于如下两点。首先，当所有个别劳动是简单劳动的时候，剩余价值、剩余劳动时间、实现的剩余价值等概念就具有简单的同质性，从而马克思通过对某个具体的个别生产过程（如纺纱部门）的叙事提炼出总资本的抽象规律就有了依据。其次，当把所有资本看作一个总体，抽象地讨论资本一般的性质时，也就没有必要对简单劳动和复杂劳动进行区分。这构成了马克思在《资本论》中不再对复杂劳动展开深入分析的理论保证。

2. 剩余价值率

记 $e_m^{[i]} = \dfrac{p\hat{\alpha}^{[i]} - w\alpha_l^{[i]}}{w\alpha_l^{[i]}}$、$e_v^{[i]} = \dfrac{rsv^{[i]}}{mw\alpha_l^{[i]}}$ 以及 $e_t^{[i]} = \dfrac{st^{[i]}}{\mu^{[i]}w\alpha_l^{[i]}}$。三者的含义分别是：生产过程 $\alpha^{[i]}$ 的用货币衡量的剩余价值率、用价值衡量的剩余价值率以及用劳动时间衡量的剩余价值率。

定理 1-3-9 $e_m^{[i]} = e_t^{[i]} = e_v^{[i]}$。

证明：根据 $e_t^{[i]} = \dfrac{st^{[i]}}{\mu^{[i]}w\alpha_l^{[i]}} = \dfrac{(1-\mu^{[i]}w)\alpha_l^{[i]}}{\mu^{[i]}w\alpha_l^{[i]}}$ 以及 $\mu^{[i]} = \dfrac{\alpha_l^{[i]}}{p\hat{\alpha}^{[i]}}$，容易验证 $e_m^{[i]} = e_t^{[i]}$。同理，将 $\tau^{[i]} = \dfrac{m}{\mu^{[i]}} = \dfrac{\alpha_l/\alpha_l^{[i]}}{p\hat{\alpha}/p\hat{\alpha}^{[i]}}$ 代入 $e_v^{[i]} = \dfrac{rsv^{[i]}}{mw\alpha_l^{[i]}}$ 容易验证得到 $e_m^{[i]} = e_v^{[i]}$。证毕。

事实上，定理 1-3-9 正是劳动复杂度和实现的剩余价值概念的直觉来源。根据马克思劳动价值论的构想，价值是抽象劳动的凝结，剩余价值是剩余劳动时间的反映；价格和利润是价值和剩余价值的货币表现。三者应当具有内在一致性。根据定理 1-3-9，将三种含义的剩余价值率统一记为 $e^{[i]}$。

在这里应当对剩余价值率的概念做一点辨析。当马克思谈及剩余价

---

① 在《资本论》中，马克思提出：简单劳动，"它是每个没有任何专长的普通人的机体平均具有的简单劳动力的耗费"。他进一步明确指出："为了简便起见，我们以后把各种劳动力直接当作简单劳动力，这样就省去了简化的麻烦。"（马克思《资本论》第一卷，人民出版社，1975，第 57~58 页。）这意味着在第一卷对剩余价值理论的抽象论述中，马克思确实是以"所有劳动都是简单劳动"的假设作为出发点的。

值率时,他主要是在资本一般的抽象层次上谈论的。此时可以认为,剩余价值率衡量的是总资本视角下的剩余价值和可变资本之间的关系,即 $e = \frac{sv}{\Lambda f \alpha_l}$,因此剩余价值率衡量的是资本家和工人分别作为一个阶级整体,彼此之间的总分配关系。可以证明:

$$e = \frac{\sum_{i \in \beta} e^{[i]} \alpha_l^{[i]}}{\alpha_l} \qquad (1-3-3)$$

也就是说,总资本的剩余价值率是每个个别资本剩余价值率的加权平均数,权重即个别资本的劳动耗费占社会总劳动耗费的比重。

但是,马克思在《资本论》中也曾将剩余价值率的概念应用于微观部门或者说企业(如谈及生产价格理论时)。通过仔细阅读可以判断,马克思此处说的剩余价值率是指每一个个别企业所创造的价值超过可变资本的部分与可变资本的比例,即 $e = \frac{(1-\Lambda f)\alpha_l^{[i]}}{\Lambda f \alpha_l^{[i]}} = \frac{(1-\Lambda f)}{\Lambda f}$。若按照这个定义,不仅每个企业的剩余价值率都相等,而且在数量上总是等于全社会的总剩余价值率。我们把这个剩余价值率记为 $\bar{e}$。

另记 $\hat{e}^{[i]} = \frac{esv^{[i]}}{\Lambda f \alpha_l^{[i]}}$ 为生产过程 $\alpha^{[i]}$ 的"超额剩余价值率",则容易验证 $e^{[i]} = \hat{e}^{[i]} + \bar{e}$。也就是说,一个生产过程的剩余价值率可以分解为两个部分:一是社会总的或者说平均的剩余价值率,二是由于个别生产过程在市场上获得超额剩余价值所产生的超额剩余价值率。

(二)个别价值和劳动复杂度

在《资本论》中,马克思举了这样一个例子:假设一个 12 个小时的工作日会生产出 6 先令的价值。在通常情况下,这 12 个小时会生产出 12 件商品;同时每件商品包含的生产资料价值是 6 便士。那么,每件商品的价值就是 6 便士从生产资料转移来的价值 + 6 便士新创造的价值,共计 1 先令。现在假设某个资本家采用了更先进的技术,在 12 个小时工作日中生产出 24 件(而非之前的 12 件)商品。那么此时,每件商品的价值就会降低为9便士,即6便士从生产资料转移来的价值+3便士新创造的价值。马克思强调道:"生产力虽然提高一倍,一个工作日仍然同从前一样只创造6先令的价值,不过这6先令新价值现在分散在增加了一倍的产品上。"① "现在,这个商品的个别价值低于它的社会价值……但是商品的现实价值不是它的个别价值,而是它的社会价值"②。

在这一段中可以看出,马克思认为,某个生产过程产品的个别价值等于该生产过程的劳动耗费所创造的价值加上从生产资料所转移的价值。在这个过程中,前者就是实际耗费的劳动量(而不包含任何调整因素),而后者则是用社会价值衡量的生产资料价值。基于此,可以如下定义个别价值:

定义 1-3-13 [个别价值] 生产过程 $\alpha^{[i]} = (\bar{\alpha}^{[i]}, -\underline{\alpha}^{[i]}, -\alpha_l^{[i]})$ 的个别价值为 $idv^{[i]} = \alpha_l^{[i]} + \Lambda\underline{\alpha}^{[i]}$。

在用算例的形式解释了个别价值的概念之后,马克思认为,商品的价值量是由社会价值而非个别价值决定的,二者之间存在一个差额。值得注意的是,虽然在马克思的算例中,个别价值和社会价值的偏离来自个别生产过程较高的劳动生产率,或者说单位时间内更大的产出,但实际上个别价值和社会价值的差别也可以来自由于生产工艺不同而导致的生产资料耗费不同。

马克思认为这种差别将产生超额剩余价值。他说:"因此,如果采用新方法的资本家按1先令这个社会价值出售自己的商品,那末他的商品的售价就超出它的个别价值3便士,这样,他就实现了3便士的超额剩余价值。"③ 马克思在《资本论》第三卷中进一步说道:"如果满足通常的需求的,是按平均价值,也就是按两端之间的大量商品的中等价值来供给的商品,那末,个别价值低于市场价值的商品,就会实现一个额外剩余价值或超额利润,而个别价值高于市场价值的商品,却不能实现

---

① 马克思:《资本论》(第一卷),人民出版社,1975,第352页。
② 马克思:《资本论》(第一卷),人民出版社,1975,第352~353页。
③ 马克思:《资本论》(第一卷),人民出版社,1975,第353页。

它们所包含的剩余价值的一部分。"[①] 因此可知，社会价值和个别价值之间的差额，产生了对于个别资本而言的超额剩余价值。一些资本获得超额剩余价值意味着另一些资本所创造的剩余价值没有得到实现。超额剩余价值来自剩余价值在不同资本之间的转移。

对于马克思的这个观点，笔者给出如下形式化的表述。对于个别生产过程 $\alpha^{[i]} = (\bar{\alpha}^{[i]}, -\underline{\alpha}^{[i]}, -\alpha_l^{[i]})$ 而言，产品的社会价值为 $\Lambda\bar{\alpha}^{[i]} = \tau^{[i]}\alpha_l^{[i]} + \Lambda\underline{\alpha}^{[i]}$，而个别价值为 $idv^{[i]} = \alpha_l^{[i]} + \Lambda\underline{\alpha}^{[i]}$。从而该生产过程的产品的社会价值和个别价值的差额 $\Lambda\bar{\alpha}^{[i]} - idv^{[i]} = (\tau^{[i]} - 1)\alpha_l^{[i]} = esv^{[i]}$，即等于超额剩余价值。由此亦可知，对于社会总生产过程来说，社会价值总是等于个别价值。

因此，我们得到了三个存在内在关联的概念：劳动复杂度、个别价值同社会价值的差额，以及超额剩余价值。它们本质上表达了相同的实质，即在私人劳动转化为社会劳动的过程中，不同生产过程所创造的价值及剩余价值在部门之间流动和分配。

第四节 对剩余价值问题的进一步讨论

一 相对剩余价值和绝对剩余价值

在前文的分析中，我们假设劳动耗费量 $\alpha_l^{[i]}$ 和劳动力投入量 $W^{[i]}$ 或者说工作日是一致的，即不考虑单位工作日内劳动时间长短变化即 $\omega^{[i]}$ 变化的影响，在此前提下对剩余价值的生产进行了分析。

在《资本论》中，马克思还进一步分析了资本家在给定工作日条件下强化剩余价值剥削的方式，即绝对剩余价值生产和相对剩余价值生产。

在本节中，我们研究的是代表性企业如何通过延长劳动时间或缩短

---

① 马克思：《资本论》（第三卷），人民出版社，1975，第199页。

必要劳动时间的方法获得更多的剩余价值。出于简化的目的，我们假设所有的资本家都采用相同的生产过程，因此不存在复杂劳动还原的问题。设代表性企业投入的工作日或者说劳动力数量为 W，单位工作日内的劳动时间为 ω，单位劳动时间所推动的生产资料向量为 $z\underline{\alpha}$（不考虑固定资本的影响），产出向量为 $z\bar{\alpha}$，其中 z 为劳动生产率。同时假设工资采用日工资的形式，日工资率为 w，单位工作日中消费的生活资料向量为 f，并满足 $w = pf$。

在商品货币价格和工资体系（p, w）给定的条件下，容易检验，代表性企业所创造的剩余价值为 $sv = \Lambda z(\bar{\alpha} - \underline{\alpha})\omega W - \Lambda fW$，其中 $\Lambda = mp$，$m = \dfrac{1}{pz(\bar{\alpha} - \underline{\alpha})}$；剩余劳动时间为 $st = \omega W - \dfrac{\Lambda fW}{\Lambda z(\bar{\alpha} - \underline{\alpha})} = (\omega - mw)W = sv$；货币利润为 $\pi = pz(\bar{\alpha} - \underline{\alpha})\omega W - wW$，并有 $m\pi = sv = st$。

在上述推导中可以发现，给定货币工资 w 或者说劳动力价值 Λf，通过延长单位工作日内的劳动时间 ω，企业能够绝对地增加剩余劳动时间，获得绝对剩余价值。而当单位工作日内劳动时间不变时，也可以通过提高劳动生产率 z 降低单位货币所表示的劳动时间 m，进而降低日工资所代表的价值量或者说劳动力价值 ΛfW，增加剩余劳动时间，获得相对剩余价值。

虽然绝对剩余价值和相对剩余价值是在日工资不变的前提下进行说明的，但由于剩余劳动时间为 $st = \omega W - \dfrac{wW}{pz(\bar{\alpha} - \underline{\alpha})}$，那么在净产品 $\bar{\alpha} - \underline{\alpha}$ 不变的情况下，剩余劳动时间从而剩余价值的数量就决定于日工资率 w、劳动时间 ω 和劳动生产率 z 之间的相互关系。只要劳动时间增加和劳动生产率上升的程度超过日工资率上升的程度，就能实现剩余劳动时间进而剩余价值的增长。因此，资本家可以通过设置更复杂的工资制度，在日工资不变甚至上升的前提下，激励劳动者"自愿地"延长劳动时间、提高劳动强度和劳动生产率，从而占有更多的剩余价值。

另外，从使用价值的角度来说，只要工人消费的生活资料的增加幅度低于社会总净产品增加的幅度，或者说工人消费的生活资料使用价值上升的幅度赶不上单位生活资料价值下降的幅度，那么剩余劳动时间或剩余价值的增加可以伴随着工人实际生活水平的上升同时存在。

上述讨论是从剩余价值生产的角度来说的，在此视角下，劳动力价值和剩余价值的关系相对简单，表现出一种"耗费"和"盈余"的关系。无论是通过相对剩余价值还是通过绝对剩余价值的方式，要获取更多的利润、实现更快的资本积累，都要一方面生产出更多的商品或者价值，另一方面尽可能减少工人消费的生活资料或者说劳动力价值。这是资本积累的基本逻辑，也符合个别资本家视角下的微观经济动机。但是后文（本节第三部分）将展示，当考虑剩余价值的实现时，特别是在一个动态过程中，工资和利润之间的关系将变得更为复杂。

二 非生产部门对剩余价值的影响

在一个商品经济中，"车间"内的生产过程和"车间"外的非生产部门是"共生"的。这里说的非生产部门既包括生产性企业内部但是和生产车间本身无关的销售、金融和研发部门，也包括生产性企业外部的、独立的商业、金融企业和科研艺术部门等。生产部门和非生产部门的共生性在于，非生产部门无法脱离生产部门独立存在，而它们却又是生产部门进行价值生产，所创造的价值得以顺利实现，并推进扩大再生产的社会必要条件。在本节中，将所有这些拥有不同具体职能的部门抽象为一个统一的"非生产性劳动过程"（简称"非生产过程"）。假设非生产过程 u（记 u 的集合为 $\mathcal{U}$）不生产任何商品，但是需要投入必要的物质耗费 $\underline{\alpha}^{[u]}$ 作为"生产资料"和相应的劳动耗费 $\alpha_l^{[u]}$。①

从物质财富上讲，由于非生产过程不创造新的产品，所以它所耗费

---

① 在现代资本主义经济中，生产和非生产部门几乎不可能进行绝对的划分。所有的工人事实上都应当被理解为互相关联的工人总体，从理论上毫无争议地指出哪一些劳动耗费是创造价值的劳动几乎是不可能的。对劳动是否创造价值进行划分，主要是为推进理论研究而进行的抽象划分。因此为了避免争议，在理解本部分所谈及的"非生产部门"时，不妨限于纯粹的金融和商业流通部门这一最狭义的场合。

的物质资料和补偿劳动力再生产的生活资料必然是所有生产过程创造的总净产品的一部分,即形成了对总净产品的一种扣除。因此,社会总净产品客观上必然能分解为:

$$\hat{\alpha}^{[\sigma]} = \chi + \underline{\alpha}^{[\mathscr{U}]} + f(\alpha_i^{[\sigma]} + \alpha_i^{[\mathscr{U}]}) \qquad (1-4-1)$$

其中 χ 代表净产品中扣除所有劳动力生活耗费和非生产部门的物质耗费之后的"剩余产品";σ 代表生产过程的集合。

上述观点和马克思以商业流通费用为例的讨论是相符的。首先,对于纯粹流通费用中的簿记等环节发生的时间和物料耗费,马克思认为:"都是劳动时间和劳动资料的追加消耗。这种消耗是必要的,但是既要从他能用于生产的时间中扣除,又要从那种在现实生产过程中执行职能的、参加产品和价值的形成过程的劳动资料中扣除。"[1] 其次,对于纯粹商业流通中所发生的劳动,马克思以商业雇佣工人为例说:"不管他的报酬怎样,他作为一个雇佣工人,总有一部分时间是无偿地劳动的。他也许每天干了十小时而得到八个劳动小时的价值产品。他从事的两小时剩余劳动,和他的八小时必要劳动一样不生产价值,虽然由于这八小时必要劳动,社会产品有一部分转移给他了。"[2] 总之,马克思的总观点正如式(1-4-1)所展示的,这些非生产过程"既不创造产品,也不创造价值"[3],而在这上面发生的资本耗费,无论是对生产资料的补偿还是工资支出,都"相应地缩小预付资本生产地执行职能的范围。这就好象是把产品的一部分转化为一种机器,用来买卖产品的其余部分。这种机器是产品的一种扣除。"[4]

式(1-4-1)是从使用价值的角度将物质产品根据使用目的的不同划分为不同组成部分而得到的等式,是一个和劳动价值论本身无关的客观事实。另外,如果从劳动价值论出发,根据马克思关于非生产过程

---

[1] 马克思:《资本论》(第二卷),人民出版社,1975,第151页。
[2] 马克思:《资本论》(第二卷),人民出版社,1975,第149页。
[3] 马克思:《资本论》(第二卷),人民出版社,1975,第150页。
[4] 马克思:《资本论》(第二卷),人民出版社,1975,第150页。

的劳动耗费不创造价值的观点，我们还可以得到：

$$\Lambda \hat{\alpha}^{[g]} = \alpha_l^{[g]} \quad (1-4-2)$$

即所有净产品价值的总和或者说新创造的价值等于生产过程中所耗费的劳动时间总量（而不包括非生产过程的劳动耗费）。那么，式（1-4-1）和式（1-4-2）可以整理得到：

$$\alpha_l^{[g]} - \Lambda f \alpha_l^{[g]} = \Lambda \chi + \Lambda \underline{\alpha}^{[\%]} + \Lambda f \alpha_l^{[\%]} \quad (1-4-3)$$

式（1-4-3）左边反映了生产过程中所创造的"剩余价值"总量。对此，马克思在谈及商品流通过程时明确指出："流通过程是总再生产过程的一个阶段。但是在流通过程中，不生产任何价值，因而也不生产任何剩余价值。"[①]"如果生产的商品在出售时实现了剩余价值，那是因为剩余价值已经存在于该商品中"[②]。进一步，马克思在谈及商业利润时指出："因为商人作为单纯的流通当事人既不生产价值，也不生产剩余价值……所以，他雇用的执行同样职能的商业工人，也不可能直接为他创造剩余价值。"[③] 对于商业资本而言，"这些办事员的无酬劳动，虽然不会创造剩余价值，但会为他创造占有剩余价值的条件"[④]。因此，式（1-4-3）意味着，生产过程所创造的"剩余价值"应当包含三个部分：被资本家占有的剩余产品的价值、非生产过程耗费的物质资料的价值以及补偿非生产过程劳动力再生产的价值。

显然，式（1-4-3）左边计算的"剩余价值"具有一定的特殊性和局限性。这有如下几个原因。首先，这里"剩余价值"的含义是，生产过程中所创造出来的价值扣除补偿生产过程自身的劳动力再生产所需之后的剩余。该"剩余价值"所对应的物量意义是，在技术或者工艺上，为了生产出一定量的净产品，总产品中扣除必要的生产资料和生

[①] 马克思：《资本论》（第三卷），人民出版社，1975，第311页。
[②] 马克思：《资本论》（第三卷），人民出版社，1975，第311页。
[③] 马克思：《资本论》（第三卷），人民出版社，1975，第326~327页。
[④] 马克思：《资本论》（第三卷），人民出版社，1975，第327~328页。

活资料耗费之后的剩余部分。但是，这个剩余不是被资本家实际占有的内容，在资本主义经济体系中也不存在与之对应的货币形式，和马克思所分析的剩余价值概念存在一定距离。正如马克思在以资本的货币形态所实现的增殖作为说明对象时指出的："我把这个增殖额或超过原价值的余额叫做剩余价值"①。对于马克思而言，剩余价值理论的主要目的在于说明在资本主义条件下以货币形式和运动逻辑所实现的、为资本家所占有的资本增殖。

其次，在分析当代资本主义生产关系时，若允许工人的货币工资不再是"生存性"的，或者考虑更复杂的货币工资形态，或者允许工人进行货币储蓄或贷款，那么一个"良好"的剩余价值概念应当反映的是，在当期的净产品或新创造的价值中，扣除工人实际消费掉的产品及其价值后，被资本家实际无偿占有的部分。事实上，也只有将剩余价值理解为新创造的价值中通过货币运动最终被资本家实际占有的部分，剩余价值才能和货币利润在内涵上相一致。

综合以上内容，可以定义两种含义的剩余价值。第一种本书称为"可行剩余价值"，即：

$$sv^{fe} = (1 - \Lambda b^*)\alpha_i^{[s]} \qquad (1-4-4)$$

其中 b^* 为在特定的历史背景下，补偿劳动力再生产所需要的生活资料的最低限度。②"可行剩余价值"反映了，在生产过程中耗费的人类劳动所凝结的新价值中，扣除最低限度的劳动力价值补偿后的剩余部分。它所对应的使用价值或者说物量内容则是，在所有净产品中，扣除维持生产性工人最低限度的生活所需后的剩余部分。无论是"可行剩余价值"还是它对应的使用价值形态，都反映了在给定的生产条件下，一个经济体在技术意义上所能获得和支配的"经济剩余"的最大可行边界，

---

① 马克思：《资本论》（第一卷），人民出版社，1975，第172页。
② 由于从操作的角度来讲，几乎不可能在工人实际耗费的生活资料 f 中识别出 b^*，因此它只具有理论上的意义。

是生产力发展水平的反映。

第二种含义的剩余价值，本书称为"实际剩余价值"，即：

$$sv^{ac} = (1 - \Lambda f)(\alpha_l^{[g]} + \alpha_l^{[u]}) - \Lambda \underline{\alpha}^{[u]} \qquad (1-4-5)$$

"实际剩余价值"反映了所有新创造的价值中最终被资本家无偿占有的部分。比较可行剩余价值和实际剩余价值的概念可知，可行剩余价值是资本家阶级占有实际剩余价值的技术和物质基础。而实际剩余价值总是小于可行剩余价值，这是因为存在：（1）对非生产过程耗费的生产资料的补偿；（2）对非生产过程耗费的劳动力的补偿；（3）工人的实际生活资料超过理论上的最低限度，即 $f > b^*$。总之，可行剩余价值表现了生产力边界，而实际剩余价值则反映了多种社会因素共同作用下资本家和工人之间的实际分配状况。

式（1-4-5）可以进一步整理为：

$$sv^{ac} = \alpha_l^{[g]} + \Lambda \underline{\alpha}^{[g]} - \Lambda f(\alpha_l^{[g]} + \alpha_l^{[u]}) - \Lambda(\underline{\alpha}^{[g]} + \underline{\alpha}^{[u]}) \qquad (1-4-6)$$

从式（1-4-6）可以看出，就形式来说，非生产过程中的生产资料和劳动力补偿同生产过程中的生产资料和劳动力补偿没有差异。因此我们可以得到一个进一步提炼后的净产品概念：

$$\hat{\alpha}^r = \hat{\alpha}^{[g]} - \underline{\alpha}^{[u]} = \overline{\alpha}^{[g]} - (\underline{\alpha}^{[g]} + \underline{\alpha}^{[u]}) \qquad (1-4-7)$$

净产品 $\hat{\alpha}^r$ 是在社会总产品中扣除所有生产性和非生产性（但又是社会再生产所必需的）生产资料物质耗费后的"余额"。利用式（1-4-7）和 $\alpha_l^{[g]} = \Lambda \hat{\alpha}^{[g]}$，根据式（1-4-6）可以进一步得到：

$$sv^{ac} = \Lambda \hat{\alpha}^r - \Lambda f(\alpha_l^{[g]} + \alpha_l^{[u]}) = \Lambda \chi \qquad (1-4-8)$$

这意味着，实际剩余价值等于净产品 $\hat{\alpha}^r$ 的价值扣除补偿所有（生产性和非生产性）工人的生活资料价值后的剩余，这进一步等于资本家实际占有的剩余产品的价值。因此，根据研究目的的不同，在必要的场合可以将所有的工人都看作一个统一的工人总体，将对非生产过程的生产资料价值补偿看作社会总生产过程中总生产资料的补偿的一部分，即不考虑生产劳动和非生产劳动的差异，不会对实际剩余价值的研究产生影响。

应当认识到，马克思在《资本论》第一卷中是在一个高度抽象的维度讨论剩余价值概念的。在这个阶段，马克思所说的"剩余价值"可以理解为可行剩余价值和实际剩余价值的统一。这是因为，一方面，马克思假设劳动力的价值是维持劳动力再生产的必要生活资料的价值，是一个给定的量。这可以近似地理解为 $f = b^*$。另一方面，马克思抽象掉了纯粹商品流通等非生产过程，将所有的生产过程和非生产过程看作一个抽象的生产过程总和，从整体上研究生产资料和劳动力的补偿及再生产过程。式（1-4-8）在数学形式上，合理化了马克思的这种抽象分析。因此在下文的研究中，除了专门的讨论场合，均是从整体上研究剩余价值，不对生产过程和非生产过程的差异进行辨析。

三 劳动力价值和剩余价值的关系

（一）剩余价值的生产和实现

对于资本主义生产方式，仅从剩余价值生产的角度来把握资本积累的内在矛盾是不够的。资本主义经济实现资本积累的内在矛盾还在于，剩余价值不仅要被最大限度地在"车间"中生产出来，还必须在"市场"上得到充分实现。如果产品不能顺利出售，则只能以商品资本的形式贮藏在仓库里，剩余价值就无法转化为利润，资本循环就将停滞，从而无法实现资本积累。

在一个封闭经济中，剩余价值的实现只有三种途径：资本家的消费、扩大再生产中不变资本追加投资以及工人消费规模的扩大。在上述三种途径中，资本家的消费只起相对次要的作用，因为资本主义生产的目的不是追求资本家的个人消费，而是资本的增殖和扩张或者说剩余价值的不断资本化。因此，剩余价值实现的主要动力在于投资——不变资本和可变资本两个方面——需求的不断扩张。

不变资本的追加投资所形成的产能最终仍然必须由可变资本投资所形成的消费需求消化。因此可以说，预付工资构成了实现剩余价值的最终需求来源，这就和剩余价值生产形成了矛盾。在剩余价值的生产中，工资是为了获得利润而不得不预付的、越少越好的成本。资本主义生产方式追求用固定资本替代劳动力，在不断提高劳动生产率的同时不断减少预付工资。这种固定资本更新一方面形成不断再生的不变资本投资需求，另一方面通过不断减少可变资本而产生了消费需求减少的内在压力。资本主义经济始终处在剩余价值生产和剩余价值实现的矛盾之中。

因此在资本主义经济中，劳动力价值和剩余价值的关系应当从两个方面进行理解：一方面，剩余价值是价值产品中扣除劳动力再生产补偿之后的剩余；另一方面，可变资本的积累或者说劳动力的扩大再生产——单位劳动力消费水平的提高和工人规模的扩大，又是剩余价值得以实现的途径。

为了更直观地展示这一关系，考虑如下模型。在 t 时刻，代表性企业投入的劳动量为 L_t，劳动生产率为 z_t，从而其总产出为 $z_t L_t$。记生产过程中的资本技术构成为 κ_t，这意味着单位产出耗费的不变资本量（即资本-产出比）为 $\delta_t = \dfrac{\kappa_t}{z_t}$。另外，设价格水平为常数 p，单位劳动时间的实物工资率或者说生活资料为 f_t，预付的货币工资率为 w_t，则有 $w_t = p f_t$。那么，t 时刻的剩余劳动时间或者说生产的剩余价值为：

$$st_t = \left(1 - \frac{f_t}{z_t - \kappa_t}\right) L_t = sv_t = \lambda_{t+1} z_t L_t - \lambda_{t+1}(f_t + \kappa_t) L_t \quad (1-4-9)$$

其中 $\lambda_{t+1} = m_{t+1} p$，$m_{t+1} = \dfrac{L_t}{p(z_t - \kappa_t) L_t}$。在式（1-4-9）中，$t$ 时刻所创造的剩余价值之所以需要通过 $t+1$ 时刻的价值 λ_{t+1} 来表达，是因为 t 时刻产品的价值，只有通过 $t+1$ 时刻市场上的交换价值才能得到表现。特别是预付资本，虽然是按照 t 时刻预付的货币量确定的，但是这个货币量所代表的必要劳动时间，是由 $t+1$ 时刻商品的交换价值确定的。只有通过这种形式，资本家在 $t+1$ 时刻所获得的货币利润，才能表示对 t 时刻所生产的剩余产品的占有，进而对 t 时刻所耗费的人类劳动时间的占有。当然，在技术条件不变的情况下，由于 m_t 保持不变，那么固定的价格水平意味着商品的交换价值亦保持不变，此时就不存在这个问题。

现不考虑资本家的消费，则企业在 $t+1$ 时刻的使用价值销售量为 $s_{t+1} = \kappa_{t+1} L_{t+1} + f_{t+1} L_{t+1}$，因此企业的名义利润为：

$$\pi_{t+1} = p(\kappa_{t+1} L_{t+1} + f_{t+1} L_{t+1}) - w_t L_t - p\kappa_t L_t \quad (1-4-10)$$

这意味着，企业在 $t+1$ 时刻的名义利润为 $t+1$ 时刻的预付资本（构成该时刻的实际需求）与 t 时刻的预付资本之差。式（1-4-10）可以进一步整理为：

$$\pi_{t+1} = p(\kappa_{t+1} + f_{t+1})(L_{t+1} - L_t) + p(\kappa_{t+1} - \kappa_t + f_{t+1} - f_t) L_t \quad (1-4-11)$$

换言之，企业最终实现的利润的多少决定于不变资本的追加、工人实际工资率的上升以及劳动者规模的扩大。

上述关系从剩余价值的角度来说则是，若希望企业在生产环节所创造的剩余价值能够顺利实现，就要求 t 时刻生产的所有产品都能顺利出售，并转化为 $t+1$ 时刻的再投资，即 $pz_t L_t = p\kappa_{t+1} + w_{t+1} L_{t+1}$。事实上这就是产品市场的均衡条件 $z_t L_t = \kappa_{t+1} L_{t+1} + f_{t+1} L_{t+1}$。将该条件代入式（1-4-9）计算可得：

$$\lambda_{t+1} [(\kappa_t + f_t)(L_{t+1} - L_t) + (\kappa_{t+1} - \kappa_t + f_{t+1} - f_t) L_{t+1}] = L_t - \frac{f_t}{(z_t - \kappa_t)} L_t$$

$$(1-4-12)$$

式（1-4-12）表达了，若剩余价值能够完全实现，则 t 时刻的剩余劳动时间最终表现为追加的不变资本和可变资本，即剩余价值完全资本化。其中追加可变资本的增加，既包括工人总数的增加，又包括单位工人劳动力价值的上升。而从使用价值的角度来说，这就是要求所有的剩余产品都必须转化为对不变资本的追加投资或者劳动者的追加消费，而不能以未出售的商品资本的形式留存。

可见，在技术水平不变（即 κ_t 为常数）的条件下，剩余价值的顺利实现有两个方式：一是生产规模的绝对扩张（即 L_t 的增加）；二是工人生活水平的提高（即 f_t 的增加）。尽管二者从数学上看可以互相替代，但从资本积累规律来看，二者的运动在很大程度上是"共生"的而非"互替"的。这是因为，工人生活资料 f_t 的增加实际上要求名义预付工资 w_t 的提高——用卡莱斯基的话讲，工人消费他所获得的；而名义工资的提高却必须依赖于资本积累本身。只有在生产规模的总的扩张中，对劳动力需求的增加会通过资本之间的竞争提高工人的预付工资；工资的上升连同生产规模的扩张共同促进了剩余价值的实现，刺激了生产规模的进一步扩张。而当生产规模开始停滞甚至收缩时，名义工资也会停滞甚至收缩，这阻碍了剩余价值的实现，从而进一步降低了生产规模和资本积累水平。

在技术水平（即 κ_t）提高的条件下，剩余价值也可以通过不断增加的不变资本——特别是其中固定资本的追加投资来实现。但这一途径主要是一种短期效应。这是因为，首先，资本技术构成的提高是资本积累和生产规模扩张的产物，只有在总资本顺利积累的背景下，资本主义企业才会不断研发和采用新的生产技术，提高资本有机构成——这既有可能是对生产扩张所导致的劳动力需求上升从而工资上升的被动反应，也有可能是由于在资本积累的上升期，资本主义企业有更好和更强的进军新领域、新技术的条件和热情。其次，资本技术构成 κ_t 的上升会产生对劳动力的替代，相对地抵消资本积累产生的消费需求的上升。最后，由于固定资本的耐用性，因此固定资本投资天生具有明显的周期特征，只有在发生大规模固定资本更新的时候，才会明显产生追加的有效需求。因此长期来看，固定资本投资不是解决剩余价值生产和实现之间矛盾的稳定力量。

总的来说，剩余价值生产和实现之间的矛盾决定并反映了总资本自身积累和扩张中的内在矛盾。资本主义陷落在生产出来的剩余价值必须通过更大规模的剩余价值生产来实现这一"棘轮"中。

（二）工资对剩余价值的影响

在第二节中，我们说明了现代资本主义经济中的工资可以分为生存性工资和协调工资两个部分。从微观视角来看，资本主义企业设定协调工资的目的是通过延长劳动时间和提高劳动生产率以生产绝对剩余价值和相对剩余价值，获取超额利润。从宏观视角来看，工资不仅作为一项扣除而决定企业所生产的剩余价值，也是剩余价值得以实现的因素。这构成了另一个增加利润的途径。

我们继续使用代表性企业模型来考虑这一问题。在 t 时刻，代表性企业投入的劳动耗费为 L_t，工资率为 w_t，假设单位劳动耗费所推动的不变资本使用价值量为 κ_t，则不变资本的使用量为 $\kappa_t L_t$。那么，代表性企业在 $t+1$ 时刻的名义利润为：

$$\pi_{t+1} = w_{t+1}L_{t+1} + p\kappa_{t+1}L_{t+1} - w_t L_t - p\kappa_t L_t \qquad (1-4-13)$$

该式表明了，不断追加的投资支出形成了更多的货币利润，或者说，只有预付资本额的不断增加，才能带来货币利润——正如卡莱斯基说的那样，资本家获得他所支出的。

人们可能会迷惑，如果资本家获得他所支出的，那么他如何能在还没有获得利润的时候就支出更多的货币呢？或者说，如果超出预付资本额的利润还没有实现，那么资本家哪里有额外的货币来进行更大规模的投资呢？这实际上就是实现剩余价值的货币来源问题。事实上，在一个现代资本主义经济中，是银行通过信用的方式为资本家的投资提供贷款，也就是说，是银行先为需要进行投资的资本家创造出货币，资本家将这些货币投入生产，之后就形成了名义利润。正是通过这种货币创造的方式，资本家将他的支出转化为利润。在本书的货币章节，我们将进一步讨论这种货币创造过程。

在式（1-4-13）中我们可以看到，除了追加不变资本投资 $\kappa_{t+1}L_{t+1} - \kappa_t L_t$ 以外，$t+1$ 时刻的工资 $w_{t+1}L_{t+1}$ 既成为实现 t 时刻生产出的剩余价值的货币来源，同时又是生产 $t+1$ 时刻剩余价值的预付资本或者说耗费。这体现了在动态中，工资对于资本积累所表现出的矛盾性——它既是当下利润的货币来源，又是对未来利润的扣除。更重要的是，从个别企业的微观层面来看，工资表现为一种越少越好的成本，因此对于每一个企业而言，目标总是在压低工资支出的同时尽可能扩大销售；只有在宏观意义上，总的工资才表现为总剩余价值或者说总利润的实现条件。所以，在生产私人决策的资本主义经济中，工资首先是一种成本，有效需求不足和生产相对过剩是资本主义的基本特征。

在一定程度上，这种矛盾可以由协调工资缓解。从个别企业的角度来说，它希望通过支付超出正常条件的协调工资以产生更高的激励水平，从而获得相对剩余价值和绝对剩余价值。而从宏观来说，这种协调工资客观上既提高了工人当期的生活水平，预付可变资本的增加又在一定程度上起到了消化、实现不断堆积的剩余价值的目的。伴随着剩余价值的实现，资本得到了更好地积累，在此条件下，协调工资同时也推动了"生存性工资"上升到更高的、能够为资本积累所容纳的标准。

现在形式化地说明这一过程，假设工资率 w_t 可以分为基准工资 w_t^b 和协调工资 w_t^h 两个部分，即 $w_t = w_t^b + w_t^h$。其中，基准工资决定于基准生活资料 b_t，$w_t^b = pb_t$。基准生活资料不是一个生理意义上的绝对界限或者说维持在绝对的"生存性"水平，而是会随着实际生活水平的提高而缓慢调整，即马克思所说的历史和道德的因素。假设它满足如下条件：

$$b_{t+1} = \nu_b(f_t - b_t) + b_t \qquad (1-4-14)$$

其中 ν_b 为基准工资的调整系数，f_t 为单位劳动耗费的实际生活资料，满足 $w_t = pf_t$。式（1-4-14）两边同乘以 p，可得：

$$w_{t+1}^b = \nu_b w_t^h + w_t^b \qquad (1-4-15)$$

另外，协调工资 w_t^h 是企业的决策变量，个别企业可以在利润得到保证的前提下，通过制定协调工资激励剩余价值的生产（而非其实现）；也可以在利润份额过低时，通过降低协调工资的方式保证实现资本积累和资本主义生产的延续。正是在这个意义上，本书称之为"协调"工资（而非单纯的"激励"工资），即调整工资和利润的关系，维持资本主义生产方式。设协调工资 w_t^h 满足如下条件：

$$w_{t+1}^h = \nu_h(\pi_{t+1}^e - \pi_t) + w_t^h \quad (1-4-16)$$

其中 ν_h 为协调工资的调整系数。即协调工资的变化依赖于预期利润的变化，如果 $t+1$ 时刻的预期利润高于 t 时刻的实际利润，或者说相对于 t 时刻，企业预期 $t+1$ 时刻的利润会上升，那么企业会预付更多的协调工资；相反，如果预期利润下降，那么企业也将缩减协调工资的支出。

可以从两个逻辑角度来理解式（1-4-16）：一是企业只有在增长的利润预期中，才可能预付比过去更高水平的协调工资；二是企业只有在预期到支付更高水平的协调工资会带来更多的利润时，才会预付更高的工资。反之，在一个减少的利润预期中，企业倾向于进一步缩减预付工资，这也相应地说明它认为此时支付更高的协调工资并不能带来更多的利润。

进一步假设预期利润的变化符合适应性预期的形式：

$$\pi_{t+1}^e = \nu_\pi(\pi_t - \pi_t^e) + \pi_t^e \quad (1-4-17)$$

其中 ν_π 为预期利润的调整系数。将式（1-4-17）代入式（1-4-16）可得：

$$w_{t+1}^h = \nu_h\left(1 - \frac{1}{\nu_\pi}\right)(\pi_{t+1}^e - \pi_t^e) + w_t^h \quad (1-4-18)$$

假设 $\nu_\pi > 1$，即协调工资的变化正比于预期利润的变化。那么，$t+1$ 时刻的利润为：

$$\pi_{t+1} = [\nu_h(\pi_{t+1}^e - \pi_t) + \nu_b w_t^h]L_{t+1} + w_t(L_{t+1} - L_t) + p(\kappa_{t+1}L_{t+1} - \kappa_t L_t)$$

$$(1-4-19)$$

在技术不变即 $\kappa_t = \bar{\kappa}$（常数）的条件下，式（1-4-19）可以进一

步简化为：

$$\pi_{t+1} = \underbrace{[\nu_h(1-\frac{1}{\nu_\pi})(\pi^e_{t+1}-\pi^e_t)+\nu_b w^h_t]L_{t+1}}_{(1)} + \underbrace{(w_t + p\bar{\kappa})(L_{t+1}-L_t)}_{(2)}$$

(1-4-20)

式（1-4-20）将 $t+1$ 时刻的利润分解为两个部分：部分（2）反映了资本规模的扩大所形成的利润，在将劳动力价值视为不变量的传统模型中，这部分构成了全部利润；而部分（1）反映了劳动力价值变化所形成的利润量。其中 $\nu_h\left(1-\frac{1}{\nu_\pi}\right)(\pi^e_{t+1}-\pi^e_t)L_{t+1}$ 反映了由于预期利润变化而产生的协调工资变化的效应，而 $\nu_b w^h_t L_{t+1}$ 则反映了由于生存性工资的变化所产生的效应。式（1-4-19）和式（1-4-20）非常直接地展示了货币工资对于资本主义经济的意义：既是实现剩余价值的货币来源，又是生产剩余价值的预付耗费。这种矛盾性构成了资本主义再生产的特征。而资本主义企业治理又会内生出缓解这一矛盾的条件：为了更好地激励生产、获得超额利润，企业有支付更高工资的微观意愿，这是资本主义再生产得以延续的微观机制之一。

不过，基于协调工资的剩余价值实现路径具有很大的局限性，并不能从根本上解决剩余价值生产和实现之间的矛盾。一方面，这一机制要顺利发挥作用，必须保证如下过程的平衡：企业先预付超额的货币工资，提高了劳动生产率从而生产出更多待实现的剩余价值（以待出售的商品资本形态存在），接着这些超额货币工资必须顺利转化为对剩余产品的需求，将凝结在商品中的剩余价值实现为货币利润并刺激新的追加投资。资本家所获得的超额剩余价值和工人整体生活水平的提高必须在经济增长中实现动态平衡，否则协调工资就不能促进资本的一般积累，无法转化为更高的生存性工资和工人生活水平。在这种不平衡的情况下，协调工资和生存性工资之间的关系，要么会呈现停滞的、决定于不同企业和产业条件的结构性特征，而非整体工人生活水平的一般性提高——这种结构性特征通过分割的劳动力市场得以维持；要么呈现由于利润下降而导致资本积累水平降低以及工资减少，劳动力表现出一种缩小的再生产状态，直至工资再度达到适应资本积累的水平。

另一方面，对于个别企业来说，相对于高工资支出在成本上的确定性，协调工资对组织和激励生产以获得超额剩余价值的效果既不明确也不稳定，极大程度上依赖于企业当时所处的外部环境和具体的工资制度。因此，从微观企业层面来看，工资首先是一个需要控制的成本项，对于那些处于高度竞争状态的小型企业更是如此。协调工资本身是利润预期变化的结果，是由资本积累过程所决定的而非相反。当经济低迷时，为利润服务的协调工资不可能构成翻转颓势、增加有效需求的力量。

对劳动力价值在剩余价值实现中作用的讨论表明，若静态地来看，劳动力价值是剩余价值生产的扣除项；而若把资本积累看作一个不断流动的剩余价值生产和剩余价值实现的动态交替过程，在一定条件下，一个生产阶段所生产的剩余价值会转化为下一个生产阶段的可变资本，进而工人的追加劳动力价值，实现劳动力的扩大再生产。此时，劳动力价值和剩余价值之间存在复杂的动态关系。

第五节　理解劳动价值论和剩余价值理论：对线性模型的再思考

一　"标准模型"及其困境

（一）劳动价值的定义和性质

传统上，劳动价值论的模型被设定为：给定矩阵 $A > 0$ 和向量 $L > 0$，若存在向量 $\Lambda > 0$ 使得方程组：

$$\Lambda = L + \Lambda A \qquad (1-5-1)$$

成立，则 Λ 为劳动价值向量，其中的第 i 个元素为第 i 种商品的价值。在式（1-5-1）中，L 为直接劳动投入向量，A 为投入系数矩阵，那么，$\Lambda = L(I-A)^{-1}$。该方法的本质是，在生产过程满足规模报酬不变条件的假设下，寻找一个非负向量 Λ，使得用 Λ 来核算的每个生产过程的净产品价值等于该生产过程中耗费的人类劳动，即 $\Lambda(I-A) = L$。这种方法即所谓的马克思—斯拉法方法。在这一方法下，只要相关向量和系数矩阵的数学性质良好，就可以保证解向量 Λ 的存在、非负和唯一性。同时，用这种方式定义的劳动价值具有线性可加的良好性质，即商品价值的和总是等于商品的和的价值。而且容易证明，$\Lambda(I-A)x = \Lambda y = Lx$，这里的 x 和 y 分别为产出向量和净产品向量。这意味着，社会总净产品的价值总是等于直接劳动的总投入量。由于这些良好的特性，在很长的一段时间内，这一数学模型被看作刻画马克思劳动价值论的"标准模型"。

标准模型在理论上并不区分内禀价值和社会价值，因此在这一体系下，Λ 不仅承担着描述生产过程中凝结的内禀价值的作用，还承担着为每一个产品指定一个社会价值的作用，尤其是要指明从生产资料转移到产品中的价值。尽管"奥卡姆剃刀"的支持者可能会喜欢这种"简洁"，但是当人们面临一个联合生产问题时，该模型就失效了。例如，在一般问题

$$\Lambda B = L + \Lambda A \qquad (1-5-2)$$

中（其中 B 为产出矩阵，且 B 和 A 不再必然是方阵），符合劳动价值论要求的解向量 Λ 可能不存在，或者不唯一。此时，它既无法为每一个商品声明其内含的劳动耗费，也无法为其声明一个具体的社会价值从而解决价值转移量的问题。

之所以标准模型在由特殊情形（即产出矩阵为单位矩阵）转向一般情形（产出矩阵是一般的 $m \times n$ 阶的非负矩阵）时会失效，根本原因在于，标准模型的潜在理念是：人们可以给任何一个生产过程的所有产品中的任意单位产品指定一个纯粹由技术决定的劳动耗费量。但事实上，这个行为只有在规模报酬不变的技术条件下才是可行的。因为在规模报酬不变时，如果某个生产过程投入 x 个单位劳动生产了 y 个产品，

则同技术下生产1个单位的产品必然耗费 x/y 个单位劳动。但是，当技术过程不是规模报酬不变，如规模报酬递增时，若某个生产过程投入 x 个单位劳动生产了 y 个产品，则同技术下生产1个单位的产品耗费的劳动必然大于 x/y 个单位。而此时，按照一个没有实际发生的生产条件（只生产1个单位而非 y 个单位商品）来给实际生产出的商品（y 个单位商品中的某一个）指定价值量显然是违反马克思的原意的。

除此以外，联合生产还为模型带来了如下困难。假设全社会只有一种生产过程，它投入1个单位劳动，同时生产两种产品：1个单位的羊肉和1个单位的羊毛。此时，即使这种技术是规模报酬不变的，原则上我们也无法为羊毛和羊肉这两种商品分别指定一个由技术决定的劳动耗费量。因为存在无穷多组为两种商品指定劳动耗费量的方式，且它们都符合该生产过程的技术特征。这意味着，在一般情形下为单个商品指定一种技术性的劳动耗费量是不可能的。

从数学来说，标准模型要求用投入产出矩阵线性地为所有理论上可能的产品向量指定相应的劳动耗费，这个要求当且仅当任意生产过程可以用实际生产过程线性表示时才能实现，或者说只有当技术是规模报酬不变且非联合生产时，用投入产出矩阵才可能推断任意产品向量的劳动耗费。因此，第一，正如前所述，标准模型无法通过实际投入产出矩阵为一个规模报酬递增或递减的生产过程指定劳动价值（从而必然无法推断单位商品的劳动耗费量）；第二，就算生产过程是规模报酬不变的，如果实际投入产出矩阵不能线性地表示出任意的生产过程，标准模型也会失效。这个情形的一个极端但不失一般性的例子是，假设投入系数矩阵为（0.5, 0.3），产出矩阵为（1, 1）。此时在数学意义上，矩阵的秩小于未知变量的个数；而在经济学意义上，就是这个投入产出矩阵无法表示出产出向量分别为（1, 0）和（0, 1）两个独立的生产过程。

另外，也是同样重要的，标准模型的本质是希望找到一个向量，为每个种类、每一个单位商品指定一个非负的价值，并使之满足：对于任意一个生产过程，净产品的价值量都等于实际的劳动耗费。但这本质上要求必须剔除那些"劣技术"。斯蒂德曼提出劣技术的存在可能导致方程组（1-5-2）有非正解的情形。后来藤森赖明和李帮喜证明了，当且仅当不存在劣技术时，存在标准模型所要求的价值向量。[1] Cottrell 将这一数学证明进一步解释为：当所用的技术不可能通过在彼此之间进行劳动投入的调整以获得更大的净产出，即令生产变得更有效率时，才存在标准模型定义的解。[2] 这一情形的极端例子是，标准模型尝试给两个生产过程（2，0，-1）和（1，0，-1）的单位净产品（即2和1）赋以相同的值并要求其价值总量都等于劳动耗费（即1），这显然是不可能的。在这个例子中，第二个技术本身是一个劣技术。只有将所有的劣技术从生产过程集合中剔除，才能确保标准模型下劳动价值定义的有效性。但是，原则上没有办法保证经济系统会自动剔除劣技术，特别是当各个企业所拥有完全不同的技术条件时——至少在理论上，人们无法拒绝因不同企业的技术水平不同而导致劣技术的存在。

产生上述问题的根本原因是在标准模型中，方程组（1-5-2）的解向量 Λ 既是内禀价值又是社会价值。[3] 因为它从分析起点上就强制要求内禀价值总是等于社会价值，因此必须剔除那些可能导致内禀价值和社会价值不相等的劣技术以获得可行的解。事实上，由于规模报酬不变的假定，任意生产过程的凸组合仍属于生产可行集，因此 Hosoda 对劣技术的研究本质上说的是：只要在生产可行集内存在劣生产过程，而不

---

[1] 藤森赖明：《价值理论的现代分析》，陈旸等译，社会科学文献出版社，2021；李帮喜：《马克思的价值理论与联合生产》，《政治经济学评论》2014年第4期，第198~213页。

[2] Allin Cottrell, "Negative Labour Values and the Production Possibility Frontier," *Metroeconomica*, 1996, 47（1）：70-81.

[3] 我们可以证明如下：假设 Λ^* 是方程组（1-5-2）的一个非负解。那么显然，对于任意生产过程 $\alpha^{[i]}$ 均有 $\Lambda^* \hat{\alpha}^{[i]} = \hat{a}_l^{[i]}$。因此 Λ^* 是一个内禀价值向量。同时，设 x 为该经济的活动水平向量，那么方程组（1-5-2）意味着 $\Lambda^*(B-A)x = Lx$，即 Λ^* 是一个社会价值。

局限于实际生产过程中的劣过程,就会导致标准模型失效①。这意味着如果保持规模报酬不变的假定,那么标准模型的要求是面对整个生产可行集的:只有当生产可行集内不存在任何劣生产过程时,内禀价值和社会价值才会一致。②

(二) 剩余价值和转形问题

标准模型中,劳动力商品的价值被定义为 ΛfLx,其中 f 为单位劳动时间所耗费的工资品向量,x 为总产品向量。社会总剩余价值为 $Lx - \Lambda fLx$。同时考虑到标准体系下 $Lx = \Lambda y$ 这一性质,那么,用劳动价值核算的剥削率则可以定义为:

$$e_\Lambda = \frac{\Lambda(I-A)x - \Lambda fLx}{\Lambda fLx} \qquad (1-5-3)$$

而对于任何一个价格体系 p,用货币价格核算的剥削率,即利润和工资之比为:

$$e_p = \frac{p(I-A)x - pfLx}{pfLx} \qquad (1-5-4)$$

显然,两种剥削率之间的差别在于用来"加总"商品向量的"权重系数"不同。前者使用劳动价值 Λ 作为权重,而后者使用价格 p 作为权重。当且仅当 $kp = \Lambda$ (k 为任意非零实数) 时,两种方法定义的剥削率相同。

由于工人和资本家对净产品的分配结果是一个客观事实,这一客观性包含双重意义:一是在物质资料上,资本家占有了 $(I - A - fL)x$ 的商品向量,工人占有了 fLx 的商品向量,这是一个确定的客观事实;二是在货币上,净产品中利润和工资的分配情况也是一个确定的客观事实。如果劳动价值论的目的之一是通过一个理论去理解这种客观事实的

---

① Eiji Hosoda, "Negative Surplus Value and Inferior Processes," *Metroeconomica*, 1993, 44 (1): 29-42.
② 关于标准模型的详细述评,可以参见:裴宏《劳动价值论数理模型新探——兼论部分常见模型中的数理缺陷》,《政治经济学报》2017 年第 2 期,第 61~80 页。

内在本质——将这一事实转化为对劳动时间的分配,那么在这个问题上,标准模型就不是一个完备的解释。因为 e_p 和 e_Λ 一般是不等的,因此标准模型不能提供理论和事实之间的一致性。甚至是,当考虑到更一般的联合生产情形时,此时 Λ 的不唯一性意味着对唯一的客观事实的刻画存在多重性。

标准模型的这一问题派生出另外一个缺陷,即解决转形问题的困难。马克思在《资本论》第三卷研究了一种特殊的价格体系,即生产价格体系。生产价格可以描述为:

$$p = (1+r)p(fL+A) \qquad (1-5-5)$$

其中 r 为一般利润率或者平均利润率。生产价格体系意味着,由于资本的充分流动和竞争,最终所有资本获得了相同的利润率。值得注意的是,在方程(1-5-5)中,根据 Perron–Frobenius 定理,利润率 r 和生产价格向量 p 都是由系数矩阵确定的。其中,生产价格向量具有一个自由度,即如果 p^0 是方程(1-5-5)的解,那么所有 $p^* = kp^0$ 都是该方程的解。

马克思提出,在生产价格体系下,以下两个条件同时成立:剩余价值总量等于利润总量;价值总量等于生产价格总量。在标准模型下,这两个条件可以写作如下两个等式:

$$\Lambda x = mpx \qquad (1-5-6)$$

$$svx = mrp(fL+A)x \qquad (1-5-7)$$

其中 m 为货币单位和价值单位之间的折算系数,$sv = \Lambda(I-A-fL)$ 是由 Λ 计算的剩余价值向量。显然,这是相容性条件在生产价格体系下的表达形式。因此,价值转形问题就可以描述为如何在生产价格和平均利润率这一特殊情景中满足相容性条件的问题。[①]

[①] 虽然相容性条件是转形问题的更一般表达式,但从思想发展的过程来看,前者是在对后者的不断深入研究中得到的。

设 Λ^0 是方程（1-5-1）确定的唯一解，p^0 是方程（1-5-5）确定的一个解。那么，按照标准模型，价值总量为 $\Lambda^0 x$，生产价格总量为 $kp^0 x$。剩余价值总量为 $\Lambda^0 (I - fL - A) x$，利润总量为 $kp^0 (I - fL - A) x$。马克思的两个等式同时成立意味着：

$$mkp^0 x = \Lambda^0 x \qquad (1-5-8)$$

$$mkp^0 (I - fL - A) x = \Lambda^0 (I - fL - A) x \qquad (1-5-9)$$

显然，在式（1-5-8）成立的前提下，当且仅当 $\frac{\Lambda^0 x}{p^0 x} p^0 (fL + A) x = \Lambda^0 x$ 成立时，式（1-5-9）也成立。又由于式（1-5-5）意味着 $r = \frac{p^0 (I - fL - A) x}{p^0 (fL + A) x}$，因此同样当且仅当 $\frac{\Lambda^0 x}{p^0 x} p^0 (fL + A) x = \Lambda^0 x$ 成立时，由式（1-5-5）确定的利润率 r 才恰好等于总剩余价值与总资本之比（这是马克思本人给出的平均利润率计算方法）。容易证明，这些都只有在 $\Lambda^0 = kmp^0$ 的场合才能够成立，$\Lambda^0 = kmp^0$ 也就是用价格核算的剩余价值率与用价值核算的剩余价值率相同的条件。

举例而言，考虑一个只包含两种商品的经济。系数矩阵 $A = \begin{pmatrix} 0.5 & 0 \\ 0 & 0 \end{pmatrix}$，劳动投入向量 $L = (1, 2)$。那么根据标准模型的方程（1-5-1），可以解得 $\Lambda = (2, 2)$。同时，假设实物工资向量 $f = (0.1, 0)^T$。经计算可知，一般利润率 $r = \frac{2}{3}$，$p_2 = \frac{1}{3} p_1$。取 $x = (1, 1)^T$，方程（1-5-6）意味着 $m = 3$。代入方程（1-5-9）验算可知，此时方程（1-5-9）左边等于 $\frac{8}{5}$，而右边等于 $\frac{12}{5}$。两个等式不能同时成立。

因此，标准模型面临三种选择、对应三个观点：（1）声明 $\Lambda^0 = kmp^0$ 永远成立，即生产价格永远正比于商品的价值；（2）放弃两个等式同时成立的观点；（3）放弃模型中投入品价值和产出品价值由同一个方程描述的观点。第一个观点显然在数学上是不可能的，而第三个观点实际上正是放弃标准模型本身。因此，标准模型选择了第二种策略，它声称马克思的转形理论原则上是失效的,即剩余价值和利润在总量上是不一致的。后来的标准模型转向证明"马克思基本定理",即证明一般利润率为正当且仅当剩余价值率为正。但是,马克思基本定理只是相容性条件的一个极弱版本:如果相容性条件成立,意味着剩余价值和利润在数量上的一致性,则马克思基本定理自然成立;但反之则未必。事实上,即便证明了马克思基本定理的成立,也无法说明剩余价值和利润之间的内在因果关联,也就无法说明利润的实体来源。

二 "后标准模型"的形式及缺陷

有另外一批学者考虑第三种选择,即主张价值生产的过程中,投入品价值和产出品价值是用不同的方程描述的。这一类方法包括"新解释""单一体系""时际单一体系",以及其他一些国外数理马克思经济学者所使用的线性方法。如果忽略这些观点之间的差异,可以将它们的模型统一称为"后标准模型"。

后标准模型可以用如下几个方程描述:

$$\Lambda B = L + mp\Lambda \quad (1-5-10)$$

$$mpy = Lx \quad (1-5-11)$$

$$sv = (1-mw)Lx \quad (1-5-12)$$

$$p = (1+r)(pA + wL) \quad (1-5-13)$$

其中 sv 代表剩余价值,其他符号含义与前文相同。容易证明,方程(1-5-10)~方程(1-5-13)共同保证了转形问题中的两个等式同时成立。事实上,后标准模型可以独立于方程(1-5-13)而存在。方程(1-5-10)~方程(1-5-12)足以保证,对于任意给定的价格向量 p,相容性条件都能得到满足。

虽然在一定程度上可以说,后标准模型在数学意义上解决了转形问题,但后标准模型在理论内涵上仍有大量不明确的地方。撇开这一体系内部的细节差别不谈,仅从方程(1-5-10)~方程(1-5-13)出发笼统地说，后标准模型的局限性在于以下几点。（1）"价值"概念的内涵缺乏细致的说明。该体系下至少有两种不同的价值含义——Λ 和 mp，二者之间是什么关系并不清晰。（2）缺乏从劳动价值论的角度对 m 的含义加以说明。（3）劳动力价值的概念不符合马克思的原意。后标准模型在数学上解决转形问题的代价是，令马克思经济学的诸多重要概念要么丧失了原来的含义，要么在理论上界定不清。对后标准模型的更多的争论可以参见围绕"新解释""单一体系""时际单一体系"方法展开的系列研究，这里不再赘述。

三 中国学者对线性方法的研究

我国学者近年来的研究极大地推动了在线性模型下对劳动价值概念的数理分析。在孟捷和冯金华的系列研究[①]中，商品 i 的劳动价值量 λ_i 应描述为 $\lambda_i = \dfrac{p_i}{px}\Lambda x$。其中 Λx 表示全社会投入的劳动总量——包括直接投入的活劳动和从生产资料中转移的"死"劳动。孟捷和冯金华指出，原则上 $\dfrac{\Lambda x}{px}$ 等价于 MELT，即后标准模型中的"劳动时间的货币表示"这一概念，因此从数量研究的角度出发，该系列研究与后标准模型有一定的联系。不过应当注意到，按照冯金华的观点，此处 Λx 的值仍然是按照标准模型那样从"总量"意义上指定的。[②] 这与后标准模型有较大差异，所以不能简单认为该系列研究是后标准模型的直接应用与延续。

[①] 冯金华：《社会总劳动的分配和价值量的决定》，《经济评论》2013 年第 6 期，第 17~33 页；冯金华：《价值的形成和实现：一个新的解释》，《学习与探索》2015 年第 5 期，第 86~93 页；冯金华：《劳动、价值和均衡价格》，《学习与探索》2016 年第 5 期，第 86~93 页；孟捷、冯金华：《部门内企业的代谢竞争与价值规律的实现形式——一个演化马克思主义的解释》，《经济研究》2015 年第 1 期，第 23~37 页；孟捷、冯金华：《非均衡与平均利润率的变化：一个马克思主义分析框架》，《世界经济》2016 年第 6 期，第 3~28 页。

[②] 孟捷和冯金华 2017 年的论文则直接采用了标准意义上的 MELT 定义。参见：孟捷、冯金华《复杂劳动还原与产品的价值决定：理论和数理的分析》，《经济研究》2017 年第 2 期，第 187~198 页。

另外，对于标准模型中的方程 $\Lambda A + L = \Lambda B$，冯金华进行了改进。①他将联合生产问题中的劳动价值描述为 $\Lambda A + \alpha\ (p,\ A)\ Lx = \Lambda B$ 的解向量，其中 $\alpha\ (p,\ A)$ 为"综合产出比"，表达的是不同部门之间的生产力的综合比，以价格向量 p 和投入系数矩阵 A 为参数。该模型的数学本质是以综合产出比为系数将总劳动时间 Lx 进行折算并作为劳动投入量替代标准模型中的直接劳动投入量。而荣兆梓、李帮喜和陈旸则提出，标准模型不适合应用于对劳动力价值的描述。② 应该说，在一定意义上，我国近年来的研究可以看作对标准模型和后标准模型不同程度的修订和发展。

从标准模型到后标准模型的转换引发了这样一个思考：在描述价值的数学模型中，在现实中观测到的货币价格究竟应当承担什么样的角色？或者说，标准模型的那种认为"商品价格是由事先确定的商品和货币价值所规定，并事后推导出的必然的量"的"计算论"观点面临什么样的困难呢？

首先，为了让标准模型的观点成立，必须在价格确定之前分别独立地指出商品和货币的价值。但是，马克思的价值形式理论拒绝这一观点。如前所述，马克思认为，商品的价值本身只能通过货币的量——价格得以表现。

其次，必须能够在交换之外明确地定义货币的价值，即单位货币代表了多少劳动时间。但是，确定单位货币自身的价值是不可能的。按照马克思的理论，当商品的价值都通过货币的数量表现的时候，所有的商品都处于相对价值形式，而货币唯一地处于等价形式。如果要表现货币自身的价值，则必须把货币置于相对价值形式上。但是，货币的价值无法通过货币自身得以表现。当货币处在相对价值形式时，它的价值只能

---

① 冯金华：《联合生产中的价值决定》，《社会科学战线》2012 年第 11 期，第 33～44 页。
② 荣兆梓、李帮喜、陈旸：《马克思主义广义转形理论及模型新探》，《马克思主义研究》2016 年第 2 期，第 66～78 页；荣兆梓、陈旸：《转形问题 B 体系：模型与计算》，《经济研究》2014 年第 9 期，第 149～161 页。

由无数其他商品的使用价值量表现。此时，价值形式就退化为一个"总和的或扩大的价值形式"。正如马克思所指出的："要表现一般等价物的相对价值，我们就必须把第三种形式倒过来。一般等价物没有与其他商品共同的相对价值形式，它的价值相对地表现在其他一切商品体的无限的系列上……第二种形式，现在表现为等价物商品特有的相对价值形式。"① 因此，相对于普通商品的价值通过货币表示从而确定，货币的价值在原则上是不可能被独立地表现并加以度量的。

最后，传统上，认为"商品价格是被事先确定的商品和货币价值所规定的必然的量"这一观点是基于这样一个"计算论"前提，即生产商品和货币的社会必要劳动时间是可以事先由生产商品和货币的具体工艺和技术决定的。从而，标准模型在处理联合生产、复杂劳动还原和价值转形等问题上都遇到了较大的困难。事实上，撇开这些技术性问题，从概念上说，如哈维所言，马克思认为："抽象劳动若要与具体劳动相分离、从具体劳动中被提炼出来，货币的存在就是一个必要条件。"② 货币成为"抽象的人类劳动被社会承认的化身"③。这还意味着，通过货币的量来表示劳动时间，本身就意味着完成了私人劳动向社会劳动的转化。脱离了货币，无论是从量上还是从质上，都不能实现这种转化。

劳动价值论的这一内涵是由下述矛盾所派生的：一方面，"抽象劳动是由有形的人类劳动在具体的条件下生产出来的一种特定的商品来代表的"④；另一方面，货币的价值，即一个单位货币表示多少个单位的劳动，本身也是在其他商品的价值得以实现和确定的同时得以实现和确定的。因此，货币及其价值不可能是一个理想的、独立决定的、不变的价值尺度。不能将马克思的价格理论或者说价值规律理解成，在商品和货币各自独立地确定了自身的价值之后，二者之间再根据这一确定好的

---

① 马克思：《资本论》（第一卷），人民出版社，1975，第 85 页。
② 大卫·哈维：《资本的限度》，张寅译，中信出版集团股份有限公司，2017，第 64 页。
③ 大卫·哈维：《资本的限度》，张寅译，中信出版集团股份有限公司，2017，第 386 页。
④ 大卫·哈维：《资本的限度》，张寅译，中信出版集团股份有限公司，2017，第 386 页。

价值量相交换并确立了一个价格。

现在,马克思的"社会必要劳动时间"概念就可以在这个意义上得到进一步的说明。虽然社会必要劳动时间的实体是人类劳动力的耗费,这种耗费是由人类一般生产过程的自然或者物质属性决定的客观存在——在这个意义上,它具有第一含义社会必要劳动时间的意味,但社会必要劳动时间量,却是通过同货币的交换得以表现、确定和实现的。① 从而它被赋予了第二含义社会必要劳动时间的内涵。这种社会决定性本质上来自商品生产所要求的私人劳动向社会劳动的转化。商品,作为私人劳动的产物,它向货币的转化以及剩余价值的实现,反映了这种私人劳动在多大程度上被承认为一种社会劳动。后者通过货币的量,即价格表现出来。这意味着,"社会必要劳动量"或者说"生产使用价值的社会必要劳动时间"是生产技术意义上的劳动耗费量和私人劳动的社会承认量之间的统一。因此,马克思所说的"社会必要劳动量,或生产使用价值的社会必要劳动时间,决定该使用价值的价值量"② 这句陈述,不能被理解为对"由已知的社会必要劳动时间计算未知的商品价值"的计算法则的声明,而是指出,通过劳动价值论,人们可以通过可捉摸的商品价格体系认识隐藏在商品生产、分配、交换和消费中的关于人类劳动耗费的内在规律和要求。

但是,这种解释会面临以下"困扰":在马克思的理论中,货币及价格范畴是在价值范畴确定之后才得以说明的,应当如何认识这一问题呢?处理这个"困扰"关键在于认识到,正如大卫·哈维指出的:"倘若不理解使用价值和交换价值,就无法解释价值,可是倘若没有充分理解价值,也无法解释另外两个范畴。马克思从来不会孤立地看待任何一个概念。"③ 按照哈维的解释,马克思对经济范畴的研究过程并不是"线性的",即从一个明确的概念出发引出下一个概念。"交换价值远远

---

① 在资本主义条件下,这个量必然是受总资本的运动和结构所规定的。
② 马克思:《资本论》(第一卷),人民出版社,1975,第52页。
③ 大卫·哈维:《资本的限度》,张寅译,中信出版集团股份有限公司,2017,第44页。

不是在事情进入后来的某个阶段时才从价值理论中推导出来的，而是一开始就是他研究的根本……他并没有像线性解释所以为的那样企图从价值推导出交换价值，这一点确凿无疑。"①

那么，又应当如何理解"价格围绕价值上下波动"或者说"价值是价格的波动重心"呢？这些表述似乎暗含一个前提，价值存在于价格表示之外，价格只是在平均意义上围绕着一个单独存在、无法观测但可以先验计算的重心波动。换句话说，如果价值就是价格这种价值形式所表述出来的那个量，那么价格和价值的偏离应当如何解释呢？答案在于，价格并不是单一的、稳定的，而是以一个多样的、随机的量在时间和空间上广泛分布。在成千上万的成交价格中，并不存在某个价格拥有独特性，并以之数量作为商品的价值形式。相反，随机的价格量在客观上围绕着一个重心运动，在马克思的劳动价值论中，这个客观重心就是商品价值的价值形式。

标准模型引发了一个重要的思考，即：如果标准模型是正确的，那么在价值的定义过程中，完全不需要价值形式理论，商品的价值量就可以通过技术条件得到完备的测量和表述。这潜在地蕴含着，价值和生产价格是可以各自独立测算和观察的体系，因此从价值体系到生产价格体系是一个"不必要的迂回"。注意到，在式（1-5-1）中，等式左右两边表示的并不是相对价值形式和等价形式的关系，而是单纯数量上的相等关系；前者不允许将等式两边进行交换且仍然保证含义的不变，而后者则可以进行随意的交换。传统的数理马克思经济学模型蕴含着马克思劳动价值论与其货币理论在模型上的断裂。

---

① 大卫·哈维：《资本的限度》，张寅译，中信出版集团股份有限公司，2017，第47~48页。

第二章 货币

对货币的研究在《资本论》中只占很小的、形式上非常独立的部分。但是，马克思的货币理论并不是可有可无的，而是构建剩余价值理论的关键。货币是商品价值的外在表现形式或者说统一的交换价值形式，不理解货币就无法理解马克思的劳动价值论，从而也就无法在理论上贯通资本生产和资本流通、价值生产和价值实现。

人们可能会认为马克思的货币理论是具有浓重古典色彩的黄金货币论，在今天以中央银行为信用枢纽的货币体系中，已无作为基本研究框架的价值。但事实上，马克思货币理论的关键不在于对黄金货币规律的阐释，而在于指出货币是人类劳动的外在形式。无论货币采用什么样的形式，货币都是人类（或自发或自觉地）发明出来的一种社会制度，用来驱动、协调、实现社会化生产中劳动的耗费和分配。

货币制度，及其延伸出的各种金融-会计制度，作为内在劳动耗费即价值的现实的、具体的、有时甚至是扭曲的外在形式和操作准则，必然影响着内在劳动的运动，即价值的生产和实现，从而影响着资本流通、循环和积累。

第一节 劳动价值论中货币的本质及职能

一 马克思货币理论的内涵

（一）马克思货币理论的理论意义

在第一章中我们已经说明了货币之于劳动价值论的意义，而事实上更宽泛地说，货币对整个马克思经济学体系都具有十分基础的意义。

在《资本论》中，马克思并不是在价值理论和剩余价值理论之间插入一段关于货币一般性质和作用的孤立的、抽象的讨论——仿佛仅仅作为提供给读者的一个"拓展阅读"；相反，这些讨论是进一步分析资本运动规律的理论基础。马克思希望发展出一个对资本主义的货币分析，其理论目的在于，将现实中表现为货币运动的资本流通、循环和资本积累，归结为价值的流通、循环和积累；将现实中以货币形式表现出来的工资、利润、租金等收入，归结为对人类劳动耗费的分配。同时更重要的是，马克思希望进一步证明，上述的归结关系不是单向的，不是简单地将货币关系单调地、形式化地表述为价值体系，而是存在货币对劳动的反作用。这一双向关系表现为，资本主义货币体系如何不断协调又不断再生产出剩余价值生产和剩余价值实现的矛盾——换言之，在资本主义体系下，货币为何及如何不是一个"中介"和"面纱"。

从章节编排来看，在《资本论》中，马克思将货币章节放在第一篇的最后一章，叫作"货币或商品流通"。之后是第二篇，只包含一章，叫作"货币转化为资本"。再之后就是对剩余价值生产进行细致研究的各章节。可以看出，对于马克思而言，必须从商品流通的含义上把握货币转化为资本的逻辑，资本首先表现为伴随着商品流通而不断流动的货币形态，不能脱离商品和货币流通来理解资本主义及其剩余价值生产。

马克思的剩余价值理论有两个层次。第一个层次在于指出经济剩余可以通过剩余劳动时间进行表述，阐明了资本主义生产方式下资本家占有剩余劳动时间的生产关系本质。第二层次在于解释了，在资本主义条件下，经济剩余是如何通过货币经济体系组织并驱动的。第一个层次的理论意义固然更加基本，但也不应当忽略第二个层次的意义。甚至在一定意义上说，对于今天的《资本论》研究者而言，第二个层次更加引人入胜，马克思正是通过它研究了资本主义生产方式的内在矛盾。

传统的马克思经济学数理模型主要是针对第一个层次进行了描述和

研究，这些文献固然明确了马克思对资本主义生产关系的基本理解，但其局限性在于以下方面。

第一，假设剩余价值一旦生产出来就被直接分配并占有了。由于没有实质意义上的商品流通和资本循环，相关模型本质上是一个"类瓦尔拉斯"式的一般均衡模型。

第二，在实际上将资本主义生产体系等同于一个物量生产体系，剩余价值问题等同于一个技术意义上的，由投入产出矩阵的技术特征所决定的生产能力问题。

这造成了，马克思的货币理论成为一种"冗余"，人们不需要通过价值形式理论和货币的价值尺度职能来理解劳动价值论，也不需要通过商品和货币流通理论来理解资本的运动和积累。货币完全退化为一种"计算货币"，在理论上仅发挥会计核算的作用。传统模型由于自身缺乏货币理论的这一特点，无法对剩余价值理论的第二层次进行更深入的说明，从而：一方面，人们不能有效地将马克思的劳动价值论和李嘉图式的古典劳动价值论以及新李嘉图式的斯拉法商品生产体系区分开来；另一方面，人们也不能真正批判萨伊定律和货币面纱观。（李嘉图本人是支持萨伊定律和货币数量论的。）

在剩余价值理论的第二个层次上，马克思认为，剩余价值不仅需要在"车间"中被生产出来（以凝结在商品资本中的形式），而且需要在"市场"中得以"实现"。在商品和货币的流通中，凝结在商品资本中的剩余价值得以货币化，转化为利润。随着资本形态的进一步发展，通过复杂的货币循环网络，在生产环节中创造的剩余价值实现为产业利润、商业利润、金融利润和租金等更复杂的货币形式。反之，若凝结在商品中的剩余价值无法在市场中实现为货币，或者若已经实现的货币并不再次进入生产领域，资本循环就会停滞，剩余价值就无法实现积累。人们不能脱离货币及其运动来理解资本及其运动。

除此以外，在资本主义社会，货币拥有独立于价值运动之外的、作为货币自身的运动"景观"。在很多情景下，庞大的货币运动并不直接反映价值的运动。例如，在银行账户上停留的货币、在金融体系中互相支付的货币，这些运动中的货币既不执行价值尺度职能，也不执行流通手段职能，只是作为支付手段进行纯粹的货币流通。在现代资本主义社会，这种纯粹的货币流通形成了自我循环的金融空间，金融资本在这个空间中通过虚拟资本的自我循环实现名义上的"增殖"。

图2-1-1展示了，发生在金融空间中的货币运动与真实的价值运动既有内在关联又相互独立。一方面，金融资本所驱动的纯粹货币运动最终是以产业资本的信贷关系为基础的，而开展金融业务所使用的可变资本、不变资本以及金融资本家的消费，都转化为对真实商品的需求，从而参与产业资本的"真实"循环。因此从根本上说，金融资本的运动最终决定于并反作用于剩余价值的生产和实现。另一方面，由于金融空间的存在及其与价值空间之间的相对独立性，货币并不总是依附并绝对地服从价值运动，因此货币规模和真实商品数量及其价格体系之间并没有必然的数量关系。换言之，与其将货币体系和真实商品体系之间的关系比作由"刚体"连接的"杠杆"关系，不如将它们比作两个拥有相对独立运动的系统，二者之间仅以"弹簧"加以连接。这个"弹簧"的长度和弹性系数则依赖于具体的金融制度和条件。货币在金融空间和价值空间中不断流动，构成了一个"8"字形的资本总循环。

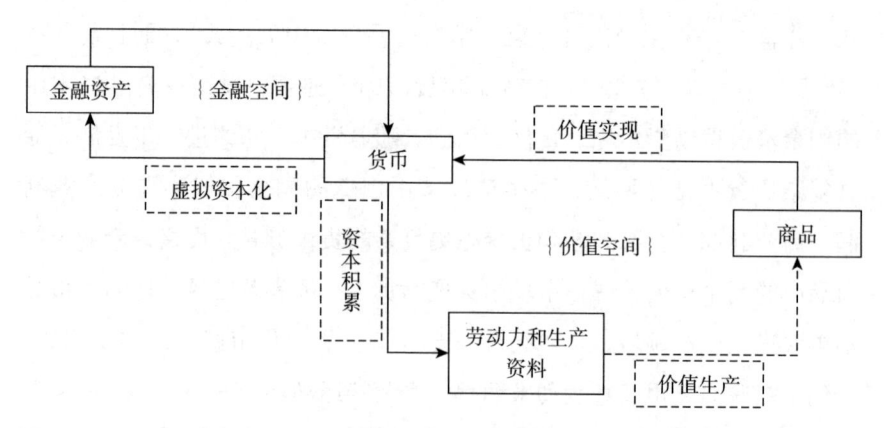

图2-1-1 货币在金融空间和价值空间中的运动

总之，马克思经济学的货币理论指向如下问题：第一，货币如何执行价值形式的职能，即货币成为价值形式的逻辑是什么；第二，在资本主义条件下，货币如何作为资本流通，或者说资本循环是如何在货币流通中完成的。原则上，前一个问题可以归结为货币的价值尺度职能；而后一个问题可以归结为货币的流通手段职能，如何进一步与贮藏手段、支付手段和世界货币等货币的派生职能一起构建现代资本主义的具体而复杂的资本循环和流通体系。

从上述探讨中可以看出，不能因为马克思使用了商品货币说作为分析工具，就将马克思视作西方经济思想史意义上的货币"金块主义"者，当然他更不是一个西方经济思想史中的货币"符号主义"者。马克思的货币思想是沿着"价值形式（价值尺度）—价值流通（流通手段）—派生职能"的逻辑脉络展开的，最后的理论落脚点为资本的运动规律。在马克思那里，货币并不是作为纯粹的"金块"或"符号"发挥理论作用，而是本质上作为抽象价值的现实形式发挥作用，它代表着并反作用于价值的生产、分配和积累。在这个过程中，价值生产和流通不断对价值外在的货币形式产生要求，后者则不断适应并反作用于前者。可以说，无论是"金块"还是"符号"，对于马克思而言，本质上都是价值的外在形式，服从并协调着社会必要劳动时间的变化。这一点将在下一小节进一步展开。

（二）马克思的货币理论：商品和符号

在第一章第三节中已经初步阐述了这样一种观点：货币本质上并不是一种真实的"物质实体"，相反，它是人们发明出的一种"社会规则"，或者说"社会建构物"。[①] 人们通过这种社会规则客观上完成了对劳动的"分工"——将总劳动的不同部分耗费在不同的生产过程上，并且将这些生产过程彼此连接，这形成了人类文明的物质基础。从目前的货币史资料来看，这种社会规则的形成可能是由政府有意识地推动

[①] 安瓦尔·谢克：《资本主义——竞争、冲突与危机》（上册），赵准等译，中信出版集团股份有限公司，2021，第256页。

的，也可能是在个人交往中无意识地形成的。前者往往通过律法、税和记账等形式产生，而后者则往往通过私人债务、交易，甚至是礼物的形式产生。① 但无论是前者还是后者，货币制度都是一个协调分工的社会规则，而具体的货币则是人们为了实现这一目的而发明出来的反映社会劳动的价值符号。货币制度通过各种方式将一定的货币符号和社会生产中的劳动耗费建立起联系，并且将彼此对立的劳动联系在一起。

上述观点用马克思的话说就是，货币实现了私人劳动的社会化。它将每一个私人劳动的耗费都转化为社会劳动耗费的一部分，同时将私人劳动耗费承认为一定量维持人类社会运转所必需的社会劳动耗费，个人由此也通过货币获得支配人类总劳动产品当中的一部分，即获得参与社会总劳动产品再分配的权利。货币是价值的表现形式和现实形式，也是私人劳动转化为社会劳动的实现形式。

一个潜在的"社会规则"必须获得技术上的实现形式才能在真实世界运作。在人类历史的较长时间内，这要求货币——被表达出的社会劳动——必须以某种实体的、具体材料的形式表现出来。或者说，现实中存在的能够感知的货币形态，无论是商品货币、金属货币、铸币还是纸币，都只不过是观念上的、抽象的社会劳动的"实体化"或"具象化"——货币的本质只是它的逻辑内容，即一种社会制度，而并不是这个逻辑内容和社会制度赖以外化的物理对象本身。那么，在传统货币理论中，探讨"货币的价值"这一问题，实际上并不是在讨论承担货币职能的商品或者说币材本身的价值，而实质上探讨的是社会劳动是如何"实体化"为某种特定的物体，是什么赋予了货币价值以及某个具体的物体是如何成为一定量社会劳动的代表的，并由此在量上进一步探讨一

---

① 在20世纪以来的货币史研究中，对货币起源的考证从传统的物物交换解释拓展至其他更广泛的可能性。《人类货币史》的作者欧瑞尔和克鲁帕提更倾向于把货币理解为由政府推动的社会协调制度，他说："货币原则上可以在没有顶层设计或者干预的条件下自发形成，但是有证据表明，最好把货币看作一种精心策划的社会技术。"参见：戴维·欧瑞尔、罗曼·克鲁帕提《人类货币史》，朱婧译，中信出版集团股份有限公司，2017，第57页。

个单位货币代表了多少个单位的社会劳动。必须明确的是,在这个实体化的过程中,货币制度始终包含一个矛盾:币材自身的社会价值和货币所表示的社会价值之间存在偏离。

对于货币的概念,马克思给出了非常明确的阐述:"作为价值尺度并因而以自身或通过代表作为流通手段来执行职能的商品,是货币。"[①]这个定义包含两个意思:(1)只有价值尺度和流通手段职能,才是货币的核心职能,而其他常见职能,如贮藏手段、支付手段等都没有被包含在货币的定义中;(2)货币必须是一种商品。

在《资本论》中,马克思是以黄金为对象来阐释他对货币的上述定义的。在这一过程中,货币的抽象概念和现实形态统一于黄金这一货币化的商品中。于是,货币的概念就在一般商品的概念上构建了起来;货币的流通规律也从一般商品的流通中构建了起来。这个"商品—货币"框架是马克思货币理论的内在逻辑。因此,虽然马克思将他对货币的讨论扩展到纸币和银行券等范围,但在马克思的货币理论中,所有非黄金的、抽象的货币概念在理论上都是以黄金为基础说明的,它们都被当作黄金的纯粹象征符号进行理解,在理论上是以一种由真实黄金所投射出来的"影子黄金"的形式出现的。为了行文的方便,把马克思上述货币理论称为"黄金商品说"。

但是,对于马克思把货币理解为"作为价值尺度并因而以自身或通过代表作为流通手段来执行职能的商品"的做法,在研究马克思经济学的学者看来也有争论。由于"作为价值尺度,金只是观念上的货币和观念上的金;作为单纯的流通手段,金只是象征性的货币和象征性的金"[②],因此 Lapavitsas 提出:马克思的分析,是否意味着一般等价物必须是一个商品?[③] Hein 的答案是否定的:"资产阶级利润的实现总体上

---

① 马克思:《资本论》(第一卷),人民出版社,1975,第149页。
② 《马克思恩格斯全集》(第十三卷),人民出版社,1962,第113~114页。
③ Costas Lapavitsas, "The Universal Equivalent as Monopolist of the Ability to Buy," in Fred Moseley, *Marx's Theory of Money: Modern Appraisals* (New York: Palgrave Macmillan, 2005).

要求货币信贷，并且在一个增长的经济中通过信用的扩张满足必需的信贷扩张。"① 他通过对萨伊定律的分析进一步指出：货币必须是非商品货币，如此才可以批判萨伊定律。②

"黄金商品说"往往被简单地视作一种"过时"的货币观，至少被视作一种只适应19世纪特殊时代条件的货币观。但这是一种片面的看法。完整的情况是，一方面，马克思的"黄金商品说"中所体现的具体理论形态，是对他所处时代的货币实践的归纳和理论提炼，是19世纪的产物；"黄金货币说"中关于货币的具体描述，特别是"影子黄金"观下对信用货币的理解与当今的货币金融体系和实践存在一定距离。因此这些具体描述在21世纪具有进一步发展的空间。另一方面，马克思在"黄金商品说"中所蕴含的"商品—价值—货币"分析框架具有高度的理论一般性。这个"商品—价值—货币"分析框架构成了在21世纪进一步发展马克思货币理论的理论基础。

下文将证明，马克思在"商品—价值—货币"分析框架中事实上已经揭示了货币概念的本质，即：货币是以协调社会劳动为目的而发明的劳动价值符号。但是，由于他所处的时代限制，马克思将这一本质又重新装回了适应19世纪货币实践的"黄金货币说"这一"躯体"中。

二 价值尺度

马克思货币学说的最重要贡献之一在于他对货币价值尺度职能的阐述。马克思认为价值尺度职能是货币的核心内涵。他说："金执行一般的价值尺度的职能，并且首先只是由于这个职能，金这个特殊的等价商品才成为货币。"③ 价值尺度的职能在于说明，一个单位货币在观念上代表了多少个单位的社会劳动，并以此作为价值形式来表达各种商品的

---

① 转引自：顾海良主编《百年论争——20世纪西方学者马克思经济学研究述要》（上册），经济科学出版社，2015，第421页。
② 转引自：顾海良主编《百年论争——20世纪西方学者马克思经济学研究述要》（上册），经济科学出版社，2015，第424页。
③ 马克思：《资本论》（第一卷），人民出版社，1975，第112页。

价值量。对于马克思而言，货币之所以必须是一种商品，最重要的原因就在于货币要承担价值尺度的职能，要成为一种价值形式。而在马克思的表述中，只有一种真实的、蕴含着劳动耗费的商品，由于自身拥有价值，因而才能够以自己的使用价值的量表述其他商品的价值，才能成为其他商品的价值形式。从这一角度来说，商品货币的观念和马克思的"商品—价值—货币"框架天然地契合在一起。

这看起来似乎是说，"商品—价值—货币"框架注定了只能产生一个仅在19世纪有效的货币理论。但是这种观点是错误的。仔细研究马克思的"商品—价值—货币"框架可以发现，在马克思的货币演绎逻辑中，金只是作为一般等价物，即作为等价形式，或者说是商品价值的现实的表现形式，即价值形式而出现的，所以，承担价值尺度职能的"观念的"金本质上只是对一定量的社会价值或者说社会劳动的体现，是一种表现符号。对此，马克思认为："货币在执行价值尺度的职能时，只是想象的或观念的货币。"[1] 用马克思的话说，这是"价值的纯粹象征性的表现——价值符号"[2]，或者说"象征性的货币"[3]。他说："各种商品的价值作为不同的金量互相比较，互相计量，这样在技术上就有必要把某一固定的金量作为商品价值的计量单位。这个计量单位本身通过进一步分成等分而发展成为标准……原有的重量标准的名称，也是最初的货币标准或者价格标准的名称。"[4] 但是，"金属重量的货币名称同它原来的重量名称逐渐分离"[5]。最后，"商品价值在观念上转化成的金量，现在用金标准的货币名称或法定的计算名称来表现了……货币就充当计算货币"[6]。

因此在原则上，货币所拥有的内在价值是多是少并不是它执行货币

---

[1] 马克思：《资本论》（第一卷），人民出版社，1975，第114页。
[2] 马克思：《资本论》（第一卷），人民出版社，1975，第228页。
[3] 马克思：《资本论》（第二卷），人民出版社，1975，第129页。
[4] 马克思：《资本论》（第一卷），人民出版社，1975，第115页。
[5] 马克思：《资本论》（第一卷），人民出版社，1975，第117页。
[6] 马克思：《资本论》（第一卷），人民出版社，1975，第118页。

职能的必要条件。在价值尺度的意义上，货币只是观念地将一定量的私人的、具体的劳动表达为一定量社会劳动或者说社会总劳动的一定份额。所以马克思认为，由于作为流通手段的金和作为价格标准的金的偏离，"金在实现商品的价格时不再是该商品的真正等价物"①。从而当货币和商品被置于交换的两极时，并不要求承担等价形式的货币是真正意义上的价值实体，而只要是作为"价值符号"的货币，即作为一定量的社会价值或者说一定量的社会劳动在观念上的表达。对此，马克思说："货币的职能存在可以说吞掉了它的物质存在。货币作为商品价格的转瞬即逝的客观反映，只是当作它自己的符号来执行职能，因此也能够由符号来代替。"② 因此，承担价值尺度职能的，可以是任何一种抽象的观念符号，只要它处在等价形式一方，即用以陈述处在相对价值形式的商品的社会价值。但是，无论人们是选择了"观念的"金还是另外一种已经脱离了现实中的商品概念的、纯粹抽象的概念来表述价值，这一抽象概念都体现了货币的本质：货币是人们发明出来用以表现社会劳动的价值符号。这种价值符号反映了人们发明的一种社会协调制度，人们利用该制度来协调分工和协作，反映私人劳动和社会劳动之间的关系。

注意到，价值符号的发明，从而协调社会劳动的货币制度的发明，可以来自无意识的、偶然的交换和支付，也可以来自有意识的社会组织行为。在前者中，人们发明价值符号是通过特定的物质实体——如黄金——的流通来完成的。在这个过程中，人们通过"现实的"金的流通，在意识上构建出"观念的"金，并逐步认识到"现实的"金的流通背后，本质上是这样一个对社会劳动的协调制度：它可以脱离"现实的"、物理意义上的金，在"观念的"金——某种纯粹的价值或者劳动量符号上完成。随着这一认识的清晰和加强，人们可以有意识地设计这种协调制度，使之成为一种自觉的社会组织方式。从目前的货币史研究

---

① 马克思：《资本论》（第一卷），人民出版社，1975，第 145 页。
② 马克思：《资本论》（第一卷），人民出版社，1975，第 149 页。

来看，尽管在数千年前，人类已经初步认识并应用了基于纯粹价值符号的协调制度[1]，但现实的、物质形态的金始终是货币制度的运行基础。经济社会的统一和组织化程度越高，货币协调制度就越能以纯粹的价值符号的形式表现出来；而经济分工协作的偶然性、不稳定性和无意识性越强，则货币协调制度就越需要以现实的物质形态维系。特别的，在一些极端情形下，货币要以"胚胎化"的形式，即物物交换的形式表现出来。

应当指出的是，本节所讨论的货币的价值符号本质和马克思曾经在《资本论》中批评过的"货币符号说"并不一致。在那里，马克思所批评的"货币符号说"的特征是，脱离甚至否定货币制度背后真正发挥作用的社会劳动和价值范畴来理解货币的内涵。[2] 对于他所批评的把货币理解为一种单纯符号的做法，马克思评价道："这种误解里面包含了一种预感：物的货币形式是物本身以外的东西，它只是隐藏在物后面的人的关系的表现形式。从这个意义上说，每个商品都是一个符号，因为它作为价值只是耗费在它上面的人类劳动的物质外壳。"[3]

虽然在研究价值尺度的过程中，马克思已经天才地将"货币"和"货币赖以实现的实体"做出区分，但是马克思并没有完全脱离商品货币观的束缚。马克思认为没有价值的纸币可以充当价值符号或者说执行价值尺度的职能，当且仅当这些符号确定地代表了一定量的金。在这里，"一定量的金"并不是"一定量社会劳动的价值形式"的替代说法，而是真实的金——马克思从来没有彻底割断"观念的"金和"真实的"金之间的纽带。他是这么说的："纸币同商品价值的关系只不过是：商品价值观念地表现在一个金量上，这个金量则由纸象征地可感觉地体现出来。纸币只有代表金量（金量同其他一切商品量一样，也是价

---

[1] 戴维·欧瑞尔、罗曼·克鲁帕提：《人类货币史》，朱婧译，中信出版集团股份有限公司，2017。
[2] 马克思：《资本论》（第一卷），人民出版社，1975，第109页脚注。
[3] 马克思：《资本论》（第一卷），人民出版社，1975，第109页。

值量），才成为价值符号。"① 马克思在对应这段话的脚注中补充道："这就是说，由于货币商品在流通中可以被单纯的价值符号代替，作为价值尺度和价格标准的货币商品就成为多余的了！"② 在这里，马克思的话有多层含义：（1）社会价值在现实中必须由一定量的实体（在观念和实物上）表现出来，（2）社会价值在观念上的表现形式天然是一定量的金，（3）货币的实体，如纸，只是通过代表现实的金来象征观念的金，从而表现价值。事实上，马克思对纸币和银行券等货币运动规律的考察进一步体现了，受时代的影响，当马克思谈及作为货币的黄金时，其语境中所蕴含的"真实"的金和"观念"的金的统一。

三 流通手段

马克思强调："金所以充当观念的价值尺度，只是因为它在交换过程中已作为货币商品流通。因此，在观念的价值尺度中隐藏着坚硬的货币。"③ 这一观点可以进一步抽象为，在"黄金商品说"的语境下，货币的价值尺度职能是以它执行流通手段职能，或者说是以它同商品之间的交换为支撑的。要解释货币的价值尺度职能就必须解释清楚货币的流通手段职能。

在"黄金商品说"中，由于货币本质上是一种商品，那么，它参与流通过程的理论依据和规律都能由商品流通规律得到说明。而对于纸币等"影子黄金"，马克思认为，由于"本来意义的纸币是从货币作为流通手段的职能中产生出来"④，因此纸币作为流通手段的依据在于，纸币只是对黄金的流通手段职能的替代。但是，如果货币概念超越了商品的范畴，如前文所述，货币的本质只是社会劳动的符号。那么，在货币执行流通手段职能的过程中，商品究竟是和什么交换呢？

---

① 马克思：《资本论》（第一卷），人民出版社，1975，第148页。
② 马克思：《资本论》（第一卷），人民出版社，1975，第148页。
③ 马克思：《资本论》（第一卷），人民出版社，1975，第122页。
④ 马克思：《资本论》（第一卷），人民出版社，1975，第146页。

第二章 货币

事实上，关于商品同货币交换的过程，马克思认为：商品和货币的交换，是"同它自己的一般价值形态交换"[①]，"是在商品的使用价值确实把商品价格中只是想象的金吸引出来的时刻完成的"[②]。在商品和货币的交换中，金不是作为金这种商品本身与商品交换的，而是金"总是代表已经实现了的商品价格"[③]。在商品和货币的交换中，"商品在它的价值形态上蜕掉了它自然形成的使用价值的一切痕迹，蜕掉了创造它的那种特殊有用劳动的一切痕迹，蛹化为无差别的人类劳动的同样的社会化身"[④]。马克思还指出：在商品—货币—商品的流通过程中，货币执行流通手段的职能，"单有货币的象征存在就够了"[⑤]，因为货币本身也"只是当作它自己的符号来执行职能"[⑥]。可以看出，按马克思的理解，在货币执行流通手段职能的过程中，货币本质上不是作为一种拥有使用价值和价值二重性的商品发挥作用，而是作为一种一定量的、抽象的社会劳动的代表或者"化身"同与之交换的具体商品相对立。总之，"货币所以具有流通手段的职能，只因为货币是商品的独立出来的价值"[⑦]。正如布朗霍夫所指出的：在"商品—货币—商品"中，"总和商品同时出现的货币并不一定要是货币商品。作为通货，它可以以黄金的象征来表示"[⑧]。此时，如马克思所说"货币的职能存在可以说吞掉了它的物质存在。"[⑨]

所以，当商品和抽象货币（无论是纸币还是基于二进制的"电子"货币）进行交换时，不能把这个过程理解为商品交换的过程；也不能把抽象货币局限地理解为某个现实的商品货币（如黄金）的出于便利等

[①] 马克思：《资本论》（第一卷），人民出版社，1975，第127页。
[②] 马克思：《资本论》（第一卷），人民出版社，1975，第127页。
[③] 马克思：《资本论》（第一卷），人民出版社，1975，第128页。
[④] 马克思：《资本论》（第一卷），人民出版社，1975，第128页。
[⑤] 马克思：《资本论》（第一卷），人民出版社，1975，第149页。
[⑥] 马克思：《资本论》（第一卷），人民出版社，1975，第149页。
[⑦] 马克思：《资本论》（第一卷），人民出版社，1975，第135页。
[⑧] 苏珊·德·布朗霍夫：《马克思论货币（上）》，金梦迪、王娜译，《政治经济学评论》2017年第2期，第155~179页。
[⑨] 马克思：《资本论》（第一卷），人民出版社，1975，第149页。

目的的暂时替代物。因为如果这样，人们就始终是在"影子黄金"的框架下以"物物交换"的逻辑理解货币，那么，社会化大生产条件下的"商品—货币—商品"的流通，也将被退化地理解为以货币为中介的简单商品流通，从而货币单纯是一个中性的交易媒介。从这样的逻辑出发，将难以真正理解现代货币经济中的货币内生性和非中性。也许在历史上，商品货币确实诞生于简单商品交换，而纸币也确实诞生于对贵金属的便利替代物。①但货币的流通手段职能的本质，即商品和货币交换的本质并不是商品和另一种特殊的商品之间的交换，而是商品和它的价值相交换；这是实现"私人劳动—社会劳动—私人劳动"与"具体劳动—抽象劳动—具体劳动"之间的相互转化，并实现社会劳动的协调和重新分配的途径。

这里展示了马克思所使用的"从后思索法"，它提醒我们站在事物较高的发展阶段来理解其历史发展过程及本质。事物的诞生起源和历史形态并不意味着它的本质，而只是在这些本质尚未充分发育的情况下，在特定的历史环境中孕育并表现出来的"胚胎"形式。对于货币范畴的发展过程亦是如此，只有在货币制度充分发育之后，货币概念才能脱离它的"胚胎"形式而以纯粹的、本质的形式表现出来。

因此，不能脱离马克思的劳动价值论框架，即私人劳动和社会劳动之间的矛盾来理解马克思的货币理论，那样就将马克思退回一个"货币金属论"者。在西方经济学的传统解释中，货币仿佛只是提高"物物交易"效率的产物。在这个图景中，人与人之间没有真正的经济关系和社会关系，彼此既不关心未来也不会再见，贵金属是在这种条件下唯一可实践的交易手段。②但是马克思的货币理论不是这样的世界观，在资本主义社会化大生产背景下，人与人之间社会劳动的关系、私人劳动与

---

① 除了纸币以外，由于磨损和铸造等原因，"铸币"也并不完全等价于其名义标注的黄金，在一定程度上已经具有"观念的"黄金，进而抽象货币的特征。
② 孙国峰：《货币创造的逻辑形成和历史演进——对传统货币理论的批判》，《经济研究》2019年第4期，第182~198页。

社会劳动的关系才是马克思货币理论的基本出发点。

总之，在马克思的"商品—价值—货币"框架下，货币范畴虽然在陈述逻辑上是从商品与商品的交换中演绎出来的，但是其理论本质并不要求货币必然是一种具体的商品。如布朗霍夫所明确指出的："'价值尺度'和'流通手段'并不一定要采用货币'实体'作为一般等价物实实在在的体现。"① 事实上，由于在马克思的理论中，货币概念是和价值形式的概念相统一的，因此马克思在《资本论》第一卷第一篇所构建的"商品—价值—货币"框架下真正要揭示的内容之一是货币和社会劳动、抽象劳动之间的内在关系，即论证货币或者说商品的价格形式是如何作为社会劳动和抽象劳动的外在形式，从而将对资本主义经济的货币分析转化为对其背后的抽象劳动或者说价值的分析。这一点和古典经济学完全不同，在古典经济学那里，货币和价值理论无关。在价值尺度和流通手段这两个货币的核心职能上，马克思劳动价值论框架下的货币理论蕴含着一个货币非物质化的内核。

四 贮藏手段、支付手段和世界货币

在马克思经济学中，货币职能分为两个层次：第一个层次是货币的基本职能，即前文讨论的价值尺度和流通手段两个职能；第二个层次是派生职能，即本部分要讨论的贮藏手段、支付手段和世界货币职能。

货币的基本职能是建立在"相对价值形式—等价形式"的逻辑基础上的，尽管理论上这两个职能都可以由抽象的、观念上的"观念货币"和"价值符号"来执行，但马克思仍然将这个非物质化的货币概念内核重新装在"黄金货币说"这一理论体系内。

与"黄金货币说"相适应，对于货币的三种派生职能，马克思进一步认为金是作为真正的货币来执行职能。换句话说，在这三种职能中，金必须作为物理上的金进行运动。从《资本论》的编排来说，马

---

① 苏珊·德·布朗霍夫：《马克思论货币（上）》，金梦迪、王娜译，《政治经济学评论》2017年第2期，第155~179页。

克思在以"价值尺度"和"流通手段"为标题完整地阐述完他对货币内涵的理解后,将对货币的贮藏手段、支付手段和世界货币这些派生职能的论述单独成三个小节,放在"货币"一节中。后者真正使"商品—价值—货币"框架以"黄金货币说"的形态完整表现和确立。

在这一节的开头,马克思除了明确地指明货币是一种商品以外,还进一步补充道:"金作为货币执行职能,一方面是在这样的场合:它必须以其金体(或银体)出现,因而作为货币商品出现,就是说,它不象在充当价值尺度时那样纯粹是观念的,也不象在充当流通手段时那样可以用别的东西来代表;另一方面是在这样的场合:它的职能——不论由它亲自执行,还是由它的代表执行——使它固定成为唯一的价值形态,成为交换价值的唯一适当的存在,而与其他一切仅仅作为使用价值的商品相对立。"①

在这句话中,马克思再次明确了,货币在价值尺度和流通手段职能上,只需要是一个观念的、作为价值符号的货币。货币只是交换价值的表达形式。但是,马克思又说,金作为货币又必须是以现实的金为基础的。因此,马克思用这段话说明,尽管在货币概念的内核,即在价值尺度和流通手段职能上,它可以是观念的和符号化的。但在现实中,货币的其他职能——贮藏手段、支付手段和世界货币——必须是用具体的、现实的金来实现的。

确实,在人类文明的大多数阶段,货币的实体性,或者说货币必须以金体或者银体的物质实体出现,是货币的贮藏手段、支付手段和世界货币职能的要求。但是,这一要求并不意味着这是货币的本质。下文将证明,虽然马克思通过贮藏手段、支付手段和世界货币职能强调货币必须是一种商品,但事实上,对于这些职能来说,物质的金也不是货币制度的必然要求。

(一)贮藏手段

当谈及货币的贮藏手段(价值贮藏)职能时,事实上人们涉及两

---

① 马克思:《资本论》(第一卷),人民出版社,1975,第149~150页。

个相关但在理论上应当分别阐述的机制：一是货币作为价值贮藏手段的职能；二是贮藏起来的货币作为"货币池"调节货币流通量的职能。

关于第一点，哈里斯认为，货币的价值贮藏职能是货币作为流通手段的必然前提，而布朗霍夫更进一步认为，货币的价值贮藏职能是价值尺度和流通手段两种职能的条件。① 由于货币经济必然意味着商品流通的非同步性，那么"商品—货币—商品"的流通过程就要求货币能单独表达价值。② 或者说，由于对人类社会劳动的协调是以不同劳动必须在空间和时间上间隔为前提的，而货币又是一种价值表述符号，因此货币必须拥有在空间和时间间隔中表述劳动量的能力。这一能力就是货币的价值贮藏职能。

在经济的分工协作具有高度的偶然性和不稳定性的历史阶段，能最好地表述特定社会劳动量的事物就是自身包含一定量人类劳动的真实商品。但即使是黄金这样"理想"的商品货币，其价值贮藏的能力，也要随着社会生产条件的变化而变化。

这再次回到了马克思的辩证框架。商品的价值反映动态的社会关系，作为货币的金的价值也不是在金的生产过程中"铸造"的、恒久不变的"物质"内容，而是随商品交换关系的变化而不断变化的。没有商品和金的持续交换，就没有金的价值贮藏职能。从而金作为货币贮藏价值的能力，决定于金不断变动的价值形式，即由所有商品构成的扩大的相对价值形式。因此，哈里斯和布朗霍夫的观点并不全面。货币的价值贮藏职能无法脱离价值尺度和流通手段职能而存在，它们互为条件而非符合存在先后之分的线性因果逻辑。由此也可以知道，货币的价值贮藏职能并不必然要求货币是一个真实商品，货币贮藏价值的能力与其说来源于其物质生产过程中的真实劳动耗费，不如说来自货币同其他商品交换中的价值形式或者说等价形式地位。在一个高度体系化并且稳定的货币经济

---

① 苏珊·德·布朗霍夫：《马克思论货币（上）》，金梦迪、王娜译，《政治经济学评论》2017年第2期，第155~179页。
② 劳伦斯·哈里斯：《货币理论》，梁小民译，商务印书馆，2017，第9~13页。

中，货币的价值贮藏职能可以仅仅通过"货币是社会劳动的抽象表述"这一逻辑，在某种抽象符号（如电子账户）的形式上得以实现。

第一点说明清楚之后，第二点的解释相对简单。在《资本论》中，马克思讨论了黄金的贮藏是如何作为"货币池"来调节货币作为流通手段的量。虽然马克思对这一机制的分析，在形式上似乎由贮藏者的心理——贪婪或对黄金本身的热爱等——完成[①]，但"货币池"职能在本质上并不是由黄金作为物的属性所带来的。"货币池"职能并不需要建立在对某种真实物质实体的"窖藏"上。现代货币金融体系构成了一个以中央银行为底层机制的"货币池"，这一基础货币池又通过商业银行的货币创造功能调节着货币流通量。关于这一点，将在后文的分析中进一步展开。

（二）支付手段

马克思认识到，支付手段的本质也并不要求它必然是现实的金。他是这样说的：一方面，"货币作为支付手段的职能包含着一个直接的矛盾。在各种支付互相抵销时，货币就只是在观念上执行计算货币或价值尺度的职能"[②]；另一方面，"在必须进行实际支付时，货币又不是充当流通手段，不是充当物质变换的仅仅转瞬即逝的媒介形式，而是充当社会劳动的单个化身，充当交换价值的独立存在，充当绝对商品"[③]。从上述角度来说，马克思认为支付手段职能完全可以由一个抽象的价值符号来完成，因为即便在要实际支付时，货币本质上也只是充当社会劳动的化身或者交换价值的独立存在来行使职能。当然，对于这种实际支付的场合，马克思强调的是，货币虽然只是充当一种抽象的社会劳动的化身，但仍然必须是一个"绝对商品"。他说："这种矛盾在生产危机和商业危机中称为货币危机的那一时刻暴露得特别明显。这种货币危机只

[①] 苏珊·德·布朗霍夫：《马克思论货币（上）》，金梦迪、王娜译，《政治经济学评论》2017年第2期，第155~179页。
[②] 马克思：《资本论》（第一卷），人民出版社，1975，第158页。
[③] 马克思：《资本论》（第一卷），人民出版社，1975，第158页。

有在一个接一个的支付的锁链和抵消支付的人为制度获得充分发展的地方,才会发生。当这一机构整个被打乱的时候,不问其原因如何,货币就会突然直接地从计算货币的纯粹观念形态变成坚硬的货币。"① 马克思的话包含两重意思:(1) 支付手段其实是一种人为制度,这种制度在运行良好的时候,不需要现实的金;(2) 当危机发生的时候,支付制度又必须以现实的金这种真实的商品来实现。因此,马克思的观点再次支撑了本节的货币观:货币本质上是一种社会劳动的协调制度,是一种价值符号。它原则上不需要是一种商品。但是,当社会生产组织程度较低、缺乏充分稳定的商品流通环境时,货币制度的良好运行就必然借助于一种具体的真实商品才能实现。

值得说明的是,在谈论货币的支付手段职能时,马克思拒绝以下做法:以信用作为货币的起点并以此解释货币的本质。马克思可能未必没有注意到货币的信用起源说,但是,马克思选择了如下观点:把支付手段看作货币概念已经建立并得到说明后才得以逻辑演绎的一种职能。他说,在商品生产充分发达后,"货币作为支付手段的职能就会越出商品流通领域。货币变成契约上的一般商品。地租、赋税等等由实物交纳转化为货币支付"②。显然,在马克思的分析框架下,既然商品概念是全部分析的起点,那么就不能在商品流通得到完全说明之前预设信用、赋税和地租的存在并以此解释商品流通。

尽管在理论逻辑上,货币的支付手段职能是在货币作为一种特殊商品的基础上构建起来的,但在当代经济实践中,货币执行支付手段职能的场合则可以说几乎追上甚至超越了它作为流通手段或者说交易媒介发挥作用的场合。以当今交易量和交易额巨大的金融交易为例,金融产品的价格并不是货币执行价值尺度职能的结果,金融产品交易中的货币也不是作为"相对价值形式—等价形式"逻辑下的流通手段执行职能。尽管货币在金融产品买卖的过程中流通,但这些货币实际上只是一种支

---

① 马克思:《资本论》(第一卷),人民出版社,1975,第158页。
② 马克思:《资本论》(第一卷),人民出版社,1975,第161页。

付手段。在金融交易中，正如马克思的观点，支付的货币是作为一种独立的价值符号或者说交换价值，以及一个"绝对商品"而存在。但是与马克思的表述不同的是，在今天的货币支付过程中，货币作为一种代表价值的"绝对商品"，并不是由类似黄金这样的真实的商品来实现的，而是采用了信用货币这种观念上的价值符号的形式。甚至在部分金融交易场合，支付手段职能可以由一些纯粹的、非货币化的金融票据来完成。因此，货币的支付手段职能本质上完成的不是真实商品的转移，而是货币本身的转移，并通过货币的转移实现社会劳动的重新分配。

（三）世界货币

马克思的观点是："货币一越出国内流通领域，便失去了在这一领域内获得的价格标准、铸币、辅币和价值符号等地方形式，又恢复原来的贵金属块的形式。"① 而且，"只有在世界市场上，货币才充分地作为这样一种商品起作用，这种商品的自然形式同时就是抽象人类劳动的直接的社会实现形式。货币的存在方式与货币的概念相适合了。"②

对马克思的这两段话，应当从两个方面进行理解。一方面，马克思所说的"货币的概念"和"货币的存在方式"相适合，说的是马克思对货币概念的理论界定（执行价值尺度和流通手段职能的商品金），和货币的现实形态（即不再是某种抽象的、符号化的事物，而是真实的、"坚硬的"贵金属块）完全一致。可以说，马克思通过世界货币这一职能，明确地说明了他对货币的理解。他认为，铸币、辅币、纸币和银行券等，都不是货币的本质，只是商品货币在特殊情况下的演化形式。只有在世界货币的条件下，货币褪去上述演化形式，以最初的、原始的形式表现出来。

从对世界货币的论述中可以看出，马克思对货币概念的构建，正是要以一个纯粹的、不包含任何其他历史和逻辑范畴的商品流通过程作为环境或背景的。这里的意思是，由于《资本论》的逻辑起点是商品，

---

① 马克思：《资本论》（第一卷），人民出版社，1975，第163页。
② 马克思：《资本论》（第一卷），人民出版社，1975，第163页。

因此当马克思说到货币概念时，在逻辑上，一切其他人类社会范畴都还没有出现，马克思希望在一个纯粹的商品流通内涵上理解并演绎货币概念，而非在一个各种社会组织和制度都已经充分展开的框架下构建货币理论。进一步，考虑到19世纪的货币实践以及当时的思想史传统[1]，可以说，马克思的商品货币理论是马克思历史和逻辑相统一的分析方式的典型体现。

另一方面，马克思的这两段话也是对本节货币观的支撑：只有在缺乏良好社会组织方式，从而社会分工和商品流通具有极大偶然性的条件下，货币才必须以原始形态展示出来。在马克思的时代，世界市场就是这样一个社会组织化程度极低、商品流通环境高度不稳定、具有相当偶然性的货币环境。而在今天的世界市场中，随着全球在经济上联系的不断加深，世界市场和分工的组织化和稳定性不断加强，贵金属块的世界货币职能似乎在逐渐被替代，世界货币也逐渐开始以纯粹的、本质的形式表现出来，即一种表达世界劳动的价值符号。

第二节 抽象货币的价值

一 内在货币与外在货币

前文已经说明，货币的本质是表述社会劳动的价值符号，尽管原则上它可以脱离具体商品的物理内容而存在，但在不同的社会条件下，货币的价值符号内涵是通过不同的途径实现的。马克思的"黄金货币说"良好地描述了贵金属货币条件下价值符号的实现途径。那么在今天的货币金融体系中，货币的价值符号本质是通过什么方式实现的呢？或者更具体地说，如果说在贵金属货币时代，货币是作为一个包含人类劳动的真实商品来起到代表社会劳动的作用，那么在今天，货币作为一种储存

---

[1] 戴维·欧瑞尔、罗曼·克鲁帕提：《人类货币史》，朱婧译，中信出版集团股份有限公司，2017，第一章。

在数字空间的二进制代码,既非一个价值实体(如黄金),也非被锚定在这个价值实体上的有形符号(如可兑换纸币或银行券),它是通过何种方式和社会劳动建立关联的呢?

为了回答这一问题,让我们先回顾一下马克思的"黄金货币说"。在马克思的"黄金货币说"中,货币与真实商品存在内在关联,这种关联有"内涵"和"外延"两个层次。"内涵"层次是指,马克思主张,货币本身是一种商品,因此货币和商品在概念上是一致的。"外延"层次是指,货币可以是一些被锚定在真实商品上的名义符号,如纸币和银行券等,代替商品货币(黄金),在现实中行使货币职能。但原则上,这些名义符号及其流通规律都必须在商品货币(黄金)的范畴和运动规律上得以说明。

在同贵金属可兑换的条件下,上述"外延"成立的逻辑是,名义符号是一个锚定在黄金上的信用票据。社会金融网络保证了,每一个单位名义符号背后都有支撑它的黄金。因此,名义符号的流通表征了其背后的黄金的转移。持有者可以在流通之后通过银行将名义符号兑换为相应的黄金。这种条件下的名义符号是一种"影子黄金"。

随着货币经济的进一步发展,名义符号已经几乎完全脱离了贵金属基础,成为一种纯粹的抽象货币。由于在今天抽象货币已不再锚定在包含黄金在内的任何真实商品上,上述"外延"机制失效了,抽象货币不再作为黄金的影子执行黄金的职能。抽象货币本身成为价值的符号。那么此时,抽象货币的价值基础是什么呢?或者更具体地说,在抽象货币 M 同真实商品 C 的交易过程中,出售方提供的真实商品 C 是一定量的价值实体,那么根据价值形式理论,M 也必然代表着一定量的价值实体。但如果 M 不再是一个真实商品(比如黄金)的"影子",M 又是通过何种机制代表了一定量的价值实体呢?[①]

[①] 由于在当今的货币金融体系中,几乎所有的抽象货币都是建立在某种特定的信用机制上,出于理论抽象和简化的目的,在本书中不再区分抽象货币和信用货币,二者在相同的意义上使用。

Foley 认为，由于信用货币本质上是中央银行的债务，所以信用货币之所以可以和一定量的价值实体进行交换，并不是如同商品货币一样进行"等价交换"的结果，而是作为一种虚拟资本进行"资本化"的结果。① 也就是说，Foley 认为，信用货币所反映出来的"价值量"本质上是政府债务的贴现。由于货币这种"债务"实际上并不产生货币收益，因此持有这种债务的收益其实是一种便利收益（convenience yield）。Foley 虽然正确地强调了当今信用货币的债务特征，并提出它和商品货币之间存在本质差异，但这种解释也带来了如下问题：首先，"资本化"理论并不能有效地区分信用货币和其他金融资产的差异；其次，货币的概念在逻辑上被置于虚拟资本得到说明之后，《资本论》第一卷中构建的"商品—价值—货币—资本"的框架或者链条就被打破了；最后，也是最重要的，这种解释实质上放弃了马克思围绕"价值实体—价值形式"和"相对价值形式—等价形式"所构建的劳动价值论和货币理论的基本框架。

意大利货币循环学派认为，考虑到在资本主义信用货币体系中银行部门对货币供给和信用创造的特殊作用，因此在理论模型中不能把银行和企业合并为一个单独的部门。换句话说，若要能够理解经济增长机制，模型中不可能没有银行系统的"显性"作用。② 事实上，货币循环学派认为经济循环是一个从货币创造到货币毁灭的不断继起的过程。银行首先通过信用机制创造出货币，这些货币进入经济内部完成循环，最后返还银行体系，货币归于"消灭"。从意大利货币循环学派的角度来看，信用货币并不是既有黄金存量的"影子"，而是通过债务系统"凭空"创造出来的价值符号。

格利和肖讨论了两种模型："外在"货币模型和"内在"货币模

---

① D. K. Foley, "Marx's Theory of Money in Historical Perspective," in Fred Moseley, *Marx's Theory of Money: Modern Appraisals* (New York: Palgrave Macmillan, 2005).
② 袁辉：《意大利货币循环学派对宏观经济学的贡献》，《经济学动态》2016 年第 5 期，第 130~137 页。

型。在这两种模型中，货币的本质都是央行的债务。二者的不同之处在于，在外在货币模型中，央行发行的债务是没有任何后盾的不兑现货币。发行机制是，当政府需要购买商品时，用发行的这种债务来支付。在这种发行机制下，企业存在对央行的净债权。而在内在货币模型中，货币是通过政府购买企业债券发行的。换句话说，货币的后盾是央行所持有的对企业的债权。在这种机制下，企业不存在对央行的净债权。[1]

借鉴格利和肖的分析，从模型中进一步抽象掉"政府"和"央行"等具体概念，可以从更基本的层面理解信用货币。人类的信用货币实践可以抽象为如下两种模式。第一种是"外在"货币，是指金融机构（下文称为"银行"）发行的承兑信用票据（下文称为"信用票据"）。理论上这些信用票据是以真实商品，特别是银行贮藏的金来承兑的。这些金可以是银行自己的，也可以是经济实体（下文称为"企业"）在银行金库中存放的。无论哪一种，这些信用票据都意味着对银行金库中的金的索取权。换言之，外在货币就是企业对银行的净债权，净债权的数量就是信用货币所对应的黄金的价值量。信用货币的回流，意味着债务的消除，同时相应数量的黄金返回流通过程。这种外在信用货币是金在观念和实践上的简单替代物。

第二种是"内在"货币。内在货币是指银行通过同企业进行"债券置换"所发行的不可兑换信用票据。理论上这些信用票据反映了企业和银行的相互债务。银行发行的票据成为货币，构成了银行自身的负债和企业的资产；而企业债券构成了企业自身的负债和银行的资产。"现代金融体系是建立在信用货币制度基础上的，非银行私人部门持有的信用货币是由银行创造的，货币本质上是银行部门和非银行私人部门之间的债务关系，货币创造的实质是银行与客户之间的债务交换（同时也是

---

[1] 约翰·G. 格利、爱德华·S. 肖：《金融理论中的货币》，贝多广译，格致出版社·上海三联书店·上海人民出版社，2006。为了和本书的分析相适应，此处对格利和肖原文的观点进行了简化和进一步抽象。

债权交换)"。① 在内在货币条件下,企业不存在对银行的净债权。信用货币的回流仅仅意味着相互债务的抵销。这种内在信用货币在观念上和实践上都没有锚定在一定量的金上。

无论是从历史还是从逻辑的角度来看,外在货币都是内在货币的原始形式,而后者是前者进一步发展和抽象的结果。对于外在货币而言,金融系统构建了这样一套机制:通过将外在货币锚定在一定量黄金上的这种简单方法,构建了外在货币和社会劳动的连接。这种"锚定"过程本质上仍然也是一种信用制度。而内在货币进一步发展了这种信用机制,它将具体的黄金替换为抽象的银行债务作为"通约物",通过私人和银行之间的债务体系将私人劳动互相联系,从而建立内在货币同社会劳动之间的连接。在这个意义上,外在货币是在初步发展的信用环境下产生的介于商品货币和内在货币之间的过渡形态,是一种特殊的内在货币。外在货币和内在货币都是通过社会信用网络来表述社会劳动的,从而"证成"自己的货币价值。② 下文通过一组简化模型展示这一演化过程。

表 2-2-1 展示了商品货币条件下的社会总资产负债表。此时,以黄金形式存在的货币是一种真实的劳动产品,而不是一种债务,在流通过程中,黄金作为与商品的对立物,通过黄金的使用价值的量表达商品的价值量。

---

① 孙国峰:《货币创造的逻辑形成和历史演进——对传统货币理论的批判》,《经济研究》2019 年第 4 期,第 182~198 页。
② 事实上,从经济史的角度来看,被锚定在黄金上的信用货币的承兑情况始终经历着"暂停兑换"和"恢复兑换"的变换。在西方货币实践中,由于在战争等特殊历史时期积累了大量信用票据,在恢复兑换时,往往为了避免通货紧缩等问题,信用票据和贵金属的兑换标准是随着时间和空间不断变化的。名义上的承兑货币在实践中往往也不存在与贵金属的内在的、稳定的"锚定"关系。因此,从货币实践的角度出发,信用货币执行货币职能,并不以它是否真的与黄金存在稳定关系为依据。对于执行货币职能而言,信用货币单位所衡量的物价的稳定性,远比信用货币与黄金的兑换关系的恒定性更为重要。甚至可以说,信用货币能否良好地执行货币职能,与其说决定于它与黄金兑换关系的真实稳定性,不如说决定于这种兑换关系在观念上的稳定性。

表 2-2-1　社会总资产负债表

资产	负债
黄金G	
商品X	

表 2-2-2 和表 2-2-3 展示了"外在货币"的生成机制。在银行产生之后，社会将所有黄金"寄存"到银行中，记在银行的"资产"项下，同时银行向社会提供这些黄金的足额凭证（本模型中记为"纸币C"），并承诺任意时刻社会都可以用纸币兑换足额的黄金。这种流动性决定了纸币完全是黄金的符号或"替身"。在这个货币体系中，社会享有对银行的净债权，即黄金 G。

表 2-2-2　银行外的社会总资产负债表（外在货币）

资产	负债
纸币C	
商品X	

表 2-2-3　银行的资产负债表（外在货币）

资产	负债
黄金G	纸币C

在表 2-2-2 和表 2-2-3 所展示的货币体系中，社会对纸币的需求或者说纸币的使用价值在于纸币是黄金的承兑票据，人们通过获得纸币来获得黄金。在用纸币和商品进行交易时，在观念上仍是用黄金来表现商品的价值。纸币无法用自身的使用价值量表达商品的价值，货币的价值尺度职能本质上仍是由黄金完成，而纸币作为商品的对立物，仅在于在流通中承担流通手段的职能，其流通仍以黄金的流通规律为依据。

表 2-2-4 和表 2-2-5 展示了由"外在货币"生成"内在货币"

的机制。银行可以通过为社会提供贷款 D 来创造货币（在本模型中将这种货币记为"银行券 B"以和前文的"纸币 C"区分）。社会可以用银行券 B 进行商品流通。银行券是一种银行的黄金支付承诺，因此接受者相当于持有了对银行的黄金债权。贷款者需要以黄金或者其等价物纸币 C 偿还给银行，而银行则需要将获得的黄金用以承兑银行券。银行券体现了一个三方信用关系，通过引入银行信用来实现贷款人和银行券接受者之间的私人信用或债务。因此，银行券仅承担支付手段的职能。

表 2-2-4　银行外的社会总资产负债表（内在货币）

资产	负债
银行券B	贷款D
纸币C	
商品X	

表 2-2-5　银行的资产负债表（内在货币）

资产	负债
贷款D	银行券B
黄金G	纸币C

在表 2-2-4 和表 2-2-5 所表达的货币体系中，银行券和纸币本质上是被"标的"或"锚定"在黄金上的，银行券和纸币总是以一定量的黄金来标注票面金额的，反映了以黄金为"锚"的信用关系。但这个货币体系实际上并不需要真实的金，只要经济中已经存在以黄金为一般等价物的流通体系进而金已经成为观念化的价值尺度。此时，无论银行券和纸币是否可以兑换黄金，甚至是否真实地存在足够的黄金以支撑发行的纸币和银行券，只要这些信用票据能被普遍接受，那么银行券和纸币这些基于黄金的信用关系就都代表了观念上的金，执行货币的职能。

此时，银行券在理论上已经能够脱离金而"升格"为一种独立的、具有价值尺度职能的信用货币。为了理解这一点，让我们回忆，在外在货币的场合下，银行债务——纸币——能够流通是因为银行（至少在观念上）有责任用真实的金来偿还债务。在银行券货币体系下，社会不存在对银行系统的净债权。与外在货币相比，银行券能够进行流通，从根本上说不是因为它是银行的债务，而是因为它对应了社会自身的债务。银行券本质上是由银行信用担保的社会债务凭证，反映了一种由社会自我承兑的债务：持有一份银行券——通过银行担保——就等价于持有一份对社会的债权，社会以其非货币化资产，即商品对其债务承兑。从而每一份银行券就对应了一定量的社会劳动。表 2-2-6 和表 2-2-7 展示了一个独立于黄金的纯粹信用货币系统。该系统完全通过银行贷款 D 创造信用货币 M。

表 2-2-6　银行外的社会总资产负债表（纯粹信用货币）

资产	负债
信用货币M	贷款D
商品X	

表 2-2-7　银行的资产负债表（纯粹信用货币）

资产	负债
贷款D	信用货币M

但是，这种内在货币系统的稳定运行仍然需要银行以特定的机制完成实质上的"承兑"。银行系统需要以一定的方式回流货币，将整个债务体系以直接或间接的方式"动态地"标定在商品上，这表现为银行通过各种手段稳定信用货币体系的过程。

正如已经说明的，货币根源上是人们（有意或者无意地）发明的一套社会制度。这套制度究竟在观念上和现实中如何成立，并由此执行价值符号这一货币的根本职能（例如，是以含有真实劳动耗费的金的形式，还是以建立社会化的债务系统的形式）是没有必然规律的，而且货币制度也会随着经济社会环境的变化不断转换和演化。换言之，货币符号拥有价值尺度和流通手段职能的"外部"模式可以是多样的，但其内在客观规律性是共同的：无论人们创造出什么样的货币制度，货币总是表现了一定量的社会劳动，并通过它对社会劳动的表现过程协调商品经济中的私人劳动过程。

二 货币的"价值形式"

在《资本论》中，马克思从"偶然的等价形式"开始探讨了价值形式的逻辑演绎过程。货币最终作为所有商品的共同的、一般的价值形式，以自身的数量表示商品的价值。在货币体系下，所有商品都处于相对价值形式，而货币自身处于等价形式。货币不再出现在相对价值形式上，货币的价值不能通过任何一般的价值形式得以表现。货币的价值只能再次通过所有流通中的其他商品的数量共同表现，即以一种调转了的"扩大的价值形式"表现。正如马克思说道："要表现一般等价物的相对价值，我们就必须把第三种形式倒过来。一般等价物没有与其他商品共同的相对价值形式，它的价值相对地表现在其他一切商品体的无限的系列上。因此，扩大的相对价值形式，即第二种形式，现在表现为等价物商品特有的相对价值形式。"[①]

在对价值形式的传统解释中，货币的价值被视作在交换之外先验给定的——如是按照生产黄金的社会必要劳动时间给定的，接着在此基础上根据等价交换的原则，货币用自身的使用价值量作为价值形式表现出处在相对价值形式位置上的商品的价值。不过，这个解释会遇到如下难题：货币自身的价值又是如何在交换过程发生之前就确定并加以表现的呢？事实上，货币商品本身的价值也必须通过商品的交换过程得到确定

---

① 马克思：《资本论》（第一卷），人民出版社，1975，第85页。

并表现。只不过货币的价值，不能和其他商品一样通过货币自身作为一般的价值形式得以表现，而相反，只能以一种"扩大的价值形式"，即在所有商品身上得到表现。即，货币的价值表现为：

$$G \to (x_1, x_2, \cdots, x_n)$$

其中 G 为流通中的货币总量，$(x_1, x_2, \cdots, x_n)$ 为流通中的所有商品所构成的集合，记为向量 x。正如一定量某种商品（如 x_1）的价值是通过与之相交换的货币数量 $p_1 x_1$ 表现的一样，所有流通中的货币 G 的价值也是通过与之相交换的商品数量所表现的。只不过，流通货币总量 G 中不同部分的价值是分别通过与它相交换的不同商品来表现的。设与不同商品相交换的货币量分别为 $(g_1, g_2, \cdots, g_n)$，那么对应的价值表现过程为 $g_i \to x_i$。每一个货币量都通过这个映射找到了对应的价值形式，从而构建了一个集合 g 向集合 x 的映射关系：设 λ_g^i 为用商品 i 所表示的每个单位货币的价值，那么 $\lambda_g^i = \dfrac{x_i}{g_i}$，即 1 个单位货币的价值表现为 λ_g^i 个单位的商品 i。可以发现，在数量上 $\lambda_g^i = \dfrac{1}{p_i}$。同其他商品一样，货币的价值也不是一个脱离了实际交换过程而先验给定的量。

在另一笔货币和商品 j 的交换中，商品 j 成为货币的价值形式。于是，$\lambda_g^j = \dfrac{x_j}{g_j}$。由于商品 i 和 j 都是货币的价值形式，因此这些价值形式共同表征了其背后一致的事物。而这一事物不能是目前已经处于相对价值形式的货币本身，只能是商品 i 和 j 各自的社会价值或者说社会必要劳动时间。可以验证，每个单位货币通过 λ_g^i 量的商品 i 这一价值形式所表达的价值量为 $\lambda_i \cdot \lambda_g^i = m p_i \lambda_g^i = m$（这一等式的意思是，每个单位货币的价值为商品 i 的数量 λ_g^i 乘以每个商品 i 的社会价值 λ_i）。由于这一关系对于所有货币量 g_i 都成立，因此在这个意义上我们可以确定任一单位货币的价值为 $m = \dfrac{\alpha_l}{p\hat{\alpha}}$，这正是本书第一章第三节中给出的定义。

数学化地说，当一定量的商品 x 处于相对价值形式时，那么它的价值通过映射 $f_1 = px$（即价格乘以商品数量）在货币领域表现为一定量的货币 g；接着，该数量的货币又通过映射 $f_2 = mg$（即每个单位货币代表的劳动时间乘以货币数量）映射到劳动时间领域，从而复合映射关系 $f_2 \circ f_1$ 确定了商品 x 的价值 mpx。而当一定量的货币 g 处于相对价值形式时，它的价值通过映射 $h_1 = \dfrac{g}{p}$（即货币数量除以商品价格）表现为一定量的使用价值 x；接着该使用价值 x 又通过映射 $h_2 = mpx$（即商品数量乘以社会价值）指向劳动时间领域，从而复合映射关系 $h_2 \circ h_1$ 确定了货币 g 的价值 mg。上述关系反映了"等价交换"的原则：商品 x 所对应的劳动时间 mpx 总是等于与其交换的货币 $g = px$ 所对应的劳动时间 mg。相对价值形式和等价形式二者的关系在数学上表现为，f_1 只是 h_1 的逆映射。

"货币的价值"（而不是币材的价值）是在货币作为价值尺度和流通手段的过程中所派生出的概念，而不是一个先于交换的、由币材的生产过程产生的概念。它的大小也是由货币的实际流通过程确定的，而和币材本身的价值量没有必然联系。甚至货币本身可以不是真实的劳动产品，而仅仅是一个制度性的"观念"。商品的价值形式是一定量的货币，是因为货币代表了一定量的价值；而货币之所以代表了一定量的价值，是因为在交换中它构建了一个包含所有商品交换比例在内的"扩大的价值形式"。可以说，"商品的价值"是真实的，而"货币的价值"本质上只是商品价值的理论镜像，人们利用这一概念捕捉在交换经济中各个真实商品所蕴含的人类劳动时间。

由于"货币的价值"只是商品交换价值的"镜像"，因此并不是任何一定数量货币的价值都能被"定义"，"货币"没有内禀价值，只有那些处于"相对价值形式—等价形式"问题中的货币的价值才能被定义。换句话说，只有在价值尺度和流通手段的意义上，才能定义货币的价值，而那些作为绝对金融资产而存在的货币符号，它们没有价值形

131

式，界定其"劳动价值"是没有意义的（例如，简单地将停滞在银行资产负债表上的货币量乘以 m 并不能反映一定量的社会劳动）。与之相反，作为一种币材的金，由于是人类劳动过程的产物，任何时候它都拥有内禀价值，这个内禀价值会在它同"货币"的交换过程中表现为金的社会价值。[1]

应当认识到，马克思在《资本论》中对货币价值的讨论是在一个高度抽象的层面上进行的，是基于其经济哲学体系和劳动价值论的一种带有"启发性"的论述。马克思的方法是：在高度抽象的层次上分析商品和贵金属的社会必要劳动时间，并假定这些都是一些先验的、劳动过程中耗费的"已知量"，来启发性地表述他与李嘉图等古典经济学家之间具有本质差别的、建立在"价值实体—价值形式"辩证矛盾上的劳动价值论，由此进一步引出"商品货币价格体系的背后是人类劳动时间"这一劳动价值论观念。在这个理论层面上，构建"价值实体—价值形式"的劳动价值论框架的重要性远大于构建一个精确完备的货币价值理论的重要性。当然，在马克思所处的历史条件下，把这些论述视作一个符合当时实际情况的贵金属货币价值理论，也是满足逻辑与历史相统一的要求的。

总之，"货币的价值"这一概念并不要求货币必须是真实的商品，其价值也和生产币材的劳动耗费无关。货币之所以能够和商品相交换，并不是因为二者，尤其是货币先验地"内含"特定的、已知的劳动耗费，并以此为基础进行交换。而是由于人们已经在经验和观念上构建了一个货币处在相对价值形式位置的、以所有商品为等价形式的货币的"扩大的价值形式"，从而一定量的货币总是代表了特定的劳动耗费。在商品流通中，货币只是一种人类发明的制度性中介，商品和货币的交

---

[1] 贮藏中的货币没有社会价值，货币的价值是由在流通中的货币的量决定的，即只有处在相对价值形式上的货币才决定了货币自身的价值。在马克思所分析的金的贮藏中，贮藏中的金是作为商品或币材（而非货币）而具有社会价值，正是"流通中的货币金的社会价值等于作为商品或币材的金的社会价值"这一条件产生了贮藏货币的流动和平衡机制。

换关系本质上体现的是某个具体商品和社会总商品的关系,是某个私人劳动和社会总劳动的关系。

第三节 抽象货币的流通

一 抽象货币的流通模型

这里所研究的抽象货币(以下称为"现金")是以银行部门的资产负债表为基础,通过债务而非真实贵金属支撑而发行的信用票据,即"内在货币"。

假设经济中存在生产性企业和银行两个部门。在任意时刻,第 i 个企业的生产过程为 $(\bar{\alpha}^{[i]}, -\underline{\alpha}^{[i]}, -\alpha_l^{[i]})$;银行不雇用任何工人,也不使用任何生产资料,只由银行家完成存贷款职能。同时,假设不存在任何非货币金融资产,则每一家企业拥有三种类型资产——商品 $X^{[i]}$、现金 $M^{[i]}$ 和生产资料 $\underline{\alpha}^{[i]}$;企业的负债为向银行借的未偿还贷款 $D^{[i]}$。只存在一个发行货币的银行,其资产为现金 $M^{[B]}$ 及持有的所有企业的债权 $C^{[g]}$。正如货币循环学派所假设的,银行通过购买企业债券的方式来创造货币,因此银行的负债就是该经济中存在的所有货币 $M^{[g]}$ + $M^{[B]}$。与货币循环学派不同的是,这里假设利息是通过货币而非实物的方式支付的,且这些支付给银行的利息并不会让货币消失,而是形成了银行的货币资产。但是本金的偿还视作负债的赎回,造成货币消灭,不转变为银行的库存现金。因此,必然有该经济中的货币总量等于企业未偿还贷款总量,即 $M^{[g]} + M^{[B]} = D^{[g]}$;以及货币总量的变化量等于贷款净增量,即 $\dot{M}^{[g]} + \dot{M}^{[B]} = \dot{D}^{[g]}$。①

设第 i 个企业在 t 时刻的商品销售向量为 $s^{[i]}$,因此在该时刻的销售额为 $ps^{[i]}$。那么,全社会在 t 时刻用于购买商品的现金支出为 $ps^{[g]}$。此

---

① 在本书中,用 $\dot{x}$ 表示变量 x 依时间的变化率。

外，在该经济中企业支付的货币工资 $w\alpha_l^{[g]}$ 和利息 $\iota D^{[g]}$（ι 为银行贷款利息率）是产生现金支出的另外两个途径。因此，任意时刻的现金支出流为 $ps^{[g]} + \iota D^{[g]} + w\alpha_l^{[g]}$。显然，这个现金流是通过社会总现金存量 $M^{[g]} + M^{[B]}$ 在单位时间内以速率 v 反复流通实现的，因此有：

$$ps^{[g]} + \iota D^{[g]} + w\alpha_l^{[g]} = v(M^{[g]} + M^{[B]}) \qquad (2-3-1)$$

由于在现代货币金融体系中，一部分货币是作为金融资产存在的，所以这里流通速度 v 的含义与其说是全部货币在多个经济主体之间的反复"换手"速率，不如说是所有货币存量与流通中的货币流量的比率。正如马克思在《资本论》中所说的："如果一个货币加快流通速度，另一个货币就会放慢流通速度，甚至完全退出流通领域，因为流通领域只能吸收这样一个金量"①。这也就是说，货币流通速度是货币进入与退出流通领域的速率，综合反映了既有货币存量的流通"效率"。经济主体持有货币的意愿（或者说以货币形式持有资产的意愿）越强，货币流通效率就越低；而经济主体投资或消费的意愿越强，这个效率就越高。因此也可以说，货币流通速度反映了货币存量的"活性"。

利用 $M^{[g]} + M^{[B]} = D^{[g]}$，式（2-3-1）可以进一步整理为：

$$ps^{[g]} + w\alpha_l^{[g]} = (v - \iota) D^{[g]} \qquad (2-3-2)$$

式（2-3-2）反映了投资和消费的名义支出总额总是正比于银行所提供的贷款总额——因为本质上，投资和消费所需的货币正是由银行贷款提供的。这一正比系数受两个方面影响：更强的货币"活性"和更低的贷款利率意味着更大的投资和消费总额。

根据定义，货币的价值为 $m = \dfrac{\alpha_l^{[g]}}{p\hat{\alpha}^{[g]}}$，其中 $\hat{\alpha}^{[g]} = \overline{\alpha}^{[g]} - \underline{\alpha}^{s[g]}$。这里 $\underline{\alpha}^{s[g]} = \sum_{i \in g} \underline{\alpha}^{s[i]}$，$\underline{\alpha}^{s[i]}$ 为第 i 个企业所需要进行实物更新的生产资料向量。假设 $c^{[i]}$ 和 $c^{[B]}$ 分别代表第 i 个企业主和银行家的消费品向量，f

---

① 马克思：《资本论》（第一卷），人民出版社，1975，第 140 页。

代表工人单位劳动时间的生活资料向量，则有 $s^{[i]} = \bar{\underline{\alpha}}^{[i]} - \dot{X}^{[i]}$，$X^{[i]}$ 为第 i 个企业的产品库存，以及 $s^{[g]} = \underline{\alpha}^{s[g]} + \dot{\underline{\alpha}}^{[g]} + c^{[g]} + f\alpha_l^{[g]} + c^{[B]}$。将这一关系代入货币价值的定义式，并记货币总量为 $M = M^{[g]} + M^{[B]}$，立即可以得到：

$$m(vM - w\alpha_l^{[g]} - \iota D^{[g]}) = \alpha_l^{[g]} + \Lambda \underline{\alpha}^{s[g]} - \Lambda \dot{X}^{[g]} \quad (2-3-3)$$

式（2-3-3）蕴含着这样的含义：所有现金流中扣除用于支付利息和货币工资的部分后，价值等于总商品价值中扣除存货的部分。也就是说，所有处于等价形式的、承担价值尺度和流通手段职能的货币的价值总量等于所有"实现"的商品的价值。因此，式（2-3-3）说明了信用货币的价值 m 决定于：

$$m = \frac{\alpha_l^{[g]} + \Lambda \alpha^{s[g]} - \Lambda \dot{X}^{[g]}}{vM - w\alpha_l^{[g]} - \iota D^{[g]}} \quad (2-3-4)$$

即货币的价值决定于所有在市场上"实现"的商品价值总量和用于流通这些商品的货币数量之比。那些尚未实现的商品的价值、执行支付手段职能的货币和处于贮藏状态的货币并不影响货币的价值。

总之，信用货币的价值尺度职能是在货币承担流通手段职能过程中实现的。货币，只有当它因承担流通手段职能而和商品分别处于相对价值形式和等价形式的两极时，它才能作为价值的表现形式，作为一种价值符号代表着一定量的人类劳动。而这种意义上的货币价格才是商品社会价值的反映。此时，货币量成为现实的价值表现物。相反，被用于支付或被贮藏的货币，并不会因为将它们在形式上乘以货币价值就蕴含着或者说对应了一定量的人类劳动。这部分货币并不是作为一定量的交换价值的绝对形式存在，而是作为一种特殊的"一般商品"即绝对的金融资产而存在。

在这里有必要对相关概念做一些梳理和辨析。在《资本论》中，当马克思谈及货币的支付手段职能时，是以两个层次进行的。第一个层次是，支付手段职能是流通手段职能试图摆脱交易时间的局限而产生的，即由于一般商品交易的延期支付而形成的。这时，货币的支付手段职能是流通手段职能的拓展和延续。马克思提出："支付手段进入流通，但这是在商品已经退出流通之后。货币不再是过程的媒介。它作为交换价值的绝对存在，或作为一般商品，独立地结束这一过程。"① "而在必须进行实际支付时，货币又不是充当流通手段，不是充当物质变换的仅仅转瞬即逝的媒介形式，而是充当社会劳动的单个化身，充当交换价值的独立存在，充当绝对商品。"② 马克思这些对支付手段职能的描述，都是从将支付手段职能理解为流通手段职能的延续来说的，可以看作对流通手段职能的进一步抽象。

对于支付手段职能的第二个层次，马克思说道："在商品生产达到一定水平和规模时，货币作为支付手段的职能就会越出商品流通领域。货币变成契约上的一般商品。"③ 马克思对此的举例是历史上的地租和赋税等。由于受时代的局限，也可能是考虑到《资本论》由抽象到具体的逻辑脉络，马克思对支付手段职能的第二个层次并没有进一步展开理论分析。不过，随着时代的发展，第二个层次的支付手段职能，即非商品流通所形成的货币支付已经成为非常重要的部分。这包括金融资产买卖、商业和金融租金或其他形式的货币收益等。在这些经济活动中，货币流通并不是商品流通的延续，而是作为以各种契约为基础的纯粹的、独立的货币流通进行的。而这些纯粹的、独立的货币流通之所以完成，正如马克思在对第一层次的支付手段职能的讨论中所指出的："卖者把商品变为货币，是为了通过货币来满足某种需要，货币贮藏者把商品变为货币，是为了以货币形式保存商品，欠债的买者把商品变为货币，则是为了能够支付。"④ 即抽象货币变为一种和黄金一样的"一般

---

① 马克思：《资本论》（第一卷），人民出版社，1975，第156页。
② 马克思：《资本论》（第一卷），人民出版社，1975，第158页。
③ 马克思：《资本论》（第一卷），人民出版社，1975，第161页。
④ 马克思：《资本论》（第一卷），人民出版社，1975，第156~157页。

商品",它具有特殊的"使用价值":完成各种交易和支付。而从社会总体来看,抽象货币的"使用价值"最终在于清偿对银行的债务(同时也消除了自己的负债)。在这个意义上,下文谈及货币作为支付手段流通时,不是指作为第一层次的支付手段,即用于完成商品流通的延期支付,而是指作为第二层次的支付手段的流通,即货币作为一种特殊的"一般商品"本身的流通。

这意味着,抽象货币作为一种无形的价值符号,一种社会劳动的纯粹观念上的"化身",实现了"商品化"。由于抽象货币是通过银行债务的形式发行的,因此这种商品化实际上就是银行债务的商品化。抽象货币的商品属性是这样的:"使用价值"是清偿对银行的债务,"价值"是一个单位货币同一定数量社会劳动之间的对应关系,如式(2-3-4)所示。

另外,在《资本论》中,马克思曾经给出了货币流通量的公式①:

$$\text{执行流通手段职能的货币量} = \frac{\text{商品价格总额}}{\text{同名货币的流通次数}} \quad (2-3-5)$$

如果考虑到货币的支付手段职能,马克思对上述方程进行了进一步补充,他说:"假定流通手段和支付手段的流通速度是已知的,这个总额就等于待实现的商品价格总额加上到期的支付总额,减去彼此抵销的支付,最后减去同一货币交替地时而充当流通手段、时而充当支付手段的流通次数。"②

在进一步分析之前,值得指出的是,虽然马克思提出的式(2-3-5)在形式上和费雪方程式:

$$vM = pY \quad (2-3-6)$$

或剑桥方程式:

$$M = kpY \quad (2-3-7)$$

---

① 马克思:《资本论》(第一卷),人民出版社,1975,第139页。
② 马克思:《资本论》(第一卷),人民出版社,1975,第159页。

一致，但它们的理论基础及所蕴含的经济含义是不同的。在这里不对费雪方程式和剑桥方程式进行辨析，只重点指出，在马克思的公式中，"执行流通手段职能的货币量"表达的既不是一种外生的货币供给量，也不是货币作为一种持有资产的需求，而是一种基于商品交易的流通需求，即所有黄金中以货币的身份承担流通手段或者支付手段职能的数量。原则上，黄金的贮藏手段职能将调整货币供给以适应这一要求。

在马克思的体系下，将黄金作为一种资产进行持有的动机不是一个拥有明确理论内涵的能动因素，它仅仅通过贮藏手段职能形成被动的货币"蓄水池"。因此，马克思认为，"执行流通手段职能的货币量"是一个被决定量：如果货币的流通速度是给定的，那么流通中的货币量决定于商品的价格总额。而后者又进一步决定于流通中的商品的价值总量和单位货币的价值之比。对于这一性质，马克思认为："随着商品价格总额这样增加或减少，流通的货币量必须以同一程度增加或减少。诚然，在这里，流通手段量的变化都是由货币本身引起的，但不是由它作为流通手段的职能，而是由它作为价值尺度的职能引起的。"[①] "货币所以具有流通手段的职能，只因为货币是商品的独立出来的价值。"[②] 这突出反映了，当马克思谈到货币的流通手段职能时，他总是围绕货币作为价值尺度，即商品价值的外在表现形式这一理论框架。[③] 因此，马克思在《资本论》第一卷中谈及的货币的流通手段职能，不能理解为货币作为一种交易媒介的纯粹技术性职能，而是以价值尺度或者说价值形式为内核和出发点的引申。甚至可以在一定意义上说，在《资本论》第一卷的抽象层次上，马克思所说的货币流通手段职能是货币作为交易媒介的"技术性"职能和价值尺度职能的统一。不能脱离价值尺度或者说价值形式来理解马克思所谈的货币流通量。理解这一点也是未来进一步把握货币作为商业资本和金融资本的本质和逻辑的前提。

[①] 马克思：《资本论》（第一卷），人民出版社，1975，第137页。
[②] 马克思：《资本论》（第一卷），人民出版社，1975，第135页。
[③] 这也反映在《资本论》货币章节的编排方式中。

回到本节的模型。式（2-3-4）可以进一步整理为：

$$M = \frac{\frac{\alpha_l^{[\sigma]} + \Lambda \underline{\alpha}^{*[\sigma]} - \Lambda \dot{X}^{[\sigma]}}{m} + w\alpha_l^{[\sigma]} + \iota D^{[\sigma]}}{v} \qquad (2-3-8)$$

虽然与马克思提出的式（2-3-5）在形式上十分相似，但是式（2-3-8）中的总货币 M 是信用货币存量而非马克思所说的执行流通手段职能的货币——事实上，信用货币在不同场合分别执行流通手段、支付手段和贮藏手段等不同职能。在信用货币条件下，贮藏手段的含义是，一部分信用货币将以金融资产的形式被持有，而不进入流通环节。信用货币的贮藏手段职能不是被动的，而是经济主体主动调整的结果。由此出发，作为总量的"货币池"也不是外生给定的货币"供给"，而是经济主体决策的内生结果，这是因为信用货币的创造是通过银行贷款实现的，银行贷款本身是货币信贷市场供需作用的结果。

也就是说，现代货币体系具有极大的弹性及能动性：无论是被视为货币供给方的银行信贷——进而由它决定的货币存量，还是作为货币需求方的货币流通和资产性持有，都是由经济状况内生的，并产生了与之相适应的利息率。因此，从宏观上看，式（2-3-2）即 $ps^{[\sigma]} + w\alpha_l^{[\sigma]} = (v-\iota)D^{[\sigma]}$ 应当写成：

$$\iota = v - \frac{ps^{[\sigma]} + w\alpha_l^{[\sigma]}}{D^{[\sigma]}} \qquad (2-3-9)$$

式中，货币流通速度或者说周转速度 v 反映了货币存量的"流动性"。若经济中更多的货币被以现金资产的形式（如防御性头寸）持有而非用于投资和消费，那么较大的货币存量也只能形成较弱的货币流动性，即较低的 v；相反，更多的投资和消费以及更少的现金持有会带来更大的货币流通速度，即较高的 v。也可以说，v 由总资本的积累过程和状态所决定。

货币流动性 $vD^{[\sigma]}$ 可以进一步分成两个部分：一是投资和消费所产生的现金流即 $ps^{[\sigma]} + w\alpha_l^{[\sigma]}$，二是向银行部门支付的利息流 $\iota D^{[\sigma]}$。在给定的货币流动性下，越多货币用于支付利息，那么投资和消费就越少；反之，若货币流动性主要用于投资和消费，那么用于支付利息的部分就较少。虽然式（2-3-9）中并没有包含更一般的金融资产问题，但它反映的投资和消费与利息之间的替代关系可以很容易地推广到一般金融产品的场合。

式（2-3-9）所展示的投资和消费与利息率存在负相关关系的解释与传统的货币理论并不相同，但二者的区别仅在于，传统理论更偏重于从微观资产选择的事前角度加以解释，而式（2-3-9）则是从宏观核算的事后意义上进行说明的。

另外，在式（2-3-2）中可以看出，尽管从微观意义上看贷款是企业的负债项，但从宏观上看，企业债务是社会总生产过程所需要的货币的根本来源。这意味着，一方面，企业贷款意味着潜在的金融不稳定性和风险；另一方面，企业贷款又是剩余价值生产、实现和资本积累的货币来源。

二 马克思的货币流通规律

在瓦尔拉斯的世界里，货币只是用来确定商品之间交换比例的记账货币。无论是代表性厂商还是代表性消费者，它的收入和支出行为都可以视作：先将自己拥有的资产（禀赋）按某一价格全部出售给虚拟的商品池、计算收入并记入自己的虚拟收入账户，然后每个人再根据同样的价格从虚拟收入账户出资，从商品池中购买自己需要的商品。如果这个商品池和所有人的虚拟收入账户都最终清空，那么该价格就实现了一般均衡。在这个瓦尔拉斯式的"拍卖"过程中，货币的绝对量及其流通过程并没有意义。

而在马克思的世界里，虽然货币不需要是某种物质实体，但是货币必须是"真实"的。这种"真实性"是指，货币范畴在"质"和"量"的意义上对经济理论都有必要的、实质性的作用。马克思对货币"质"的规定，就是指货币是社会劳动的表现；而对货币"量"的规定就是指他阐述的货币流通规律。

对于马克思经济理论中货币的作用，有一种观点认为：在简单再生产条件下，货币是不重要的，只有在扩大再生产中货币才是重要的。这一观点的核心依据在于，如果经济系统处于简单再生产条件下，那么部类之间的产出和投入在价值上是平衡的，价值的实现没有任何问题。而当经济系统处于扩大再生产条件下时，一些企业要扩大再生产就需要在扩大的利润或者说剩余产生之前预先向另外一些企业购入追加的机器设备，此时这个费用只能通过额外的货币或者信用来融资。因此，货币融资是扩大再生产的前提条件。在特定的理论目的和场合下，这一观点有一定合理性，但在此处笔者认为有必要做一些补充。事实上，从马克思对资本循环的理解来看，无论是简单再生产还是扩大再生产，货币流通都是资本循环的一个必要环节。即便在简单再生产中，部类之间的平衡也必须通过商品和货币的相互转化这一过程得以实现；商品的价值不是在和另外一个商品进行物物交换中得以实现的，而是在和货币的交换中得以实现。如果商品和货币的交换过程发生了阻碍，那么即使在计算上，或者说货币仅仅作为计算货币时部类之间是平衡的，这种平衡也只是"瓦尔拉斯定律"意义上的平衡，此时无论是简单再生产还是扩大再生产都仍然无法实现。也就是说，人们必须将货币理解为一种价值实现形式而非计算货币，必须在资本循环的背景下对货币流通的真实性加以认识，才能真正理解马克思的货币及其流通理论之于劳动价值论和剩余价值理论分析框架的重要作用。

（一）马克思对不同货币流通规律的描述

在《资本论》中，马克思讨论了三种不同形态货币的流通规律，分别是黄金、纸币和银行券。

1. 黄金

黄金货币的流通规律比较简单。马克思认为黄金货币的流通量由两个因素——商品的价格总量和黄金的流通速度决定；黄金的流通量适应这二者的变化而变化。他说："执行流通手段职能的货币的总量，一方面取决于流通的商品世界的价格总额,另一方面取决于这个商品世界的互相对立的流通过程流动的快慢"①。

马克思认为保证这一流通规律得以实现的机制是黄金的贮藏手段职能。黄金的价值贮藏功能形成了一个"货币池",根据商品结算的需要,适量的黄金流入和流出这个货币池。他说:"实际流通的货币量总是同流通领域的饱和程度相适应……这个条件是靠货币的贮藏形式来实现的。"②"货币池"完全弹性地调节了流通中的黄金的量。"货币永远不会溢出它的流通的渠道。"③

2. 纸币

马克思将纸币看作黄金的替代物。因此,纸币的流通规律是由支撑纸币的黄金的流通规律所决定的。马克思说道:"纸币流通的特殊规律只能从纸币是金的代表这种关系中产生……纸币的发行限于它象征地代表的金(或银)的实际流通的数量。"④

由此出发,马克思认为,通货膨胀是纸币系统的特殊现象。马克思的解释是,通货膨胀本质上是过多的纸币作为流通手段进行流通,从而,单位纸币所代表的黄金数量下降,那么,相同的黄金价格体系在形式上就表现为膨胀了的纸币价格体系。通货膨胀本质上是纸币单位和黄金之间的价格标准变化的问题。因此,对于马克思而言,不存在独立的纸币流通理论,他从纸币对黄金货币规律的破坏的角度说明了纸币的供给特征——"流通的金量决定于金自己的价值,而纸票的价值却决定于流通的纸票的数量……纸票却似乎不论增加多少都可以进入流通"⑤,并进一步解释了这一特征的来源——"纸做的象征是靠强制流通得到这种公认的"⑥。

---

① 马克思:《资本论》(第一卷),人民出版社,1975,第141页。
② 马克思:《资本论》(第一卷),人民出版社,1975,第154页。
③ 马克思:《资本论》(第一卷),人民出版社,1975,第154页。
④ 马克思:《资本论》(第一卷),人民出版社,1975,第147页。
⑤ 《马克思恩格斯全集》(第十三卷),人民出版社,1962,第111页。
⑥ 马克思:《资本论》(第一卷),人民出版社,1975,第149页。

所以，在马克思的理论中，纸币单纯作为交易中的流通手段执行职能，它的流通，在数量的意义上是"外生的""完全刚性"的，其来源是国家的强制流通。马克思没有阐述它可能的内生机制。如白暴力等人提出的，若纯粹从数量关系的角度来说，马克思的纸币理论和货币数量论没有太大差别。① 值得指出的是，马克思在黄金和纸币流通问题上的差异，反映了如下事实：对于马克思而言，黄金的流通问题是以劳动价值论中的价值形式或价值尺度为逻辑的。黄金的流通手段职能是价值尺度职能和作为交易媒介的技术性职能的统一，因此其流通数量是具有价值规定性的；而纸币虽然可以行使流通手段的职能，但只是黄金流通手段职能中纯粹的技术性交易职能的独立的体现，而和价值尺度职能无关，从而其流通数量不能从价值规律中得以说明。

3. 银行券

在马克思的货币理论中，纸币和银行券是两个不同的概念。相对于纸币产生于货币的流通手段职能，银行券则诞生于货币的支付手段职能②，且后者是作为信用货币的典型形态出现的。

对于银行券的流通规律，马克思回到了和黄金类似的表述方式。或者说，马克思认为银行券和黄金服从同一种流通规律。马克思认为，处于流通中的银行券的数量是由它所要支付的货币价格决定的，因为本质上，票据是"流通手段的单纯节约"③。马克思在《资本论》第三卷中这样说道："现实流通的货币量是由商品的价格和交易量决定的。银行券的流通也受这个规律的支配"④，"流通的银行券的数量是按照交易的需要来调节的"⑤，以及"银行券的流通既不以英格兰银行的意志为转移，

---

① 白暴力、吴红梅：《马克思的货币流通量与价格总水平模型——兼与货币数量论比较》，《当代经济研究》2003 年第 5 期，第 3~6 页。
② 邱兆祥：《马克思货币理论的基本内容及其现实意义》，《金融科学（中国金融学院学报）》1993 年第 1 期，第 52~60 页。
③ 马克思：《资本论》（第三卷），人民出版社，1975，第 590 页。
④ 马克思：《资本论》（第三卷），人民出版社，1975，第 592 页。
⑤ 马克思：《资本论》（第三卷），人民出版社，1975，第 594 页。

也不以该行为保证银行券兑现而在地库中贮藏的金的数量为转移……只有营业本身的需要才会影响流通的货币即银行券和金的数量"①。从某种意义上讲，在马克思的理论中，银行券是比纸币更"如影随形"的"影子黄金"。他说："货币——贵金属形式的货币——仍然是基础，信用制度按其本性来说永远不能脱离这个基础。"②

不过马克思强调，虽然银行券的流通规律与黄金一致，但银行券的流通规律并不是由于银行券拥有的某种类似黄金的"贮藏手段职能"产生的。而是由银行券内在的"回流规律"所产生的。这里所说的"回流规律"应当从当时的经济实践角度加以理解。当时的银行券是银行以贴现商业票据（特别是汇票）为目的而发行的。用今天的话语来说就是，产业资本家会把汇票等票据作为一项具有未来预期收益的金融资产卖给银行进行贴现，而当时商业银行用以购买这些金融资产的手段通常都不是黄金，而只是比这些商业票据更具流动性的银行票据，即银行券。根据这种发行机制，等这些商业票据到期，如银行持有的汇票到期时，通过银行券对汇票的兑付，银行券自然就流回银行。关于这个回流，马克思介绍了当时的两种具体形态：③

第一：银行把银行券支付给A，取得有价证券；A把这些银行券支付给B，以偿付到期的汇票；B再把这些银行券存入银行。

第二：A支付给B，B自己或从B那里得到这种银行券的C，再用这种银行券直接地或间接地向银行偿付到期的汇票。在这个场合，付给银行的是它自己的银行券。

可以看出，所谓银行券的"回流规律"其实就是指银行对其负债

---

① 马克思：《资本论》（第三卷），人民出版社，1975，第596页。
② 马克思：《资本论》（第三卷），人民出版社，1975，第685页。
③ 马克思：《资本论》（第三卷），人民出版社，1975，第515页。

的赎回；是银行负债和企业负债的相互抵销。

除了上述的"回流规律"，在19世纪的经济实践中，银行券和黄金之间还有以下关联：在当时，一方面，商业票据通常是将以黄金为基础的现实交易作为出发点的；另一方面，银行券随时都能够用于向银行兑换黄金。马克思引用当时《经济学家》中的观点说道："随时可兑的银行券，决不会停滞在银行外面，处于过剩状态中，因为过剩额总会回到银行去兑换。"① 这些机制进一步保证了银行券的数量和流通规律与黄金货币的数量和流通规律的一致性。这是马克思银行券流通理论的历史背景。②

不过，"马克思对银行券流通规律的论述是以银行券能够不受限制地同金属货币兑换为前提条件的，而这种银行券流通只是银行券发行初期的情况"③。随着时代的发展，在19世纪中后期，银行券事实上已经纸币化了。此时银行券的流通规律逐渐接近纸币的流通规律。④ 恩格斯指出："不能兑现的银行券，只有在它实际上得到国家信用支持的地方，例如现在的俄国，才会成为一般的流通手段。因此，这种银行券受不能兑现的国家纸币的规律的支配"。⑤

（二） 一个适应性的货币流通解释

马克思通过对"黄金""纸币"和"银行券"的说明，提出了三种不同的制约货币流通数量的机制，即"货币池""国家强制流通"和"货币回流"。虽然这三种机制从运行原理的角度来说是完全不同且各自独立的，但从货币数量的角度来说，它们在实质上都反映了货币流通

---

① 马克思：《资本论》（第三卷），人民出版社，1975，第613页。
② 郑先炳：《恩格斯对马克思货币及信用理论的补充》，《金融教学与研究》1992年第3期，第12~17页；邱兆祥：《〈资本论〉中的信用和银行理论（续）》，《金融科学（中国金融学院学报）》1992年第3期，第57~65页。
③ 郑先炳：《恩格斯对马克思货币及信用理论的补充》，《金融教学与研究》1992年第3期，第12~17页。
④ 郑先炳：《恩格斯对马克思货币及信用理论的补充》，《金融教学与研究》1992年第3期，第12~17页；邱兆祥：《〈资本论〉中的信用和银行理论（续）》，《金融科学（中国金融学院学报）》1992年第3期，第57~65页。
⑤ 马克思：《资本论》（第三卷），人民出版社，1975，第594页。

的"适应性"特征：货币流通独立于各经济主体对持有货币的主观意愿和能动性，货币流通被动地适应于价值和剩余价值的真实生产过程，进而被动地适应于资本积累的过程。

1. 适应性的货币供给和需求

首先，在黄金的"货币池"机制中，如威克斯所指出的，"货币池"理论认为，货币供给来自商品流通环节的沉淀、资本周转过程中必要的准备金和其他黄金贮藏过程①。黄金货币理论中的货币供给在"质"上是处于贮藏状态的黄金；在"量"上由产业资本自身的运动规律决定，随着产业资本自身的运动而运动。

其次，在对纸币的分析中，马克思只是简单地谈及国家强制纸币流通作为纸币供给的最终来源，同时认为"纸票却似乎不论增加多少都可以进入流通"。此时，纸币流通数量的变化表现出对国家强制发行数量的"适应性"。用今天的话讲，市场上流通的货币量可以由央行完全控制，货币市场主体对货币供应乘数没有任何影响。

最后，在银行券理论中，银行是货币供给的主体。但是，由于银行券本身只是体现黄金支付手段职能的一种信用形式，所以银行只能根据真实市场中商品流通所需要的量投放银行券，而商品流通所需要的银行券的量则是由产业资本的运动过程所决定的。所以，银行券的流通量只能也必须服从产业资本的实际结算需要，并且只有在产业资本的流通需要以银行券代替黄金行使职能的时候才能出现。

从需求方面来说，马克思货币流通理论中的货币需求量也是"适应性"的。首先，就作为货币的货币而言，这种适应性表现为：货币的流通决定于实际的商品价格总量，而商品价格的量最终决定于商品的劳动价值量，因此货币的需求也只能被动地"适应"实际生产过程或生产条件的变化。其次，将货币流通看作资本的运动过程，即货币作为资本的货币时，这种适应性则表现为货币流通"被动地"适应真实资本循

---

① 约翰·威克斯：《商品货币理论及其经验可信性》，王娜译，《政治经济学评论》2012年第1期，第185~207页。

环和资本积累过程的需要。例如，马克思说道："产业资本家对货币资本的需求，是由实际生产情况决定的。"①

无论是从供给还是从需求的角度而言，马克思的货币流通理论都认为，实际生产过程是货币流通的决定者，产业资本的运动规律决定着货币的流通规律。货币流通必须以适应生产过程的需要为前提。同时，利息只是单纯表现为货币供求关系的产物。马克思并未正面论述利息的变化如何反作用于货币供求双方。马克思也并没有正面阐述货币市场的变动会如何通过利息率反作用于产业资本运动并影响实际生产过程。正如卢卡雷利所指出的，在马克思的理论中，利息只起到间接的作用。②

2. "水平主义"和马克思对银行的理解

站在今天的角度来看，马克思的货币理论看起来具有某种"水平主义"的色彩。水平主义是当今后凯恩斯经济学对货币供给的一种理解。水平主义认为，货币系统总是能够完全弹性地适应一切货币需求，因此水平主义主要受到这样的批评：这种解释完全忽略了流动性偏好理论。"而流动性偏好理论对于现代内生货币理论来说则是十分重要和基本的命题。"③事实上，在信用货币体系下，不同经济主体对货币的主观偏好，也就是对资产负债表上现金和债务头寸的偏好不同，会对货币供给产生重要影响。例如，若企业和家庭拥有较弱的流动性偏好，那么它们可能一方面愿意接受更高的债务水平从而增加银行贷款，同时另一方面减少货币在资产负债表上的"贮藏"而用于投资和消费。正如式（2-3-1）所展示的，前者提供了更高的货币存量，而后者导致了更强的货币"活性"，从而共同产生了更多的货币流通。而对于银行而言，当银行有更强的流动性偏好时，相对于为企业和家庭提供贷款从而为经济注入货币，它更愿意持有现金头寸或进行证券投资，此时它

---

① 马克思：《资本论》（第三卷），人民出版社，1975，第473页。
② 比尔·卢卡雷利：《马克思关于货币、信用和危机的理论》，周亚霆译，《国外理论动态》2011年第2期，第32~40页。
③ 张凤林等：《后凯恩斯经济学新进展追踪评析》，商务印书馆，2013，第239页。

表现得更像一个"信用中介"而非"信用创造者";相反,当银行拥有较弱的流动性偏好时,则表现得更像是"信用创造者"。① 可见,流动性偏好是货币内生成立的重要逻辑。一个水平主义的货币供给理论事实上不能从逻辑上内生货币供给,相反,对货币供给的解释最终只能诉诸外在力量(在水平主义解释中这一力量是完全满足货币市场需求的央行)。

但是,也不能过分高估马克思的货币理论和后凯恩斯货币理论之间的内在关联。马克思在货币数量上的某种"水平主义"色彩实际上有两个根源:一是马克思的"黄金货币说"及其派生的对信用货币的"影子黄金"解释;二是马克思对商业银行职能的理解。这二者又都植根于19世纪资本主义经济中的货币和银行实践,具有非常鲜明的时代特征。

在当时的条件下,产业资本是资本的典型形式,在资本主义经济中处于支配性的地位。其他资本形态,如商业资本、金融资本等都处于从属地位,依附于产业资本的存在和运动。因而货币的运动,进而金融资本的运动,主要决定于产业资本的运动。马克思对金融业——当时还只表现为经营货币的资本——的理解体现了这一点。例如,他将货币经营业首先理解为由产业资本运动过程分离出来的"纯粹技术性的收付货币业务"②,并且说道:"货币经营业作为媒介,担任货币流通的各种技术性业务……但它既不决定各种互相支付的联系,也不决定它们的规模……只在于使这些结果的平衡在技术上更完善。只要货币作为购买手段而流通,买卖的范围和次数就完全不以货币经营业为转移。货币经营业只能缩短买卖引起的各种技术活动,并由此减少这种周转所必需的货币现金量。"③ 可见,马克思对金融资本的理解和对商业资本的理解的出发点基本是一致的,都是从分工即资本家职能分化的角度来理解它们

---

① 张凤林等:《后凯恩斯经济学新进展追踪评析》,商务印书馆,2013,第241页。
② 马克思:《资本论》(第三卷),人民出版社,1975,第353页。
③ 马克思:《资本论》(第三卷),人民出版社,1975,第359页。

和产业资本的关系。产业资本处于资本结构的中心地位，决定着货币整体的运动。

另外，马克思在探讨这一问题时设定了一个潜在的理论前提：货币经营业所运营的货币——表现为借贷资本或生息资本的形式，来自产业资本运动过程中暂时闲置的部分①。金融资本家仅仅作为一个"技术性中介"将这部分闲置货币借贷给其他产业资本家，后者在价值增殖之后以利息的形式返还一部分剩余价值给前者。因此马克思认为，利息率必须小于平均利润率。在这样的资本主义体系中，金融资本家只是"影子"资本家，金融业没有独立的含义，也不影响平均利润率，利息表现为产业资本运动的副产品，而非独立的金融利润。总之，货币流通乃至整个金融体系只能适应实际生产过程而得到确定。

因此，不能简单地认为马克思的货币理论等同于后凯恩斯式的"水平主义"观点。相反，当剥离掉极具19世纪时代特征的"黄金货币说"和对银行职能的具体理解时，马克思的货币理论不是"水平主义"的。事实上，马克思在《资本论》中写道："英格兰银行不用库内的金属贮藏作准备金而发行银行券时，它创造了一些价值符号，对它来说，它们不仅是流通手段，而且还按没有准备金的银行券的票面总额，形成了追加的——虽然是虚拟的——资本。并且这一追加的资本，会为它提供追加的利润。"② 这说明，马克思已经认识到，理论上银行可以无中生有地"创造"信用货币。这些信用货币成为新的资本并提供了利润。也许从当时的基于可兑换机制的银行券流通实践角度来说，这种"无中生有"在规模和持续时间上都受到很大的制约，但在银行券纸币化了之后，马克思的这句话具有更大的理论价值。

---

① 石晶莹：《再论马克思利息理论与凯恩斯利息理论的不同点》，《当代经济研究》2007年第2期，第13~16页。
② 马克思：《资本论》（第三卷），人民出版社，1975，第614页。

第四节　在现代经济中货币流通规律的进一步展开

货币理论之于马克思经济学的意义，与其说马克思旨在研究作为交换手段的、纯粹交易行为中的货币的一般作用，不如说马克思更旨在发展一个"资本主义货币"的概念，目的在于强调资本主义剥削的货币形式。[①] 或者说，马克思希望通过对货币的研究来阐述形式上表现为货币积累的资本增殖背后所蕴含的资本主义剥削机制，即一种将货币和剥削统一在一起的内在原则。马克思的商品货币理论，从根本上说是为这一理论目的服务的。在《资本论》第一卷的范围内，商品货币理论很好地完成了任务。马克思方便地用以货币核算的名义价格的变化来表现价值量的变化，并以此展示资本增殖的秘密，即剩余价值的生产过程。就此时的理论目标来说，在剩余价值生产出来以后，资本家只需要占有它们就可以了[②]，因此货币在某种意义上只起到名义上的价值尺度的职能[③]。

进一步分析可以发现，商品货币的贮藏手段职能以一种潜在的形式支撑着《资本论》第一卷的分析。由于在第一卷中，贮藏货币总是以一个独立于社会总资本运动过程的外生货币源的形态，动态地、适应性地提供必要的货币以适应生产流通过程和资本积累的需要，这一机制决定了，在宏观上看，货币不会成为阻碍剩余价值实现的因素。或者说，只要剩余价值生产出来，贮藏货币总会通过某种（在第一卷中尚不明确的）机制提供适当的货币以将这些增殖的价值表现出来。这样，马克思可以将货币因素从对剩余价值生产以及资本主义生产关系的分析中剔

[①] Anitra Nelson, "Marx's Objections to Credit Theories of Money," in Fred Moseley, *Marx's Theory of Money: Modern Appraisals* (New York: Palgrave Macmillan, 2005).

[②] 大卫·哈维：《跟大卫·哈维读〈资本论〉》（第二卷），谢富胜等译，上海译文出版社，2016，第79页。

[③] 在《资本论》（第二卷）中，在马克思讨论资本循环、周转和部类平衡的部分，货币对价值实现的影响得以体现。

除掉。

但是一个过于抽象的商品货币理论是不足以充分解释和研究具体的资本主义经济机制的,基于货币池或者说贮藏货币的"适应性"货币理论在解释货币流通、资本循环及积累问题上显得过于理想和抽象。这是因为,资本是寻求不断自我增殖的价值,这种增殖又必须以货币利润的形式确定。如果人们在分析中机械地、无条件地应用"贮藏货币池"机制,则从原则上就排除了货币层面危机的可能性[1],因为剩余价值总是能够在货币池中找到适当货币从而得到实现。马克思显然意识到了这一点。在《资本论》第二卷中,他提出了这样一个问题:"不在于剩余价值从何而来,而在于剩余价值借以货币化的货币从何而来?"[2] 他的意思是,如果资本家在一开始只预付了500镑的货币,那么社会如何能在一个价值100镑的剩余价值生产出来之后,筹集到600镑的货币以在补偿预付资本之外,还能"实现"这个新的剩余价值呢?

虽然在简单再生产条件下,尚可以通过在预付资本之外留存的"贮藏基金"来购买这个剩余价值,但是一个典型的、不断增长的资本主义经济又当如何呢?这意味着,随着生产的不断扩张,资本家需要从"某个"贮藏货币池中源源不断地拿出必要的、越来越多的货币以吸收积累下来的剩余价值。哈维认为:"资本家……必须得再次深入挖掘自己的货币储备,否则就不可能清除掉已经生产出来的多余的剩余价值。认为这种储备是无底洞的想法显然是荒谬的。"[3]

在对"剩余价值何以货币化"这一问题,以及与之相关的扩大再生产过程中的货币问题的研究中,除了从不同资本间货币交叉循环——所有资本并不是在同一时刻将产出的商品转化为货币的——角度进行说明外,马克思还提出了另一个观点,即这些额外需要的货币增量来自黄金

---

[1] 顾海良主编《百年论争——20世纪西方学者马克思经济学研究述要》(上册),经济科学出版社,2015,第434页。
[2] 马克思:《资本论》(第二卷),人民出版社,1975,第366页。
[3] 大卫·哈维:《跟大卫·哈维读〈资本论〉》(第二卷),谢富胜等译,上海译文出版社,2016,第323页。

本身的生产。他说："如果每年生产和流通的商品总量的价值额增大了，但流通商品的已经增大的价值总额及其流通（以及与此相适应的货币贮藏）所需的货币总量，并没有因货币流通速度的加快和货币支付手段职能的扩大（也就是更经常地不用实在货币，而由买卖双方实行抵账）而被抵销，那末，每年的金银生产也就必须增加。"[1] "要转化为货币的追加商品会找到必要的货币量，因为另一方面要转化为商品的追加的金（和银）可以不通过交换，而通过生产本身投入流通。"[2] 对于这种解释，Hixson 指出，如果货币供给是由黄金构成的，那么黄金必须和剩余价值一样增加。[3] 或者说，"货币量必须被动地调整到满足流通需要的水平。由此可见，对于收入生产和增加的过程来说，货币必须是外生的。"[4] 但是，Hixson 认为，马克思并不相信黄金这种商品的生产总是会恰好适应剩余价值实现的需要。[5] 从一定意义上讲，这无异于要求黄金的私人生产总是恰好满足社会化大生产的需要。所以，最终，马克思仍然需要一个外生的、适应性的贮藏货币池理论以适应性地提供货币。哈维也认为，贮藏货币仍然是绝对必要的机制。[6]

上述观点说明了马克思以"黄金生产—黄金贮藏"为框架阐释的货币流通理论在逻辑上的自洽性。但马克思试图突破这一框架，他认为，这种方法并不是能保证资本主义经济持续地实现剩余价值的货币化，从而推动资本积累的长久机制。他说："资本主义生产按它现在的规模，没有信用制度（甚至只是从这个观点来看），只有金属流通，能

---

[1] 马克思：《资本论》（第二卷），人民出版社，1975，第362页。
[2] 马克思：《资本论》（第二卷），人民出版社，1975，第382页。
[3] 转引自：顾海良主编《百年论争——20世纪西方学者马克思经济学研究述要》（上册），经济科学出版社，2015，第353页。
[4] 转引自：顾海良主编《百年论争——20世纪西方学者马克思经济学研究述要》（上册），经济科学出版社，2015，第424页。
[5] 转引自：顾海良主编《百年论争——20世纪西方学者马克思经济学研究述要》（上册），经济科学出版社，2015，第414页。
[6] 大卫·哈维：《跟大卫·哈维读〈资本论〉》（第二卷），谢富胜等译，上海译文出版社，2016，第39页。

否存在。显然，不能存在。相反，它会受到贵金属生产的规模的限制。"①显然，马克思已经敏锐地洞察到一个超越商品货币的信用货币机制在资本主义积累中的重要作用。Hein 提出："资产阶级利润的实现总体上要求货币信贷，并且在一个增长的经济中通过信用的扩张满足必需的信贷扩张。"② 他通过对萨伊定律的分析进一步指出：货币必须是非商品货币，如此才可以批判萨伊定律。③

由于在信用货币体系中对货币的供给本质上是通过银行债务实现的，因此，信用货币体系下剩余价值货币化从而实现资本积累所需的货币供给，就是通过在原有债务的基础上发行新的债务，或者说通过债务的不断积累来实现的。更具体地说，如果考虑到当今的信用货币是中央银行的债务这一事实，则意味着剩余价值的货币实现在本质上是以中央银行债务的动态扩张为基础的。从这一角度来讲，大卫·哈维对马克思在第二卷中的答案的补充是合理的："用债务支撑扩张……通过剩余价值生产进行的资本积累必定与市场上实现剩余价值的债务积累同步进行。"④

若撇开以中央银行债务为底层机制的现代货币金融体系的各种具体形态不谈，把抽象的银行体系看作一个整体，那么可以说，理论上可以"无中生有"地提供货币的银行债务系统形成了现代的"贮藏货币池"。并且从原则上讲，银行债务系统可以为资本主义体系提供"无穷大"的货币池，它可以根据经济的需要，释放必要的货币供给，以适应剩余价值不断增加的增殖需要。现代资本主义货币金融体系为资本主义生产提供的货币池机制是通过纯粹的信用记账——或者说，内生的贷款收缩

---

① 马克思：《资本论》（第二卷），人民出版社，1975，第 384 页。
② 转引自：顾海良主编《百年论争——20 世纪西方学者马克思经济学研究述要》（上册），经济科学出版社，2015，第 421 页。
③ 转引自：顾海良主编《百年论争——20 世纪西方学者马克思经济学研究述要》（上册），经济科学出版社，2015，第 424 页。
④ 大卫·哈维：《跟大卫·哈维读〈资本论〉》（第二卷），谢富胜等译，上海译文出版社，2016，第 323 页。

和扩张——实现的。

虽然从实体经济的角度来看，这样一个货币金融体系确实构成了一个"外生货币源"，即：实现剩余价值所需货币的产生并不是从实体经济内部的流通中得到的，而是从外在于实体经济的系统——银行中获得的。但是，银行执行的货币池职能与马克思所讨论的贵金属的贮藏手段职能不同，银行对货币的供给并不是"适应性"的。在现代资本主义体系下，以银行为核心的货币金融体系不能被看作一种调配金融资源的"被动中介"，而是一个从根本上支撑并决定性地规制着资本主义生产体系的体制。货币供给本身由一种特定的资本，即银行资本乃至更一般的金融资本所控制，并成为它们追逐剩余价值的手段。

尽管银行业所运营的资本（而非其维持经营所预付和耗费的资本）——古典形态即马克思笔下的生息资本——在历史和逻辑的起点上是作为特定的职能而从产业资本中分离出来并为产业资本服务的，这是金融资本在资本主义条件下的初始形式，但是它并不是金融资本的资本主义形式——正如黄金及其流通规律是货币在资本主义条件下的初始形式，但它并不是货币的资本主义形式一样。[1] 随着资本主义的发展，在当代，虽然产业资本仍然是资本主义物质再生产和生产关系再生产的基础，但银行资本，乃至更一般的金融资本已经脱离原有的从属地位，逐渐成为占据支配性地位的资本类型。金融资本通过对货币的运作，主动地、积极地影响着产业资本的周转和循环。卢卡雷利说道："资本主义进入了以垄断竞争和金融资本统治经济为特征的阶段。这个过程见证了金融资本与产业资本不断增加的相互联系，产业资本积累逐渐被金融命令所统治。"[2]

虽然在马克思的表述中，产业资本积累过程中暂时处于贮藏状态的

---

[1] Martha Campbell, "Marx's Explanation of Money's Functions: Overturning the Quantity Theory," in Fred Moseley, *Marx's Theory of Money: Modern Appraisals* (New York: Palgrave Macmillan, 2005).

[2] 比尔·卢卡雷利：《马克思关于货币、信用和危机的理论》，周亚霆译，《国外理论动态》2011 年第 2 期，第 32~40 页。

货币是"货币池"的一种实现途径,是货币供给的源泉,但如今,金融资本通过统治资本积累过程改变了传统的货币池机制,金融资本的运动本身就成为货币池。而且,这个货币池通过金融资本不断收缩和膨胀的资产负债表表现出不稳定的状态。事实上,无论是在企业财务理论还是在实践中,产业资本对金融资本的融资需求和负债依赖都已经是产业资本生存及积累的前提。现在,不是金融资本的资产负债表被动地适应于产业资本的运动而运动,而是相反,产业资本的顺利运动必须依赖于金融资本的资产负债表的运动,而且金融资本及它统治的货币流通的任何调整都会积极而显著地影响整个产业资本的运动。用大卫·哈维的语言来说,在今天,这些金融资本是可以以自主的、独立的方式运动的"特殊性"。[1] 也可以借此回答哈维提出的问题:这些特殊性正是以上文所述的方式反过来以决定的而非偶然的方式影响生产的一般性。[2]

金融资本对社会总生产的支配地位是"资本支配生产"这一资本主义基本社会关系的纯粹的、升华的形式。在20世纪之前的资本主义经济中,"资本支配生产"这一关系集中表现为资本所有者在企业内部对生产过程的组织、管理和控制。而在金融资本主义条件下,"资本支配生产"不仅表现为产业资本家对个别生产过程的支配,而且表现为拥有更丰富资本资源的金融资本家对社会总生产过程的支配。这一支配过程的现实依据,从微观上说有两点。一是,产业资本家是个别生产过程的投资方,经理人原则上为产业资本家的利益负责。而金融资本家成为跨行业的投资方,他们覆盖的所有产业在原则上为金融资本的利益负责。在产业技术构成越来越高的今天,绝大多数公司仅靠前期自身利润

---

[1] 大卫·哈维:《跟大卫·哈维读〈资本论〉》(第二卷),谢富胜等译,上海译文出版社,2016。

[2] 哈维的问题是:"利息率和生息资本的流通可以以自主的、独立的方式运动,因为它们是由不断变化的供给、需求以及竞争所决定的特殊性。借用《政治经济学批判》序言中的话,是否存在这样这一种方式,通过这种方式,能使这些特殊性反过来以决定的而非偶然的方式来影响生产的一般性?"参见:大卫·哈维《跟大卫·哈维读〈资本论〉》(第二卷),谢富胜等译,上海译文出版社,2016,第178页。

的积累进行投资已经不现实，金融资本是产业投资的必然前提。二是，根据当代公司财务理论，适当的负债是公司资产配置的最优形态。因此，金融资本不仅仅起到传统意义上的中介及追加投资的作用，甚至成为公司维持现金流和日常资产组合的常规前提。脱离了金融资本，公司不仅无法投资，甚至连日常的周转也无法维持。同时从资本循环的视角来看，由于金融资本提供的债务本身成为实现资本积累的前提，即哈维所说的"金融体系内部的债务创造成为进一步积累的持续动力"[1]，金融体系的这种作用产生了持续并进一步推动资本循环的动力。甚至可以说，对于产业资本而言，"偿还债务跟追求利润一样是推动未来价值生产的重要动力。债务是对未来价值生产的要求"[2]。因此，金融资本可以认为是社会总生产的资本所有者，在整个社会生产中处于支配的顶端。而从宏观上说，每一个资本主义企业对银行的融资需求，正是表现为对不断增殖的剩余价值的实现的货币需求。为这一货币需求提供的融资来自金融资本在逐利原则下进行的资本运作行为。

从而，金融资本对产业资本的支配是通过对货币流通过程的积极干预实现的。金融资本通过支配货币的流通获得利润，正如产业资本通过支配商品资本的运动获取利润一样。金融资本以自己的利益为出发点，作为货币供给方积极地在货币市场进行操作。利息作为金融资本的利润源泉，必然决定性地影响着金融资本对货币的供给，进而决定着产业资本的运动。金融资本也遵循与其他资本共同的一般规律和特征：追逐利润动机下的短视和投机、垄断、风险评估错误、激励缺陷和信息失灵等都会在金融资本上得到表现。这些资本特征都会通过影响金融资本的行为而对货币流通过程产生影响。

正如商品货币（黄金）的生产不能自发地实现与货币需求相协调

---

[1] 大卫·哈维：《马克思与〈资本论〉》，周大昕译，中信出版集团股份有限公司，2018，第29页。

[2] 大卫·哈维：《马克思与〈资本论〉》，周大昕译，中信出版集团股份有限公司，2018，第33页。

一样，资本主义信用货币体系也不可能完全自动适应资本主义生产和积累的需要。这有两个方面的原因。一方面的原因是，从理论上说，在资本主义经济中，信用货币体系是金融资本的"利润业务"，它本质上是为金融资本自身的利益而运行的。但由于其产品——信贷和货币的流通从根本上影响着整个经济运行的背景和框架，表现为一种"公共物品"，因此在金融资本身上表现出资本主义基本矛盾的一个特殊形态。传统上，资本主义基本矛盾是生产资料私有制和社会化大生产之间的矛盾，即：每个资本都从私人利益出发进行私人决策，但广泛的社会联系使得每个资本的行为都必然影响着所有市场的均衡。这一点在金融资本对货币流通的控制上得到进一步发展，金融资本的私人利益不仅通过一般商品市场均衡影响其他市场，而且从整个货币流通的层面直接决定着所有市场的运动和平衡。这是资本主义基本矛盾在金融资本上的高级表现。

另一方面的原因是，即便撇开资本主义的内在矛盾不谈，从技术的角度来说，在当代资本主义体系中，货币池机制是通过大量个别金融机构所构成的拥有复杂网络和层级特征的金融系统实现的。这使得货币流通规律在理论上具有极大的复杂性，在实践层面也很难对货币供给量加以完美地调控以适应不断变化的货币需求。

总之，由于金融资本和现代金融体系的形成，货币流通过程不再如19世纪那样依附于产业资本的运动，被动地适应生产条件（包括商品生产条件和货币自身的生产条件）和产业资本积累的变化。相反，它以寻求金融资本利益为出发点，积极主动地干预实际生产过程，以一种复杂的方式作用于资本积累。

第三章 剩余价值的实现、流通和分配过程

《资本论》第二卷和第三卷阐述了资本的流通过程及总过程，也就是阐述了剩余价值的流通过程及其和生产过程的统一。离开了《资本论》第一卷，人们固然无法认识资本主义生产关系和生产方式的基本属性，但是离开了第二卷和第三卷，人们对资本或剩余价值的运动规律及其内在矛盾的理解也是不深刻的。

资本循环框架将第一卷中基于劳动时间和剩余劳动时间的抽象分析转化为由货币、固定资本、存货、金融资产、负债等一些具体经济范畴所描述的现实过程，并纳入时间和空间的因素。离开了第二卷和第三卷的进一步解说，第一卷中的抽象阐述可以说是不全面的。这体现了马克思分析方法中"抽象—具体"的辩证统一。

第一节 资本循环

一 资本循环模型的结构

(一) 企业

马克思在《资本论》中提到了如下公式：

$$G-W\begin{Bmatrix}A\\Pm\end{Bmatrix}\cdots P\cdots W'-G' \qquad (3-1-1)$$

其中 G、W、Pm 和 A 分别表示货币、商品、生产资料和劳动力。马克思通过式（3-1-1）说明，在资本的增殖过程中，资本依次采取货币资本、生产资本和商品资本的形式。最后，通过商品流通过程将这些商品及凝结在商品中的价值实现为一个更大的货币量 G′。

在马克思经济学看来，资本的增殖过程是通过资本循环的形式实现的。按照马克思的资本循环理论，在任意 t 时刻某个企业 i 的总资本总是处在三种形态上——货币资本 $M^{[i]}$、商品资本 $X^{[i]}$ 和生产资本 $K^{[i]}$；即在一个给定的时刻，资本的不同部分各自以不同的资本形式同时存在，这些形式共同构成了这个企业的资本总体。而从资产负债表的角度来看，这三种形式的资本共同构成了企业 i 的资产 $B^{[i]}$。注意到，作为一种资产项目，生产资本 $K^{[i]}$ 只包含式（3-1-1）中生产资料 Pm 的部分，而劳动力 A 则构成企业 i 的一个现金流支出项。除了商品资本、生产资本和货币资本外，金融资产 $F^{[i]}$ 也是企业资本的一个具体表现形式，但金融资产的问题留到第四节进一步分析，这里不加以考虑。

那么，资本循环过程就表现为，资本的价值以货币 $M^{[i]}$，生产资料 $\underline{\alpha}^{[i]}$ 和商品存货 $X^{[i]}$ 的形式在资产负债表上的轮动过程，并在这个过程中实现增殖和积累。

用货币表示的资本总额的名义"增值"反映了资本价值增殖情况。按照资本循环模型①，记 $B^{[i]} = pX^{[i]} + p\underline{\alpha}^{[i]} + M^{[i]}$。$B^{[i]}$ 表示用当前的货币价格体系 p 衡量的企业 i 的资本总额，其动态 $\dot{B}^{[i]}$ 则反映了该资本的名义"增值"。显然，$\dot{B}^{[i]}$ 由如下方程决定：

$$\dot{B}^{[i]} = p\dot{X}^{[i]} + \dot{p}X^{[i]} + p\dot{\underline{\alpha}}^{[i]} + \dot{p}\underline{\alpha}^{[i]} + \dot{M}^{[i]} \qquad (3-1-2)$$

同时，企业向银行借的未偿还贷款存量记为 $D^{[i]}$，贷款利率为常数 ι。

那么在任意时刻，企业 i 的各种资产变动情况满足：

---

① 近年来，资本循环模型的表达方式有一些变化。新的表达形式可以参见：Stephen Thompson, "Employment and Fiscal Policy in a Marxian Model," *Metroeconomica*, 2018, 69: 820-846。后文将对资本循环的不同建模方法做进一步比较说明。

$$\dot{M}^{[i]} = p s^{[i]} + \dot{D}^{[i]} - \iota D^{[i]} - w \alpha_l^{[i]} - p \underline{\alpha}^{I[i]} - w \dot{\alpha}_l^{[i]} - p c^{[i]} \quad (3-1-3)$$

$$\dot{X}^{[i]} = \bar{\alpha}^{[i]} - s^{[i]} \quad (3-1-4)$$

$$\dot{\underline{\alpha}}^{[i]} = \underline{\alpha}^{I[i]} - \underline{\alpha}^{s[i]} \quad (3-1-5)$$

其中 $s^{[i]}$ 为 t 时刻企业 i 销售的商品向量，$\bar{\alpha}^{[i]}$ 为产出向量，$\underline{\alpha}^{I[i]}$ 为新购买的生产资料向量，$\underline{\alpha}^{s[i]}$ 为由于固定资本折旧而必要的生产资料物质补偿向量，$c^{[i]}$ 为资本家 i 的消费品向量。①

根据式（3-1-3）~式（3-1-5），将式（3-1-2）进一步整理可得：

$$\dot{B}^{[i]} = \dot{p} X^{[i]} + \dot{p} \underline{\alpha}^{[i]} + p \dot{\bar{\alpha}}^{[i]} - p \underline{\alpha}^{s[i]} - w \alpha_l^{[i]} + \dot{D}^{[i]} - \iota D^{[i]} - w \dot{\alpha}_l^{[i]} - p c^{[i]}$$
$$(3-1-6)$$

根据资产负债表平衡，所有者权益② $\Pi^{[i]}$ 可以表示为：

$$\Pi^{[i]} = B^{[i]} - D^{[i]} \quad (3-1-7)$$

从而有：

$$\dot{\Pi}^{[i]} = \dot{B}^{[i]} - \dot{D}^{[i]} \quad (3-1-8)$$

即：

$$\dot{\Pi}^{[i]} = \dot{p} X^{[i]} + \dot{p} \underline{\alpha}^{[i]} + p \dot{\bar{\alpha}}^{[i]} - p \underline{\alpha}^{s[i]} - w \alpha_l^{[i]} - \iota D^{[i]} - w \dot{\alpha}_l^{[i]} - p c^{[i]}$$
$$(3-1-9)$$

---

① 事实上，式（3-1-5）只是传统文献中资本动态方程 $\dot{K} = I - \delta K$ 的扩展形式。δK 名义上是资本的折旧，但本质上反映的就是为了维持原先的生产规模，即实现简单再生产所需要投入或者说补偿的生产资料的数量。另外，这里假设企业和企业主在经济意义上是完全一致的。这种处理方法在现实意义上并不严格，而是一种简化和抽象。因为在现实中，企业往往拥有独立的财务核算账户。企业利润也必须通过各种方式（如分红）间接地转化为资本家或者说企业主的私人收入。

② 在这里，"所有者权益"并不对应会计中所使用的"所有者权益"概念。

因此，所有者权益的变化可以分解为五个部分：一是该企业在生产过程中所创造的"盈余"$p\bar{\alpha}^{[i]} - p\underline{\alpha}^{s[i]} - w\alpha_l^{[i]}$，二是由于企业负债而产生的利息支付$-\iota D^{[i]}$，三是资产价格的变化$\dot{p}X^{[i]} + \dot{p}\underline{\alpha}^{[i]}$，四是由于追加劳动力投资而形成的追加工资支出$-w\dot{\alpha}_l^{[i]}$，五是资本家的消费支出$-pc^{[i]}$。

另外，定义企业i在t时刻的名义利润或者说货币利润$\pi^{[i]}$为：

$$\pi^{[i]} = ps^{[i]} - p\underline{\alpha}^{s[i]} - w\alpha_l^{[i]} - \iota D^{[i]} \qquad (3-1-10)$$

以及潜在利润$\pi^{e[i]}$为：

$$\pi^{e[i]} = p\bar{\alpha}^{[i]} - p\underline{\alpha}^{s[i]} - w\alpha_l^{[i]} - \iota D^{[i]} \qquad (3-1-11)$$

二者分别表示了企业所实际获得的利润以及当所有产出都实现为货币时的利润。

（二）银行

假设经济中存在唯一的银行部门，并且该银行通过向企业提供贷款的方式创造货币。当银行向某个企业提供一笔贷款时，一方面，在企业账户的资产方增加一笔相应数量的现金，同时在企业的负债方增加一笔相应的债务；另一方面，银行在自己的资产方增加相同数量的企业债权，并在自己的负债方增加一笔相应的银行债务。将企业贷款$D^{[i]}$所对应的银行债权记为$C^{[B][i]}$，并且对应的银行自身债务为$D^{[B][i]}$。同理，银行向工人提供贷款所形成的银行自身债务和债权分别记为$D^{[B][w]}$和$C^{[B][w]}$。

因此银行部门在t时刻的总资产有两种形式：对企业和工人的债权$C^{[B][i]}$和$C^{[B][w]}$，以及货币资本$M^{[B]}$。① 由于只存在一个执行货币创造职能的抽象银行，因此进一步假设，虽然$C^{[B][i]}$和$C^{[B][w]}$是一种金融资产，但不会进行贴现或者交易，它们只有在企业和工人偿还贷款的瞬间和银行自身债务$D^{[B][i]}$和$D^{[B][w]}$相互抵销而消失。那么，银行

---

① 严格地说，在初始阶段，即货币还没有被"创造"出来的时刻，这种抽象的银行不存在任何资产和负债。

的总资产为 $B^{[B]} = C^{[B]} + M^{[B]}$，其中 $C^{[B]} = \sum_{i \in \mathscr{I}} C^{[B][i]} + C^{[B][w]}$。而总负债为 $D^{[B]} = \sum_{i \in \mathscr{I}} D^{[B][i]} + D^{[B][w]}$，根据 $D^{[B][i]} = C^{[B][i]}$ 及 $D^{[B][w]} = C^{[B][w]}$，有：

$$\Pi^{[B]} = M^{[B]} \qquad (3-1-12)$$

那么银行部门的所有者权益变化为：

$$\dot{\Pi}^{[B]} = \dot{M}^{[B]} = \iota(D^{[\mathscr{I}]} + D^{[w]}) \qquad (3-1-13)$$

其中 $D^{[\mathscr{I}]} = \sum_{i \in \mathscr{I}} D^{[i]}$、$D^{[w]}$ 分别为企业和工人的负债余额。式（3-1-13）意味着，银行部门的所有者权益增量来自向企业和工人提供贷款所获得的利息。

另外，银行部门的名义利润 $\pi^{[B]}$ 为：

$$\pi^{[B]} = \iota(D^{[\mathscr{I}]} + D^{[w]}) \qquad (3-1-14)$$

对于银行而言，名义利润等价于净现金流，也等价于所有者权益的变化，都来自利息收入。

（三）工人

在本模型中，工人被看作一个整体，也有独立的资产负债表。对于工人而言，持有的现金 $M^{[w]}$ 是唯一的资产类型，而贷款 $D^{[w]}$ 构成了负债。假设工人单位劳动时间的生活资料向量为 f，从而有：

$$\dot{M}^{[w]} = w\alpha_l^{[\mathscr{I}]} - \iota D^{[w]} + \dot{D}^{[w]} - pf\alpha_l^{[\mathscr{I}]} + (w - pf)\dot{\alpha}_l^{[\mathscr{I}]} \qquad (3-1-15)$$

尽管一般而言，本模型可以用于分析工人进行贷款或持有现金的场合，但是在本章中出于简化分析的目的，假设工人不进行贷款和储蓄，所有的工资都转化为生活资料，即：

$$w\alpha_l^{[\mathscr{I}]} = pf\alpha_l^{[\mathscr{I}]} \qquad (3-1-16)$$

从而 $\dot{M}^{[w]} = 0$。

二 《资本论》第一卷中的资本循环

尽管资本循环的概念在《资本论》第二卷中才成形,但在《资本论》第一卷中马克思在不包含银行、不考虑价格变化的条件下对价值和剩余价值生产所进行的一般性考察,也可以用资本循环模型加以说明。

(一) 利润、所有者权益和剩余价值

在这个场景下,表达企业 i 所有者权益变化的式 (3-1-9) 写为:

$$\dot{\Pi}^{[i]} = p\bar{\alpha}^{[i]} - p\underline{\alpha}^{s[i]} - w\alpha_l^{[i]} - w\dot{\alpha}_l^{[i]} - pc^{[i]} \qquad (3-1-17)$$

可以更进一步加总得到:

$$\dot{\Pi} = p\bar{\alpha} - p\underline{\alpha}^s - w\alpha_l - w\dot{\alpha}_l - pc \qquad (3-1-18-1)$$

利用事实 $\bar{\alpha} = \underline{\alpha}^s + f\alpha_l + f\dot{\alpha}_l + \underline{\dot{\alpha}} + \dot{X} + c$ 可知:

$$\dot{\Pi} = p\underline{\dot{\alpha}} + p\dot{X} \qquad (3-1-18-2)$$

即社会总所有者权益的变化或者说总资本积累表现为不变资本和商品资本的增长。

另外,企业 i 的活劳动所创造的剩余价值为:

$$sv^{[i]} = \alpha_l^{[i]} - \Lambda f\alpha_l^{[i]} \qquad (3-1-19)$$

其中 $\Lambda = mp$,$m = \dfrac{\alpha_l}{p\hat{\alpha}}$。同时由于工人不存在储蓄和贷款,即根据式(3-1-16)这一前提,有 $w = pf$。因此,社会总剩余价值为:

$$sv = (1 - mw)\alpha_l = mp\hat{\alpha} - mw\alpha_l \qquad (3-1-20)$$

将式 (3-1-20) 代入式 (3-1-18-1),可以立即得到:

$$m\dot{\Pi} = sv - \Lambda f\dot{\alpha}_l - \Lambda c \qquad (3-1-21)$$

即所有企业的总资本积累等于生产过程中所创造的剩余价值总量中扣除追加工人生活资料和资本家个人消费的部分。

此外，根据式（3-1-10）和式（3-1-11），企业 i 在 t 时刻的名义利润或者说货币利润 $\pi^{[i]}$ 为 $\pi^{[i]} = ps^{[i]} - p\underline{\alpha}^{s[i]} - w\alpha_l^{[i]}$；以及潜在利润 $\pi^{e[i]}$ 为 $\pi^{e[i]} = p\bar{\alpha}^{[i]} - p\underline{\alpha}^{s[i]} - w\alpha_l^{[i]}$。经过比较可得：

$$pc^{[i]} + w\dot{\alpha}_l^{[i]} + \dot{\prod}^{[i]} = \pi^{e[i]} = \pi^{[i]} + p\dot{X} \qquad (3-1-22)$$

也就是说，从微观上看，基于资产负债表的所有者权益变化＋支付给工人的追加可变资本＋资本家的个人消费＝潜在利润，也等于实际实现的货币利润与存货变化之和。市场不均衡将导致企业 i 的货币利润 $\pi^{[i]}$ 并不必然等于潜在利润 $\pi^{e[i]}$，其中的差额等于存货的变动。① 同时，利润也并不必然等价于资本积累。

同时可以进一步得到：

$$sv = m\pi + \Lambda\dot{X} = \pi^e \qquad (3-1-23)$$

这蕴含着，在考虑市场不均衡的条件下，剩余价值总量并不必然等于货币利润总量，但是必然等于潜在利润总量。通过式（3-1-23）可以发现，总剩余价值 sv 是凝结在商品中的剩余劳动，但是在允许市场不均衡的前提下，有 $\Lambda\dot{X}$ 的商品价值并未真正实现或者说转化为货币，而是以商品资本的形式保存下来。由于所有凝结在商品中的价值并未完全实现为货币，因此货币利润只是表现了已经包含在商品中的总剩余价值中的一个部分。式（3-1-23）的推导过程展示了，利润和剩余价值是如何通过资本循环或者说资本形式的变化互相转化的。

---

① 应当指出，在概念上，存货变动并不必然意味着市场不均衡——至少不意味着某种"被动"意义上的市场不均衡。在现代企业经营中存在这样一种情形，正如保持一定量的现金一样，企业会主动选择持有一定量的存货以保持产销上的弹性。因此，存货变动也可以被视作一种企业按照市场价格对自身产品的不以货币为媒介的购买。

事实上，企业 i 实现的剩余价值可以定义为①：

$$rsv^{[i]} = \Lambda s^{[i]} - \Lambda \underline{\alpha}^{s[i]} - \Lambda f \alpha_l^{[i]} \qquad (3-1-24)$$

从而 $rsv^{[i]} = mp\bar{\alpha}^{[i]} - mp\dot{X}^{[i]} - mp\underline{\alpha}^{s[i]} - mpf\alpha_l^{[i]}$，这意味着从社会总体来看：

$$rsv = (1 - mpf)\alpha_l - \Lambda \dot{X} \qquad (3-1-25)$$

即：

$$rsv = sv - \Lambda \dot{X} \qquad (3-1-26)$$

也就是说，在资本循环的过程中，当商品生产完成时，剩余价值已经创造出来并凝结在商品中，但是只有那些从商品资本转化为货币资本形态的部分，价值才真正得以实现。这个得以实现的部分就成为货币利润。对于那些暂时以存货的形式表现的剩余价值，虽然没有真正实现为货币，但是由于存货仍然为资本家所有，因此这部分剩余价值仍然属于被资本家支配的对象，被计入生产出来的总剩余价值当中，形成了资本价值的增殖。也就是说，无论商品的价值是否被实现，生产出来的剩余价值总量总是由生产过程确定的。

（二）剩余价值和剩余劳动时间的分配

式（3-1-21）指出，剩余价值可以分解为：不变资本的扩大再生产、可变资本的扩大再生产和资本家的个人消费。现进一步研究这一点。企业 i 的净现金流可以写为：

$$\dot{M}^{[i]} = ps^{[i]} - w\alpha_l^{[i]} - p\underline{\alpha}^{I[i]} - pc^{[i]} - w\dot{\alpha}_l \qquad (3-1-27)$$

---

① 在此处所定义的"实现的剩余价值"事实上是第一章第三节中同名概念的进一步推广。现在，"实现"的含义不仅理解为外在的货币价格对商品的内在价值在数量意义上的"实现"，而且是商品形式的价值转化为货币形式的价值即资本循环意义上的"实现"。容易验证，在存货保持不变，或者说商品销量等于商品产量的市场出清场合下，此处的定义就等同于第一章第三节中的同名概念。

考虑到 $\dot{X}^{[i]} = \bar{\alpha}^{[i]} - s^{[i]}$，可以整理得到：

$$p\dot{X}^{[i]} = p\bar{\alpha}^{[i]} - p\underline{\alpha}^{I[i]} - w\alpha_l^{[i]} - pc^{[i]} - \dot{M}^{[i]} - w\dot{\alpha}_l^{[i]} \quad (3-1-28)$$

由于不存在银行发行新的货币，因此经济中总的货币存量是固定的，即 $\dot{M} = 0$。并且将 $\underline{\alpha}^{I[i]} = \underline{\alpha}^{s[i]} + \dot{\underline{\alpha}}^{[i]}$ 代入式（3-1-28）整理可得：

$$p\dot{X} = p(\bar{\alpha} - \underline{\alpha}^s) - w\alpha_l - p\dot{\underline{\alpha}} - pc - w\dot{\alpha}_l \quad (3-1-29)$$

这意味着：

$$\Lambda(\dot{X} + c + \dot{\underline{\alpha}} + f\dot{\alpha}_l) = sv \quad (3-1-30)$$

式（3-1-30）与式（3-1-23）联立，可得

$$\pi = pc + p\dot{\underline{\alpha}} + w\dot{\alpha}_l \quad (3-1-31)$$

这意味着社会总的实现利润总是等于企业主消费与追加预付资本的总量，尽管在每一个微观企业上这一等式并不必然成立。这是从需求的角度来理解货币利润的实现条件。

另外，根据 $\bar{\alpha}^{[i]} = s^{[i]} + \dot{X}^{[i]}$、$\underline{\alpha}^{I[i]} = \dot{\underline{\alpha}}^{[i]} + \underline{\alpha}^{s[i]}$ 和 $s = \underline{\alpha}^I + f\alpha_l + f\dot{\alpha}_l + c$，容易检验 $\hat{\alpha} = \dot{\underline{\alpha}} + \dot{X} + f(\alpha_l + \dot{\alpha}_l) + c$。因此，总净产品在使用价值的意义上分割为追加生产资料、商品存货、工人生活资料（含追加量）和资本家生活资料。利用 $m = \dfrac{\alpha_l}{p\hat{\alpha}}$，可以将上述分割进一步转化为对总劳动时间的分割。具体来说，工人通过消费生活资料，在总劳动时间 α_l 中确定了"必要劳动时间" $\dfrac{pf\alpha_l}{p\hat{\alpha}}\alpha_l$；总劳动时间的剩下部分构成了剩余劳动时间。这些剩余劳动时间进一步分解为追加生产资料、商品存货和企业主生活资料的对应部分，当然也包括扩大再生产所带来的追加工人消费。

对总劳动时间的分割是通过货币流通完成的。在这个过程中，

$pc^{[i]}$、$pf\,(\alpha_l^{[i]}+\dot{\alpha}_l^{[i]})$、$ps^{[i]}$ 和 $p\underline{\alpha}^{[i]}$ 对应部分的货币承担的是流通手段的职能。这些货币量作为价值符号，体现了与商品的等价交换，从而直接确定了总劳动时间如何被分配成若干不同部分。而企业支付的货币工资量即 $w\,(\alpha_l+\dot{\alpha}_l)$ 则承担了支付手段的职能。这一定量的货币本身并不直接作为一定量的价值符号指向特定的劳动时间，只有当这些货币进一步转化为购买生活资料的流通手段时，它才间接地决定了对劳动时间的分配。可以说，货币工资本身并不直接决定劳动耗费如何划分为必要劳动时间和剩余劳动时间，而只是进行这一划分的前提，这一点在后文对金融资本的研究中表现得更为明显。

在任意时刻，总剩余价值——及其物质载体，即剩余产品——总是以三种形式存在：增加的商品资本、追加的生产资料、追加的工人消费以及资本家的消费。从货币的形态来看，社会的总实现利润就等于资本家的消费、不变资本的扩大再生产和可变资本的扩大再生产。让我们注意到，虽然在《资本论》第一卷对剩余价值的分析中，货币从未真正走上理论的"台前"，但对剩余价值的生产和分配都是以货币的流通和循环为背景完成的。正如马克思所强调的，虽然剩余价值是在生产过程中生产的，但必须通过流通才能得以实现。"资本不能从流通中产生，又不能不从流通中产生。它必须既在流通中又不在流通中产生。"① 对这一点的忽视正是传统数理方法，特别是标准模型的疏漏之处。在标准模型采用的"马克思—斯拉法"框架下，剩余价值的生产和分配是由生产技术过程直接描述的，同货币流通和资本循环过程无关。

三 包含银行和信贷的资本循环

在上一小节中，由于假设不存在银行及货币供给机制，所以货币概念只是作为剩余价值生产和实现在逻辑上的必要因素隐含在模型

---

① 马克思：《资本论》（第一卷），人民出版社，1975，第188页。

中。而本小节考虑银行和货币流通对剩余价值生产、实现和分配的直接作用。

(一) 企业所有者权益和剩余价值

将

$$\dot{\Pi}^{[i]} = \dot{p}X^{[i]} + \dot{p}\underline{\alpha}^{[i]} + \dot{p}\bar{\alpha}^{[i]} - p\dot{\underline{\alpha}}^{s[i]} - w\dot{\alpha}_l^{[i]} - \iota D^{[i]} - w\dot{\alpha}_l^{[i]} - pc^{[i]}$$

$$(3-1-32)$$

进行加总,并利用剩余价值的定义,整理可得:

$$\dot{\Pi}^{[g]} = \frac{1}{m}sv^{[g]} - \iota D^{[g]} + \dot{p}(X^{[g]} + \underline{\alpha}^{[g]}) - w\dot{\alpha}_l^{[g]} - pc^{[g]} \quad (3-1-33)$$

这意味着企业所有者权益的名义"增值"总量包含四个部分:生产过程中所创造的剩余价值总量(扣除由于扩大再生产而追加的可变资本)、向银行部门支付的利息、企业主的个人消费以及非货币资产价格的变动。

银行部门的所有者权益变化为:

$$\dot{\Pi}^{[B]} = \dot{M}^{[B]} = \iota D^{[g]} - pc^{[B]} \quad (3-1-34)$$

其中 $c^{[B]}$ 为银行家的消费品向量。即:银行部门的所有者权益增量来自企业所支付的贷款利息扣除银行家消费支出后的余额。

将式(3-1-33)和式(3-1-34)加总可得:

$$\dot{\Pi}^{[g]} + \dot{\Pi}^{[B]} = \frac{1}{m}sv^{[g]} + \dot{p}(X^{[g]} + \underline{\alpha}^{[g]}) - w\dot{\alpha}_l^{[g]} - p(c^{[g]} + c^{[B]})$$

$$(3-1-35)$$

这就是说,银行部门和企业的所有者权益名义增量之和等于生产过程中创造的剩余价值总量(扣除追加可变资本和资本家阶级的消费),以及非货币资产价格的变化。这意味着,即便从宏观整体来看,一个资产负债表导向的资本运营不一定总是和剩余价值生产的目标一致的。资产负债表上的良好表现,可能来自资产价格的变化而非剩余价值的真实生产过程。但从马克思剩余价值理论和积累理论的视角来看,式

（3-1-35）中来自剩余价值的部分才反映了资本主义经济体系中资本积累的"真实效应"，而价格变动所带来的净资产"增值"则仅仅是名义上的。事实上，马克思在《资本论》中正是撇开价值变动不谈来分析剩余价值的生产和流通过程。他说："这里不但假定商品是按照它们的价值出售的，而且假定这种出售是在不变的情况下进行的。所以，也把在循环过程中可能发生的价值变动撇开不说。"[①]

根据银行部门的名义利润为 $\pi^{[B]} = \iota D^{[g]}$，可以验证如下等式成立：

$$\pi^{[g]} + \pi^{[B]} = \frac{1}{m}(sv^{[g]} - \Lambda \dot{X}^{[g]}) \tag{3-1-36}$$

即企业和银行的名义利润之和等于所有产业资本"实现的总剩余价值"，即 $rsv^{[g]} = sv^{[g]} - \Lambda \dot{X}^{[g]}$（存货变动 $\dot{X}^{[g]}$ 蕴含着未被转化或者说实现为货币的价值）。显然作为式（3-1-36）的一个特殊情形，在市场出清（即 $\dot{X}^{[g]} = 0$）的传统假设下，生产部门和银行部门所获得的利润总和为产业资本所创造的总剩余价值。或者说，如马克思所言，利息只是剩余价值的一种分配，反映了剩余价值从产业资本向货币经营资本的转移。这种分配或转移也是通过货币的流通即利息的支付过程完成的。

（二）剩余价值和剩余劳动时间的分配

与前文类似，企业 i 的现金变动可以写成如下形式：

$$\dot{M}^{[i]} = ps^{[i]} + \dot{D}^{[i]} - \iota D^{[i]} - w\alpha_l^{[i]} - p\underline{\alpha}'^{[i]} - pc^{[i]} - w\dot{\alpha}_l^{[i]} \tag{3-1-37}$$

而银行部门的现金变动为：

$$\dot{M}^{[B]} = \iota D^{[g]} - pc^{[B]} \tag{3-1-38}$$

同样，利用 $\dot{X}^{[i]} = \overline{\alpha}^{[i]} - s^{[i]}$ 可以整理得到：

$$p\dot{X}^{[i]} = p\overline{\alpha}^{[i]} - p\underline{\alpha}'^{[i]} - w\alpha_l^{[i]} - pc^{[i]} - \dot{M}^{[i]} + \dot{D}^{[i]} - \iota D^{[i]} - w\dot{\alpha}_l^{[i]}$$

$$\tag{3-1-39}$$

[①] 马克思：《资本论》（第二卷），人民出版社，1975，第32页。

式（3-1-39）两边对 $i \in \sigma$ 加总，并利用本模型中银行贷款是该经济唯一货币源这一假定所蕴含的事实 $\dot{M}^{[\sigma]} + \dot{M}^{[B]} = \dot{D}^{[\sigma]}$，可得：

$$p\dot{X}^{[\sigma]} = p\dot{\hat{\alpha}}^{[\sigma]} - w\alpha_l^{[\sigma]} - pc^{[\sigma]} - pc^{[B]} - w\dot{\alpha}_l^{[\sigma]} \qquad (3-1-40)$$

容易进一步导出：

$$\Lambda(\dot{X}^{[\sigma]} + c^{[\sigma]} + \dot{\underline{\alpha}}^{[\sigma]} + c^{[B]} + f\dot{\alpha}_l^{[\sigma]}) = sv^{[\sigma]} \qquad (3-1-41-1)$$

以及

$$\Lambda(\dot{\underline{\alpha}}^{[\sigma]} + f\dot{\alpha}_l^{[\sigma]} + c^{[\sigma]} + c^{[B]}) = rsv^{[\sigma]} \qquad (3-1-41-2)$$

式（3-1-41-1）表达了，产业资本所创造的剩余价值总量最终表现为存货增量、追加预付资本（不变资本和可变资本）、企业主和银行家的生活资料。而式（3-1-41-2）则表达了，所有实现了的剩余价值对应为追加预付资本（不变资本和可变资本）、企业主和银行家的生活资料。事实上，式（3-1-41-1）与式（3-1-36）联立，立即得到：

$$\pi^{[\sigma]} + \pi^{[B]} = p\dot{\underline{\alpha}}^{[\sigma]} + w\dot{\alpha}_l^{[\sigma]} + pc^{[\sigma]} + pc^{[B]} \qquad (3-1-42)$$

以上分析说明，即便在允许经济主体持有货币或进行贷款，即允许微观经济主体收支不等的条件下，名义利润总量也总是等于银行家和企业主的总消费以及追加投资的价格总额。

用与前文类似的方法，可以得到 $\hat{\alpha}^{[\sigma]} = \dot{\underline{\alpha}}^{[\sigma]} + f(\alpha_l^{[\sigma]} + \dot{\alpha}_l^{[\sigma]}) + \dot{X}^{[\sigma]} + c^{[\sigma]} + c^{[B]}$。由于银行家的消费如今也构成了净产品进而剩余产品的一个部分，因此，这一消费也对应总劳动时间进而总剩余劳动时间的特定部分，即 $\dfrac{pc^{[B]}}{p\hat{\alpha}^{[\sigma]}}\alpha_l^{[\sigma]}$。银行家对剩余劳动时间的占有是通过在利息支付过程中承担支付手段职能的货币转移实现的。值得注意的是，在产业资本支付的利息 $\iota D^{[\sigma]}$ 中，只有 $pc^{[B]}$ 的部分最终以价值尺度和流通手段的形式实现了一定量的剩余价值。与货币工资的情形一致，承担支付手段职能的货币本身并不代表一定量的价值，只有当这些货币成为真实的价值尺度和流通手段的时候，才代表了一定量的价值。这蕴含着——特别是当我们考虑到现代资本主义体系中庞大的金融系统时——处于不断流通中的巨大的货币量和真正实现的价值之间存在内在矛盾的可能性。

四 资本循环建模的比较研究

前文中对资本循环的建模采用了近年来的新形式，但事实上资本循环理论的建模方法可以分为两种类型：一是从各种资产要素的真实运动过程入手建模，二是从价值流动循环平衡入手建模。笔者将前者称为"要素法"，后者称为"容器法"。本节在之前的分析中使用的就是"要素法"。而与前文模型相对的是，文献中最初构造资本循环模型时采用的是"容器法"。[①] 后来的绝大多数资本循环建模都延续了这种传统做法。本小节尝试对容器法进行较为系统的阐述，并在此基础上梳理要素法和容器法的区别与联系。

（一）容器法的基本思想

在容器法中，资本循环过程被看作劳动价值在不同形式的资本中进行传递（pass）或者流动（flow）的过程。[②] 具体来说，不同的资本形式，即商品资本、货币资本和生产资本，均被理解为一种"价值容器"。在资本循环过程中，价值在各个价值容器中流动。例如，从货币资本这一"容器"流到生产资本"容器"再流到商品资本"容器"，最后重新流回货币资本"容器"中。注意，容器法只是一种为了建模而

[①] D. K. Foley, *Understanding Capital: Marx's Economic Theory* (Cambridge, MA: Harvard University Press, 1986).

[②] "容器法"的研究可以参见：D. Basu, "Comparative Growth Dynamics in a Discrete-time Marxian Circuit of Capital Model," *Review of Radical Political Economics*, 2014, 46 (2): 162 - 183; Xiao Jiang, "Endogenous Cycles and Chaos in a Capitalist Economy: A Circuit of Capital Model," *Metroeconomica*, 2015, 66: 123 - 157; Ramaa Vasudevan, "Financialization, Distribution and Accumulation: A Circuit of Capital Model with a Managerial Class," *Metroeconomica*, 2016, 67 (2): 397 - 428。

使用的理解方法，严格来讲，不同类型的资本不是价值容器，而是一定量的价值实体。资本循环不是价值在价值容器间的真实流动过程，而是价值自身形态不断变化的过程。用大自然中的水循环作为不严格的比喻来说：水循环的真实物理过程是水这种物质在不同的外部条件下，分别表现为海水、雨水、云和冰川等；但水循环的视角则是采用容器法，以固定的空间位置——海洋、陆地或天空等为观察点，研究水资源总体在空间上的转移和分布。正如这个类比所体现的，容器法视角下的资本循环模型更擅长从宏观整体的视角研究价值的生产、流通和分配过程。图 3-1-1 展示了容器法视角下的资本循环过程。

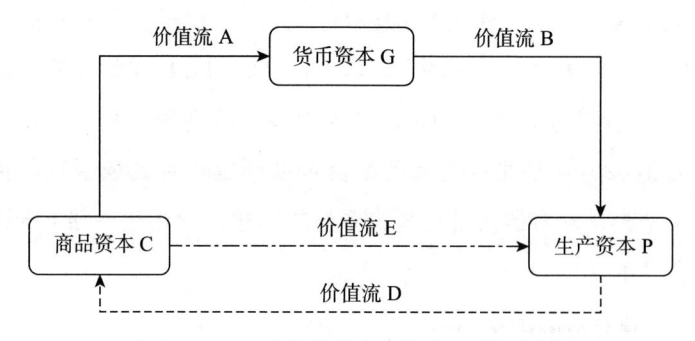

图 3-1-1 容器法视角下的资本循环过程

在图 3-1-1 所展示的资本循环过程中，"观察点"建立在货币资本 G、商品资本 C 和生产资本 P 上。价值实体的不同外在形式之间的转换过程被理解为一种虚拟的"价值流"在各个观察点之间不断循环流动。具体解释如下。用虚线表示的价值流 D 所反映的真实经济过程是生产过程，即创造新价值和转移旧价值的过程，但在容器法下，价值流 D 被理解为从生产资本向商品资本的价值流动过程。即仿佛从生产资本"池" P 中流出了可变资本和不变资本的价值，并向商品资本"池" C 中流入了可变资本和不变资本的价值以及新增加的剩余价值。在这里用虚线强调流出量和流入量是不等的，而实线则代表了流出量等于流入量。用点划线表示的价值流 E 反映了作为产品的商品资本向作为投资品（包括维系工人生活的生活资料）的生产资本的转化和配置过程。在货币经济条件下，这个配置过程是通过商品流通环节实现的，即价值流 A 和价值流 B。价值流 A 背后的真实经济过程是作为融资过程的商品出售环节，或者说劳动价值论下的价值实现的过程。在容器法下，它是从商品资本"池" C 中流出并流入货币资本"池" G 的价值量。价值流 B 反映的则是投资过程，它是从货币资本"池" G 中流出并流入生产资本"池" P 的价值量。注意，这里的生产资本"池" P 既包含以生产资料形式存在的价值，也包含作为工人生活资料消费掉的价值——总之正如价值流 E 所展示的，它本质上是对所有产品的转化和分配。在整个资本循环所形成的闭合路径上，由于在生产环节会创造出剩余价值，因此价值流的净通量不为零。[①]

另外，在理想条件下，商品流通过程中一个人的"买"必然对应着另一个人的"卖"。一个企业的投资过程，即生产资料和劳动力的购买（后者进一步转化为对生活资料的购买），必然对应着另一个企业的融资过程，即其商品（生产资料或生活资料）的出售。因此，一个企业的价值流 B 就对应着另一个或多个企业的价值流 A。价值流 A 和价值流 B 是"一枚硬币的两面"。从宏观整体上看，价值流 A 和价值流 B 共同完成的就是价值流 E 所反映的商品分配过程。理想状态下，所有价值流的"流速"是稳定均一的，那么系统就进入了一个一般均衡状态，此时货币就表现为一个纯粹的中介和"面纱"，经济系统可以只采用使用价值体系的生产、分配和消费几个要素进行描述。

但是，一般来说经济中的价值流流速不是稳定均一的。这就造成了经济的不均衡。例如，当价值流 A 小于价值流 D 时，就出现了价值实现的困难，表现为存货的增加、实现货币利润的减少等；当价值流 B 小

[①] 这里没有考虑资本家的消费。如果考虑资本家消费，则严格意义上需要多构筑一个"价值池"（即资本家从利润中形成的消费基金）及其对应的"价值流"。此时资本家消费成为剩余价值从资本循环系统中流出的出口。简单再生产模型正是对应于从资本循环系统中流出的剩余价值等于生产过程所创造的剩余价值，从而资本循环中的"价值流"净通量为零的场合。Foley 展示了一个特殊的简单再生产情形，在这个情形下所有价值池中价值变化率恒为零。

173

于价值流 A 时,则表现为贮藏货币的增加和投资的萎缩。① 以上两种不均衡发生在商品流通环节,而生产环节也可能发生不均衡:当价值流 D 小于价值流 B 时——在正常情况下,由于剩余价值的创造过程,价值流 D 应当大于价值流 B——则表现为因为各种原因而产生的(主动的或者被动的)过度投资导致的产能闲置和积压,生产没有在一个满功率状态下运行。价值流 D 小于价值流 B 还可能是由生产时间导致的,即:在任意时刻流入的价值流 B 是由当下的投资决策决定的,而流出的价值流 D 则是由一定生产时间之前的生产规模决定的。

这给予我们理解"萨伊定律"局限性的另一个视角。萨伊定律的局限性是因为萨伊忽视了货币经济下"买"和"卖"的分离,并把交换环节从经济学研究对象中抽象掉了。但"在资本主义经济中,影响生产决策的力量和影响这部分产量所对应的市场的力量并不一致,它们甚至对同一逻辑作出不同的反应"②,因此在资本循环中货币收入并不必然立即转化为投资支出③。这种微观不一致性导致了价值流 E 发生宏观阻塞的可能性。

最后,值得指出的是,容器法的具体形态在不同学者之间也有较大差异。例如,从马克思的本意来说,剩余价值的增殖是生产过程的产物,即发生在价值流 B 和价值流 D 之间,但在对资本循环的实际建模中,不同学者有各自的处理方式。很多学者在阐述资本循环的理论内涵时采用了符合马克思原意的严谨表述,但在建模时将利润设定为发生在价值流 A 和价值流 D 之间;也有学者处理为货币利润发生在价值流 A 和价值流 B 之间。除此以外,不同学者对各个流量和存量的经济意义及

---

① 价值流 A 和价值流 B 的偏离在现实中往往发生在激烈的金融化场景中。例如,大量实现的货币利润不再投入再生产而是转移到金融部门中。换言之,在存在金融部门的情形下,价值流 B 的货币并不必然等价于价值流 A 的货币。
② 胡里奥·洛佩斯、迈克尔·阿祖兹:《米哈尔·卡莱斯基》,陈小白译,华夏出版社,2011,第 31 页。
③ Paulo L. dos Santos, "Production and Consumption Credit in a Continuous – time Model of the Circuit of Capital," *Metroeconomica*, 2011, 62 (4): 729 – 758.

变动方式的表述也有明显差异。不过应该认识到，虽然容器法的具体设定形态可以有很大差异，但只要是在正确认识马克思劳动价值论和资本循环理论的前提下，这些形式上的差异并不影响对资本循环的理解及其模型核心构架的一致性，而且根据不同的研究目的，不同的建模方法各有优势。

（二）容器法和要素法在建模上的区别与联系

以图3-1-1为例，对于每一个具体的企业 i，容器法给出了三个价值流，即 A、B 和 D，分别记为 $S_t^{[i]}$、$C_t^{[i]}$ 和 $P_t^{[i]}$。同时，存在三个"价值池"，即生产资本 P、货币资本 G 和商品资本 C，分别记为 $\Omega_t^{[i]}$、$G_t^{[i]}$ 和 $X_t^{[i]}$。假设不考虑生产时间和流通时间等延迟，容器法声明如下关系：①

$$\dot{\Omega}_t^{[i]} = C_t^{[i]} - \frac{1}{(1+q_t^{[i]})}P_t^{[i]} \qquad (3-1-43)$$

$$\dot{G}_t^{[i]} = S_t^{[i]} - C_t^{[i]} \qquad (3-1-44)$$

$$\dot{X}_t^{[i]} = P_t^{[i]} - S_t^{[i]} \qquad (3-1-45)$$

其中，$q_t^{[i]} > 0$ 反映了生产过程中由于剩余价值生产而形成的资本增殖率。资本增殖率受剩余价值率和资本有机构成等因素影响，但与企业产品的销售和流通无关。如果记资本有机构成为 $\kappa^{[i]}$、剩余价值率为 $e^{[i]}$、固定资本折旧率为 $\delta_t^{[i]}$，那么 $q_t^{[i]} = \frac{e^{[i]}}{1+\kappa^{[i]}\delta_t^{[i]}}$。对式（3-1-43）~式（3-1-45）进行整理容易发现：

$$\dot{\Omega}_t^{[i]} + \dot{G}_t^{[i]} + \dot{X}_t^{[i]} = \frac{e^{[i]}}{(1+\delta_t^{[i]}\kappa^{[i]}+e^{[i]})}P_t^{[i]} \qquad (3-1-46)$$

即：一个企业总资本的价值增殖必然来自生产过程中所创造的剩余价值。

---

① 这里展示的容器法模型是按照符合马克思原意的方式进行处理的，和通常文献中的形式并不相同。

而在要素法的视角下，资本循环是通过现金 $M_t^{[i]}$、商品存货 $X_t^{[i]}$ 和生产资料 $\underline{\alpha}_t^{[i]}$ 的变动来描述的，即：

$$\dot{M}_t^{[i]} = ps_t^{[i]} - w\alpha_{lt}^{[i]} - p\underline{\alpha}_t^{I[i]} - w\dot{\underline{\alpha}}_{lt} \quad (3-1-47)$$

$$\dot{X}_t^{[i]} = \bar{\alpha}_t^{[i]} - s_t^{[i]} \quad (3-1-48)$$

$$\dot{\underline{\alpha}}_t^{[i]} = \underline{\alpha}_t^{I[i]} - \Phi^{[i]} \underline{\alpha}_t^{[i]} \quad (3-1-49)$$

其中，$\underline{\alpha}_t^{I[i]}$ 为实际购买的生产资料向量、$\alpha_{lt}^{[i]}$ 为直接劳动投入量、$\bar{\alpha}_t^{[i]}$ 为产出向量、$s_t^{[i]}$ 为销售向量、$\Phi^{[i]}$ 为折旧矩阵、p 和 w 分别为价格向量和工资率。式（3-1-47）~式（3-1-49）整理可得：

$$\dot{M}_t^{[i]} + p\dot{X}_t^{[i]} + p\dot{\underline{\alpha}}_t^{[i]} = p(\bar{\alpha}_t^{[i]} - \Phi^{[i]} \underline{\alpha}_t^{[i]}) - w\alpha_{lt}^{[i]} - w\dot{\underline{\alpha}}_{lt}^{[i]} \quad (3-1-50)$$

式（3-1-50）表示了（以当前价格衡量的）总资本的名义增长等于产出价格和生产成本之间的差额。进一步利用剩余价值的定义，式（3-1-50）还说明了总资本的价值增殖来源于生产过程中创造的剩余价值。

仔细对比式（3-1-43）~式（3-1-46）与式（3-1-47）~式（3-1-50）的内涵可以发现，两种方法的本质是相同的，都是劳动价值论对资本积累过程的表述。但二者也存在比较明显的区别。首先，从出发点来说，要素法是从能够直接观察的生产要素和货币的生产和流通过程来研究资本循环的，同资产负债表等现实对象有较为直接的关系。这使得要素法需要——当然也意味着能够——将资本循环本身之外的因素，如价格体系、劳动时间的货币表示（MELT），以及金融结构和债务关系变化等，纳入对资本循环的分析框架，甚至可以用于研究会计准则对资本循环的影响。相反的，容器法忽略背后复杂的直接作用机理，突出研究"价值容器"和"价值流"之间的动态平衡关系，更适合从宏观的、动态的角度研究企业或整体经济的问题。也正是由于以上特征，要素法蕴含着围绕各种现实因素对劳动价值论和剩余价值理论进行阐释，而容器法则倾向于淡化价值理论上的铺垫，直接在一个现成的劳动价值论语境下研究资本循环的规律。

其次，从一些相似概念来说二者也不完全对应。例如在容器法中，生产资本 $\Omega_t^{[i]}$ 对应于马克思在《资本论》中使用的生产资本的概念，既包括表现为生产资料的不变资本，也包括表现为劳动力耗费的可变资本。而在要素法中"生产资本"指的是有形的、具体的生产资料存量 $\boldsymbol{\alpha}_t^{[i]}$。还例如，在对货币资本的理解上，容器法中是指一种以货币形式贮藏价值的价值池，而要素法中则是指真实的、具体的货币头寸。总之，容器法和要素法在理论上可以互相转换；而根据条件和研究目的的不同，二者又各有优势。例如，容器法对理解资本增殖和积累过程较为直接，而要素法在分析货币金融对资本循环的影响时较为有利。

最后，二者在一些拓展内容的技术细节上也存在一定差别，从而对某些问题的具体分析会有差异。例如在要素法中，固定资本折旧首先被理解为一个具体的、使用价值上的补偿，价值补偿是其货币形态。但在容器法中，固定资本折旧笼统地反映了不变资本的价值转移和补偿。在不变资本的价值转移过程中，固定资本实际上在物理上可以没有损耗，不需要发生任何补偿，但在价值流 $P_t^{[i]}$ 中计入价值转移。这种细微的差别在涉及对固定资本更新和周转的细致分析时会产生一定的影响。（从理论上说，在根据劳动价值论对固定资本折旧补偿的原理进行细致说明的前提下，这两种方法是等价的。）同时，在基于特定的资产负债表和会计准则进行实际应用时，二者分别需要进行不同的技术处理。

第二节 生产时间和流通时间

一 生产时间和流通时间的内涵

（一）生产时间

资本完成它的循环或周转的时间等于它的生产时间和流通时间

之和。①

生产时间是"资本束缚在生产领域的时间"②，马克思将之划分为两个部分。第一，"生产资本潜在地处在生产领域内，但不在生产过程本身中执行职能"③的时间，如夜间工厂已经停止生产，但劳动资料仍然留在生产场所内的时间，以及资本家为了预备生产而将原材料和辅助材料提前储备在生产场所的时间，这里将之称为"停留时间"。第二，所有生产资本执行职能，即在生产过程中发挥作用的时间，这里将之称为"职能时间"。

对于前者，即停留时间，马克思认为生产资本在这个时候"既不起产品形成要素的作用，也不起价值形成要素的作用"④。但是他强调，如果这种停留时间在现有的技术条件下是必要的，那么与之相关的劳动（如为了保存生产资料储备所耗费的劳动）及物品损耗也会加入价值的生产过程。

对于后者，即职能时间，马克思进一步将它划分为"劳动期间"和"非劳动期间"两个部分。所谓"劳动期间"指的是"一定生产部门为提供一件成品所必需的互相联系的工作日的数目"⑤。而生产过程中不属于劳动期间的部分，即干燥、酿制、动植物的自然生长等受自然过程支配的时间，则为"非劳动期间"。马克思认为在非劳动期间内，生产资料"不吸收劳动，也就不吸收剩余劳动。因此，当生产资本处在超过劳动时间的那一部分生产时间时，即使价值增殖过程的完成和它的这种休止是不可分离的，生产资本还是不会增殖"⑥。

应当认识到，虽然马克思讨论了若干改变生产时间的因素，如分工

---

① 马克思：《资本论》（第二卷），人民出版社，1975，第138页、第276页。
② 马克思：《资本论》（第二卷），人民出版社，1975，第266页。
③ 马克思：《资本论》（第二卷），人民出版社，1975，第139页。
④ 马克思：《资本论》（第二卷），人民出版社，1975，第139页。
⑤ 马克思：《资本论》（第二卷），人民出版社，1975，第257页。
⑥ 马克思：《资本论》（第二卷），人民出版社，1975，第141页。

协作、新技术的使用等①，但生产时间能否通过某种技术改进加以改变以及如何改变，只是和使用价值生产有关的具体劳动的特征，并不涉及价值生产的一般规律。总体而言，马克思是将生产时间视作一种工艺性质的技术条件加以理解的，在技术条件不变的假设下，生产时间及其不同部分（停留时间、劳动期间和非劳动期间等）的比例是一个固定的外生变量。

虽然生产时间包含不同部分这一点并没有改变价值生产的一般规律，不过，马克思还是对固定资本参与价值形成的过程进行了补充说明。马克思认为："建筑物、机器等等，即那些只是由于生产过程有规则的休止才中断自身职能的劳动资料，——由生产的缩减、危机等等引起的不规则的中断，是纯粹的损失，——只加进价值，不加入产品的形成；它加进产品的总价值，由它的平均寿命决定；它会丧失价值，因为它在执行职能时和在不执行职能时都会丧失使用价值。"② 即："转移到产品中去的价值，不是按固定资本执行职能的时间，而是按固定资本丧失价值的时间计算的。"③ 也就是说，由于"固定资本的闲置……是它的正常使用的一个条件"④，因此在劳动期间之外，固定资本仍然不断将折旧价值转移到商品中去。

价值生产过程是一个持续性的新价值创造和旧价值转移的过程。在生产时间内，流动资本需要不断地持续给付，以相同的规模重复支出，而固定资本在最初装置完成之后则持续地进行折旧和补偿的过程，每天转移到产品上去的那部分价值也层层堆积起来，其间所有累计预付的资本要等待生产完成之后才能一次性回流。同样，剩余价值也是在整个生

---

① 例如，马克思曾经以铁路修建为例阐述道："动用大批工人，并在许多地点同时施工，就可以缩短一条铁路建成的时间。在这里，周转时间由于预付资本的增加而缩短了。"参见：马克思《资本论》（第二卷），人民出版社，1975，第262页。
② 马克思：《资本论》（第二卷），人民出版社，1975，第140页。
③ 马克思：《资本论》（第二卷），人民出版社，1975，第270页。
④ 马克思：《资本论》（第二卷），人民出版社，1975，第270页。

产时间内一层层地转移到产品中去，直到产品完成并出售后一次性实现。①

尽管受"生产时间"这个名词的影响，人们可能被吸引去研究生产时间如何复杂化了价值生产过程的时间结构，但事实上，生产时间概念的引入并不改变劳动价值论的原则，也没有改变马克思劳动价值论的分析框架。仔细阅读马克思对生产时间的表述可以发现，无论是否涉及生产时间，在任意时刻（t）创造的价值 P_t 总是满足：

$$P_t = (1+q)(V_t + \delta F_t) \quad (3-2-1)$$

其中 V_t 和 F_t 分别为该时刻使用的可变资本与不变资本，δ 为固定资本折旧率，q 为价值（资本）增殖率。上一节已经说明，价值增殖率 $q = \dfrac{e}{1+\delta\kappa}$，本质上决定于剥削率和资本有机构成，反映的是价值生产进而剩余价值生产的技术性特征，它和反映剩余价值实现的利润率没有必然联系，前者是一个技术性因素，而后者则是一个市场变量。当所有生产的剩余价值均实现为利润时，有利润率 $\pi = q\Theta$，其中 $\Theta = \dfrac{V_t + \delta F_t}{V_t + F_t}$，反映的是"所费资本"与"所用资本"之比。在式（3-2-1）中，价值生产——新价值的凝结和旧价值的转移——并不受生产时间的影响，是生产资本持续不断发挥作用的过程。

所有商品的生产都存在生产时间，但生产时间不影响价值生产，只影响这些持续生产出来的价值流以什么样的时间结构凝结在彼此独立的、离散的使用价值上。例如，考虑一个以每天 10 元的速率持续预付的资本及其每天创造出来的 5 元的剩余价值流，是每 3 天凝结在一个独立的使用价值上还是每 10 天凝结在一个独立的使用价值上这两个不同的场合。在前一个场合下，每个商品的价值是 45 元，3 天实现一次资本周转（假设不考虑流通时间）；在后一个场合下，每个商品价值是

---

① 马克思：《资本论》（第二卷），人民出版社，1975，第 258 页。

150元，10天才实现一次资本周转：二者在每天生产15元的价值生产过程上并无二致。

因此，生产时间本质上是一个具体劳动的范畴，仅仅是一个工艺意义上的自然时段。以马克思说的增加工人缩短修建铁路的生产时间为例，这种生产模式的改进使得工人和生产设备停留在铁路修建中的自然时间缩短了，但并没有减少生产铁路的劳动耗费，即没有影响价值的生产过程，只是具体劳动的形式变了，用更多的预付资本换取单位资本在生产过程中更少的停留时间。又如马克思所言，在劳动期间外固定资本仍然在进行价值转移。由此可知，价值流的持续生产是与具体的生产时间相独立的：只要生产资本在发挥作用，任何具体劳动工艺上的停歇、转换都不影响价值的形成。

实际上，生产时间影响的只是资本的周转和价值的流通——马克思也正是在这个研究对象中讨论生产时间（和流通时间）的，体现的是从资本支出到剩余价值再次资本化所需要的时间间隔（如果不考虑流通时间）。较长的生产时间使得预付资本回流较慢，进而从预付资本到剩余价值再次资本化所需的间隔时间较长；而较短的生产时间则使得预付资本回流较快，从而从预付资本到剩余价值再次资本化所需的时间间隔较短。以一个每天预付10元资本、生产时间为5天的生产过程为例，在生产时间中的某一天，如第3天预付的资本10元及剩余价值5元尽管已经立即凝结在尚未生产完成的商品中，但要再等2天即到第5天商品生产完成时才能一次性实现为货币。不过，尽管此时这15元价值已经实现为货币，甚至已经以生产储备的形式转化为潜在的生产要素，但要等到下一个生产周期的第3天才能真正意义上再投资为生产资本。也就是说，虽然在生产期间任意一个时刻投入的资本及其创造的价值距离它们实现为货币的时间是不同的，但它们周转一次的总时间都相同，均为生产时间5天（如果不考虑流通时间的话）。

因此，从模型的角度说，可以将生产时间 T_P 处理为一种时滞效应：

$$P_t = (1+q)(V_{t-T_P} + \delta F_{t-T_P}) \tag{3-2-2}$$

但应当认识到的是，从纯粹价值生产的角度讲，式（3-2-2）是不成立的，因为新价值的创造和旧价值的转移本身不具有时滞效应，所以必须在资本循环和周转的意义上来把握式（3-2-2）。式（3-2-2）反映了价值生产作为资本循环的一个环节，生产时间对资本循环所造成的影响；相应的，如果脱离了资本循环以及后文将要阐述的资本流通过程，式（3-2-2）甚至是生产时间本身，也就丧失了理论意义和价值。

在现有资本循环相关文献中，人们通过在资本循环过程中加入时滞结构来刻画生产时间和流通时间。现有文献界定了三种时滞：生产时滞（production lag）、实现时滞（realization lag）和融资时滞（finance lag）。所谓生产时滞是指，从投入生产资料和劳动力到产品完成生产的时间；实现时滞指的是从商品生产出来到商品找到买者的时间；融资时滞指的是从货币到再投资于生产的间隔。Foley 认为这三种时滞反映了马克思所说的资本周转或循环时间的不同部分。①

不过应当认识到，现有文献是基于容器法，从微观循环的逻辑来解释这三种时滞的。三种时滞都被理解为价值流入"容器"后等待流出的时间。例如，生产时滞准确的模型含义是指预付资本流入生产资本"容器"和产出价值之间的延迟时长。严格来讲，这不同于马克思所说的生产时间。马克思说的生产时间是指生产资本停留在生产过程中的自然时间。不过，尽管在现有文献中对生产时滞缺乏基于马克思理论的解释，但其模型形式和式（3-2-2）保持一致，因此可以在正确说明马克思生产时间理论内涵的前提下加以使用。

而实现时滞是指，价值在商品资本"容器"中等待以货币形式流出的时间；融资时滞则是指商品价值实现为货币后，在货币资本"容器"中等待以预付资本的形式流出的时间。这些都是从个别资本循环的微观视角加以界定的，但由于在宏观上买和卖是同一个过程，因此在宏观上"实现时滞"和"融资时滞"从不同角度反映了马克思所说的流

---

① D. K. Foley, *Understanding Capital: Marx's Economic Theory* (Cambridge, MA: Harvard University Press, 1986), p. 68.

通时间。①

（二）流通时间

在社会化大生产的机器大工业条件下，生产时间主要表现为一个相对稳定的技术性参数，尤其是在普遍存在过剩产能的当代资本主义经济中，生产时间对资本循环的影响，远远小于流通时间及其变化所产生的影响。

在《资本论》中，流通时间也分为两个部分，即"出售时间"和"购买时间"，前者是指资本处在商品资本状态的时间，而后者是指货币资本等待转化为生产资本的时间，马克思认为其中最有决定意义的是出售时间。② 由于卖是资本形态变化的最困难部分，出售时间通常也是流通时间中较大的部分。③ 在马克思看来，出售时间的经常性决定因素是销售市场和生产地点的距离，以及在市场上等待出售的时间；交通的便利一方面会缩短总的流通时间，另一方面又会开拓出更远的销售市场。④ 而对于购买时间，马克思指出，诸如供给出现了障碍、价格发生了变动，以及销售地和生产地之间运载过程的长度等因素，都会引起由货币再转化为生产资本要素，也就是购买时间上的差别。⑤ 同时，为了再生产而必须进行的货币准备和原材料储备，也是购买时间的影响因素。⑥

由此可见，对于流通时间，和生产时间一样，马克思也主要是将之视作一种技术特征加以把握的，会随着技术意义上的交易条件的变化而变化。马克思认为："由商品体本身的易坏程度所决定的商品资本流通时间的界限，就是流通时间的……绝对界限。"⑦ 马克思还以订货生产

---

① 在宏观上，实现时滞和融资时滞并不完全等价。这一点将在对流通时间的分析中进一步说明。
② 马克思：《资本论》（第二卷），人民出版社，1975，第276页。
③ 马克思：《资本论》（第二卷），人民出版社，1975，第143页。
④ 马克思：《资本论》（第二卷），人民出版社，1975，第277~279页。
⑤ 马克思：《资本论》（第二卷），人民出版社，1975，第143页、第279页。
⑥ 马克思：《资本论》（第二卷），人民出版社，1975，第281~284页。
⑦ 马克思：《资本论》（第二卷），人民出版社，1975，第145页。

为例说道，此时"流通时间就接近于零了"。①

马克思将流通时间划分为出售时间和购买时间，主要是从微观视角进行的，此时二者满足"出售时间 + 购买时间 = 流通时间"这一数量关系。但若从宏观的角度来看，由于总商品的出售和购买过程是同一回事，因此，出售时间和购买时间就不再彼此独立。尽管由于金融市场、工资支出和回流之间的时间差异、固定资本周转等因素，对商品的购买不一定就是对生产的投资，但宏观上出售时间和购买时间是反映总流通过程的不同视角，不再满足"出售时间 + 购买时间 = 流通时间"这一微观关系。②

在宏观上，还可以将流通时间划分为"装置时间"和"金融时间"。装置时间是指商品资本作为使用价值从仓储状态最终转化为实际可用的生产资本（包括劳动力实际到位）所耗费的时间，其中一部分大致可以对应于马克思所指的流通时间中的运输在途时间。在既定的生产方式和市场模式下，这个时间如马克思所言，基本上可以看作一个固定的技术性条件，反映的是一种流通环节的纯粹"摩擦"，降低了资本循环的效率。装置时间就是使用价值意义上的流通时间，也可以叫作"使用价值流通时间"。

在现代资本主义经济条件下，流通时间中更重要、变化更剧烈的是金融时间，它是指资本以货币的形式停留从而没有履行价值实现职能的时间，同时也是商品资本的交换价值等待货币实现的时间。由于现代金融体系的发展，这部分时间首先不再是货币本身的流动在技术上所耗费的时间，相反，它反映的是企业和消费者以货币的形式持有资产的时间。金融时间一方面由企业和银行等在特定的经济环境下所拥有的对实体资产与金融资产之间的相对偏好决定，另一方面也由消费者个体的消费 - 储蓄偏好决定。在现代资本主义经济中，资本循环的停滞首先是流

---

① 马克思：《资本论》（第二卷），人民出版社，1975，第142页。
② 关于流通时间的更多分析，参见：裴宏、王诗桪《马克思流通时间的理论、模型和测算方法：资本循环视角》，《经济学动态》2022年第1期，第58~78页。

通环节的停滞,而流通环节的停滞或者说流通时间的延长首先是由企业、银行和消费者的投资－消费偏好的变化导致的金融时间的延长,形成了"有效需求不足"。事实上,马克思也曾明确指出:"在其他条件相同的情况下,同一个单个资本的出售期间,随着市场情况的一般变动或者随着特殊生产部门的市场情况的变动而变动。"[1] 金融时间就是商品资本在交换价值意义上的流通时间,也可以叫作"交换价值流通时间"。

也就是说,在现代金融体系下,金融时间不应当狭义地理解为货币"贮藏"时间。对于马克思的本意而言,前文所指的为了再生产而必须进行的货币准备耗时固然是一种金融时间,但随着金融体系的发展,这种准备耗时——为再生产筹措资金的时间——的内涵已经转化为如下具体问题:(1)银行和融资渠道是否为企业的再生产提供融资;(2)企业是否更审慎地保持流动性安全边际,以寻求未来的投资机会;(3)虚拟资本是否越来越替代实体资本作为首选投资渠道;(4)消费者是更多地为将来进行储蓄,还是更多地进行贷款消费;等等。

在现代资本主义经济中,流通时间相对于生产时间具有高度的不稳定性。这种差异来源于,生产时间主要是由具体的技术工艺和自然规律决定的,而流通时间则主要是由社会经济因素决定的。即便是流通时间中的"装置时间",相对于在具体安装工艺上所必须耗费的时间,由市场环境和其他社会条件所决定的摩擦因素反而在大多数情况下构成了装置时间的主要来源,如不完美的契约安排、劳动力市场的搜寻匹配过程等。而"金融时间"则更是主要由消费者和企业在消费和投资上的心理倾向和货币金融体系的实际状况所决定,二者都具有高度不稳定性。相反,相对稳定的物理或技术层面的限制却几乎不发挥作用,尽管装置时间会潜在地影响人们的消费投资心理倾向,从而间接地决定着金融时间的长短。

---

[1] 马克思:《资本论》(第二卷),人民出版社,1975,第277页。

二 资本循环模型中对生产时间和流通时间的分析

（一）转移函数：以生产时间和装置时间为例

如前所述，现有文献往往通过"容器法"资本循环模型对生产时间和流通时间进行刻画。具体而言，就是用生产时滞来刻画生产时间，用实现时滞和融资时滞来刻画流通时间。这里的"时滞"是指在资本循环过程中，价值从一种资本形态转化为另一种形态前停留的时间。例如，生产资本创造出的价值在凝结于商品中后，要以商品资本的形态等待一段"实现时滞"才能转化为货币资本；而在商品出售后，价值要以货币资本的形态等待一段"融资时滞"再投资为生产资本；生产资本在形成后要经历一段"生产时滞"，才能创造及转移价值到商品资本中去。

在资本循环模型的近期发展中，人们通过一种名为"价值转移模型"（简称"转移模型"）的建模方法，一般化了上述时滞概念。以生产资本向商品资本的转化过程为例，该模型表述如下：记 t 时刻的生产资本支出流为 C_t，P_t 为 t 时刻生产资本所创造的价值流，χ_t 为在生产资本投产后的 t 时刻将其价值"转移"到产品中去的比例分布，并且有 $\int_0^\infty \chi_t \mathrm{d}t = 1$，本书称之为"转移函数"①，$q_t$ 为该时刻的价值增殖率。那么有：

$$P_t = \int_{-\infty}^{t} (1 + q_\tau)\chi_{t-\tau} C_\tau \mathrm{d}\tau \qquad (3-2-3)$$

---

① 现有文献对 χ_t 有两种称呼："价值显现函数"（value emergence function）[D. Basu, "Comparative Growth Dynamics in a Discrete-time Marxian Circuit of Capital Model," *Review of Radical Political Economics*, 2014, 46 (2): 162 – 183] 和"转移函数"（transfer function）[Ramma Vasudevan, "Financialization, Distirbution and Accumulation: A Circuit of Capital Model with a Managerial Class," *Metroeconomica*, 2016, 67 (2): 397 – 428]。出于简化的目的，本书假设对于所有时刻预付的生产资本，χ_t 是相同的。

进一步地，可记 C_t 中的可变资本支出为 W_t、不变资本支出为 K_t，二者对应的 χ_t 分别为 χ_t^W 和 χ_t^K，则有：

$$P_t = \int_{-\infty}^{t}(1+q_\tau)(\chi_{t-\tau}^W W_\tau + \chi_{t-\tau}^K K_\tau)\mathrm{d}\tau \qquad (3-2-4)$$

通过式（3-2-4），现有文献中的"转移模型"试图表达预付资本"流"同价值产出"流"之间的关系，并以此刻画价值生产过程。

在进一步分析之前，应当对式（3-2-4）在理论上的局限性进行一定的说明。严格来说，在马克思的理论中，无论是从可变资本和不变资本的角度，还是从流动资本和固定资本的角度，都是将这些概念看作生产资本"存量"，它们本身不必然等同于对应的资本预付或支出"流量"。也就是说，产出 P_t 应当是生产资本存量而非预付资本"流"的产物。因此在式（3-2-4）中，预付资本流 W_t 和 K_t 应当先形成生产资本存量，即可变资本 V_t 和不变资本 F_t，然后人们再利用这些生产资本进行生产进而形成产品价值流 P_t。当然，在马克思的原始叙述中，他并没有明确界定这一问题，马克思往往方便地用可变资本和不变资本（或流动资本和固定资本）既指预付的现金流或价值流，又指由这个现金流或价值流所形成的生产资本存量。但由于马克思在《资本论》中特有的研究对象和研究方法以及马克思本人的行文技巧，只要结合上下文进行理解，这一处理方法并不会产生误导。不过，如果要正确理解资本循环模型，这一点是必须明确的。

所以，上述转移函数 χ_t 其实蕴含两个层次的内涵。一是通过预付资本流形成可变资本、流动不变资本和固定资本的过程。本书将这一层次的转移函数记为 $\chi_{E,t}$，从而有：

$$\int_{-\infty}^{t}\chi_{E,t-\tau}^W W_\tau \mathrm{d}\tau = V_t + \dot{V}_t \qquad (3-2-5)$$

$$\int_{-\infty}^{t}\chi_{E,t-\tau}^K K_\tau \mathrm{d}\tau = \rho F_t + \dot{F}_t \qquad (3-2-6)$$

为了和狄拉克函数相区分，此处将不变资本折旧率改记为 ρ。考虑 $\chi_{E,t}^W$

和 $\chi_{E,t}^{K}$ 均退化为狄拉克函数 δ_t 的简化情形①。这意味着所有预付资本支出（流量）都在支出的瞬间转化为生产资本（存量），此时根据卷积定理②，式（3-2-5）~式（3-2-6）就可以写为人们更熟悉的传统形式：

$$W_t = V_t + \dot{V}_t \qquad (3-2-7)$$

$$K_t - \rho F_t = \dot{F}_t \qquad (3-2-8)$$

而若要考虑从资本支出到生产资本装置完成所需的装置时间，则式（3-2-7）和式（3-2-8）可以写为：

$$W_{t-T_E} = V_t + \dot{V}_t \qquad (3-2-9)$$

$$K_{t-T_E} = \rho F_t + \dot{F}_t \qquad (3-2-10)$$

此时转移函数就为延迟狄拉克函数 δ_{t-T_E}，这里 T_E 为装置时间。③

这里还有一个问题和固定资本有关。以式（3-2-8）为例，在传统模型中，人们往往假设固定资本以常数 ρ 为比例进行指数型折旧。但在固定资本存在明确使用寿命 T_F 的条件下，固定资本的动态变化不应当写为指数型折旧的形式，而是应当写为形如 $\dot{F}_t = K_t - K_{t-T_F}$ 的差分微分形式，这样能更正确地展示固定资本更新过程中使用价值和价值的运动规律。这是因为马克思认为，在 $t-T_F$ 时刻投入的固定资本，其使用价值可以维持到 t 时刻再一次性报废，而其价值则是以 $\dfrac{1}{T_F}$ 的比例连续不断地转移到产品中去。二者之间的差别构成了固定资本周转的一个

---

① 关于转移函数退化为狄拉克函数的讨论，亦可参见：Ramaa Vasudevan, "Financialization, Distribution and Accumulation: A Circuit of Capital Model with A Managerial Class," *Metroeconomica*, 2016, 67 (2): 397-428。
② 在数学上，转移函数是一个卷积问题。
③ 这里事实上简化地假设使用价值的流通在货币交易完成之后才开始。

重要特征。

另外，在指数型折旧的模型设定下，如果任意时刻固定资本的报废额总是当期固定资本存量的特定比例，那么会出现如下错误结果：假设固定资本使用寿命为 2 年，那么在第一年初投入的新品固定资本 100 元在第一年末将折旧为 50 元。假设第二年初又投入新品固定资本 100 元，那么就有 100 元 0 岁固定资本和 50 元 1 岁固定资本。在指数型折旧的传统写法下，第二年折旧额为 150 元除以 2 即 75 元，其中包含 0 岁固定资本折旧 50 元，1 岁固定资本折旧 25 元。这实际上意味着，最早投入的 100 元固定资本将持续以 0.5 的等比数列为折旧额无限地使用下去。而真实的固定资本更新是按照线性折旧的方法，1 岁固定资本应当在第二年末完全折旧报废。因此实际上式（3-2-8）只是固定资本形成的一种简化表述，在这个设定下，固定资本本质上只是一种特殊的流动资本。不过，虽然将固定资本更新问题纳入生产时间和流通时间的分析框架能够更完整地表现出资本循环的复杂性和不稳定性，但模型会变得极其复杂，反而不利于突出对生产时间和流通时间自身的影响。因此出于简化的目的，在本节中仍然采用传统的指数型折旧假设，而对于固定资本更新的细致分析，将放在下一节中专门讨论。

二是生产资本的价值生产过程。本书将相应的转移函数记为 $\chi_{\mathrm{P},t}$，从而有：

$$P_t = \int_{-\infty}^{t} (1+q_\tau)(\chi_{\mathrm{P},t-\tau}^V V_\tau + \chi_{\mathrm{P},t-\tau}^F F_\tau) \mathrm{d}\tau \qquad (3-2-11)$$

在技术不变的假设下可设 $q_t = q$，同时若设 $\chi_{\mathrm{P},t}^V$ 和 $\chi_{\mathrm{P},t}^F$ 分别为 δ_{t-T_P} 和 $\rho\delta_{t-T_\mathrm{P}}$，则式（3-2-11）可写为：

$$P_t = (1+q)(V_{t-T_\mathrm{P}} + \rho F_{t-T_\mathrm{P}}) \qquad (3-2-12)$$

由此我们从转移函数出发得到了和式（3-2-2）相同的形式。特别值得指出的是，在转移函数的分析框架下，固定资本折旧也是转移函数的一部分。①

尽管关于价值生产的转移函数其实包含生产资本的形成过程和价值生产过程这两个层次的内涵，但现有文献笼统地合并了这两个过程，并直觉化地设定 $\int_0^\infty \chi_t dt = 1$。可事实上，由于预付资本现金流 W_t 及 K_t 和由其"固化"所形成的生产资本 V_t 和 F_t 之间并不等同②，通过本节模型容易验证 $\int_0^\infty \chi_{E,t}^i dt = 1$（$i$ 取 W 和 K），但 $\int_0^\infty \chi_{P,t}^F dt \neq 1$。由此可以认识到，现有的资本循环模型相关文献不太重视对马克思价值理论和资本循环理论在表述上的完备性，更侧重模型在技术上的可用性；同时，转移函数本身并没有明确的理论内涵，仅仅是一个模型术语，其数学形式和性质，均应当结合实际的研究目的和建模框架加以具体分析。③

（二）金融时间：一个内生情形

金融时间是资本以货币形态保存、脱离商品流通的时间，也是商品资本的价值等待实现为货币的时间。根据资本循环建模的容器法，可以将商品资本看作一个总的价值池，来自生产环节的价值暂时储存在其中等待转化为货币并流出，因此金融时间就是商品资本在价值池中等待的时间，本节记这个时间为 T_R。

如果说生产时间和装置时间主要还是由具体的生产和交易技术因素决定的话，那么金融时间则主要是企业和消费者作为行为主体进行市场投资和消费决策的宏观"结果"，是总资本循环的内生变量。因此，它的长短固然多少要受技术（如货币流通技术）和制度条件（如货币银

---

① 对固定资本折旧是转移函数一部分的相关讨论，亦可参见：D. Basu, "Comparative Growth Dynamics in a Discrete-time Marxian Circuit of Capital Model," *Review of Radical Political Economics*, 2014, 46 (2): 162-183.

② 二者之间存在式（3-2-7）和式（3-2-8）所示的转化关系。

③ 在当前的常见模型下，$\int_0^\infty \chi_t dt = 1$ 这一设定在技术上其实是可行的。这是因为现有模型往往将价值增殖过程放在商品资本转化为货币资本的价值实现环节，在这种设定下，作为预付资本投入的价值总是等于从生产资本中流出的价值。这种设定和"容器法"建模思路相结合，简化了对模型的表述及分析，但也牺牲了理论上的严谨性。

行制度）等客观条件影响，但首先应当从市场投资和消费行为中加以把握。出于简化的目的，在此处不考虑任何技术制度因素对金融时间的影响。

虽然从微观的角度来看，每一个商品等待销售的时间都是极不相同的，甚至是完全随机的，但宏观地看，总商品资本转化为货币资本的过程可以简单地假设为服从"先进先出"的原则。① 设 t 时刻的商品资本销售额为 S_t，则对于该时刻形成的商品资本有：

$$\int_{t}^{t+T_R} S_\tau \mathrm{d}\tau = \int_{0}^{t} (P_\tau - S_\tau) \mathrm{d}\tau \tag{3-2-13}$$

容易验证，式（3-2-13）蕴含着：

$$\dot{T}_R = 1 - \frac{S_t}{P_{t-T_R}} \tag{3-2-14}$$

这意味着，在给定价值生产的条件下，资本循环的金融时间，或者说商品资本价值的实现时滞，决定于单位时间内的社会总需求。② 或者说，金融时间的缩短和社会总需求的增加——进而货币利润的上升，是同一枚硬币的两面。

对于总需求或销售额 S_t 来说，在一个不包含政府支出的封闭经济中，它又进一步来源于消费和投资，而消费来源于工人的工资和资本家的利润。因此，有：

$$S_t = K_t + \int_{-\infty}^{t} \chi_{S,t-\tau}^{W} W_\tau \mathrm{d}\tau + \int_{-\infty}^{t} \chi_{S,t-\tau}^{\Pi} \mu_\tau \prod_\tau \mathrm{d}\tau \tag{3-2-15}$$

---

① Paulo L. dos Santos, "Production and Consumption Credit in a Continuous-time Model of the Circuit of Capital," *Metroeconomica*, 2011, 62 (4): 729-758.

② 为了得到式（3-2-14），只需先对式（3-2-13）做变量替换，将 t 替换为 $t-T_R$，后对 t 求导即可。不过根据 Santos 和 Vasudevan 的脚注，Foley 则是利用了微分中值定理得到了在本质上和式（3-2-14）相同的结论。参见：Paulo L. dos Santos, "Production and Consumption Credit in a Continuous-time Model of the Circuit of Capital," *Metroeconomica*, 2011, 62 (4): 729-758; Ramma Vasudevan, "Financialization, Distribution and Accumulation: A Circuit of Capital Model with a Managerial Class," *Metroeconomica*, 2016, 67 (2): 97-428。

其中，$\prod_t$ 为 t 时刻的货币利润，μ_t 为该利润中用于家庭分红的比例；χ_s^W 和 χ_s^Π 分别为工资和利润分红收入转化为消费支出的转移函数。

在资本主义经济中，决定销售的基本力量是资本投资支出，资本家的消费则处于从属和派生的地位。而在投资支出当中，不变资本处于更重要和基本的位置。这是因为，正如式（3-2-15）所展示的，不变资本支出 K 形成了直接需求和货币回流，而可变资本支出 W 则需要进一步通过派生的"次级循环"实现回流。式（3-2-15）中包含两个"次级循环"：（1）企业的工资支出及其回流；（2）企业的利润分红及其回流——这可以更一般地推广为企业向任意金融资本所支付的金融利息或租金及其回流所构成的循环。

在现实中，由于工人和资本家个人的储蓄行为以及金融市场的时间结构，工资支出、股份分红和其他金融支出，并不会立即回流，而是停留在包括银行在内的金融体系之中。次级循环构成了金融时间中的独立部分。在式（3-2-15）中，转移函数 χ_s^W 和 χ_s^Π 反映了次级循环对总资本回流所产生的时滞作用。不过，马克思在《资本论》中并没有充分讨论次级循环及其造成的流通时间问题，而是假设名义工资和利润均立即转化为工人和资本家的个人消费支出。① 简单起见，在这里假设工资和利润分红分别以时滞 T_s^W 和 T_s^C 流回总资本循环，并假设分红比例 μ_t 为常数，则式（3-2-15）可以改写为：

$$S_t = K_t + W_{t-T_s^W} + \mu \prod_{t-T_s^C} \qquad (3-2-16)$$

在不研究次级循环的情况下，T_s^W 和 T_s^C 可以看作独立于总资本循环的外生参数。

---

① 这只是马克思在分析问题时进行的理论简化。事实上，在谈及商品储备的时候，马克思明确谈及工人消费的实际情况，及其对商品资本的影响。他说：工人"靠挣一文吃一文过活，他们的工资按周领取，逐日花掉，因此，他们必须找到作为储备的生活资料。不管这种储备的单个要素的流动性有多大，其中一部分总要不断地停留下来，以便整个储备可以始终处于流动状态。"参见：马克思《资本论》（第二卷），人民出版社，1975，第162页。

最后值得说明的是，在不考虑生产时间和流通时间（尤其是次级循环的流通时间）的传统模型中，人们通常假设工资和利润分红在当期完全消费，此时 χ_S^W 和 χ_S^Π 退化为一个狄拉克函数；且若同时假设"价值生产等于价值实现"的市场出清，即 $P_t = S_t$（或者说剩余价值全部实现为利润，即 $eV_t = \prod_t$），那么就可以得到马克思常用的资本积累方程的古典形式，即：

$$(1 - \mu_t) \prod_t = \dot{F}_t + \dot{V}_t \qquad (3-2-17)$$

这正反映了"储蓄＝投资"的古典假设，同时也是"剑桥方程式"的改写形式。

三 经济均衡及稳态增长

（一）模型的一般设定及稳态增长

将上述讨论加以综合，我们可以得到如下包含生产时间和流通时间的资本循环模型。在 t 时刻，价值生产即生产资本转化为商品资本的方程为：

$$P_t = (1 + q)(V_{t-T_P} + \rho F_{t-T_P})$$

该时刻生产的剩余价值 SV_t 为 $q(V_{t-T_P} + \rho F_{t-T_P})$。相应的，$t$ 时刻的价值实现，即商品资本转化为货币资本的方程为：

$$S_t = K_t + W_{t-T_S^w} + \mu \prod_{t-T_S^c}$$

同时，根据前文，有 $W_{t-T_E} = V_t + \dot{V}_t$，$K_{t-T_E} = \rho F_t + \dot{F}_t$，这反映了货币资本转化为生产资本的过程。$t$ 时刻的利润定义为销售额超出维持简单再生产支出的部分，即：

$$\prod_t = S_t - V_{t-T_R-T_P} - \rho F_{t-T_R-T_P} \qquad (3-2-18)$$

值得说明的是，由于 t 时刻实现的是 $t - T_R$ 时刻的产品价值，因此此处的简单再生产支出为 $V_{t-T_R-T_P} + \rho F_{t-T_R-T_P}$。因此，此处的利润是用历史成本而非重置成本核算的。

最后，金融时间内生地决定于 $\dot{T}_R = 1 - \dfrac{S_t}{P_{t-T_R}}$。从金融时间的定义出发，市场均衡可以分为两种情形。一种是弱均衡：

$$\dot{T}_R = 0 \qquad (3-2-19)$$

即 $P_{t-T_R} = S_t$。弱均衡意味着，尽管任意时刻生产出来的价值不能立即实现，但总能以固定的时滞延迟实现。弱均衡是一种金融时间保持不变的动态均衡。① 另一种是强均衡，强均衡是满足 $T_R = 0$ 的弱均衡。

根据利润和剩余价值的定义可以看出，由于 $P_{t-T_R} = S_t$ 等价于 $SV_{t-T_R} = \prod_t$，因此弱均衡也意味着剩余价值能够在动态平衡的意义上充分实现；而强均衡则刻画了传统意义上的价值和剩余价值完全实现的情形。

下面检查存在生产时间和流通时间时，资本循环实现稳态增长的条件。所谓稳态增长，就是满足如下条件的资本循环：（1）所有生产资本都按照相同的增长率 g 同步增长；（2）市场实现弱均衡。

因此在稳态增长路径上，有 $V_t = V_0 \mathrm{e}^{gt}$，$F_t = F_0 \mathrm{e}^{gt}$，从而有 $W_t = (1+g)V_0 \mathrm{e}^{g(t+T_E)}$，$K_t = (\rho+g)F_0 \mathrm{e}^{g(t+T_E)}$。那么，价值生产和价值实现方程分别为：

$$P_{t-T_R} = (1+q)(V_0 + \rho F_0)\mathrm{e}^{g(t-T_r-T_R)} \qquad (3-2-20)$$

$$S_t = (\rho+g)F_0 \mathrm{e}^{g(t+T_E)} + (1+g)V_0 \mathrm{e}^{g(t+T_E-T_s^*)} + \mu \prod_{t-T_s^c} \qquad (3-2-21)$$

同时，由于弱均衡意味着 $P_{t-T_R} = S_t$ 且 $\prod_{t-T_S^C} = SV_{t-T_R-T_S^C}$，那么计算可得：

---

① 在这里，出于简化的目的，忽略了由于固定资本使用寿命而导致的固定资本实物更新和价值补偿之间的差异问题，而假设从宏观上看，固定资本的实物补偿和价值补偿都是均匀的。这一假设也与此处的均衡分析相适应。对于固定资本更新所导致的非均衡问题，将在下一节中加以讨论。

$$(1+q)\mathrm{e}^{-g(T_P+T_R+T_s)} = 1 + \frac{g}{\Theta} + (1+g)\frac{(\mathrm{e}^{-gT_s^x}-1)}{1+\rho\kappa} + \mu q \mathrm{e}^{-g(T_P+T_R+T_s^c)}$$

$$(3-2-22)$$

其中 $\Theta = \dfrac{V_0 + \rho F_0}{V_0 + F_0}$，反映了所费资本和所用资本之比。式（3-2-22）刻画了稳态增长率和各变量之间的复杂关系。值得指出的是，在不考虑生产时间和流通时间的特殊情形下，式（3-2-22）退化为 $g = (1-\mu)q\Theta$，此时考虑到利润率 $\pi = \dfrac{q(V_0 + \rho F_0)\mathrm{e}^{gt}}{(V_0 + F_0)\mathrm{e}^{gt}} = q\Theta$，可知这恰是传统的剑桥方程式。

式（3-2-22）反映了，生产时间和流通时间使得资本循环的动态结构变得更为复杂，实现稳态增长的条件变得更为苛刻，极大地增强了资本主义经济的不稳定性；但是，它们并没有从本质上改变资本循环的基本原理和性质，也没有改变对资本积累规律的一般认识和结论。所以，在后文的研究中，除非特别声明，否则均不考虑周转时间的影响。

（二）现有文献对相关问题的研究

事实上，人们早已在现有的资本循环标准模型（简称"标准模型"）中对生产时间和流通时间及稳态增长问题进行了考察。标准模型可以表述如下。[①] 首先，价值生产方程写为：

$$P_t = (1+q)C_{t-T_p} \quad (3-2-23)$$

和前文一致，P_t 为产出、C_t 为资本支出（outlay）。可以看出，标准模型对价值生产过程的解释是比较模糊的：在式（3-2-23）中，价值生产表现为资本支出这一行为本身的产物，但按照马克思的劳动价值论，价值增殖的真正来源应当是资本支出所形成的生产资本发挥作用的过程（正如马克思在生产时间部分所专门阐述的），而不是支出资本这

[①] 为了和前文一致，此处对价值增殖率 q 的位置进行了调整，因此这里的模型在形式上和一般文献不尽相同，但本质是一样的。

一行为本身。①

标准模型的第二个方程为：

$$S_t = P_{t-T_R} \tag{3-2-24}$$

其中 S_t 为销售流，式（3-2-24）实际上就是本节模型中的市场弱均衡条件。也就是说，尽管标准模型将流通时间 T_R 设为外生参数，但实际上可以视作内生的 T_R 在均衡时的结果。另外，标准模型进一步将销售流分解为两个部分：

$$S'_t = \frac{1}{1+q} P_{t-T_R} \tag{3-2-25}$$

$$S''_t = \frac{q}{1+q} P_{t-T_R} \tag{3-2-26}$$

式（3-2-25）代表了所有产出中用于维持简单再生产所需的部分；式（3-2-26）代表了所有产出中的剩余价值部分。

标准模型的最后一个方程是：

$$C_t = S'_{t-T_r} + \sigma S''_{t-T_r} \tag{3-2-27}$$

其中 σ 为剩余价值中重新投入生产资本的部分，剩下的部分则被资本家消费掉或用于非生产性的活动（实际上，σ 和本节所使用的 μ 之间的关系是 $\sigma = 1 - \mu$）。这里的 T_F 是标准模型中定义的融资时滞，被理解为在价值实现为货币之后，以货币的形式贮藏而延迟再次资本化的时间。尽管经济含义不同，但这个 T_F 在数学上和本节所定义的装置时间 T_E 在模型中所起的作用一致，因此在下文中不加以区分。

现在，利用式（3-2-23）~式（3-2-27）整理可得：

$$P_t = (1+q\sigma) P_{t-T_r-T_R-T_r} \tag{3-2-28}$$

如果设稳态增长率为 g，即有 $P_t = P_0 e^{gt}$，则通过式（3-2-28）计算可得：

---

① 在标准模型中生产资本是一个与资本支出不同的概念，并以另一个变量（如 N_t）表示。

$$g = \frac{\ln(1+q\sigma)}{T_P + T_R + T_F} \quad (3-2-29)$$

该式就是标准模型中对稳态增长率的刻画。

不过仔细研究可以发现,在标准模型中,式(3-2-24),即市场出清条件并没有发挥实际约束的作用,式(3-2-23)和式(3-2-27)完全决定了标准模型中经济增长的动态过程。这是一个十分古典的增长逻辑,即对剩余的储蓄完全转化为下一期的积累,不存在实现困难。这正暗合了式(3-2-29)本身就是弱均衡条件这一事实。正是由于标准模型并没有将价值实现问题纳入研究框架,因此它并不是真正意义上的资本循环模型,其结论即式(3-2-29)具有较大的局限性。

针对这一问题,近年来的研究尝试将价值实现问题纳入标准模型分析框架。人们将总需求定义为:[1]

$$AD_t = S_t = (1-\alpha^W)C_t + \alpha^W C_{t-T_s^*} + (1-\mu)S''_{t-T_s^C} \quad (3-2-30)$$

其中 α^W 为总资本支出中工资的份额(其他符号和前文保持一致)。那么利用式(3-2-27)和式(3-2-29)容易证明,如果经济处于稳态增长路径(即 $P_t = P_0 e^{gt}$),那么对于任意的 $g>0$ 必然有:

$$AD_t = S_t < P_{t-T_R} < P_t \quad (3-2-31)$$

除非 T_R、T_F、T_S^W 和 T_S^C 均为零。标准模型由此认为,由于存在流通时间,因此总需求存在不足,生产出的价值和剩余价值无法得到充分实现;资本主义经济需要通过信用扩张解决需求不足问题。事实上,不等式(3-2-31)不仅意味着生产出的价值和剩余价值无法在当期实现,甚至也无法按照 T_R 延迟实现,这蕴含着,在 T_R 内生的情况下,根据式(3-2-14),T_R 会不断延长,从而会进一步加大价值生产和实现之间的矛盾。

---

[1] Paulo L. dos Santos, "Production and Consumption Credit in a Continuous-time Model of the Circuit of Capital," *Metroeconomica*, 2011, 62 (4): 729-758; Ramma Vasudevan, "Financialization, Distirbution and Accumulation: A Circuit of Capital Model with a Managerial Class," *Metroeconomica*, 2016, 67 (2): 397-428.

（三）对资本循环标准模型及上述结论的考察

应当认识到，尽管不等式（3-2-31）所声明的资本主义有效需求存在困境这一观点在结论上是正确的——信贷扩张确实是促进价值实现和资本主义经济增长的必要因素，但从推导过程来讲，不等式（3-2-31）仅仅是特殊模型设定的产物，论证过程也存在一定的瑕疵。

具体来说，决定标准模型动态特征的核心在于式（3-2-25）~式（3-2-27）。通过将它们和式（3-2-9）~式（3-2-10）相比可知，标准模型和本节模型的差别在于对再生产的刻画不同。首先，标准模型用 $\frac{1}{1+q}P_{t-T_R-T_F} = \rho F_{t-T_R-T_F-T_P} + V_{t-T_R-T_F-T_P}$ 替代了本节模型的 $\rho F_t + V_t$ 来表达对所费资本的补偿支出。标准模型认为任意时刻对生产资本所需进行的补偿，是由历史上而非该时刻的所费资本决定的。其次，标准模型用 $\frac{\sigma q}{1+q}P_{t-T_R-T_F} = \sigma q(\rho F_{t-T_R-T_F-T_P} + V_{t-T_R-T_F-T_P}) = \sigma SV_{t-T_R-T_F}$ 来界定资本积累过程。这实际上蕴含着如下"古典"假设：某一时刻的资本积累等价于对一个完整的流通过程之前所生产的剩余价值的实际储蓄。

这种建模方法具有一定的局限性。首先，简单再生产的理论意义不明确。任意时刻资本积累的前提是对该时刻生产资本损耗的补偿。以不变资本为例，折旧率 ρ 反映了任意时刻不变资本的损耗率，那么实现扩大再生产的前提是新投入的资本支出要能弥补当下的这部分损耗，余额部分才能形成该时刻的资本积累；这一过程和不变资本在历史上的损耗没有什么关系。因此，用历史耗费来定义简单再生产进而刻画资本积累，经济意义不明确。其次，在价值实现问题中，"储蓄=投资"这一古典假设本应作为加以分析论证的对象，而不能作为建模的前提。

现形式化地说明这一点。首先，若按照标准模型的方式界定简单再生产，则式（3-2-9）和式（3-2-10）应改写为：

$$W_{t-T_E} = V_{t-T_F-T_R-T_E} + \dot{V}_t \quad (3-2-32)$$

$$K_{t-T_E} = \rho F_{t-T_F-T_R-T_E} + \dot{F}_t \quad (3-2-33)$$

那么在稳态增长条件下，总需求式即式（3-2-21）改写为：

$$S_t = \rho F_0 e^{g(t-T_P-T_R)} + gF_0 e^{g(t+T_E)} + V_0 e^{g(t-T_P-T_R-T_S^W)} + gV_0 e^{g(t+T_E-T_S^W)} + \mu q e^{g(t-T_P-T_R-T_S^C)}$$

(3-2-34)

则对于任意 $T_S^W > 0$ 和 $T_S^C > 0$ 而言，超额需求为：

$$\begin{aligned}AD_t - P_t &= \rho F_0 e^{g(t-T_P-T_R)} + gF_0 e^{g(t+T_E)} + V_0 e^{g(t-T_P-T_R-T_S^W)} + gV_0 e^{g(t+T_E-T_S^W)} \\ &\quad + \mu q e^{g(t-T_P-T_R-T_S^C)} - (1+q)(V_0+\rho F_0) e^{g(t-T_P-T_R)} \\ &< \rho F_0 e^{g(t-T_P-T_R)} + gF_0 e^{g(t+T_E)} + V_0 e^{g(t-T_P-T_R)} + gV_0 e^{g(t+T_E)} \\ &\quad + \mu q e^{g(t-T_P-T_R)} - (1+q)(V_0+\rho F_0) e^{g(t-T_P-T_R)} \\ &= g(F_0+V_0) e^{g(t+T_E)} - (1-\mu)q(V_0+\rho F_0) e^{g(t-T_P-T_R)} \\ &= 0\end{aligned}$$

(3-2-35)

最后一行利用了上文所说的追加资本等于剩余价值的储蓄这一假设，即 $\dot{F}_t + \dot{V}_t = \sigma SV_{t-T_R-T_E}$。可见，正是标准模型中对再生产过程的特殊设定引致了其"有效需求不足"的基本结论。从本质上讲，标准模型是从"当且仅当 $T_S^C = T_S^W = 0$ 时 $P_t = AD_t$ 成立"这一前提出发，证明当"$T_S^W > 0$ 和 $T_S^C > 0$ 时 $P_t > AD_t$"的结论，具有循环论证的色彩。事实上，标准模型在证明这一结论的过程中所用的最重要的步骤之一就是利用了式（3-2-29），而这一等式成立的前提假设恰是当 $T_S^C = T_S^W = 0$ 时价值和剩余价值的顺利实现。[①]

总之，由于理论和建模上的局限性，标准模型夸大了生产时间和流通时间对资本循环和周转的影响。事实上正如已经说明的，生产时间和流通时间及其变化只是令建立在商品和货币体系上的资本循环和周转过程变得更加复杂、脆弱和不稳定，但它们不是资本主义有效需求不足的根本原因，更不是资本主义生产方式内在矛盾的根本原因。

[①] 标准模型的详细证明过程，可以参见：Ramma Vasudevan, "Financialization, Distirbution and Accumulation: A Circuit of Capital Model with a Managerial Class," *Metroeconomica*, 2016, 67（2）: 397-428。

第三节　资本周转：固定资本的建模研究

一　马克思的固定资本理论

（一）马克思固定资本理论的内涵

在国内外传统文献中，相对于马克思基本定理、利润率趋向下降规律和价值转形等传统研究热点，人们对马克思固定资本理论的重视程度较低，研究成果相对较少。在研究实践中，人们主要是将固定资本简化地理解为一种折旧周期较长的不变资本，即从不变资本的视角来把握固定资本范畴：厂房和原材料的差别仅在于价值转移的时间跨度不同，或者说只在于计算价值转移时是否需要乘以一个折旧系数。这个折旧系数在大多数情况下又被视作一个由技术给定的外生参数。因此，固定资本的理论意义实际上被取消了，从一个值得独立研究的理论概念被"降格"为不变资本中的参数特征。

可见，传统文献实际上往往是从价值生产的角度来看待固定资本，而不是将它视作价值流通问题的研究对象。但事实上应当认识到，马克思是在《资本论》第二卷（副标题为"资本的流通过程"）的第二篇"资本周转"中阐述固定资本理论的。当马克思引入固定资本这一概念时，他是这样说的："这里考察的这个资本部分的流通是独特的流通……由于这种特性，这部分不变资本取得了固定资本的形式。"[①] 所谓"独特性"，马克思强调的是："这个资本部分不是在它的使用形式上进行流通，进行流通的只是它的价值，并且这种流通是逐步地、一部分一部分进行的……它的价值总有一部分固定在它里面，和它帮助生产的商品相对立，保持着自己的独立。"[②] 可见，当马克思界定固定资本概念并研究相关规律时，他是从预付资本的不同部分如何进行价值流通和周转

[①] 马克思：《资本论》（第二卷），人民出版社，1975，第177页。
[②] 马克思：《资本论》（第二卷），人民出版社，1975，第177页。

的角度展开的。在这个过程中,不变资本和可变资本的区分不再重要(所有可变资本和原材料等不变资本都属于流动资本);换言之,马克思关注的不是价值生产问题——可变资本对新价值的创造和不变资本旧价值的转移,而是价值流通领域的问题。从而固定资本的规律性,应当从它隶属的具体的价值流通环境中得到规定和说明,而不是从生产过程的技术条件中导出。

更具体地说,马克思对固定资本的研究,或者说对固定资本周转的研究,是从货币的支出和回流、投资和融资不断交替的规律性角度展开的。他说:"资本的循环,不是当作孤立的行为,而是当作周期性的过程时,叫做资本的周转。"① 或者说,所谓资本的周转,其实就是不断周而复始发生的资本循环。马克思的固定资本理论就是着眼于资本循环过程中生产资本的不同部分拥有不同的流通或者循环规律,并研究这种特殊的循环规律对资本积累和再生产所产生的影响。总的来说,马克思认为,由于固定资本使用价值的更新和价值流通补偿是两个相互分离、相互独立的过程,所以进一步加深了资本积累和再生产过程中的矛盾。因此,马克思的固定资本理论——作为资本周转理论的重要内容,实际上应当看作被包括在总的资本循环理论中的一个特殊研究对象。②

所以,无论马克思是否曾经考虑过用一种类似"联合产品"的方式处理固定资本折旧问题③,但都可以肯定的是,当今流行的用联合生产模型处理固定资本问题的这种静态均衡框架并不符合马克思看待固定资本的基本出发点。对于这种联合生产方法,斯拉法的观点是:"联合生产是一个属,而固定资本是属下面主要的种。"④ 但前文已经阐明,

---

① 马克思:《资本论》(第二卷),人民出版社,1975,第174页。
② 《资本论》第二卷第一篇为"资本形态变化及其循环"。
③ 斯拉法和森岛通夫认为,是马克思开创了用联合生产的方式处理固定资本的技巧(大卫·哈维《资本的限度》,张寅译,中信出版集团股份有限公司,2017,第345页)。这个观点引起了争议(黄彪《斯拉法体系下固定资本问题研究综述》,《政治经济学评论》2018年第5期,第51~67页)。
④ 黄彪:《斯拉法体系下固定资本问题研究综述》,《政治经济学评论》2018年第5期,第51~67页。

就马克思的本意而言,固定资本问题是资本循环问题的特殊研究对象。相对于从投入产出表出发对生产体系进行静态研究的斯拉法框架,马克思的固定资本理论则试图从动态周转的角度,对资本流通规律进行研究。①

(二) 传统研究热点中被忽视的固定资本问题

前文已经说到,在目前对马克思经济学的研究中,固定资本概念并没有获得普遍重视。在我国的相关文献中,除了少数专门讨论固定资本的论文②或围绕固定资本展开的应用研究③以外,在对其他传统议题——如生产价格(价值转形)、利润率趋向下降规律、两部类平衡等的研究中,固定资本范畴要么在理论上被抽象掉,要么在实际建模中被简化,整体而言是缺失的。但事实上,从马克思的原意来看,固定资本的特性是深入研究这些问题时不可忽视的因素;甚至在一定场合下,固定资本本身就是研究的出发点。固定资本理论不是《资本论》第二卷中的一个短暂插曲,马克思从未割裂价值生产和价值流通的关联,也从未忽视价值流通规律对资本积累产生的影响。

马克思首先在《资本论》第二卷中谈到固定资本条件下的部类平衡问题。他的结论是,由于第Ⅱ部类的固定资本实物更新和价值补偿是

---

① 应当说明,这并不是否认联合生产方法在处理固定资本时的作用。笔者的观点是,联合生产模型,特别是其置盐-中谷形式,可以看作对马克思固定资本理论(属于一种动态、非均衡理论)的静态、均衡形态的"模拟"。这个"模拟"在解决一些实际问题上效果良好,但在运用这一方法时,应当注意到其理论局限性。

② 白暴力:《关于存在固定资本时价值量的计算——驳斯蒂德曼对劳动价值学说的否定》,《经济科学》1994年第4期,第51~56页;余斌:《关于存在固定资本时价值量的计算与价值转形》,载《外国经济学说与中国研究报告(2014)》,社会科学文献出版社,第39~50页;李帮喜、赵峰:《固定资本、加速折旧及其经济波动效应》,《政治经济学评论》2017年第3期,第191~202页。

③ 李帮喜、刘充、赵峰、黄阳华:《生产结构、收入分配与宏观效率——一个马克思主义政治经济学的分析框架与经验研究》,《经济研究》2019年第3期,第181~193页;李帮喜、赵奕菡、冯志轩:《新中国70年的经济增长:趋势、周期及结构性特征》,《管理世界》2019年第9期,第16~29页;李帮喜、赵奕菡、冯志轩、赵峰:《价值循环、经济结构与新发展格局:一个政治经济学的理论框架与国际比较》,《经济研究》2021年第5期,第4~19页。

分离的，因此进一步造成了两部类不平衡的可能性。具体来说，当第Ⅰ部类需要将自己生产出的不变资本出售给第Ⅱ部类企业，从而补偿可变资本、实现剩余价值，并从使用价值上交换到自己需要的生活资料时，第Ⅱ部类可能由于固定资本暂时不需要更新而无法对第Ⅰ部类形成相配的购买力，这造成了从第Ⅰ部类流入第Ⅱ部类的货币无法回流，从而无法实现再生产。在此基础上，马克思提出了一个实现简单再生产的追加条件，即第Ⅱ部类中需要进行固定资本更新的费用要恰好弥补那些由于暂时不需要固定资本更新而形成的需求差额。在两部类问题的传统讨论中，对这个问题的研究并不充分。①

在《资本论》第三卷的生产价格理论中，尽管马克思并没有从根本上将周转问题纳入生产价格理论，但他在谈及平均利润率的时候，原则性地明确指出："我们必须研究：1. 资本有机构成上的差别；2. 资本周转时间上的差别。"② 马克思同样强调固定资本周转的影响。他还提道："一个商品的价格，如等于这个商品的成本价格，加上生产这个商品所使用的资本（不只是生产它所消费的资本）的年平均利润（加重号由笔者所加）中根据这个商品的周转条件（加重号由笔者所加）归于它的那部分，就是这个商品的生产价格。"③ 在这里，马克思特别强调了"年平均利润"和"周转条件"的概念，也就是说，在马克思的理解中，生产价格和一般利润率的概念必须结合固定资本的周转才能得到完整的说明。一个典型的生产价格算例是这样的："拿一个500的资本来说，其中100为固定资本，400为流动资本，并且在流动资本每一个周转期间内，固定资本的损耗为10%。再假定这个周转期间内的平均利润是10%。这样，在这个周转期间内制造的产品的成本价格就是：固定资本的损耗10c + 流动资本400（c+v）=410，它的生产价格则是

---

① 何干强：《货币流回规律和社会再生产的实现——马克思社会总资本的再生产和流通理论的再研究》，《中国社会科学》2017年第11期，第27~52页。
② 马克思：《资本论》（第三卷），人民出版社，1975，第161页。
③ 马克思：《资本论》（第三卷），人民出版社，1975，第177页。

成本价格410 + 利润50（500的10%） = 460。"①

在上述算例中，平均利润不是一个静态概念，而是基于特定的"周转期间"来计算的。马克思对这个"周转期间"的长度也有要求。马克思认为，平均利润率是在一个较长的时间周期中，抹平了各种偶然波动之后所形成的。资本在部门之间的流动和竞争，从而生产价格的形成，是以这种较长时间段里的平均利润水平为参照的。而成本价格也必须在价值周转和流通的背景下加以把握。生产价格和转形理论的传统文献往往忽视了这个动态特征，将生产价格或价值转形问题简化为一个一般均衡的静态问题，从而取消了不变资本中的固定资本和流动资本在价值转形中的差别。事实上，在《资本论》第一卷出版以后，马克思立即着手思考如何将周转问题纳入生产价格公式。②

在对利润率趋向下降规律的讨论中，固定资本概念拥有更基础性的作用。马克思认为利润率趋向下降规律本身应当是以固定资本的不断积累为历史和逻辑起点的。他说道：（资本有机构成的不断提高）"也只是劳动的社会生产力不断发展的另一种表现，而这种发展正好表现在：由于（加重号由笔者所加）更多地使用机器和一般固定资本，同数工人在同一时间内可以把更多的原料和辅助材料转化为产品"③。同时，资本有机构成提高的原因不仅是在技术意义上单位劳动所能推动的生产资料数量的上升，也包括工场手工业向机器大工业生产方式转变所导致的，预付资本中周转较慢从而预付量较大的固定资本预付量和周转较快从而预付量较小的可变资本预付量之间差别的扩大。

另外，马克思不仅认为固定资本是利润率趋向下降规律的起点，而且对固定资本之于利润率趋向下降规律的反作用因素进行了分析。例如，他说道："还有使劳动强化的另一些因素，例如提高机器速度，这

---

① 马克思：《资本论》（第三卷），人民出版社，1975，第177页。
② 关于马克思对将周转问题纳入生产价格理论的研究，可以参见：张红山、孙晓迪《〈资本论〉新发表手稿对"生产价格"理论的完善》，《当代经济研究》2021年第5期，第5~10页。
③ 马克思：《资本论》（第三卷），人民出版社，1975，第236~237页。

些因素固然会在同一时间内消费更多的原料,而就固定资本来说,固然会加速机器的磨损,但是丝毫不会影响机器价值和使机器运转的劳动的价格的比率。"[1] 这意味着,对利润率趋向下降规律的深入考证不应当脱离固定资本周转上的特殊性而仅仅抽象地围绕资本有机构成来进行。除此以外,马克思在其他地方也多次讨论到固定资本的影响,这里不一一加以阐述。[2]

但对利润率趋向下降规律的传统研究往往忽视了马克思的上述观点。受置盐定理的影响,人们主要是从生产层面的技术特征的角度来研究的,这类研究本质上讨论的是作为生产条件的产出和成本的关系。从而对利润率趋向下降规律的讨论就局限于对不变资本和可变资本之间关系的研究,进而将固定资本的概念及其背后的整个价值流通问题抽象掉,孤立地从价值生产的角度进行探讨。

二　基于联合生产的固定资本模型及其局限性

(一) 联合生产模型

斯拉法将联合生产引入对固定资本的研究。这种基于联合生产的处理方法成为在斯拉法框架下讨论固定资本的"标准"方法。

现举例来说明这一方法。考虑一个如表3-3-1所示的"谷物-拖拉机"两部类模型中的固定资本问题。

---

[1] 马克思:《资本论》(第三卷),人民出版社,1975,第259页。
[2] 哈维认为在讨论利润率趋向下降规律时,马克思尚没有清晰地认识到不变资本中固定资本和流动资本的影响——这是由于第三卷的文本是在他深入研究第二卷内容之前写的(大卫·哈维《资本的限度》,张寅译,中信出版集团股份有限公司,2017,第297~298页)。但从《资本论》第三卷的章节编排和行文来看,至少就理论逻辑而言,马克思的利润率趋向下降规律应当是以固定资本概念已经生成为前提展开的。例如,第三卷第二篇讨论了一般利润率的形成中固定资本等的影响,而第三篇"利润率趋向下降规律"则直接点明了该规律的核心:"在剩余价值率不变或资本对劳动的剥削程度不变的情况下,一般利润率会逐渐下降"(马克思《资本论》第三卷,人民出版社,1975,第236页)。

表 3-3-1 "谷物-拖拉机"模型

部门	谷物	拖拉机	劳动		谷物	拖拉机
部门 I	0	0	1/4	→	0	1
部门 II	0	1/2	1/3	→	1	0

我们进一步假设单位劳动所消费的生活资料向量为 $f = (0,1)^T$，即每个单位劳动消费 1 个单位谷物。若拖拉机的使用期限为 2 年，那么表 3-3-1 就可以扩展为表 3-3-2。

表 3-3-2 扩展的"谷物-拖拉机"模型

部门		谷物	新拖拉机	旧拖拉机	劳动		谷物	新拖拉机	企业数
部门 I		0	0	0	1/4	→	0	1	x_I
部门 II	①	0	1/2	0	1/3	→	1	0	x_{II-1}
	②	0	0	1/2	1/3	→	1	0	x_{II-2}

表 3-3-2 体现了生产谷物的第 II 部类同时包含有两类企业：一类是使用新品拖拉机进行生产，从而该时刻不需要进行固定资本实物更新的企业，记这部分企业数量为 x_{II-1}；另一类企业是使用旧拖拉机进行生产，从而该时刻需要进行固定资本实物更新的企业，记这部分企业数量为 x_{II-2}。在表 3-3-2 中，假设用新旧拖拉机生产谷物的效率是一样的。

用联合生产视角理解固定资本的方法是把表 3-3-2 进一步扩展为表 3-3-3。

表 3-3-3 联合生产视角下的"谷物-拖拉机"模型

部门		谷物	新拖拉机	旧拖拉机	劳动		谷物	新拖拉机	旧拖拉机	企业数
部门 I		0	0	0	1/4	→	0	1	0	x_I
部门 II	①	0	1/2	0	1/3	→	1	0	1/2	x_{II-1}
	②	0	0	1/2	1/3	→	1	0	0	x_{II-2}

表 3-3-3 显示，企业 II-①不仅生产出谷物，而且生产出旧拖拉

机作为副产品（即投入的新拖拉机折旧后的产物）。表 3-3-3 所蕴含的生产价格方程组如下：

$$p\begin{pmatrix} 1 & 0 & 0 \\ 0 & \frac{1}{2} & 0 \\ 0 & 1 & 1 \end{pmatrix} = (1+\pi)p\begin{pmatrix} 0 & \frac{1}{2} & 0 \\ 0 & 0 & \frac{1}{2} \\ \frac{1}{4} & \frac{1}{3} & \frac{1}{3} \end{pmatrix} \qquad (3-3-1)$$

其中 $p = (p_{\text{new-tractor}}, p_{\text{old-tractor}}, p_{\text{corn}})$。容易计算得：均衡利润率为 $\pi^* = 1$，均衡价格为 $p^*_{\text{new-tractor}} = \frac{1}{2}$，$p^*_{\text{old-tractor}} = \frac{1}{3}$，$p^*_{\text{corn}} = 1$，拖拉机的折旧率为 $\frac{1}{3}$。

更一般地说，固定资本问题可以写成如下联合生产矩阵形式：

$$pB = (1+\pi)pM \qquad (3-3-2)$$

其中，产出矩阵 B 和投入系数矩阵 M 的第 i 列展示了第 i 个生产过程的产出和投入系数。对固定资本的研究就转化为求解形如式（3-3-2）的矩阵方程的特征值和特征向量的问题：原则上，求出式（3-3-2）的特征向量，也就求出了新旧拖拉机的价格比，从而也就求出了新旧拖拉机的折旧率；求出对应的特征值，也就求出了一般利润率。对这一问题已经有了非常成熟的数学工具可以利用，这极大地简化了对固定资本问题的研究。

但是应该认识到，联合生产视角下对固定资本的研究本质上不是一个资本周转问题，而是一个市场均衡问题。换言之，该方法假设存在一个关于旧拖拉机的商品市场，企业Ⅱ-①将折旧后的拖拉机在该市场上卖出，成为其收入及利润来源之一；而企业Ⅱ-②则从市场上直接收购旧拖拉机进行生产。从表 3-3-2 到表 3-3-3 改变了企业所面临的投资条件，从而在事实上消除了固定资本和流动资本的差别：投资在拖拉机上的不变资本的流通和周转同投资在谷物上的部分没有区别，都表现为一次性投入一次性价值补偿和实物更新。

因此，在式（3-3-2）所反映的固定资本问题中，"一般利润率"是这样定义的：使用不同年岁固定资本的企业本质上是两个平行的异质生产部门，它们分别采用两种不同的技术条件进行生产（一些专门投资新品固定资本，另一些专门投资"副产品"，即旧固定资本），并在同一个产品市场上进行竞争，最终都获得一般利润率或平均利润率。但从马克思的角度来说，固定资本问题是一个沿着时间维度展开的资本周转问题。同一个资本在资本周转和更新的不同阶段，由于偶然的固定资本更新、维修等问题，利润率是不一致的；相对的，一般利润率是在一个较长时间内由不同部门的资本之间竞争所形成的平均状态。例如，马克思写道：对于那些偶然的固定资本更新和修理所造成的支出，"通过资本和劳动的这种追加支出而追加的价值，不能在实际支出的同时，加入到商品价格中去"[①]。而更一般地说，"竞争使不同生产部门的利润率平均化为平均利润率……这是通过资本从一个部门不断地转移到利润暂时高于平均利润的另一个部门来实现的；可是，这里还要考虑到一定产业部门在一定时期内同歉年和丰年的更替结合在一起的利润波动"[②]。"一个产业部门……如果在一个时期利润特别高，那末在另一个时期利润就会特别低，甚至会亏损，因此，在一个若干年的周期中，它的平均利润会和其他部门大致相同。而资本很快就懂得了要考虑到这个经验。"[③]这说明，对于马克思而言，平均利润率是在平均的、较长时间段内不同部门的平均，而不是通过价格调整使得所有资本在静态意义上都实现了平均利润率。显然，联合生产方法和马克思的思路之间的偏离，从根本上说还是因为在联合生产思路下，固定资本问题不是一个时间上的、动态的资本流通和周转问题，而是一个空间上的、静态的一般均衡问题。

[①] 马克思：《资本论》（第二卷），人民出版社，1975，第196页。
[②] 马克思：《资本论》（第三卷），人民出版社，1975，第231页。
[③] 马克思：《资本论》（第三卷），人民出版社，1975，第232页。

另外，与式（3-3-1）相对偶的活动水平方程为：①

$$\begin{pmatrix} 1 & 0 & 0 \\ 0 & \frac{1}{2} & 0 \\ 0 & 1 & 1 \end{pmatrix} x = (1+g) \begin{pmatrix} 0 & \frac{1}{2} & 0 \\ 0 & 0 & \frac{1}{2} \\ \frac{1}{4} & \frac{1}{3} & \frac{1}{3} \end{pmatrix} x \qquad (3-3-3)$$

其中 $x=(x_I, x_{II-1}, x_{II-2})$，表示活动水平，实际上也可以理解为各个类型企业的数量。那么计算可得，均衡增长率 $g^*=\pi^*=1$，均衡活动水平为 $x_I^*=2$、$x_{II-1}^*=2$、$x_{II-2}^*=1$。式（3-3-3）的一般形态为：

$$Bx = (1+g)Mx \qquad (3-3-4)$$

可以发现，不同生产过程的活动水平，或者说不同类型的企业数量，原则上彼此之间没有什么内在关系——本质上，它们是采用不同技术进行竞争性生产的独立的企业数量。在联合生产的解释中，当一种使用旧技术的生产过程 i 变得"不经济"时，对应的活动水平 x_i 为零。从这个意义上，我们能更好地理解联合生产视角下对是否使用"旧机器"进行生产的判断逻辑：在联合生产视角下，旧固定资本是否应该继续使用的问题，与其说是从微观视角来看的企业对自身资产的使用、配置和财务决策问题，不如说是从社会总体的视角来看，一种用旧机器生产的产品（即这里的谷物）能否用更低成本的技术（这里即用新拖拉机）生产出来的问题，也就是一个关于不同企业之间技术效率的横向比较问题。

最后还应当认识到，在联合生产的视角下，虽然在理论名义上，企业 II-① 的副产品是"旧拖拉机"，但从模型实质上讲，这个"旧拖拉机"也可以被解释成任何其他"副产品"。比如故事的逻辑也可以是这样的：企业 II-① 投入拖拉机在"荒地"（一种无限的、没有价格的生产要素）上生产谷物，一个周期之后拖拉机报废，在产出谷物的同时留下了耕种过的"耕地"；企业 II-② 的技术是收购这种"耕地"并在

---

① 出于简化的目的，这里假设不存在资本家的非生产性消费。

"耕地"上直接投入劳动生产谷物,生产结束之后"耕地"又转化为不能直接使用的"荒地"。因此本质上,企业Ⅱ-①和企业Ⅱ-②可以没有任何内在关联。(而不是名义上所反映的固定资本的不同折旧阶段。)事实上,在联合生产方法下对固定资本问题的更复杂的研究中,企业Ⅱ-①和企业Ⅱ-②本应存在的、理论上应当是分别处于同一个固定资本不同周转阶段的这一内在联系已经几乎看不见了;固定资本问题在技术层面上实际上就是各矩阵参数满足一定要求的联合生产问题。①

(二) 置盐-中谷的改写形式

用联合生产方法研究固定资本问题还存在如下困难。在表3-3-3中,对于第Ⅱ部类来说,其中的企业Ⅱ-①的预付资本($C^{Ⅱ-1} + V^{Ⅱ-1}$)为$\frac{1}{2}p_{new-tractor}x^{Ⅱ-1} + \frac{1}{3}p_{corn}x^{Ⅱ-1} = \frac{7}{6}$,而企业Ⅱ-②的预付资本($C^{Ⅱ-2} + V^{Ⅱ-2}$)为$\frac{1}{2}p_{old-tractor}x^{Ⅱ-2} + \frac{1}{3}p_{corn}x^{Ⅱ-2} = \frac{1}{2}$。可见对于第Ⅱ部类中处于不同固定资本更新状态的企业而言,预付资本的定义是不一样的。对于企业Ⅱ-①而言,预付资本是由投入的新品拖拉机价格和可变资本计算的,而对于企业Ⅱ-②而言,预付资本是由购买旧拖拉机的价格和可变资本计算的。这并不符合马克思关于固定资本和利润率计算的看法。例如,马克思说道:"商品价值会由于 c 的固定组成部分和流动组成部分之间的比率不同而不同,并且不同资本的固定组成部分又会快慢不等地损耗,从而在相同的时间内把不等的价值量加入产品。不过,这对利润率来说没有什么关系。不论 80c 是把价值 80,50,或 5 转移到年产品中

---

① 从技术上说,固定资本模型对一般的联合生产模型施加了一定的约束条件,以突出二者之间的区别,但这些约束并不是从固定资本周转的角度讨论的。一般的约束条件如下:第一,除了旧固定资本作为副产品之外,不存在一般意义上的联合生产;第二,旧机器只能作为生产资料而不能作为生活资料;第三,旧机器可以自由报废,报废价格为零。可以发现,这三个条件并不能从原则上排除上文所阐述的困难。对于联合生产下固定资本的处理方法和相关结论,可以参见:黄彪《斯拉法体系下固定资本问题研究综述》,《政治经济学评论》2018年第5期,第51~67页。

去……在确定利润率时，这20都按资本100计算"①。这里的20是指利润，而100是指总预付资本。在《资本论》第三卷谈及周转对利润率的影响时，马克思给出的各种算例都表明，无论固定资本如何周转，利润率都是按照购买新品固定资本的预付额来计算的，而不是随着固定资本的损耗折旧而变动的。

另外从物量体系的角度来看，在表3-3-3的算例中，总产品中扣除投入品后的"剩余产品"为：新品拖拉机1，旧拖拉机0.5，谷物1.5。所有的这些产品都转化为该经济体系的追加投资。从联合生产的角度来说，旧拖拉机也是一种"联合产品"，需要提供出来成为企业Ⅱ-②的追加投资品，因此是一种"剩余产品"。但从固定资本周转的角度来说，旧拖拉机作为"剩余产品"而存在，这一点的经济意义并不明确。

对于上述问题，置盐信雄和中谷武提供了一种"解释"。他们证明了，联合生产方法在形式上可以转化为符合马克思原意的、更有经济意义的表达形式。具体来说，置盐信雄和中谷武在固定资本生产效率不变的假设下（技术上说，就是除了固定资本之外的其他投入要素参数均不变）证明了，形如式（3-3-2）的固定资本问题可以转换为一个更符合马克思生产价格理论的形式：

$$\bar{p} = \bar{p}K(\pi) \qquad (3-3-5)$$

其中 $K(\pi) = (1+\pi)fL + \pi A + \Phi(\pi)A$，$\Phi(\pi)$ 可以看作一个由各个固定资本的折旧率组成的折旧矩阵。式（3-3-5）突出展示了在生产价格和一般利润率的形成过程中，所费资本和所用资本的不同作用。以表3-3-3中的例子来说，可得式（3-3-1）等价于：

$$p_{\text{new-tractor}} = (1+\pi)\frac{1}{4}p_{\text{corn}} \qquad (3-3-6)$$

---

① 马克思：《资本论》（第三卷），人民出版社，1975，第175页。

$$p_{\text{corn}} = \underbrace{\pi(\frac{1}{2}p_{\text{new-tractor}} + \frac{1}{3}p_{\text{corn}})}_{(1)} + \underbrace{\frac{1}{3}p_{\text{corn}} + \frac{1}{2}\varphi(\pi)p_{\text{new-tractor}}}_{(2)} \quad (3-3-7)$$

其中新品拖拉机的折旧率 $\varphi(\pi) = \dfrac{1}{1+(1+\pi)}$。同时有 $p_{\text{old-tractor}} = [1 - \varphi(\pi)]p_{\text{new-tractor}}$。让我们注意到，式（3-3-7）蕴含着，谷物的生产价格由两个部分决定，部分（1）是由平均利润率乘以"所用资本"或者说总预付资本所得到的平均利润，部分（2）是由折旧率所决定的"所费资本"所构成的成本价格。

可以发现，在式（3-3-6）~式（3-3-7）中，或者更一般的，在式（3-3-5）中，折旧率从而成本价格中补偿固定资本折旧的部分并不是按照线性折旧来计算的，相反，它非线性地依赖于一般利润率和固定资本的使用期限。总体上，一般利润率越高，折旧率越低；使用期限越长，折旧率也越低。根据这一结论，本算例中（$\pi^* = 1$）旧拖拉机的价格大约是新品拖拉机价格的 67%，而非线性折旧下的 50%。

置盐信雄和中谷武同样证明了式（3-3-4）也可以转化为只包含新品产出量 q 的形式：

$$q = K(\pi)q \quad (3-3-8)$$

同样将这一结论应用于式（3-3-3），可得：

$$q_{\text{new-tractor}} = \frac{1}{2}[g + \varphi(g)]q_{\text{corn}} \quad (3-3-9)$$

$$q_{\text{corn}} = (1+g)\left(\frac{1}{4}q_{\text{new-tractor}} + \frac{1}{3}q_{\text{corn}}\right) \quad (3-3-10)$$

其中 $\varphi(g)$ 为更新系数，和前文的折旧率 $\varphi(\pi)$ 拥有相同的数学形式。我们可以求得 $q_{\text{new-tractor}} = \dfrac{2}{3}$、$q_{\text{corn}} = 1$。在式（3-3-9）和式（3-3-10）的表达方式下，旧拖拉机的数量被消去了，从而在形式上，总产品进而剩余产品完全由成品或者说新产品的数量来表达。

应当认为，首先，置盐-中谷模型极大地强化了联合生产方法处理固定资本问题的"可解释性",在形式上建立了斯拉法方法和马克思经济学之间的联系。不过从根本上说,置盐-中谷模型只是联合生产模型的改写形式,没有从根本上克服联合生产模型的固有缺陷。

例如,置盐-中谷模型中折旧率 φ(或更新系数)和利润率 π(或增长率 g)相关的本质原因在于,联合生产模型将旧固定资本看作在市场上交易的副产品,因此固定资本的折旧残值正相关于利润率(或增长率)。

其次,从技术上说,只有当固定资本在折旧过程中效率不发生变化时,联合生产模型才能改写为更接近马克思生产价格理论的置盐-中谷形式。但是马克思的固定资本和平均利润率理论是不受这个条件所制约的。

最后,置盐-中谷模型本身仍然是一个一般均衡模型,不适合用于对固定资本的价值流通和周转过程进行描述——如前所述,对于马克思而言固定资本问题首先是一个流通和周转问题。

因此可以说,尽管置盐-中谷模型在形式上与马克思的固定资本理论有相同之处,但实质上仍然反映了斯拉法联合生产框架的基本精神和逻辑内核。

三 基于资本循环的固定资本动态周转模型

(一)基本模型

马克思对固定资本的研究是从预付资本的各个部分如何流通和周转的角度出发的。在马克思看来,固定资本的周转是指固定资本的投资融资动态过程,强调的是货币资本和固定资本的实物形态之间周而复始的循环。因此,相对于斯拉法所认为的固定资本问题只是隶属一般联合生产问题之下的一个特殊的种这一观点,马克思经济学则认为,固定资本应当理解成一般的资本循环模型中的一个特殊形态。

相对于静态视角的联合生产模型,以动态视角研究固定资本周转问题的理论分析并不多见。目前的相关研究大多是基于山田-山田模型展开的。① 但这些研究主要是围绕固定资本更新的动态迭代效应,特别是所谓的"Ruchti - Lohmann 效应"(详见后文)这一具体问题来讨论的,而尚未构建一个一般性的资本循环和周转的分析框架。

由于马克思将固定资本问题视作资本循环和周转问题的进一步具体化,因此可以从一般性的资本循环模型出发构建固定资本的动态模型。本节在一般性的资本循环模型中加入如下假设:(1)市场出清,从而不考虑商品资本的形态;(2)每个企业都按照其预付资本获得平均利润率;(3)在周转过程中生产技术保持不变。记价格向量为 p,工资率为 w,均为常数(向量);在 t 时刻,企业 i 的货币存量为 $M_t^{[i]}$,固定资本存量向量为 $\underline{\alpha}_t^{[i]}$,那么有②:

$$M_{t+1}^{[i]} - M_t^{[i]} = p\bar{\alpha}_{t+1}^{[i]} - pI_{t+1}^{[i]} - p\delta_{t+1}^{[i]} - w\alpha_{l,t+1}^{[i]} \quad (3-3-11)$$

$$\underline{\alpha}_{t+1}^{[i]} - \underline{\alpha}_t^{[i]} = I_t^{[i]} - \underline{\alpha}_{t+1}^{s[i]} \quad (3-3-12)$$

在式(3-3-11)~式(3-3-12)中,t 时刻产出向量为 $\bar{\alpha}_t^{[i]}$,固定资本实物投资向量为 $I_t^{[i]}$,生产过程中需要进行实物更新的固定资本向量为 $\underline{\alpha}_t^{s[i]}$,属于流动资本的生产资料实物投入向量为 $\delta_t^{[i]}$,投入的直接劳动量为 $\alpha_{l,t}^{[i]}$。

另外,假设共有 m 种商品,$T_j > 1$ 为第 j 种商品作为固定资本投入时的社会平均使用年限,π_τ 为长度为 τ 的周转期间上的平均利润率。那么按照马克思的观点,企业 i 在 $t-\tau$ 时刻投产、t 时刻产出的产品的生产价格为:

$$p\bar{\alpha}_t^{[i]} = \pi_\tau(w\alpha_{l,t-\tau}^{[i]} + p\delta_{t-\tau}^{[i]} + p\underline{\alpha}_{t-\tau}^{[i]}) + w\tau\alpha_{l,t-\tau}^{[i]} + p\tau\delta_{t-\tau}^{[i]} + \sum_{j=1}^{m}\frac{\tau}{T_j}p\underline{\alpha}_{j,t-\tau}^{[i]}$$

$$(3-3-13)$$

---

① 藤森赖明、李帮喜:《马克思经济学与数理分析》,社会科学文献出版社,2014,第136页。
② 由于式(3-3-11)的研究对象是资本周转问题,因此撇开了以货币形式支付给资本家的个人消费支出。这种货币支出不是作为资本的流通而是作为纯粹的货币流通而存在的。

现出于简化的目的，取 $\tau = 1$，并记 $\pi_1 = \bar{\pi}$，式（3-3-13）可以整理为：

$$p\bar{\alpha}_t^{[i]} = \bar{\pi}(w\alpha_{l,t-1}^{[i]} + p\delta_{t-1}^{[i]} + p\underline{\alpha}_{t-1}^{[i]}) + w\alpha_{l,t-1}^{[i]} + p\delta_{t-1}^{[i]} + \sum_{j=1}^{m}\frac{1}{T_j}p\underline{\alpha}_{j,t-1}^{[i]}$$

$$(3-3-14)$$

从而式（3-3-11）可以改写为：

$$M_{t+1}^{[i]} - M_t^{[i]} = \bar{\pi}(w\alpha_{l,t}^{[i]} + p\delta_t^{[i]} + p\underline{\alpha}_t^{[i]}) + w\alpha_{l,t}^{[i]} + p\delta_t^{[i]} + \sum_{j=1}^{m}\frac{1}{T_j}p\underline{\alpha}_{j,t}^{[i]}$$
$$- p(\underline{\alpha}_{t+1}^{[i]} - \underline{\alpha}_t^{[i]} + \underline{\alpha}_{t+1}^{s[i]}) - p\delta_{t+1}^{[i]} - w\alpha_{l,t+1}^{[i]} \quad (3-3-15)$$

并将它进一步写为连续形式：

$$\dot{M}^{[i]} = \bar{\pi}(w\alpha_l^{[i]} + p\delta^{[i]} + p\underline{\alpha}^{[i]}) + \underbrace{\sum_{j=1}^{m}\frac{1}{T_j}p\underline{\alpha}_j - p\underline{\alpha}^{s[i]}}_{(1)}$$
$$- p\dot{\underline{\alpha}}^{[i]} - w\dot{\alpha}_l^{[i]} - p\dot{\delta}^{[i]} \quad (3-3-16)$$

式（3-3-16）意味着，在考虑固定资本周转的条件下，企业除了平均利润和追加投资支出之外，固定资本的折旧更新也形成了一个额外的货币收支项；即：固定资本由于出售商品所回流的货币而得以实现价值补偿的部分，同该时刻所实际发生的固定资本更新支出之间存在一个差额，如式（3-3-16）中的部分（1）所示。① 可以认为，与抽象掉固定资本流通所进行的分析相比，固定资本流通所产生的各种影响本质上就是来源于这一部分差额的周转，该部分反映了固定资本周转过程中，使用价值更新和价值流通之间的偏离。

对于那些固定资本尚不需要进行实物更新的企业而言，式（3-3-16）中的部分（1）为正，成为可供"自由"支配的现金余额的一部分。这部分货币或者可以贮藏起来作为未来固定资本更新的储备基金，

---

① 在不考虑固定资本的条件下，这个部分恒为零。

或者也可以用于投资实现扩大再生产①。在将折旧基金用于投资的场合中，就形成了马克思所谓的"局部更新中企业的逐渐扩大"。马克思说道："固定资本价值中这个转化为货币的部分，可以用来扩大企业，或改良机器，以提高机器效率。这样，经过一段或长或短的时间，就要进行再生产，并且从社会的观点看，是规模扩大的再生产。如果生产场所扩大了，就是在外延上扩大；如果生产资料效率提高了，就是在内含上扩大。"② 这一效应也被称为"Ruchti - Lohmann 效应"。③ 由于固定资本折旧费实际上产生了和利润相同的积累效应，所以在这个意义上正如有学者已经提出的：折旧既是成本又是利润。④

很多文献均证明了，在技术不变的条件下，通过折旧基金进行扩大再生产的效应最终会消失，经济会收敛于由平均利润率决定的均衡增长。⑤ 因此，现考虑扩大再生产完全由平均利润融资的均衡情形，此时关于固定资本的周转问题，只需研究式（3-3-16）中的部分（1）。

设在 t 时刻所有企业中需要对第 j 种固定资本进行更新的企业集合为 $\mathcal{K}_j$，那么第 j 种固定资本更新所需要支出的货币为 $p_j \sum_{i \in \mathcal{K}_j} \underline{\alpha}_j^{s[i]}$。而此时所有对第 j 种固定资本进行价值补偿的货币回流量为 $p_j \frac{1}{T_j} \underline{\alpha}_j$。假设在稳态时从社会总体来说，任意一种固定资本 j 的实物更新都是由自身的价值补偿来完成融资的，那么必然有：

---

① 此时式（3-3-16）中的追加投资 $p\dot{\underline{\alpha}}^{[i]} + w\dot{\underline{l}}_i^{[i]} + p\delta^{[i]}$ 所需货币既可由平均利润也可由部分（1）的货币盈余来完成。
② 马克思：《资本论》（第二卷），人民出版社，1975，第192页。
③ 藤森赖明、李帮喜：《马克思经济学与数理分析》，社会科学文献出版社，2014，第136页。
④ 李帮喜和赵峰提供了一个具体的数值例展示这一机制。参见：李帮喜、赵峰《固定资本、加速折旧及其经济波动效应》，《政治经济学评论》2017年第3期，第190~202页。
⑤ 李帮喜、赵峰：《固定资本、加速折旧及其经济波动效应》，《政治经济学评论》2017年第3期，第190~202页；藤森赖明、李帮喜：《马克思经济学与数理分析》，社会科学文献出版社，2014，第136页。

$$p_j \sum_{i \in \mathcal{K}_j} \underline{\alpha}_j^{s[i]} = p_j \frac{1}{T_j} \underline{\alpha}_j \qquad (3-3-17)$$

记 $\chi_j = \dfrac{\sum_{i \in \mathcal{K}_j} \underline{\alpha}_j^{s[i]}}{\underline{\alpha}_j}$，表示第 j 种固定资本总存量中需要进行实物更新的份额，那么式（3-3-17）等价于：

$$\chi_j = \frac{1}{T_j} \qquad (3-3-18)$$

这意味着在稳态周转中，某一种固定资本的社会平均意义上的使用年限和该种固定资本需要进行实物更新的份额，二者是同一事物的两个方面。它们共同反映出在稳态周转条件下，固定资本新陈代谢的宏观动态平衡。

式（3-3-18）还展示了，社会平均折旧周期的本质是社会总固定资本存量和实际更新量之间的比值。应当注意到，这个比值从而平均折旧周期不是一个技术意义的定值，而是一个变量，它依赖于任意时刻固定资本的实际更新状态。事实上，某一种固定资本可能有它在技术意义上的设计使用年限，但这个技术意义的年限在经济问题中几乎没有意义。实际上同一种固定资本在不同企业中的更新有很强的随机性和个体差异性，而且严重依赖于技术更替和企业的利润最大化策略，因此固定资本的使用年限是一个经济变量而不是外生的技术参数。所以，对于马克思所言的"平均"使用年限，不应当将它理解为一种固定资本在各个个别资本家中使用年限的平均——因为对于个别资本家而言，固定资本更新也是随机且依赖利润策略的，也不存在作为外生参数的"个别"使用年限——而是应当理解成一个随经济条件不断变化的因变量：当发生大面积固定资本更新时，这个平均使用年限就短，而当固定资本更新系数小时，这个平均使用年限就长。

另外，从个别企业的微观视角来看，由于企业在周转期间内的不断扩大再生产，固定资本的年龄结构会越来越复杂，但随着不同年龄的固定资本周转过程的不断轮动，最后会收敛于一个均衡情况，即对于单个企业自身来说，它在任意时刻从出售商品所获得的货币回流中得到的价值补偿，恰好等于该时刻固定资本需要进行的实物更新的费用。前文提到的"Ruchti - Lohmann 效应"趋于消失这一现象的微观本质就是如此。根据这一思想，对于企业 i 而言，在均衡条件下有：

$$p_j \underline{\alpha}_j^{s[i]} = p_j \frac{1}{T_j} \underline{\alpha}_j^{[i]} \qquad (3-3-19)$$

式（3-3-19）是式（3-3-17）的一个特例。① 那么此时，式（3-3-16）则可以写成：

$$\dot{M}^{[i]} = \bar{\pi}(w\alpha_l^{[i]} + p\delta^{[i]} + p\underline{\alpha}^{[i]}) - p\underline{\dot{\alpha}}^{[i]} - p\dot{\delta}^{[i]} - w\dot{\alpha}_l^{[i]} \qquad (3-3-20)$$

即企业的净现金流等于利润和追加投资之间的差额（不考虑资本家的消费）。这正是不考虑固定资本（或者把固定资本简化为折旧率不为1的特殊的流动资本）时的传统结论。同时，式（3-3-19）还意味着 $\underline{\alpha}_j^{s[i]} = \frac{1}{T_j}\underline{\alpha}_j^{[i]}$，即在均衡条件下，对于个别企业而言，微观意义上的固定资本更新将适应于宏观的、社会平均的更新频率。

将式（3-3-17）、式（3-3-19）和式（3-3-14）进行比较可知，无论是从宏观意义上还是从微观意义上都可以说，商品生产价格中的成本价格，都一方面可以看作所有投入使用的固定资本的总价值分摊在整个使用周期中的平均耗费，另一方面也应当看作固定资本中已经丧失使用价值而必须进行实物更新这一部分的全部价值。

当然，应当认识到，上述结论依赖于如下两点前提：一是技术条件

---

① 在这里隐含这样的假设，即利用"Ruchti - Lohmann 效应"进行扩大再生产时，只把第 j 种固定资本的折旧金用于同种固定资本的扩大再生产。若不同固定资本的折旧金可以用于互相投资，则式（3-3-19）应当写成如下加总形式：$\sum_{j=1}^{m} p_j \underline{\alpha}_j^{s[i]} = \sum_{j=1}^{m} p_j \frac{1}{T_j} \underline{\alpha}_j^{[i]}$。

不变；二是个别企业以社会平均情况来界定自己的折旧基金，并以此制定自身的财务和固定资本投资策略。对于第一个条件而言，事实上，在固定资本的周转过程中，技术总是在不断变化。技术进步将使得旧固定资本发生"无形磨损"，商品的生产价格也将发生变化，此时固定资本的价值补偿将变得非常复杂。而从使用价值的角度来说，由于技术进步的不断发生，企业对旧固定资本更替也有更复杂的考量。对于第二个条件而言，在投资实践中，企业并不总是将固定资本的折旧基金和其他现金流严格区分并加以"专用"的，而是基于企业面临的实际场景从整体上对现金资产和固定资产的关系进行决策。再加上普遍存在的信用体系，企业的实际现金流运动极其复杂，固定资本的周转和补偿规律只能隐藏并内化在不断变化的现金流整体中。

（二）固定资本周转对资产负债表的影响

由于在本节中假设不存在信用体系，同时市场总是出清的（不形成存货），因此从资产负债表的角度来说，企业 i 的资产 $B^{[i]}$ 只包含固定资产 $\underline{\alpha}^{[i]}$ 和货币 $M^{[i]}$，且企业的资产就等于"企业主权益"或者说"资本净值"。资产 $B^{[i]}$ 写为：

$$B^{[i]} = M^{[i]} + p\underline{\alpha}^{[i]} \qquad (3-3-21)$$

由式（3-3-21）可得：

$$\dot{B}^{[i]} = \dot{M}^{[i]} + p\dot{\underline{\alpha}}^{[i]} + \dot{p}\underline{\alpha}^{[i]} \qquad (3-3-22)$$

代入式（3-3-16），式（3-3-22）进一步改写为：

$$\dot{B}^{[i]} = \bar{\pi}(w\alpha_i^{[i]} + p\delta^{[i]} + p\underline{\alpha}^{[i]}) + \sum_{j=1}^{m}\frac{1}{T_j}p_j\,\alpha_j^{[i]} - p\underline{\alpha}^{s[i]}$$
$$- p\dot{\delta}^{[i]} - w\dot{\alpha}_i^{[i]} + \dot{p}\underline{\alpha}^{[i]} \qquad (3-3-23)$$

进一步注意到，假设技术条件不变即不存在无形折旧，那么式（3-3-23）中的固定资产存量的价格变化 $\dot{p}\underline{\alpha}^{[i]}$ 实际上就来自折旧过程中的价值逐步丧失（使用价值不变）。① 这是固定资本使用价值和价值分离的过程。按照马克思的说法是："一旦这种固定要素如建筑物、机器等等的寿命已经完结，不能再在生产过程中执行职能，它的价值就在它旁边存在着，全部由货币来补偿，即由货币沉淀的总和，由固定资本逐渐转移到它参与生产的商品中去的、已经通过商品出售而转化为货币形式的价值的总和来补偿。"② 因此，有 $\sum_{j=1}^{m} \frac{1}{T_j} p_j \underline{\alpha}_j^{[i]} = -\dot{p}\underline{\alpha}^{[i]}$。从而式（3-3-23）最终可以整理为：③

$$\dot{B}^{[i]} = \bar{\pi}(w\alpha_l^{[i]} + p\delta^{[i]} + p\underline{\alpha}^{[i]}) - p\underline{\alpha}^{'[i]} - p\dot{\delta}^{[i]} - w\dot{\alpha}_l^{[i]} \quad (3-3-24)$$

这意味着，从资本净值的角度来说，固定资本周转本身不会影响资本家的"净资产"；换言之，固定资本周转进而价值流通本身不能实现总资本的增殖，只会对不同资产类型——固定资产和现金资产的比例和关系产生影响。资本增殖的唯一源泉仍然是生产过程中所创造的剩余价值。另外，应该注意到，虽然对固定资本的追加投资不会影响资本净值，但在一定的资本周转期间，给定预付资本的前提下，固定资本的实物补偿和在流动资本上的追加投入都会形成对由预付资本所决定的平均利润的扣除。从而我们可以发现，若将资本周转问题纳入考虑范围，那么在某一个瞬间，资本增殖程度就可能不完全等价于利润。这是由于周转期间存在时间差。例如，如果生产需要 1 年时间，年初预付资本，年末货币才实现回流，那么在式（3-3-24）中，利润是由上一年预付资本的年利润率决定的，而在既回收利润又预付资本时的年初，就造成了资本净值变化和利润之间的差额。（例如，利润在转化为追加可变资

---

① 这里的数学形式并不严格。$\dot{p}$ 的本意是市场价格的变化而非折旧。这里是结合实际经济含义进行的解释。如果要写成更严格的形式，则需要对不同年岁的固定资本加以区分，模型会十分复杂，但没有提供更有意义的结论。
② 马克思：《资本论》（第二卷），人民出版社，1975，第 504 页。
③ 在这里，对资产负债表的分析只是一种理论抽象，应当看作对产业资本循环中不同形态资本相互变化的总分析，和现实会计准则下的资产负债分析并不一致。

本或利息后,就从资产负债表中移除,造成净资产的减少。)

(三) 固定资本周转中的部类平衡问题

如前所述,马克思在《资本论》第二卷中专门分析了固定资本对两部类平衡条件的影响。马克思的分析过程虽然思路清晰,但由于采用的是具体数例和文字论述相结合的方式进行讨论,因此论证过程显得比较烦琐。近年来,已有学者在马克思分析的基础上,以图式的形式进行了重新梳理和总结,简化并发展了马克思的观点。[①] 本部分以前文所构建的周转模型对马克思的观点进行更一般且形式化的表达。

出于简化的目的,假设经济中只有一种生活资料谷物,一种固定资本拖拉机,拖拉机的使用年限为 T_{tractor},没有其他不变资本。工人单位劳动耗费的谷物为 f,则 $w = p_{\text{corn}} f$。由于部类平衡必须进一步考虑资本家的消费问题,在简单再生产条件下,假设资本家的利润全部转化为对谷物的消费。那么,对于第 I 部类而言,有:

$$\dot{M}^{\mathrm{I}} = p_{\text{tractor}} \bar{\alpha}^{\mathrm{I}} - p_{\text{tractor}} \underline{\alpha}^{s\mathrm{I}} - p_{\text{corn}} f \alpha_l^{\mathrm{I}} - p_{\text{corn}} c^{\mathrm{I}} \qquad (3-3-25)$$

其中 c^{I} 为第 I 部类资本家消费的谷物。第 II 部类分为两类企业,企业 II-① 和企业 II-②。其中企业 II-① 需要对全部固定资本进行实物更新,而企业 II-② 则不进行任何更新。那么对于这两类企业,有:

$$\dot{M}^{\mathrm{II}-1} = p_{\text{corn}} \bar{\alpha}^{\mathrm{II}-1} - p_{\text{tractor}} \underline{\alpha}^{\mathrm{II}-1} - p_{\text{corn}} f \alpha_l^{\mathrm{II}-1} - p_{\text{corn}} c^{\mathrm{II}-1} \qquad (3-3-26)$$

$$\dot{M}^{\mathrm{II}-2} = p_{\text{corn}} \bar{\alpha}^{\mathrm{II}-2} - p_{\text{corn}} f \alpha_l^{\mathrm{II}-2} - p_{\text{corn}} c^{\mathrm{II}-2} \qquad (3-3-27)$$

其中 $c^{\mathrm{II}-1}$ 和 $c^{\mathrm{II}-2}$ 分别为两类企业资本家的谷物消费。

按照马克思的观点,在简单再生产情况下,每一部类企业预付的货币必须完全回流。他说:"当再生产(无论是简单的,还是规模扩大的)正常进行时,由资本主义生产者预付到流通中去的货币,必须流回

[①] 何干强:《货币流回规律和社会再生产的实现——马克思社会总资本的再生产和流通理论的再研究》,《中国社会科学》2017 年第 11 期,第 27~52 页。

到它的起点（无论这些货币是他们自己的，还是借来的）。"① 所以有 $\dot{M}^{\mathrm{I}} = 0$、$\dot{M}^{\mathrm{II}-1} + \dot{M}^{\mathrm{II}-2} = 0$ 成立。那么，利用 $\overline{\underline{\alpha}}^{\mathrm{I}} = \underline{\alpha}^{s\mathrm{I}} + \underline{\alpha}^{\mathrm{II}-1}$ 和 $\dot{M}^{\mathrm{I}} = 0$ 可以证明：

$$p_{\text{tractor}} \underline{\alpha}^{\mathrm{II}-1} = p_{\text{corn}} f \alpha_l^{\mathrm{I}} + p_{\text{corn}} c^{\mathrm{I}} \tag{3-3-28}$$

这事实上就是马克思给出的简单再生产部类平衡条件 $C^{\mathrm{II}} = V^{\mathrm{I}} + M^{\mathrm{I}}$。

另外，根据 $\dot{M}^{\mathrm{II}-1} + \dot{M}^{\mathrm{II}-2} = 0$ 并利用"生产价格等于平均利润加所费成本"以及"平均利润全部转化为资本家消费"的性质，可以整理得：

$$p_{\text{tractor}} \underline{\alpha}^{\mathrm{II}-2} = (T_{\text{tractor}} - 1) p_{\text{tractor}} \underline{\alpha}^{\mathrm{II}-1} \tag{3-3-29}$$

这事实上是式（3-3-17）在两部类模型中的特殊表现，也表达了马克思的如下观点：当含有固定资本时，两部类简单再生产中必须追加平衡条件，即第Ⅱ部类固定资本中需要更新和不需要更新的部分在周转节律上相匹配。"第Ⅱ部类不变资本的这个固定组成部分，即按自己的全部价值再转化为货币，因而每年要用实物更新的固定组成部分……应该等于第Ⅱ部类不变资本中另一个固定组成部分的年损耗，也就是等于以旧的实物形式继续执行职能，而其损耗（即转移到所参与生产的商品中去的价值损失）先要用货币来补偿的那个固定组成部分的年损耗。"②

同时，式（3-3-29）可以进一步改写为：

$$\underline{\alpha}^{\mathrm{II}-1} = \frac{1}{T_{\text{tractor}}} (\underline{\alpha}^{\mathrm{II}-1} + \underline{\alpha}^{\mathrm{II}-2}) \tag{3-3-30}$$

这意味着，若要实现两部类平衡，则第Ⅱ部类的固定资本中需要实现更新的部分必须是总固定资本存量的 $\frac{1}{T_{\text{tractor}}}$，即第Ⅱ部类总固定资本必须

---

① 马克思：《资本论》（第二卷），人民出版社，1975，第512页。
② 马克思：《资本论》（第二卷），人民出版社，1975，第521页。

按照固定资本的社会平均使用年限，以一种线性的方式进行代谢。①

最后值得说明的是，虽然马克思在《资本论》中非常细致地讨论了式（3-3-30）是如何通过具体的流通过程实现的，但这个具体的实现形式对于式（3-3-30）的成立本身而言并不十分重要。马克思想强调的实际上是，再生产的顺利实现必须以通过某种恰当的形式实现货币资本在第Ⅱ部类企业内部的转移为前提。② 另外，式（3-3-30）同样意味着，在两部类分析中，固定资本周转的影响和限制是可以被抽象掉的，因为它所提出的追加要求不过是"线性折旧"本身。在大多数研究中，人们总是将线性折旧看作一种"前提"，因此这隐含地保证了式（3-3-30）的成立。所以，除非我们就是要研究固定资本周转本身，否则在两部类分析中可以不考虑周转问题，正如马克思在绝大多数场合所做的那样。

（四）固定资本的增长和波动效应

人们已经以联合生产模型为基础，证明了如下两点：（1）在含有固定资本的条件下剑桥方程式同样成立；（2）将固定资本折旧基金用于投资可以令经济增长收敛到更高的均衡水平。③ 但是现有文献是从两个略微不同的分析框架出发分别单独展示这两个结论的，本部分以固定资本周转模型给出一个一致的说明。

考虑企业 i 的净现金流为：

$$\dot{M}^{[i]} = \bar{\pi}(w\alpha_l^{[i]} + p\delta^{[i]} + p\underline{\alpha}^{[i]}) + \sum_{j=1}^{m} \frac{1}{T_j} p_j \underline{\alpha}_j^{[i]}$$

$$- p\underline{\alpha}^{*[i]} - w\dot{\alpha}_l^{[i]} - p\dot{\delta}^{[i]} - p\dot{\underline{\alpha}}^{[i]} - p\dot{c}^{[i]} \qquad (3-3-31)$$

---

① 森岛通夫曾经出于批评马克思的固定资本线性折旧观点的目的，在基于投入产出框架的两部类模型中实质上证明了马克思关于部类平衡中固定资本补偿的观点，尽管他本人可能并没有这方面的意识。参见：森岛通夫《马克思的经济学——价值和增长的双重理论》，袁镇岳等译，上海人民出版社，1990，第198~201页。
② 马克思的解释可以看作提出了一种撇开信用和其他机制也能保证这种转移的具体方式。
③ 李帮喜、赵峰：《固定资本、加速折旧及其经济波动效应》，《政治经济学评论》2017年第3期，第190~202页。

将上式对所有企业加总，并假设工人的工资和消费支出保持预算平衡即 $w = pf$，则有事实 $\sum_{i \in \beta} \dot{M}^{[i]} = 0$，并可以得到如下加总形式：

$$(\bar{\pi} - g)(w\alpha_l + p\delta + p\underline{\alpha}) + \sum_{j=1}^{m} \frac{1}{T_j} p_j \underline{\alpha}_j - p\underline{\alpha}^s - pc = 0 \quad (3-3-32)$$

其中 $g = \dfrac{w\dot{\alpha}_l + p\dot{\delta} + p\dot{\underline{\alpha}}}{w\alpha_l + p\delta + p\underline{\alpha}}$，表示资本积累率。

进一步假设总利润中的份额 $1 - \mu$ 用于资本家的非生产性消费，即 $pc = (1 - \mu)\bar{\pi}(w\alpha_l + p\delta + p\underline{\alpha})$，那么从式（3-3-32）可得：

$$g = \mu\bar{\pi} + \frac{\sum_{j=1}^{m} \frac{1}{T_j} p_j \underline{\alpha}_j - p\underline{\alpha}^s}{w\alpha_l + p\delta + p\underline{\alpha}} \quad (3-3-33)$$

这意味着，在包含固定资本更新的条件下，资本积累率可以解释成两个因素的叠加：一是平均利润率，二是折旧基金的动态变化。

在技术不变的假设下，固定资本更新是以有形磨损为基础的，那么假设任意固定资本 j 都以社会平均物理使用期限 T_j 为界进行报废更新，则式（3-3-33）的 $\underline{\alpha}_j^s$ 的大小就依赖于经济中固定资本的年龄结构，或者说依赖于该时刻恰好有多少固定资本 j 达到使用期限，这又进一步等于 $t - T_j$ 时刻的固定资本 j 的总投资量，即 $\underline{\alpha}_j^s = I_{j,t-T_j} = \underline{\alpha}_{j,t-T_j}^s + \dot{\underline{\alpha}}_{j,t-T_j}$。可见，即便在不包含技术进步，且所有固定资本均严格以固定的物理使用期限进行报废更新这种极为"苛刻"的条件下，由于固定资本的周转特性所引起的"Ruchti - Lohmann 效应"，资本积累的动态特征也变得极其复杂。当然，式（3-3-33）包含一个稳态情况，即在 $\dfrac{1}{T_j}\underline{\alpha}_j = \underline{\alpha}_j^s$ 的稳态更新条件下，由于不存在"Ruchti - Lohmann 效应"，式（3-3-33）转变为剑桥方程式的标准形式：$g = \mu\bar{\pi}$。

为了更直观地说明上述情况，现考虑只有一种固定资本 K（记折旧期限为 T_K，市场价格为 p_K）的情形。在技术不变的条件下，固定资本和流动资本的数量之间具有稳定的技术关系，因此可以记 $w\alpha_l + p\delta +$

$pK = p\psi K$（ψ 代表一种参数）。假设企业将所有折旧基金都用于扩大再生产，那么根据式（3-3-33），在任意时刻 t 的追加资本 $p\psi K$ 包含两个部分：一是通过利润进行的资本积累 $\mu\bar{\pi}p\psi K$；二是来自折旧基金，也即"Ruchti-Lohmann 效应"的部分 $\frac{1}{T_K}p_K K - p_K K^s$。同时，在 t 时刻因报废而需要实物更新的固定资本量 $p_K K^s$ 正是 $t-T_K$ 时刻的新投入固定资本量，即 $\mu\bar{\pi}p\psi K_{t-T_K} + \frac{1}{T_K}p_K K_{t-T_K} - p_K K^s_{t-T_K}$。因此，在 t 时刻的固定资本存量变化为：

$$\dot{K} = \mu\bar{\pi}(K_t - K_{t-T_K}) - \frac{p_K}{p\psi}K^s_{t-T_K} + \frac{1}{T_K}\frac{p_K}{p\psi}(K_t - K_{t-T_K}) \qquad (3-3-34)$$

原则上，$K^s_{t-T_K}$ 可以一直向前迭代到当 $t < T_K$ 时，$K^s_t = 0$。一般来说，式（3-3-34）是一个解形态比较复杂的差分微分方程。可见，即便只考虑一种固定资本的条件下，固定资本更新的动态过程也很复杂。

不过，有人给出了一个特殊形式，即山田-山田模型。在山田-山田模型中，假设每一时刻资本积累中的 $\mu\bar{\pi}p\psi K_t - p_K K^s_t$ 部分呈现稳态增长，即 $\mu\bar{\pi}p\psi K_t - p_K K^s_t = F_0 e^{mt}$。那么，式（3-3-34）就整理为一个简单的特殊形态：

$$\dot{K} = \frac{1}{T_K}\frac{p_K}{p\psi}(K_t - K_{t-T_K}) + F_0 e^{mt} \qquad (3-3-35)$$

这是一个一维线性时滞差分微分方程。人们曾经围绕式（3-3-35）的差分形态进行了深入讨论，并展示了其波动并趋于收敛的特征。[①] 可见，研究固定资本更新动态过程的山田-山田模型及其性质，可以视作本节动态模型在特殊条件下的一个结果。

总之，即便在最简单的条件下，固定资本更新和周转本身也会对资本积累产生波动效应，正如马克思一般性地说明的："这种由若干互相

[①] 藤森赖明、李帮喜：《马克思经济学与数理分析》，社会科学文献出版社，2014，第138~139页。

联系的周转组成的包括若干年的周期（资本被它的固定组成部分束缚在这种周期之内），为周期性的危机造成了物质基础……危机又或多或少地是下一个周转周期的新的物质基础。"[①]

（五）对置盐－中谷模型的再研究

本小节采用表3－3－3中的数例对置盐－中谷模型展开进一步的思考。

假设所有企业处于以 g 为增长率的稳态增长路径上，且资本家不消费。那么，对于企业Ⅰ、企业Ⅱ－①和企业Ⅱ－②来说，净现金流分别为：

$$\dot{M}^{\mathrm{I}} = p_{\mathrm{tractor}} x_{\mathrm{I}} - (1+g) p_{\mathrm{corn}} \frac{1}{4} x_{\mathrm{I}} \qquad (3-3-36)$$

$$\dot{M}^{\mathrm{II}-1} = p_{\mathrm{corn}} x_{\mathrm{II}-1} - (1+g) p_{\mathrm{corn}} \frac{1}{3} x_{\mathrm{II}-1} - g p_{\mathrm{tractor}} \frac{1}{2} x_{\mathrm{II}-1} \qquad (3-3-37)$$

$$\dot{M}^{\mathrm{II}-2} = p_{\mathrm{corn}} x_{\mathrm{II}-2} - (1+g) p_{\mathrm{corn}} \frac{1}{3} x_{\mathrm{II}-2} - (1+g) p_{\mathrm{tractor}} \frac{1}{2} x_{\mathrm{II}-2} \qquad (3-3-38)$$

假设拖拉机的折旧率为 φ，那么根据马克思的生产价格理论，式（3－3－36）~式（3－3－38）可以进一步整理为：

$$\dot{M}^{\mathrm{I}} = (\pi - g) p_{\mathrm{corn}} \frac{1}{4} x_{\mathrm{I}} \qquad (3-3-39)$$

$$\dot{M}^{\mathrm{II}-1} = (\pi - g)(p_{\mathrm{corn}} \frac{1}{3} x_{\mathrm{II}-1} + p_{\mathrm{tractor}} \frac{1}{2} x_{\mathrm{II}-1}) + p_{\mathrm{tractor}} \frac{1}{2} \varphi(\pi) x_{\mathrm{II}-1} \qquad (3-3-40)$$

$$\dot{M}^{\mathrm{II}-2} = (\pi - g)(p_{\mathrm{corn}} \frac{1}{3} x_{\mathrm{II}-2} + p_{\mathrm{tractor}} \frac{1}{2} x_{\mathrm{II}-2}) + p_{\mathrm{tractor}} \frac{1}{2} [\varphi(\pi) - 1] x_{\mathrm{II}-2} \qquad (3-3-41)$$

根据前文的讨论，马克思认为，即便是在扩大再生产条件下，两部

[①] 马克思：《资本论》（第二卷），人民出版社，1975，第207页。

第三章　剩余价值的实现、流通和分配过程

类的净现金流也要平衡，即有：

$$\dot{M}^{\mathrm{I}} = 0 \tag{3-3-42}$$

$$\dot{M}^{\mathrm{II}-1} + \dot{M}^{\mathrm{II}-2} = 0 \tag{3-3-43}$$

根据以上条件，式（3-3-43）进一步表达为：

$$\varphi(x_{\mathrm{II}-1} + x_{\mathrm{II}-2}) = x_{\mathrm{II}-2} \tag{3-3-44}$$

即意味着，企业Ⅱ-②的数量或者说活动水平，必须是第Ⅱ部类总企业数或者说总活动水平的 φ 倍，这在形式上和式（3-3-30）是一致的，尽管在置盐-中谷模型下，固定资本的折旧率采用的是非线性折旧的形式。这个平衡的机制，如果按照马克思的解释，是通过企业Ⅱ-②流向企业Ⅱ-①的现金流，即前者将过去贮藏的折旧基金通过购买第Ⅰ部类的生产资料间接地转化为企业Ⅱ-①的货币余额，为将来的固定资本更新做准备。当然除此以外，在实际中也可能是企业Ⅱ-①通过信用机制为企业Ⅱ-②的固定资本更新提供融资。

但是，若按照联合生产的写法，三类企业的货币净收入应写为：

$$\dot{M}^{\mathrm{I}}_{\mathrm{joint}} = p_{\mathrm{tractor}} x_{\mathrm{I}} - (1+g) p_{\mathrm{corn}} \frac{1}{4} x_{\mathrm{I}} \tag{3-3-45}$$

$$\dot{M}^{\mathrm{II}-1}_{\mathrm{joint}} = \left(p_{\mathrm{corn}} + p_{\mathrm{old-tractor}} \frac{1}{2}\right) x_{\mathrm{II}-1} - (1+g)\left(p_{\mathrm{corn}} \frac{1}{3} + p_{\mathrm{new-tractor}} \frac{1}{2}\right) x_{\mathrm{II}-1} \tag{3-3-46}$$

$$\dot{M}^{\mathrm{II}-2}_{\mathrm{joint}} = p_{\mathrm{corn}} x_{\mathrm{II}-2} - (1+g)\left(p_{\mathrm{corn}} \frac{1}{3} + p_{\mathrm{old-tractor}} \frac{1}{2}\right) x_{\mathrm{II}-2} \tag{3-3-47}$$

上述三式等价于：

$$\begin{pmatrix} \dot{M}^{\mathrm{I}}_{\mathrm{joint}} \\ \dot{M}^{\mathrm{II}-1}_{\mathrm{joint}} \\ \dot{M}^{\mathrm{II}-2}_{\mathrm{joint}} \end{pmatrix} = p \begin{pmatrix} 1 & 0 & 0 \\ 0 & \frac{1}{2} & 0 \\ 0 & 1 & 1 \end{pmatrix} - (1+g) p \begin{pmatrix} 0 & \frac{1}{2} & 0 \\ 0 & 0 & \frac{1}{2} \\ \frac{1}{4} & \frac{1}{3} & \frac{1}{3} \end{pmatrix}$$

根据均衡下有 $g=\pi$，则有：

$$\begin{pmatrix} \dot{M}_{joint}^{I} \\ \dot{M}_{joint}^{II-1} \\ \dot{M}_{joint}^{II-2} \end{pmatrix} = 0$$

这意味着在联合生产的解释下，在任意时刻，企业的净现金流均为零，不存在固定资本实物更新和价值补偿之间的矛盾。其实通过比较式（3-3-39）~式（3-3-41）和式（3-3-45）~式（3-3-47），并考虑到置盐-中谷形式有：

$$\dot{M}_{joint}^{II-1} = \dot{M}^{II-1} - \varphi(\pi) p_{tractor} \frac{1}{2} x_{II-1} \qquad (3-3-48)$$

$$\dot{M}_{joint}^{II-2} = \dot{M}^{II-2} + (1+g)\varphi(\pi) p_{tractor} \frac{1}{2} x_{II-2} \qquad (3-3-49)$$

并从旧拖拉机市场的出清事实 $x_{II-1} = (1+g) x_{II-2}$ 可知，联合生产模型可以看作虚拟出一个旧固定资本市场，并通过该旧固定资本市场的交易来解释不同固定资本更新状态下的企业之间的现金流；并且在数量上，这个现金流的大小等于固定资本的折旧额。更进一步地，联合生产模型认为这个虚拟的支出项也是企业预付资本的一部分，也要产生一般利润，从而对折旧率产生影响。

四 对固定资本理论的细节补充

（一）固定资本的价值转移

在传统马克思经济学文献中，一般认为固定资本的价值转移是一种"线性价值转移"。所谓"线性价值转移"，是指在价值转移过程中，机器、厂房等固定资本随着损耗，而把自身的全部价值一部分一部分地转移到产品中去。当机器完全折旧报废时，自身所有的价值都转移完毕。并且，每一时刻转移的价值是以把全部价值平均分摊在固定资本的全部寿命上进行计算的。

第三章 剩余价值的实现、流通和分配过程

在《资本论》中马克思一直贯彻这一观点。在第一卷中，马克思就明确指出，通过具体劳动，"生产资料转给产品的价值只是它作为生产资料而失掉的价值"[①]。他进一步举例说："假定这种劳动资料的使用价值在劳动过程中只能持续6天，那末它平均每个工作日丧失它的使用价值的1/6，因而把它的价值的1/6转给每天的产品。"[②] 并且强调："生产资料转给产品的价值决不会大于它在劳动过程中因本身的使用价值的消灭而丧失的价值。"[③] 到了《资本论》第二卷第八章，马克思从固定资本和流动资本的角度再次讨论了这个问题[④]，他说："厂房、机器等……按照它在丧失使用价值时丧失掉的交换价值的比例，把价值转给产品。这种生产资料把多少价值转给或转移到它帮助形成的产品中去，要根据平均计算来决定，即根据它执行职能的平均持续时间来计量。"[⑤] "损耗（无形损耗除外）是固定资本通过消耗而逐渐转移到产品中去的价值部分。这种转移是按照固定资本丧失使用价值的平均程度进行的。"[⑥]

在第二卷中马克思进一步丰富了"线性价值转移"的细节。马克思指出从一种商品的社会价值的角度来看，固定资本转移多少价值给这种商品，不是由个别生产条件所确定的，而是由平均的社会条件所决定的。他说道："这部分不变资本，按照它在丧失使用价值时丧失掉的交换价值的比例，把价值转给产品。这种生产资料把多少价值转给或转移到它帮助形成的产品中去，要根据平均计算来决定，即根据它执行职能的平均持续时间来计量。"[⑦] 这里的"平均"有两层含义。第一层含义

[①] 马克思:《资本论》（第一卷），人民出版社，1975，第229页。
[②] 马克思:《资本论》（第一卷），人民出版社，1975，第230页。
[③] 马克思:《资本论》（第一卷），人民出版社，1975，第230页。
[④] 在本书研究中，不区分固定资本折旧补偿、更新或维修之间的差别。按照马克思所言，在很多实际场合，修理、补偿、维持和更新费用之间的界限有一定的伸缩性，对它们做出绝对的区分不可能也没有意义。从价值转移的角度来说，这些行为都是把更新、补偿和维修所使用的生产资料的价值转移到商品中去，由商品价值进行补偿。
[⑤] 马克思:《资本论》（第二卷），人民出版社，1975，第176页。
[⑥] 马克思:《资本论》（第二卷），人民出版社，1975，第191页。
[⑦] 马克思:《资本论》（第二卷），人民出版社，1975，第176页。

是对不同个别资本家之间使用同一种固定资本在生产条件差异上的平均。例如，"实际上，机器等等在一个资本家手里可以使用到平均时期以上，在另一个资本家手里却不能使用这样长的时间……但是，由损耗和修理费用决定的商品加价，却是一样的，都是由平均数决定的。"①

第二层含义是指，由于机器的损坏、维修和更新具有很强的随机性质，因此需要将实际上总是偶然的、不均匀的固定资本更新平均化为一个稳定的折旧补偿从而转移到产品的价值中去。例如："一个纺纱业主不能因为这个星期坏了一个轮盘或断了一根皮带，就在这个星期以高于上个星期的价格来出售纱。纺纱的一般费用，不会因为一个工厂发生这种事故而起任何变化。在这里，和在所有的价值决定上一样，起决定作用的是平均数。经验会把投在一定生产部门的固定资本在平均寿命期间遇到的这种事故和所需要的维修劳动的平均量表示出来。这种平均支出被分配在平均寿命期间，并以相应的部分加进产品的价格，从而通过产品的出售得到补偿。"② "用在修理上的劳动力和劳动资料的实际支出，和造成这种修理的必要性的情况本身一样，是偶然的；必要修理量不均衡地分配在固定资本寿命的不同时期。"③ "这种支出实际上是在不规则的期间内预付的，从而也是在不规则的期间内加入产品或固定资本中去的。"④ 第二层含义的平均最终又可以归结为第一层含义的平均，因为在个别资本家身上发生的偶然的固定资本更新本身就意味着资本家之间差异化的生产条件；反过来，资本家之间差异化的生产条件本身也就是每个资本家自身大量偶然的、不均匀的固定资本更新事件的总和。

基于个别生产条件和社会平均条件的差别，马克思进一步注意到固定资本价值转移过程中私人劳动和社会劳动之间的矛盾。他说道："按照社会平均数来决定损耗和修理费用时，必然会产生很大的差别……机

---

① 马克思：《资本论》（第二卷），人民出版社，1975，第199页。
② 马克思：《资本论》（第二卷），人民出版社，1975，第196页。
③ 马克思：《资本论》（第二卷），人民出版社，1975，第196页。
④ 马克思：《资本论》（第二卷），人民出版社，1975，第197页。

器等等在一个资本家手里可以使用到平均时期以上,在另一个资本家手里却不能使用这样长的时间。一个资本家的修理费用会高于平均数,另一个资本家的修理费用会低于平均数,如此等等。但是,由损耗和修理费用决定的商品加价,却是一样的,都是由平均数决定的。因此,一个资本家由这种价格追加得到的,比他实际追加的要多,另一个资本家则要少。这种情况,和其他一切造成同一生产部门的不同资本家在劳动力剥削相等时获得不等利润的情况一样,使人难于理解剩余价值的真正性质。"[1] 如同其他生产条件的差异一样,固定资本折旧情况的差异也会为个别资本家带来超额剩余价值。

基于马克思的这些论述,传统文献一般是这样理解固定资本的价值转移问题的。对于某一种固定资本 a(假设它帮助生产出商品 A)而言,不同个别资本家有不同的且被视作事先由技术确定的个别使用期限,这些期限作为外生参数,平均化为一个社会平均使用期限。那么商品 A 的社会价值中由固定资本 a 转移来的部分,就是由固定资本 a 的价值平均分摊在社会平均使用期限上来决定的。而不同个别资本家由于使用 a 的个别期限不同,从而转移到商品中的个别价值不同,而这些个别价值不同的商品按照同一种社会价值出售,那些拥有较为有利条件的资本家便获得了超额剩余价值。

按照这种理解,对固定资本价值转移问题的研究,就等同于研究如何围绕使用期限或折旧率,对生产资料价值转移的一般原理进行更进一步具体的、细化的表述。从而流动资本和固定资本之间的差别,只是在计算价值"转移"时使用的参数不同——流动资本是使用期限为 1 年的固定资本。不同资本家在固定资本使用期限上的差异,等同于不同资本家在生产资料耗费或者说"所费资本"上的差异。

这一观点影响非常广泛。在模型上,传统方法倾向于通过引入"折旧系数"或使用联合生产的方式处理价值转移问题。"折旧系数"通过

---

[1] 马克思:《资本论》(第二卷),人民出版社,1975,第 198~199 页。

给定外生的使用期限（通常采用线性折旧的方法），将"所用"的生产资料的物理投入量转化为"所费"的生产资料物理量，从而将固定资本转化为流动资本进行常规运算。在第二小节中已经展示，利用联合生产的处理方法则是，虽然也要事先给出外生的使用周期，但不是直接将固定资本转化为流动资本，而是将"旧"固定资本看作一种由"新"固定资本生产出来的副产品，然后通过常规的运算同时计算出新旧固定资本的价值。无论哪一种方法，都将固定资本的折旧问题视作与价值生产意义上的价值转移问题相等价的。这种观点不仅表达为正式的模型，还往往以"非正式"的形式体现在对固定资本的分析语境中。例如，哈维以一种不严格的措辞写道："为了区别固定资本和流动资本，首先可以考虑它是如何把自身的价值赋予最终产品的"①。尽管哈维是围绕固定资本的流通问题展开分析的，但在这句话中，他似乎并没有清晰地界定出如下事实：固定资本（以及流动资本）范畴所涉及的不是一个价值生产上的价值转移问题，而是一个价值流通中的支出和补偿问题。

在严格意义上讲，当我们谈及"固定资本"时，是不能问固定资本的价值是如何"转移"的，就像我们不能问流动资本的价值是如何"转移"的。②我们只能讨论，固定资本的价值是以何种形式流通的，即以何种形式表现在货币资本的支出和回流中的。生产资料的价值转移和固定资本的价值流通，二者本质上是两个层次的事情。

不应当把对固定资本价值流通规律的分析（在这个意义上它区分于流动资本），放置在通过具体劳动实现的生产资料或者说不变资本的价值转移（在这个意义上区分于可变资本）相同的理论层次进行把握。价值创造和价值转移问题是劳动价值论框架下的一般性原理；而固定资本和流动资本的价值流通形式（如"线性价值转移"），则是价值转移一般性原理在具体的流通环境下的表现形式。

---

① 大卫·哈维：《资本的限度》，张寅译，中信出版集团股份有限公司，2017，第335页。
② 作为流动资本的可变资本，不是通过具体劳动把其价值"转移"到产品中去，而是通过抽象劳动创造出一个大于其自身价值的新的价值。

那么，如何理解马克思从《资本论》第一卷就开始反复使用关于"线性价值转移"的陈述对生产资料的价值转移过程进行说明呢？事实上，这必须从马克思的方法论角度进行把握。在马克思经济学中，价值和交换价值、价值生产和价值流通问题不是彼此独立的，当人们分析价值生产问题时所涉及的生产资料的价值转移，必然是一个通过现实的流通过程所确定和实现的交换价值的转移。不存在一个与价值流通无关的、纯粹由技术工艺决定的价值转移——而这恰是传统的"计算论"所试图加以确定的。这意味着，当我们在具体的固定资本范畴下讨论"线性价值转移"时，实际上必须结合固定资本的价值流通过程进行把握——生产资本投在不同类型的生产资料上体现的不同的支出和回流规律——而不是孤立地在纯粹价值生产的意义上进行说明。使用价值意义上的固定资本作为一种客观的、一般性的生产资料，有其物理意义上的生产、运动和更新规律；而所谓的固定资本的"价值转移"及价值流通问题，实际上是这种客观的物理过程在商品生产及与之配套的货币核算体系中的"投影"，由此在总体上产生了固定资本使用价值生产和流通同其价值生产和流通之间的矛盾和分离。

当马克思站在第一卷的抽象层次上谈及"线性价值转移"时，他的理论目的是确定劳动价值论和剩余价值理论的基本原理：从价值生产的角度来说，生产资料的耗费不会增加也不会减少价值，只有抽象劳动能够创造新价值（在这一部分马克思重在论证剩余价值的源泉，即不变资本只发生价值转移，不能创造新的价值）；从使用价值生产的角度来说，则在于指出生产资料的耗费如何在总产品中得到顺利补偿。当马克思抽象地谈及价值转移时，他是舍象掉具体的、复杂的、处于不断变化中的价值流通特征来谈论的，此时可以认为马克思是以稳态价值流通为出发点的。而后文将证明如下观点：在一个稳态的价值流通中，固定资本的价值转移必然表现出"线性价值转移"的特征。

马克思谈及"线性价值转移"的另一个抽象之处在于，他从一般的、总体的角度谈论价值转移的线性特征。正如在前述引文中展示的，马克思显然认识到，作为对价值生产过程中价值转移的讨论，"线性价值转移"这一原则只在抽象的、宏观的讨论时才成立，在更具体的、微观的层次上，价值转移绝不是均匀的、线性的。事实上下文也将证明，对于每一个个别生产过程而言，生产资料的价值转移量是由其实际更新或耗费的生产资料决定的；"线性价值转移"只是大量个别生产过程彼此差异化的价值转移平均化后所表现出来的宏观性质。因此笔者认为，当马克思谈及"线性价值转移"时，还必须基于私人劳动向社会劳动的转化以及个别价值和社会价值之间的矛盾加以理解。对于某个个别的私人劳动来说，采取固定资本形态的生产资料的价值转移，并不表现出"线性价值转移"的特征。人们通过个别具体劳动将私人生产过程中实际耗费的生产资料的交换价值转移到产品中去，而这个转移量的多少，则依赖于该个别私人劳动的实际的具体劳动过程。例如，如果某个个别私人劳动的维修费用较低、固定资本的使用寿命较长，那么它的具体劳动就将很低的交换价值转移到其产品的个别价值中去。甚至如果它能够用某种不具有价值的东西替代通常情况下使用的有价值的生产资料来完成生产，那么这个私人具体劳动就不把任何交换价值转移到产品的个别价值中去。当这个产品的个别价值在交换中以社会价值的形式加以表现时，由于这种转移价值之间的差额，这个生产者就获得了超额剩余价值，其私人劳动也就表现为一种复杂劳动。

上述讨论是从劳动价值论或者说价值生产的角度进行的，这种视角在《资本论》第二卷中为价值流通框架所补充和发展。正如我们已经说过的，在马克思经济学中，价值生产和价值流通不是彼此割裂的，在价值生产意义上固定资本的价值转移问题，必须结合资本循环和周转中固定资本具体的价值流通的方式和性质才能得到完整地说明。应当认识到，价值生产意义下的固定资本价值转移规律，必须展开为固定资本的价值流通规律——前者只是后者的抽象。更进一步的，这种价值流通规律，又是以货币资本的运动表现出来的。马克思说道："一旦这种固定要素如建筑物、机器等等的寿命已经完结，不能再在生产过程中执行职能，它的价值就在它旁边存在着，全部由货币来补偿，即由货币沉淀的总和，由固定资本逐渐转移到它参与生产的商品中去的、已经通过商品出售而转化为货币形式的价值的总和来补偿。"[1] 在马克思的劳动价值论中，对价值生产和流通的理解始终不能脱离货币的运动。

（二）对固定资本价值转移的数理研究

现在，我们更形式化地展示前文的观点。假设在任意时刻 t，第 i 个企业的产出向量为 $\overline{\alpha}^{[i]}$，直接劳动投入量为 $\alpha_l^{[i]}$，生产资料向量（含有固定资本和流动资本）为 $\underline{\alpha}^{[i]}$，在该时刻所实际发生的生产资料实物更新或补偿向量为 $\underline{\alpha}^{s[i]}$。

首先，从价值创造和价值转移的角度来说，对于企业 i 而言，私人劳动所创造的个别价值为 $idv^{[i]} = \alpha_l^{[i]} + \Lambda\underline{\alpha}^{s[i]}$，其中 $\Lambda\underline{\alpha}^{s[i]}$ 意味着在该时刻企业 i 将实际发生补偿的生产资料的价值转移到产品的个别价值中去；同时该企业生产出个别剩余价值 $idsv^{[i]} = \alpha_l^{[i]} - mw\alpha_l^{[i]}$。其产出在市场上的社会价值为 $\Lambda\overline{\alpha}^{[i]}$，所实现的剩余价值为 $rsv^{[i]} = \Lambda\overline{\alpha}^{[i]} - mw\alpha_l^{[i]} - \Lambda\underline{\alpha}^{s[i]}$。上式对 i 加总得 $rsv = \Lambda\overline{\alpha} - mw\alpha_l - \Lambda\underline{\alpha}^s$，并考虑到 $\Lambda\overline{\alpha} = \alpha_l + \Lambda\underline{\alpha}^s$ 可知 $rsv = \alpha_l - mw\alpha_l = sv = idsv$。

其次，从价值流通的角度来说，对于第 i 个企业而言，固定资本的价值补偿是通过出售产品所带来的货币回流来实现的。以简单再生产为标准，可以定义企业 i 的货币盈余为 $z^{[i]} = p\overline{\alpha}^{[i]} - w\alpha_l^{[i]} - p\underline{\alpha}^{s[i]}$；它反映了企业从出售商品中所获得的货币收入与为了维系当前规模的简单再生产所需要的货币支出之间的差额。为表述方便，下文称这种盈余为"简单再生产盈余"。那么企业 i 的简单再生产盈余可以改写为：

$$z^{[i]} = \underbrace{p\overline{\alpha}^{[i]} - w\alpha_l^{[i]} - \sum_{j=1}^{m} p_j \frac{1}{T_j} \underline{\alpha}_j^{[i]}}_{(1)} + \underbrace{\sum_{j=1}^{m} p_j \frac{1}{T_j} \underline{\alpha}_j^{[i]} - p\underline{\alpha}^{s[i]}}_{(2)} \quad (3-3-50)$$

假设资本家不消费，可将简单再生产盈余分解为两个部分，分别为：

---

[1] 马克思：《资本论》（第二卷），人民出版社，1975，第504页。

(1) 将所有货币收益扣除预留折旧费后所得的"自由"货币余额；

(2) 折旧基金和实际花费的更新费用之间的差额。从货币本身来看，简单再生产盈余中的这两个部分并没有差别。折旧基金只是为了方便理论分析和现金管理实践所人为界定的概念。事实上，由于处于闲置或贮藏状态的折旧基金意味着巨大的资金成本，企业往往会充分利用"Ruchti–Lohmann 效应"进行扩大再生产，或者采取将贮藏状态下的折旧基金转化为借贷资本以获取金融收益等方法对之进行充分利用，这进一步模糊了折旧费和利润之间的界限。

根据式（3-3-50）对所有企业加总，可得社会总货币盈余：

$$z = \underbrace{p\bar{\alpha} - w\alpha_l - \sum_{j=1}^{m} p_j \frac{1}{T_j} \underline{\alpha}_j}_{(1)} + \underbrace{\sum_{j=1}^{m} p_j \frac{1}{T_j} \underline{\alpha}_j - p\underline{\alpha}^s}_{(2)} \qquad (3-3-51)$$

在式（3-3-51）中，注意到 $p\underline{\alpha}^s = \sum_{j=1}^{m} p_j \chi_j \underline{\alpha}_j$ 并利用稳态条件下的式（3-3-17）即 $p_j \frac{1}{T_j} \underline{\alpha}_j - p_j \chi_j \underline{\alpha}_j = 0$，式（3-3-51）可整理为 $z = p\bar{\alpha} - w\alpha_l - \sum_{j=1}^{m} p_j \frac{1}{T_j} \underline{\alpha}_j$，即社会总货币盈余中的部分（2）为零。这是因为在稳态条件下，个别企业的折旧基金都将转化为需要进行固定资本更新的企业的融资，从而总货币盈余或者说货币利润就表现为总收入中扣除折旧费后的余额。宏观来看，折旧基金构成一种"利润"来源的表象就消失了。通过比较 $rsv = \Lambda\bar{\alpha} - mw\alpha_l - \Lambda\underline{\alpha}^s$ 和 $z = p\bar{\alpha} - w\alpha_l - \sum_{j=1}^{m} p_j \frac{1}{T_j} \underline{\alpha}_j$ 可知，$sv = idsv = \Lambda\bar{\alpha} - mw\alpha_l - \sum_{j=1}^{m} \lambda_j \frac{1}{T_j} \underline{\alpha}_j$。即社会总剩余价值等于总产品的价值中扣除劳动力价值和固定资本线性折旧的部分。上式进一步等价于 $\Lambda\bar{\alpha} = \alpha_l + \sum_{j=1}^{m} \lambda_j \frac{1}{T_j} \underline{\alpha}_j$，因此在这个意义上可以说，在任意时刻，固定资本 j 是按照社会平均使用年限 T_j 将其社会价值均匀地转移到产品中去的，即表现为线性价值转移。

值得指出的是，前文已经说明了社会平均使用年限 T_j 是一个因变量，它依赖于实际固定资本更新率的变化，但这仿佛产生了一个问题：如果各个企业发生大规模固定资本更新，那么 T_j 就要缩短，按照上面的结论，企业就要将更多的价值转移到产品中去，那么似乎产品的社会价值就要上升。如何理解这个问题呢？关键在于平衡条件 $p_j \frac{1}{T_j} \alpha_j - p_j \chi_j \alpha_j = 0$ 是否成立。在剧烈的固定资本更新浪潮期，平衡条件一般是不成立的，也就是说此时固定资本更新不是由折旧基金来融资，而一般是由银行贷款等进行融资。而当技术进步导致现有的固定资本存量价格发生变化时，也有可能打破 $p_j \frac{1}{T_j} \alpha_j - p_j \chi_j \alpha_j = 0$ 这一平衡条件。因此，只有在稳态条件下，固定资本的价值转移才以一种线性的、均匀的形式表现出来[①]。但是在现实中，由于不断变化的经济－技术环境以及广泛存在的金融机制，在均衡条件下才会表现出来的线性价值转移现象被掩盖在不断变化的现金流中。

这说明了，对于每一个个别企业而言，生产资料的价值转移是将每一时刻实际发生的实物补偿的交换价值全部转移到该时刻产品的个别价值中去，固定资本的价值转移是一个不均匀、不连续的过程。但通过资本的流通过程，特别是固定资本的货币流通，这些大量的、差异化的个别生产资料的价值转移平均化为一个宏观表现：从总体上看，固定资本的交换价值按其社会平均使用寿命均匀地转移到产品中去。脱离了固定资本的价值流通过程，是不能真正理解生产资料的价值转移过程的；同时，生产资料的价值转移规律正是以货币运动的外在形式，动态地、随机地甚至异化地表现出来，正如商品的价值规律，也只能以偶然的、随机的甚至虚假的货币价格形式表现出来一样。

（三）对 MRL 效应的再研究

通过前文的介绍我们已经知道所谓"Ruchti – Lohmann 效应"是指

---

① 前文已经说过，固定资本进而生产资料的价值转移，是以该种商品在市场上的社会价值，即用货币表示的交换价值为依据的。

固定资本的折旧会在剩余价值之外产生一个额外的积累效应，本节把在马克思经济学研究视角下的"Ruchti – Lohmann 效应"称为"MRL（Marx – Ruchti – Lohmann）效应"。MRL 效应是如下产生的。由于固定资本的折旧费会通过产品价值的实现而转化为对应的货币，同时固定资本在物理上仍然可以持续发挥作用，所以这部分货币并没有马上用于生产资料的补偿而是以预备金的形式留存下来。那么，企业可以立即将这些预备金用于投资或技术改进，从而扩大生产规模或提高劳动生产率，进而实现资本积累和扩大再生产。注意到，这一过程并不依赖于个别剩余价值的积累。因此，即使该企业的资本家将所有个别剩余价值用于消费，也不会影响这一积累效应。对于这种效应，马克思说道："固定资本价值中这个转化为货币的部分，可以用来扩大企业，或改良机器，以提高机器效率。这样，经过一段或长或短的时间，就要进行再生产，并且从社会的观点看，是规模扩大的再生产。如果生产场所扩大了，就是在外延上扩大；如果生产资料效率提高了，就是在内含上扩大。"[①] 在《资本论》中，马克思将这一过程称为"局部更新中企业的逐渐扩大"。

我们应当确认的是，MRL 效应是一个真实的生产效应而非货币和流通机制的产物。为了说明这一点，我们考虑一个不包含货币的单产品经济。该经济的技术条件为：固定资本量为 k，劳动 – 资本比为 L，产出 – 劳动比为 x。作为固定资本品的商品能够存续两期，分别用 k_0 和 k_1 代表 0 岁和 1 岁的固定资本。另外，每一期单位劳动力需要生存性消费资料 b，并且假设劳动力供应总是充分的。

在第一期，投入 k_0 个单位新机器，从而产出 $xk_0 L$ 个单位新产品。在这些新产品中，在扣除 $bk_0 L$ 个单位工资品的同时，按照线性折旧的观点，有 $\frac{k_0}{2}$ 个单位的商品应当被视作对生产资料的补偿，剩下的产品成为剩余产品或者说"剩余价值"。现在，假设人们将这些剩余产品全部

[①] 马克思：《资本论》（第二卷），人民出版社，1975，第 192 页。

消费掉，而将$\frac{k_0}{2}$个单位的"折旧费"保留下来。

接着在第二期，上一期的k_0个单位新机器变成了k_1个单位的1岁机器。经过与上述相同的生产过程，生产出产品xk_1L。再次将所有的剩余产品消费掉后，留下本期的"折旧费"$\frac{k_0}{2}$。加上上一期留存的"折旧费"，可以开始新的一轮相同规模的生产，即实现简单再生产。

现在考虑，如果在第一期末，在将所有的"剩余价值"都消费掉的同时，将"折旧费"$\frac{k_0}{2}$立即作为生产资料也投入第二期的生产。那么，在第二期，将有$\frac{k_0}{2}$个单位的0岁机器和k_1个单位的1岁机器同时进行生产。在本期末将生产出$x\left(k_1+\frac{k_0}{2}\right)L$个单位的产品。这高于不将折旧费进行投资的水平。

虽然将这一过程不断重复下去，最终仍然会收敛到一个新的简单再生产水平并从此保持稳定，但这一最终的简单再生产水平高于不将折旧费进行投资所维持的简单再生产的水平。[①] 这形成了"扩大再生产"。不过，在实现"扩大再生产"的过程中，"剩余价值"从来没有被用于积累。用于积累的仅仅是每一期的固定资本折旧费。在这个意义上，固定资本折旧费实际上产生了和利润相同的积累效果，所以在个别资本的视角下可以认为折旧既是成本又是利润。

对于"MRL效应"产生的积累机制的本质，马克思的看法是："这种规模扩大的再生产，不是由积累——剩余价值转化为资本——引起的，而是由从固定资本的本体分出来、以货币形式和它分离的价值再转化为追加的或效率更大的同一种固定资本而引起的。"[②] 但是这种解释

[①] 藤森赖明和李帮喜给出了一个完整的证明。参见：藤森赖明、李帮喜《马克思经济学与数理分析》，社会科学文献出版社，2014。

[②] 马克思：《资本论》（第二卷），人民出版社，1975，第192页。

无法和马克思的剩余价值理论总框架相融。从马克思的剩余价值理论来看,扩大再生产只能来自剩余价值的积累,它必须是将真实的"剩余"进行资本化的产物。或者说,虽然从财务上看,这种扩大再生产是通过"折旧基金"而非利润来融资的,但从本质来看它必须由一个真实的价值实体的积累来完成。因此,马克思对 MRL 效应的解释是不完全的。

其实,马克思在这里认为这种扩大再生产不是由剩余价值的积累所产生的,是站在个别企业的微观视角上,从资本流通的角度来看的。例如,他紧接着说,"一个企业能够在什么程度上,以多大规模进行这种逐渐的追加……都部分地取决于该企业的特殊性质。"① 这提示我们从企业的价值流通这一微观视角理解 MRL 效应。

考虑式(3-3-50),对于企业 i 而言,在任意时刻的简单再生产盈余为:

$$z^{[i]} = \underbrace{p\bar{\alpha}^{[i]} - w\alpha_i^{[i]} - \sum_{j=1}^{m} p_j \frac{1}{T_j} \underline{\alpha}_j^{[i]}}_{(1)} + \underbrace{\sum_{j=1}^{m} p_j \frac{1}{T_j} \underline{\alpha}_j^{[i]} - p\underline{\alpha}^{s[i]}}_{(2)}$$

式中,部分(2)反映了 MRL 效应的货币来源。现在将全社会的企业分为三个部分。第一类企业(记为 $i \in \mathcal{K}^1$)在资本流通中回收的折旧基金在覆盖自身的固定资本更新费用后还有结余($\sum_{j=1}^{m} p_j \frac{1}{T_j} \underline{\alpha}_j^{[i]} - p\underline{\alpha}^{s[i]} > 0$),第二类企业(记为 $i \in \mathcal{K}^2$)回收的折旧基金恰好覆盖自身的固定资本更新费用($\sum_{j=1}^{m} p_j \frac{1}{T_j} \underline{\alpha}_j^{[i]} - p\underline{\alpha}^{s[i]} = 0$),而第三类企业(记为 $i \in \mathcal{K}^3$)回收的折旧基金不足以补偿实际发生的固定资本更新费用($\sum_{j=1}^{m} p_j \frac{1}{T_j} \underline{\alpha}_j^{[i]} - p\underline{\alpha}^{s[i]} < 0$)。在资本流通过程中,第一类企业,它们将这个货币结余不仅用于自身的资本积累,也通过借贷的方式为其他企业的固定资本更新和积累进行融资,即:

---

① 马克思:《资本论》(第二卷),人民出版社,1975,第 192 页。

$$\sum_{i\in\mathcal{K}^1}\sum_{j=1}^m p_j \frac{1}{T_j}\underline{\alpha}_j^{[i]} - \sum_{i\in\mathcal{K}^1} p\underline{\alpha}^{s[i]} = \sum_{i\in\mathcal{K}^1} p\underline{\alpha}^{s[i]} - \sum_{i\in\mathcal{K}^1}\sum_{j=1}^m p_j \frac{1}{T_j}\underline{\alpha}_j^{[i]} + \sum_{j=1}^m p_j \dot{\underline{\alpha}}_j$$

(3 - 3 - 52)

又根据对于 $i \in \mathcal{K}^2$ 的企业而言，有：

$$\sum_{i\in\mathcal{K}^2}\sum_{j=1}^m p_j \frac{1}{T_j}\underline{\alpha}_j^{[i]} = \sum_{i\in\mathcal{K}^2} p\underline{\alpha}^{s[i]}$$

(3 - 3 - 53)

则式（3 - 3 - 52）和式（3 - 3 - 53）相加蕴含着：

$$\sum_{j=1}^m p_j \frac{1}{T_j}\underline{\alpha}_j - p\underline{\alpha}^s = \sum_{j=1}^m p_j \dot{\underline{\alpha}}_j$$

(3 - 3 - 54)

这意味着无论微观意义上对于每一个个别企业而言折旧基金和固定资本更新费用的关系是怎样的，但从社会总体来看，总折旧基金都不仅能用于补偿所有的固定资本更新，还实现了总的资本积累，即产生了前文所述的 MRL 效应。

利用剩余价值的定义以及式（3 - 3 - 54），容易验证，此时社会总剩余价值为 $sv = idsv = \underbrace{\Lambda\overline{\alpha} - mw\alpha_l - \sum_{j=1}^m \lambda_j \frac{1}{T_j}\underline{\alpha}_j}_{(1)} + \Lambda\dot{\underline{\alpha}}$。可见由 MRL 效应产生的资本积累 $\Lambda\dot{\underline{\alpha}}$，从来源来看仍然是社会总剩余价值的一部分。由此应当认识到，剩余价值并不总是能通过总产品价值扣除可变资本和"线性折旧费"来计算［如此处部分（1）那样］。只有当固定资本的流通和周转处于稳态条件下时，剩余价值才能用这种方式计算，这是因为只有在稳态条件下，生产资料的价值转移才能用线性转移原则来描述。

而从使用价值的角度来说，记单位劳动时间工人消费的生活资料为 f（即有 $pf = w$），全社会的总产为 $\overline{\alpha}$，其中用于固定资本更新的部分为 $\underline{\alpha}^s$，剩余产品为 $\overline{\alpha} - \underline{\alpha}^s - f\alpha_l$。在市场出清的条件下，这些剩余产品全部转化为追加固定资本 $\dot{\underline{\alpha}}$。正如之前所指出的，马克思认为，固定资本的价值转移是按照实际使用价值的丧失程度进行的，因此在 MRL 效应下，由于追加固定资本的存在，线性折旧规则高估了使用价值的丧失程度。

这里以一个算例来解释这一点。假设社会有 100 个单位的固定资本存量，并在时刻 1 新生产出 50 个单位的新品固定资本，同时需要进行 10 个单位的固定资本更新；时刻 2 又新生产出 50 个单位的新品固定资本，同时需要对上一时刻尚未更新的剩余 90 个单位固定资本进行更新。从整个更新周期的角度来说，时刻 1 余下的 40 个单位固定资本是要预留为时刻 2 的折旧进行补偿的。但在时刻 1，这 40 个单位的固定资本实际上就是可供自由支配的"剩余产品"；这些剩余产品，要么现在就转化为新的追加投资，完成扩大再生产；要么留作未来的固定资本更新的物质储备。如果用这 40 个单位的剩余产品进行追加投资，就形成了 MRL 效应。如果市场上没有这些剩余产品，那么货币形态上的折旧基金是不可能转化为新的生产资本的。

因此，应当这样理解 MRL 效应：MRL 效应是从货币的角度，为剩余价值实现并再次资本化提供的货币流通。换言之，货币流通本身不能创造剩余价值，剩余价值在生产过程中已经凝结了，MRL 效应只是为这些已经凝结在商品中的剩余价值提供了得以实现的货币。"剩余价值转化为资本需要两个条件：其一，在一定的技术条件下，追加的货币额应该达到足以适应扩大再生产的需要。其二，生产在事实上已经按照扩大的规模进行，从而市场上已经存在追加资本所需要购买的生产要素，即生产资料和劳动力（消费资料）。"[①] 总之，MRL 效应存在的前提是，用马克思的话说："这是由于再生产扩大的可能性在没有货币的情况下就已经存在"[②]。可见，MRL 效应并不违背马克思的剩余价值理论，本质上仍然是对剩余价值的积累。

五 对马克思固定资本理论的进一步思考

马克思关于固定资本的观点，在《政治经济学批判》中表现得更

[①] 《〈资本论〉导读》（第二版），高等教育出版社、人民出版社，2020，第 297 页。
[②] 马克思：《资本论》（第二卷），人民出版社，1975，第 552 页。

加鲜明，他说：固定资本"是变成了人类意志驾驭自然的器官或人类在自然界活动的器官的自然物质。它们是人类的手创造出来的人类头脑的器官；是物化的知识力量"[1]；"劳动资料发展为机器体系，对资本来说并不是偶然的，而是使传统的继承下来的劳动资料适合于资本要求的历史性变革"[2]。对于马克思而言，机器大工业是资本主义唯一适合的技术基础。

而且在马克思看来，固定资本不仅表现为个别生产过程中的生产工具，还表现为"独立"的资本形式，即铁路、运河和灌溉系统等，这些固定资本成为所有生产的"一般性条件"。[3] 这些"独立"固定资本的总和，构成了资本生产和积累的（用哈维的话讲）"建成环境"。"建成环境"即包含工厂、水坝、铁路、医院、供水和电力系统、计算机网络等在内的、巨大的、由人工创造的资源体系和物理景观的总和。建成环境及其蕴含的固定资本是人类劳动的"硬化"和"对象化"，现代资本主义生产不可能脱离建成环境进行，而且随着技术进步和资本积累，建成环境必然会在质和量上不断继续扩张。因此在资本主义社会，不断追加的固定资本作为生产中人类头脑和手的延伸（十分直接地对应于人工智能系统和机械臂）的这一生产趋势不可逆转。尽管在局部中也必然会出现劳动密集型向资本密集型转化过程的暂时"停滞"（甚至出现向劳动密集型生产的短暂"回归"），但这种"停滞"和"回归"也必然是被裹挟在固定资本积累和更新浪潮中，以一种不断变革的方式表现出来。

在人类改造自然的文明进程中，正是作为生产资料的固定资本——以一种人类劳动的"沉积"和"硬化"的形式——不断积累和扩展，不断延伸着劳动生产率的边界。显然，脱离了这些固化的、耐用的劳动工具和人工环境，经济生产无法进行。一般的人类生产活动就是在以固

---

[1] 《马克思恩格斯全集》（第四十六卷·下册），人民出版社，1979，第219页。
[2] 《马克思恩格斯全集》（第四十六卷·下册），人民出版社，1979，第210页。
[3] 大卫·哈维：《资本的限度》，张寅译，中信出版集团股份有限公司，2017，第363页。

定资本的形态所表现的人类"死"劳动或者说"沉积"劳动的基础上，不断追加新的"活"劳动，以实现总的积累和增长。

马克思的劳动价值论蕴含着这样的隐喻：生产资料作为人类劳动的产物，是人类过去劳动耗费的对象化，从而劳动力在生产资料上发挥作用，在抽象劳动上构成了活劳动对死劳动的追加，在具体劳动上是新的具体劳动对过去的具体劳动的再创造（也因此土地这样的纯粹自然资源不具有价值，因为它不是一个对象化的劳动）。生产资料的生产过程中劳动耗费将在使用价值和价值的双重意义上，并首先在使用价值的意义上被保存下来并且对象化（否则就无法实现抽象劳动的追加和具体劳动的再创造）。这种保存过程是通过具体劳动实现的，这是因为人类劳动力在过去的、硬化的劳动耗费上的再次支出，正是通过劳动作为一定的具体的劳动在过去的具体劳动所创造的使用价值上完成的。或者说，只有通过各种具体的劳动形式，过去的劳动产品才能以一种具体的使用价值的形式作为生产资料加入生产，从而才作为死劳动或沉积劳动得以保存。用马克思的话来说："新价值的加进，是由于劳动的单纯的量的追加；生产资料的旧价值在产品中的保存，是由于所追加的劳动的质。"[①] 生产劳动是人类劳动耗费的不断堆积，也是具体劳动在具体劳动上的不断再创造。

但是这些过去耗费的、如今处于"死"的或"沉积"状态的劳动亦会不断耗散：一是由于磨损、风化等原因而造成的纯粹物理上的有形耗散，即由于各种自然原因而导致的沉积劳动的消灭；二是由于技术进步而导致的过去的劳动产品不再具有有用性，从而其内含的沉积劳动消灭的无形耗散。这两种耗散都意味着过去的人类劳动不再作用于今天的生产活动，也不再作用于总的积累和增长。

因此，固定资本的价值转移是上述两个过程的统一：生产过程一方面是固定资本（或者说一般性的生产资料）的耗散过程，另一方面是

[①] 马克思：《资本论》（第一卷），人民出版社，1975，第227页。

劳动的积累过程。这就表现为在生产过程中价值或者说劳动耗费的保存和转移过程。逻辑上说，如果生产资料不会磨损，那么价值就不需要转移——否则就在原劳动耗费不变的情况下又在新产品中积累了额外的劳动耗费。价值的转移是随着生产资料的损耗进行的，生产资料的损耗越慢，价值的转移亦越慢，这是上述逻辑的自然延伸。

例如，设生产商品 x 的生产过程直接投入的劳动耗费量为 L，投入的固定资本量为 A，固定资本中蕴含的"沉积"劳动量为 D_A，"沉积"劳动在生产过程中随着磨损不断转移到商品 x 上。当固定资本报废并退出生产环节时，"沉积"劳动完全转移到 x 上，伴随着新的追加劳动，x 凝结了 $L+D_A$ 的劳动耗费量，作为新的硬化的、对象化的劳动进入下一步的生产过程，从而实现了积累。① 在这个意义上，积累就是人类劳动的不断沉积。

上述一般原则也蕴含着如下矛盾：固定资本或者说生产资料的耗散和劳动的保存或沉积并不是绝对一致的，不是所有的生产资料耗散都转变为价值转移，或者说并不是所有过去实际支出的劳动耗费都能得以保存或沉积。自然灾害、事故等生产所必要之外的损耗和技术进步都意味着既有固定资本使用价值——从物理上或有用性上——的消失，进而产生了过去耗费劳动的减少，由于这些耗散都不是生产劳动的组成部分，不加入具体劳动过程，因此劳动并没有积累下来，而是成为一种纯粹的耗散。因此，总的劳动积累和耗散过程如图 3-3-1 所示。

在资本主义社会，这种对劳动的一般的、总的积累过程是通过价值和货币体系所驱动的。人类劳动以价值进而货币的量的形式表现，其积累和耗散过程也表现为交换价值的增加和减少。但是由于在资本主义社会，货币对劳动的表现是间接的、扭曲的，甚至是异化的，从而在资本循环、固定资本周转和资本积累过程中产生了资本主义会计核算体系和

---

① 在简单再生产条件下，追加劳动及其对应的使用价值退出生产环节进入消费过程，下一次生产周期仍从数量为 D_A 的"沉积"劳动上开始。

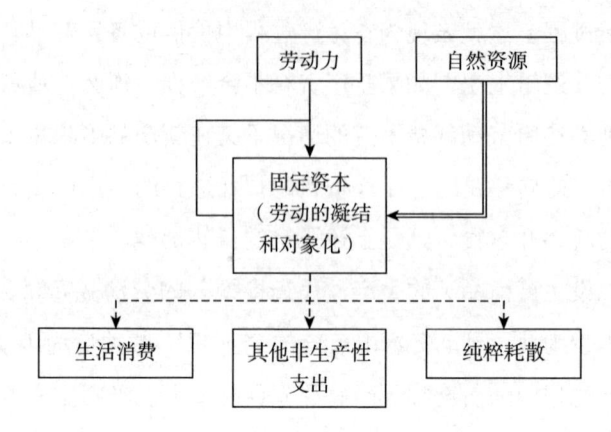

图 3-3-1 劳动的积累和耗散

注：实线代表劳动的积累过程，虚线代表消费和耗散过程，双实线代表自然资源的投入。

真实积累的矛盾。或者说在资本主义社会，人类生产的一般性劳动积累过程只能通过价值、交换价值和使用价值之间的矛盾关系表现出来。

资本主义生产通过资本主义会计核算体系，将总和的、宏观的、不可知的劳动积累和耗散问题表现并实践为大量分散的、微观的、可操作的私人生产中的资产管理和财务问题。在资本主义商品货币体系中，劳动的凝结和沉积，进而价值的创造和转移，外化为现金流和资产负债表，并以此进行资本积累并产生异化。

由于缺乏对上述关系的清晰表述，传统文献中对固定资本折旧或价值转移的规定性的认识并不清晰，这造成目前对固定资本的研究有两个大体路径。一是在劳动价值论框架下把固定资本线性价值转移视作劳动价值论的基本规定之一，从价值生产的逻辑出发，试图纯粹从技术参数等方面阐述固定资本参与生产劳动在质和量上的规定性。这类模型实际上是线性解释以及计算论的衍生产物。由于这类方法拒绝了交换价值和货币范畴在劳动价值论分析中的意义，因此将固定资本问题中本来应当从价值流通上加以把握的内容压缩并抽象为一种价值生产上的抽象规定。从而这类模型难以解决如下困难：如何确定固定资本不断变化的交换价值和灵活的使用期限，从而如何理解这些因素对价值转移及资本积累的影响。对于这个困难,有些学者倾向于认为,马克思关于固定资本线性折旧或者说线性价值转移的看法只是一种模型上的简化。[①] 二是前文讨论过的,借鉴斯拉法的方法,从价格体系出发对固定资本的折旧规律进行说明。这种方法缺乏劳动价值论的背景,与马克思对固定资本的基本理解也有一定距离。

总的来说,马克思的固定资本理论包含两个方面的思想:一方面,固定资本作为劳动的"沉积"和"对象化",是价值和使用价值生产过程的研究对象;另一方面,作为一种拥有特殊周转规律的资本,固定资本的上述价值和使用价值生产过程又必须结合具体的交换价值即货币流通过程加以把握。这两者正是马克思劳动价值论中"价值实体—价值形式"和"私人劳动—社会劳动"分析框架的反映,也进一步阐释了资本主义价值生产和价值实现之间的矛盾。

第四节 金融资本和金融资产

一 金融资本和金融资产的概念

(一) 金融资本的运动

前文已经提到,在《资本论》中,马克思提出资本循环和增殖的总公式是:

$$G-W\begin{Bmatrix}A\\Pm\end{Bmatrix}\cdots P\cdots W'-G' \qquad (3-4-1)$$

用现代语言来说,总公式包含一个完整的投融资过程。在一个连续不断的资本循环中,资本首先表现为货币资本(G),然后通过商品市场转化为商品(W),即生产资料(Pm)和劳动力(A),此时货币资本变成了生产资本。接着,再通过一个具体的生产环节(P)生产出新的商

[①] 大卫·哈维:《资本的限度》,张寅译,中信出版集团股份有限公司,2017,第342页。

品（W′）。最后，通过商品市场将这些商品重新融资为新的货币资本（G′）。这一过程既可以看作在微观意义上，工业资本主义时代的一个典型的资本运动形式，也可以看作在宏观意义上整个资本主义经济的总公式。这个公式良好地揭示了如下两点：（1）剩余价值必须在生产过程中产生，而后在商品流通过程中得以实现；（2）在剩余价值的生产和实现过程中，资本依次表现为货币资本、生产资本、商品资本等形态。

不过，在一个现代资本主义经济中，还广泛存在另一种资本形态，即金融资本。在本书中，金融资本的含义是，以货币及金融资产为现实形式存在的资本形态。① 金融资产有狭义和广义两种含义。狭义的金融资产是指一系列社会协议，它们本身没有价值，但通过自身的标的物，以直接或间接的方式构筑了协议持有者对特定劳动价值的占有关系。例如，股票、债券和其他金融衍生品都是这一类社会协议。广义的金融资产是指，在狭义金融资产之外，一些本来用于生产和消费的事物，脱离了生产和消费的环节而停留在流通中并金融化，持有者通过这些对象的流通实现对劳动价值的占有。这些作为广义金融资产的事物既可以是非商品，也可以是商品。例如，金融资产化了的土地，以及在商业投机泡沫中的特定商品。特别值得指出，由于货币的价值尺度和流通手段、支付手段等职能，货币在理论上是一种特殊的金融资产；信用货币可以看作一种狭义金融资产，而以黄金为代表的商品货币，则是一种广义金融资产。在这个意义上，货币资本是金融资本的一种特殊形态。

---

① 严格来说，金融资本包含如下不同部分，即开展金融技术性业务所必须投入的资本，和作为这些技术性业务的操作对象的资本。前者可以称为金融经营资本，而后者称为纯粹金融资本。纯粹金融资本又可以分为两种类型：一是以信贷为形式的生息资本，二是虚拟资本。金融经营资本固然是纯粹金融资本发挥作用的前提，但其本身只是起到类似于商业资本的、服务于流通过程的纯粹技术性中介的作用，因此本部分不加以研究，并在进一步的分析中总是假设金融经营资本为零。从而在不引起歧义的情况下，下文将纯粹金融资本简称为金融资本。

但是，当我们谈及货币是一种金融资产的时候，应当意识到，不能过分高估一般金融资产和货币的一致性而忽视二者之间的原则性区别。一般的金融资产不是货币，不能执行货币的职能，特别是不能执行货币的价值尺度职能。金融资产的价格最终是以货币的量进行衡量的，绝大多数金融资产的投融资功能，需要通过进一步转化为货币来实现；而绝大多数通过金融资产所实现的对劳动价值的占有，也最终是通过对货币的占有来实现的。因此在本书中，当谈及金融资本的时候有两层含义：广义上它是以包含货币在内的，以各种金融资产为表现形态的资本；狭义上，它特指以除货币以外的金融资产为表现形态的资本。在具体论述中，读者可以根据上下文轻松地进行推断。而当谈及货币资本的时候，则特指以货币形态存在的资本。

回到式（3-4-1），它可以写为一个增广形式：

$$G^f - F - G^p - W \begin{cases} A \\ Pm \end{cases} \cdots P \cdots W' - G'^p - F' - G'^f \qquad (3-4-2)$$

其中 F 代表一定量的金融资产。在上式中，$G^p - W \begin{cases} A \\ Pm \end{cases} \cdots P \cdots W' - G'^p$ 的部分代表了产业资本的循环，即产业资本的投融资过程，而 $G^f - G'^f$ 的部分则代表了金融资本的循环。货币在金融资本和产业资本之间的循环是通过金融资本向产业资本购买和出售金融资产 F 和 F′ 的运动完成的。

事实上，当谈及生息资本的时候，马克思在《资本论》中写出如下运动：

$$G - G - W - G' - G' \qquad (3-4-3)$$

可见，式（3-4-3）只不过是式（3-4-2）的"缩写"版本。马克思用货币作为资本的"双重支出"和"双重回流"讨论了生息资本和职能资本——金融资本和产业资本——之间的货币运动关系。在这里，对于货币从生息资本转移到职能资本，马克思说道："G 的第一次换位，无非表示它已经由 A 转移到或转交到 B 手中；这种转移通常在一定的法律形式和条件下进行。"① 马克思这里说的一定的"法律形式和条件"，在马克思所处的时代往往是简单而直接的信贷关系，因此马克思可以将它直接写为 G—G 的形式。

但在现代资本主义中，这种"法律条件和形式"则往往具体表现为在金融产品市场上对各种金融资产的买卖，并通过这种买卖实现金融资本和产业资本的转化，即 G^f—F—G^p。在原则上，我们总是可以将融资过程理解为金融资产的买卖过程，即产业资本先向金融资本出售某种金融资产实现融资，然后在生产结束之后产业资本以通过"溢价"赎回这些金融资产的方式向金融资本支付利息或其他收益。例如，一项贷款融资可以看作金融资本以"本金"的价格向产业资本"购买"特定结构的债权，当贷款到期时，产业资本则用"本金＋利息"的价格赎回这些债权。特别的，在产业资本完全不依靠金融资本融资，而仅使用自己的现金进行生产的场合，则可以看作产业资本通过购买自己的金融资产（如股权）实现自我融资。因此，就模型而言，可以假设所有的职能资本或者产业资本都必须通过发行金融资产进行融资。

在《资本论》第三卷中，马克思认为货币还有一种在第一卷中尚未提及的使用价值或者职能，即"作为资本来执行职能的使用价值"②。他说："在这里，它的使用价值正在于它转化为资本而生产的利润。就它作为可能的资本，作为生产利润的手段的这种属性来说，它变成了商品，不过是一种特别的商品。或者换一种说法，资本作为资本，变成了商品。"③ 在这里，马克思描述了资本的"商品化"过程。

但是，由于 19 世纪的金融市场还处于十分简单的状态，所以马克思对这种"商品化"的分析主要是针对生息资本来说的。他认为生息资本作为商品，交易的使用价值是："能够作为资本执行职能，并且作

---

① 马克思：《资本论》（第三卷），人民出版社，1975，第 381 页。
② 马克思：《资本论》（第三卷），人民出版社，1975，第 378 页。
③ 马克思：《资本论》（第三卷），人民出版社，1975，第 378 页。

为资本在中等条件下生产平均利润。"① 而对于金融资产——马克思在这里特指银行借贷出去的作为生息资本的货币——的价格,马克思则说:"这里支付的,是利息,而不是商品价格。如果我们把利息叫作货币资本的价格,那就是价格的不合理的形式,与商品价格的概念完全矛盾。在这里,价格已经归结为它的纯粹抽象的和没有内容的形式,它不过是对某个按某种方式执行使用价值职能的东西所支付的一定货币额;而按照价格的概念,价格是这个使用价值的以货币表现的价值。"②

通过这些字句,马克思阐释了金融资本通过商品化的金融资产执行对产业资本的融资这一职能的一般性质。但是由于当时没有完善的、大规模的金融产品市场,这些论证只是初步性的。只有在金融产品市场发育成熟之后,金融资本向产业资本的转换,才以现实中各种金融资产的使用价值和价格的形式表现出来。从马克思的已有结论出发,可以认识到:金融资产是资本的商品化形态,它的使用价值就是通过各种标的物实现对价值实体的支配,并进一步转化为对剩余价值的支配;而其价格则是一种完全"虚假"的概念,只是一种纯粹的"货币支付",而非价值的等价形式,本质上是金融资产收益的资本化。

相对于 19 世纪,今天的金融资本(及其发挥作用的金融产品市场)对于当今的职能资本或者说产业资本来说非常重要,并且拥有独立的运动空间和规律。因此,对于典型的现代资本主义经济,资本循环应当写成两个分列的图式:

$$G^f - F - F' - G'^f \tag{3-4-4}$$

$$G^p - W \begin{cases} A \\ Pm \end{cases} \cdots P \cdots W' - G'^p \tag{3-4-5}$$

图式(3-4-4)反映了金融资本的循环(它事实上是马克思笔下的 $G-G'$ 的扩展形式)。图式(3-4-5)则反映了产业资本的循环。式

---

① 马克思:《资本论》(第三卷),人民出版社,1975,第 394 页。
② 马克思:《资本论》(第三卷),人民出版社,1975,第 396~397 页。

(3-4-4)和图式(3-4-5)共同反映了这样一个事实。在一个典型的发达资本主义经济中,作为资本循环的起点,货币资本有两种选择:一是转化为真实的生产资本,二是转化为金融资本。产业资本和金融资本的循环既是相互交织、相互延续的,又是相互平行的。一方面,当金融资本通过持有金融资产为产业资本融资时,金融资本成为职能资本增殖的货币来源,并最终通过各种渠道从产业资本循环中退出,实现金融利润。此时二者是相互承接的关系。另一方面,在金融资本融资完成之后,在职能资本进行生产和流通的周期中,金融资本则和产业资本构成一个彼此独立运动的平行关系。此时,在职能资本相继采取货币资本、生产资本、商品资本的形态同时,金融资本的运动则表现为货币和金融资产、金融资产和金融资产之间的纯粹流通并实现在金融空间的自我循环。

由于金融资本和产业资本之间的这种既相互交织又互相平行的关系,金融资本的利润表现出一种双重特性。一方面,作为一个总体,金融利润本质上只不过是对产业资本所创造的剩余价值的分割,是马克思所说的"双重回流"的结果。另一方面,从微观上说,个别金融利润也可以产生在金融资本内部的自我循环中,即在对金融资产的低买高卖和银行系统的信贷扩张中获得货币利润。这种利润的货币来源,从微观来说是不同金融资本(包括银行)之间的货币流动,从宏观来说则是向金融资本提供的货币总供给的增加。

(二)金融资产的交易和剩余价值在金融资本间的分配

前文已经说过,以借贷资本为对象,马克思认为:在作为商品的资本的交易过程中,这一类商品的价格,本质上是对一定的执行某种使用价值职能的东西的支付。因此,当货币与金融资产(如债券、股票和其他金融合约)交易时,货币不处于等价形式的位置,也不作为特定价值实体的交换价值形态而存在,而是承担支付手段的职能。这和用货币支付债务是一致的。在一个典型的金融资产定价过程中,金融资产的价格无非是未来收益流的现值。因此,这种货币和金融资产的交易过程,本质上是对金融协议所约定的支付行为实现空间和时间上的转换，即用在一个时间和空间上对该协议的货币支付替换在另一个时间和空间上的货币支付；用现在的、此地的一次性货币支付替换未来的、他处的一次或多次货币支付。但这种支付的替换在形式上表现为一种纯粹的商品买卖行为。

关于这一问题，在《资本论》中，恩格斯曾经围绕银行对汇票的贴现补充道："这是一种纯粹的买卖。汇票通过背书转为银行所有，货币则转为顾客所有；顾客方面已没有偿还的问题。如果顾客用一张汇票或类似的信用工具来购买现款，那末，这就象他用他的其他商品如棉花、铁、谷物来购买现款一样，不是贷款。"① "在正常的贴现业务中，银行顾客……得到的是由卖掉的商品换来的货币。"② 在这个汇票贴现的场合，顾客和银行之间"发生了互相的资本转移，而且同任何其他商品的买卖完全一样"③。顾客"所需要的和所得到的，是支付手段；他得到这种支付手段，是因为银行已经为他把他的货币资本由一种形式转化为另一种形式，即由汇票转化为货币了"④。

可见，恩格斯的这些论述补充确认了三个事实：（1）对汇票的贴现表现为一种购买行为；（2）"购买"汇票用的货币是支付手段；（3）这一过程是通过资本的形式转换，即通过交换交易双方的资本来完成的。恩格斯对汇票的这些论述也反映了当今金融资产交易的一般共性，金融资产的货币价格并不是其劳动价值的外在表现，而是未来收益的贴现和资本化（注意到，资产价格是由未来现金流和贴现率决定的），并且这一贴现是通过货币的支付手段职能实现的。这样，金融资产交易中所实现的货币收益直接来源于围绕金融协议产生的支付手段的转移，最终来自对从产业资本转移到金融资本的总剩余价值的不断分割。

---

① 马克思：《资本论》（第三卷），人民出版社，1975，第485页。
② 马克思：《资本论》（第三卷），人民出版社，1975，第485页。
③ 马克思：《资本论》（第三卷），人民出版社，1975，第517页。
④ 马克思：《资本论》（第三卷），人民出版社，1975，第517页。

在资本主义经济中，金融资本家对剩余价值的分割和占有，是通过对作为支付手段的货币流进行分割和再组合，进而转化为对作为资本的货币的占有而实现的。利息和地租是金融资本通过对支付流的分割实现剩余价值占有的典型形态。通过利息和地租的形式占有剩余价值的过程是：首先，生产过程中创造的剩余价值在流通中实现为一定量的货币；然后，基于事先的金融协议，这些货币的一部分被以利息或地租的形式，通过货币的支付手段职能，形成不同的支付流分别流向生息资本或土地所有者，这些支付流构成了金融资产收益的基础。

而金融资本在金融资产交易过程中所获得的货币收益是上述通过支付流占有剩余价值的进一步发展。例如，假设产业资本实现了1000个单位的货币利润，根据金融协议，它将利润的10%，即100个单位货币利润，以金融收益的形式交给银行A。但是，由于某种原因（比如需要流动性），银行A在获得收益之前就将这个金融协议以80个单位货币的价格卖给银行B。这80个单位货币就形成了一次B到A的货币支付。当企业最终将100个单位货币支付给该金融协议新的所有者B时，整个剩余价值的分配由两次货币支付共同确定，结果是：所有剩余价值中，企业占有了900个单位，银行A占有了80个单位，银行B占有了20个单位。

当银行B充当该金融协议的中间商时情形类似。假设银行B在用80个单位货币购买下金融协议后，转手以90个单位货币的价格卖给银行C。那么，从最终结果来看，剩余价值的分配由三次货币支付共同确定。银行A占有了80个单位，银行B占有了10个单位，银行C则占有了另外剩下的10个单位剩余价值。

可见，通过货币支付流对剩余价值的分配并不是通过对已经生产出来的剩余价值的直接分配完成的，而是相反，这些支付流是以预付金融资本的形式出发，并以产业资本最终实现剩余价值为完成条件的。正如上面已经指出，恩格斯认为汇票贴现是一种在银行和顾客之间资本形式的转换和资本的转移。他还在区分汇票贴现和贷款时进一步明确道：

"商人和商人间的每一次买卖，都是资本的转移。"[1] 例如，对于银行 A 而言，金融利润的直接来源是银行 B 预付的金融资本而非产业资本最终所实际实现并支付的剩余价值，那么由于这种资本预付的形式，虽然本质上金融资产买卖的获利来自金融资本家对剩余价值的分割占有，但在现实中表现出金融交易有盈有亏，即会出现"高买低卖"的结果。例如在上例中，若银行 B 在用 80 个单位货币购买下金融协议后，却由于某种原因不得不转手以 70 个单位货币的价格卖给银行 C。那么，从对剩余价值的分配来看，银行 A 占有了 80 个单位，银行 C 则占有了另外剩下的 20 个单位剩余价值。同时，银行 B 还额外转移了 10 个单位资本给银行 C 形成了自己账面上的亏损（从而 C 的名义利润为 20 + 10 = 30）。从金融资本家总体来看，这 10 个单位货币的转移并没有形成新的积累或增殖。这一过程同商业资本对剩余价值的分配过程是一致的。马克思在谈及价格波动导致商业资本的亏损时说道："如果由于市场价格下降，他只好低于购买价格出售麻布，那末，他就必须用他自己的资本来补偿亏损的部分。"[2]

同时也应当认识到，金融利润虽然可以来源于金融资本内部的相互支付和货币循环，但它必须以产业资本创造剩余价值并实现为货币为最终条件。作为交换价值独立符号的货币在金融空间中的运动，最终必须回归作为劳动价值的外在形式这一逻辑起点。

现在，用图式（3-4-4）来总结一下上述过程。在融资阶段 G^f—F，金融资本 a 通过购入金融资产 F 向职能资本提供货币资本 G^p。此时，职能资本进入了生产和流通过程。在这个时间段内，金融资本 a 可以持有 F 直至职能资本完成生产，并以溢价 $G^{f\prime}$ 将 F 回售给职能资本以完成 G^f—F—$G^{f\prime}$ 的循环。从而 $\Delta G^f \equiv G^{f\prime} - G^f$ 就构成了金融资本 a 的金融利润。这个 ΔG^f 来源于职能资本在完成生产和流通之后所实现的剩余价值。当然，金融资本 a 也可以在职能资本完成生产之前，将 F 在金融

---

[1] 马克思：《资本论》（第三卷），人民出版社，1975，第 485 页。
[2] 马克思：《资本论》（第三卷），人民出版社，1975，第 303 页。

市场中以价格 G_{ab}^f 转让给金融资本 b，从而在金融流通环节实现了金融利润 $\Delta G_a^f \equiv G_{ab}^f - G^f$。金融资本 b 持有 F 直至职能资本完成生产和流通，可以获得金融利润 $\Delta G_b^f \equiv G'^f - G_{ab}^f$。显然金融资本 a 和金融资本 b 的金融利润之和为 $\Delta G_a^f + \Delta G_b^f = G_{ab}^f - G^f + G'^f - G_{ab}^f = \Delta G^f$。即，个别金融资本的货币利润本质上来源于对职能资本向金融资本转移的总剩余价值的分配。在上述过程中，如果 ΔG_a^f 或者 ΔG_b^f 为负，那么这部分负值代表了金融资本 a 和 b 之间纯粹的、和剩余价值本身无关的货币转移。事实上，上述机制可以推广到 n 个金融资本关于 m 种金融资产的一般交易场合。同时，金融资本也进行某种非货币金融资产之间的"置换"，即 F—F′的非货币流通来分配金融利润——在今天，金融衍生品市场提供了这种可能性。

二　金融资产外生情况下的模型

（一）资本循环视角下的金融资本

在第三章第一节中，笔者在不包含金融资本的前提下讨论了利润和剩余价值的关系。本小节力图在资本循环视角下进一步探讨金融资本的性质。

1. 企业

现在，生产性企业 i 的资产 $B^{[i]}$ 不仅包含生产资料 $\alpha^{[i]}$、商品存货 $X^{[i]}$ 和现金 $M^{[i]}$，还包含金融资产 $F^{[i]}$。企业负债仍然由银行贷款 $D^{[i]}$ 构成。

记经济中有 m 种金融资产和 m 个生产性企业，且每个企业对应一种金融资产。（在下文中，为了更突出金融资产，在谈及企业时仍然用 $\mathscr{I}$ 来表示其集合。）每一种金融资产总量是固定的，记为 F_i，其下角标 i 代表的是通过持有该金融资产所获得的现金收益来自第 i 个企业。虽然在本模型中，F 是抽象的金融资产，但可以认为，股票是这种抽象的 F 的原型。应当说明的是，真实的金融资产结构可能极其复杂，但是本质上，所有的金融资产都只是一个"协议"，它通过各种独特的方式声明一个具体的、有明确方向（即由谁付给谁）的支付承诺。这种支付承诺在现代金融市场的作用下,最终都可以归算为从生产性企业出发的、明确的现金流。(完全不以任何生产性企业为现金流来源的金融协议只能是一种零和金融"游戏"。)因此,所有真实的金融资产都可以看作由本模型中的多种 F_i 进行"组合"的结果。记 $F_j^{[i]}$ 为第 i 个企业所持有的第 j 种金融资产,那么 $F^{[i]} = (F_1^{[i]}, F_2^{[i]}, \cdots, F_m^{[i]})^\mathrm{T}$ 为第 i 个企业所持有的金融资产向量。所有的金融资产构成了金融资产向量 $F = (F_1, F_2, \cdots, F_m)^\mathrm{T}$。另外,设 $z = (z_1, z_2, \cdots, z_m)$ 为单位金融资产收益率向量,$q = (q_1, q_2, \cdots, q_m)$ 为金融资产的价格向量。

那么,企业 i 的总资产为:

$$B^{[i]} = p\underline{\alpha}^{[i]} + pX^{[i]} + M^{[i]} + qF^{[i]} \tag{3-4-6}$$

从而其所有者权益或者说净资产变动为:

$$\dot{\Pi}^{[i]} = p\dot{\underline{\alpha}}^{[i]} + p\dot{X}^{[i]} + \dot{M}^{[i]} + q\dot{F}^{[i]} + \dot{p}(\underline{\alpha}^{[i]} + X^{[i]}) + \dot{q}F^{[i]} - \dot{D}^{[i]} \tag{3-4-7}$$

在考虑金融资产的条件下,企业的总净现金流可以分为三个部分:商品现金流 $\dot{M}_r^{[i]}$、债务现金流 $\dot{M}_d^{[i]}$ 以及投资组合现金流 $\dot{M}_f^{[i]}$:[①]

$$\dot{M}_r^{[i]} = ps^{[i]} - p\underline{\alpha}^{\prime[i]} - w\alpha_l^{[i]} \tag{3-4-8}$$

$$\dot{M}_d^{[i]} = \dot{D}^{[i]} - \iota D^{[i]} \tag{3-4-9}$$

$$\dot{M}_f^{[i]} = -q\dot{F}^{[i]} + zF^{[i]} - z_i F_i \tag{3-4-10}$$

因此,企业 i 的总现金流表示为:

$$\dot{M}^{[i]} = \dot{M}_r^{[i]} + \dot{M}_d^{[i]} + \dot{M}_f^{[i]} \tag{3-4-11}$$

即:

[①] 出于简化的目的,这里假设企业的追加劳动力投入 $\dot{\alpha}_l^{[i]} = 0$,且撇开资本家的个人消费不谈,这并不会影响对金融资本的分析。

$$\dot{M}^{[i]} = ps^{[i]} - p\underline{\alpha}^{t[i]} - w\alpha_l^{[i]} + \dot{D}^{[i]} - \iota D^{[i]} - q\dot{F}^{[i]} + zF^{[i]} - z_i F_i \quad (3-4-12)$$

同样，对于商品存货和生产资料，有如下等式成立：

$$\dot{X}^{[i]} = \bar{\alpha}^{[i]} - s^{[i]} \quad (3-4-13)$$

$$\dot{\underline{\alpha}}^{[i]} = \underline{\alpha}^{t[i]} - \underline{\alpha}^{s[i]} \quad (3-4-14)$$

从利润流量来看，定义企业 i 的名义利润 $\pi^{[i]}$ 为：

$$\pi^{[i]} = ps^{[i]} - p\underline{\alpha}^{s[i]} - w\alpha_l^{[i]} - \iota D^{[i]} - q\dot{F}^{[i]} + zF^{[i]} - z_i F_i \quad (3-4-15)$$

潜在利润 $\pi^{e[i]}$ 为：

$$\pi^{e[i]} = p\bar{\alpha}^{[i]} - p\underline{\alpha}^{s[i]} - w\alpha_l^{[i]} - \iota D^{[i]} - q\dot{F}^{[i]} + zF^{[i]} - z_i F_i \quad (3-4-16)$$

显然，上述二式只是式（3-1-10）和式（3-1-11）在包含金融资产条件下的扩展。

2. 银行

在本模型中，银行是通过贷款发行货币并获得利息的抽象部门。因此，假设银行不持有任何金融资产。这一做法将银行和其他金融资本或者金融企业区分开来。因此，银行的资产增值和利润为：

$$\dot{\Pi}^{[B]} = \dot{M}^{[B]} = \iota(D^{[g]} + D^{[w]}) \quad (3-4-17)$$

$$\pi^{[B]} = \iota(D^{[g]} + D^{[w]}) \quad (3-4-18)$$

其中 $D^{[w]}$ 为工人的贷款余额。

3. 工人

在本模型中，工人作为一个整体持有现金 $M^{[w]}$ 和金融资产 $F^{[w]}$ 两类资产，而贷款 $D^{[w]}$ 构成了工人的负债。记工人单位时间实际消费的生活资料为 f，因此有：

$$\dot{M}^{[w]} = w\alpha_l^{[g]} - \iota D^{[w]} + \dot{D}^{[w]} + zF^{[w]} - q\dot{F}^{[w]} - pf\alpha_l^{[g]} \quad (3-4-19)$$

以及工人的"财富净值"变动为：

$$\dot{\Pi}^{[w]} = \dot{M}^{[w]} + q\dot{F}^{[w]} + \dot{q}F^{[w]} - \dot{D}^{[w]}$$
$$= w\alpha_l^{[g]} + zF^{[w]} - \iota D^{[w]} - pf\alpha_l^{[g]} + \dot{q}F^{[w]} \quad (3-4-20)$$

应当指出，在本模型中虽然允许工人持有金融资产以及向银行贷款，但并不意味着因此忽略资本家和工人之间的差异。事实上，虽然工人可以获得银行贷款或者通过持有金融资产获得金融收益，但这些最终仍然是转化为工人及其家庭的生活资料而非实现资本积累。而且在当今的资本主义社会，工人可以向银行贷款以及持有少量金融资产等行为本身是依赖于他们作为劳动者不断出卖劳动力并获取工资收入这一前提的。在一个资本主义经济系统中，部分工人个体可能在形式上持有少量金融资产或者从银行进行贷款，但这一现象不能掩盖工人作为一个阶级整体和资本家阶级之间在生产资料所有权以及对企业生产过程的控制上的差异。

4. 对资产负债表的影响

如前所述，企业 i 的所有者权益或者说净资产增量为：

$$\dot{\Pi}^{[i]} = p\dot{\underline{\alpha}}^{[i]} + p\dot{X}^{[i]} + \dot{M}^{[i]} + q\dot{F}^{[i]} + \dot{p}(\underline{\alpha}^{[i]} + X^{[i]}) + \dot{q}F^{[i]} - \dot{D}^{[i]}$$
$$(3-4-21)$$

将净现金流等式：

$$\dot{M}^{[i]} = ps^{[i]} - p\underline{\alpha}^{t[i]} - w\alpha_l^{[i]} + \dot{D}^{[i]} - \iota D^{[i]} - q\dot{F}^{[i]} + zF^{[i]} - z_iF_i$$
$$(3-4-22)$$

代入式（3-4-21），并进一步加总整理可得：

$$\dot{\Pi}^{[g]} = p\hat{\alpha}^{[g]} - w\alpha_l^{[g]} - \iota D^{[g]} - zF^{[w]} + \dot{p}(\underline{\alpha}^{[g]} + X^{[g]}) + \dot{q}F^{[g]}$$
$$(3-4-23)$$

注意到，在这个过程中利用了如下事实：根据金融资产总量是固定的这一假定，有 $\dot{F}^{[g]} + \dot{F}^{[w]} = 0$ 和 $zF^{[g]} + zF^{[w]} = zF = \sum_{i=1}^{m} z_i F_i$。

同时，根据银行部门的所有者权益增量 $\dot{\Pi}^{[B]} = \iota(D^{[g]} + D^{[w]})$ 和工人的净财富变动 $\dot{\Pi}^{[w]} = w\alpha_l^{[g]} + zF^{[w]} - \iota D^{[w]} - pf\alpha_l^{[g]} + \dot{q}F^{[w]}$ 可知：

$$\dot{\Pi}^{[g]} + \dot{\Pi}^{[w]} + \dot{\Pi}^{[B]} = p\hat{\alpha}^{[g]} - pf\alpha_l^{[g]} + \dot{p}(\underline{\alpha}^{[g]} + X^{[g]}) + \dot{q}(F^{[g]} + F^{[w]})$$

(3-4-24)

根据剩余价值的定义，式（3-4-24）进一步改写为：

$$\dot{\Pi}^{[g]} + \dot{\Pi}^{[w]} + \dot{\Pi}^{[B]} = \frac{1}{m}sv^{[g]} + \dot{p}(\underline{\alpha}^{[g]} + X^{[g]}) + \dot{q}(F^{[g]} + F^{[w]})$$

(3-4-25)

这意味着，整个经济的账面净财富变化包含两个途径：一是剩余价值的生产，二是资产市值的变化。

尽管式（3-4-25）中只有剩余价值所带来的部分才是资本积累的"真实效应"，反映了资本的增殖程度；但是，一个包含金融资本在内的资本主义积累——特别是对于个别资本而言——可能会产生这样一个动机：通过金融市场追逐金融资产账面价值的变化而非真实的生产过程实现"资本积累"。这种对脱离了真实生产过程的"账面积累"的追逐会导致金融体系和生产体系的进一步割裂。

5. 剩余价值和企业利润

由于每一个企业 i 同时进行商品生产和金融投资，因此有两种含义的企业利润：一是真实生产过程所形成的产业利润；二是在金融市场上的投资组合现金流所形成的金融利润。

企业 i 所获得的产业利润为：

$$\pi_r^{[i]} = ps^{[i]} - p\underline{\alpha}^{s[i]} - w\alpha_l^{[i]} - \iota D_r^{[i]} \qquad (3-4-26)$$

其中 $D_r^{[i]}$ 代表企业 i 为投资产业生产过程所进行的融资债务。而企业 i

的金融利润则为：

$$\pi_{\mathrm{f}}^{[i]} = zF^{[i]} - q\dot{F}^{[i]} - z_i F_i - \iota D_{\mathrm{f}}^{[i]} \qquad (3-4-27)$$

其中 $D_{\mathrm{f}}^{[i]}$ 代表企业 i 为进行金融投资所进行的融资债务。从而有 $D^{[i]} = D_{\mathrm{r}}^{[i]} + D_{\mathrm{f}}^{[i]}$。进一步利用货币创造的事实 $\dot{M}^{[g]} + \dot{M}^{[\mathrm{B}]} + \dot{M}^{[\mathrm{w}]} = \dot{D}^{[g]} + \dot{D}^{[\mathrm{w}]}$，以及式（3-4-17）和式（3-4-19），容易得到：

$$\pi_{\mathrm{f}}^{[g]} = q\dot{F}^{[\mathrm{w}]} - zF^{[\mathrm{w}]} - \iota D_{f}^{[g]} \qquad (3-4-28)$$

进而，有：

$$\pi^{[g]} = \pi_{\mathrm{r}}^{[g]} + \pi_{\mathrm{f}}^{[g]} = \underbrace{\frac{1}{m}sv^{[g]} - p\dot{X}^{[g]}}_{(1)} + \underbrace{\dot{M}^{[g]} - \dot{D}^{[g]}}_{(2)} \qquad (3-4-29)$$

$$\pi^{[g]} + \pi^{[\mathrm{B}]} = \underbrace{\frac{1}{m}sv^{[g]} - p\dot{X}^{[g]}}_{(1)} + \underbrace{\dot{M}^{[g]} - \dot{D}^{[g]} + \iota D^{[g]}}_{(2)} \qquad (3-4-30)$$

式（3-4-28）说明，金融交易本身只是一种纯粹的货币转移支付。尽管对于个别企业来说，可以通过金融市场的投资组合获得货币形式上的资本利得，但从整体上看，金融交易本身不创造剩余价值。企业的金融利润只能来自通过金融市场从工人处获得的货币转移，而这些货币转移的一部分要以利息的形式进一步转移给银行资本。式（3-4-29）和式（3-4-30）则说明，企业利润由两个部分组成：一是剩余价值的生产和实现，即式（3-4-29）和式（3-4-30）中的部分（1）；二是货币纯粹名义上的创造和转移，即式（3-4-29）和式（3-4-30）中的部分（2）。事实上，若不考虑工人的货币金融行为，式（3-4-30）就退化为式（3-1-36）。

上述分析蕴含着：虽然金融交易并不创造剩余价值，资本增殖和积累最终只能来自剩余价值的生产，但银行系统的货币创造和转移是决定资本主义经济名义利润的直接因素。脱离了货币创造和转移，就不存在剩余价值的生产及实现，但名义利润可以完全是货币创造和转移的产物。这正是资本主义生产方式及其会计核算体系的内部矛盾：资本——作为不断增殖的价值——必须通过货币的名义运动来实现，而货币的名义运动却可以取消资本的价值内容。这进一步异化了金融体系与实体生产的关系。

（二）将金融资本分离出来之后的简化分析

现在，假设存在一个纯粹的金融部门 $\mathscr{H}$。该部门中的每一个金融企业都不从事任何真实生产过程，不拥有任何非金融资产，也不雇用任何劳动力。它仅通过银行贷款和对金融资产的操作获得金融收益。并假设其他所有经济主体都不持有任何金融资产[①]。并且所有金融资产的总量是固定的。因此可以说，这里的金融企业是指所有利润都来自金融市场上的投资组合现金流的企业，而金融利润则定义为投资组合现金流超出银行利息的部分。基于这个含义，本模型中所称的金融资本或金融企业不包含银行部门。

1. 资产负债表

对于一个金融企业 $h \in \mathscr{H}$ 而言，资产情况 $B^{[h]}$ 的变动满足：

$$\dot{B}^{[h]} = q\dot{F}^{[h]} + \dot{q}F^{[h]} + \dot{M}^{[h]} \qquad (3-4-31)$$

其中，$F^{[h]}$ 为金融企业 h 所持有的金融资产向量，满足 $\sum_{h \in \mathscr{H}} F^{[h]} = F$。而 $M^{[h]}$ 为它持有的现金头寸。进一步，对于一个金融企业 h 来说，净现金流只包含债务现金流和投资组合现金流这两个部分。即有：

$$\dot{M}^{[h]} = zF^{[h]} - q\dot{F}^{[h]} + \dot{D}^{[h]} - \iota D^{[h]} \qquad (3-4-32)$$

因此，金融企业 h 的所有者权益增量为：

$$\dot{\Pi}^{[h]} = zF^{[h]} - \iota D^{[h]} + \dot{q}F^{[h]} \qquad (3-4-33)$$

即金融企业或者说金融资本可以从两个途径获得资产增值：金融资产收

[①] 金融资产的含义与前文一致，代表的是从一个特定的企业到金融资产持有者的一个货币支付协议。

益和金融资产的价格变动。

同时，根据工人的净财富变化 $\dot{\Pi}^{[w]} = w\alpha_l^{[g]} - \iota D^{[w]} - pf\alpha_l^{[g]}$（这里仍然假定 $\dot{\alpha}_l^{[i]} = 0$），企业 i 的所有者权益增量为 $\dot{\Pi}^{[i]} = p\bar{\alpha}^{[i]} - p\underline{\alpha}^{s[i]} - w\alpha_l^{[i]} - \iota D^{[i]} - z_i F_i + \dot{p}(\underline{\alpha}^{[i]} + X^{[i]})$，银行部门的所有者权益变动 $\dot{\Pi}^{[B]} = \iota(D^{[g]} + D^{[\mathscr{H}]} + D^{[w]})$，以及剩余价值的定义 $sv^{[i]} = \alpha_l^{[i]} - \Lambda f\alpha_l^{[i]}$，计算可得：

$$\dot{\Pi}^{[g]} + \dot{\Pi}^{[\mathscr{H}]} + \dot{\Pi}^{[B]} + \dot{\Pi}^{[w]} = \frac{1}{m}sv^{[g]} + \dot{p}(\underline{\alpha}^{[g]} + X^{[g]}) + \dot{q}F^{[\mathscr{H}]}$$

(3-4-34)

也就是说，与之前情形类似，全社会的总的资产名义增值包括剩余价值的生产和资产价格变化两个部分。

2. 金融资本对剩余价值的分配

设金融资本家 h 的消费品向量为 $c^{[h]}$，且金融资本家的个人消费是金融企业的一个现金支出项，则金融企业的净现金流为：

$$\dot{M}^{[h]} = zF^{[h]} - q\dot{F}^{[h]} + \dot{D}^{[h]} - \iota D^{[h]} - pc^{[h]} \quad (3-4-35)$$

就式（3-4-35）对整个金融部门 $\mathscr{H}$ 加总可得：

$$\dot{M}^{[\mathscr{H}]} = zF^{[\mathscr{H}]} - q\dot{F}^{[\mathscr{H}]} + \dot{D}^{[\mathscr{H}]} - \iota D^{[\mathscr{H}]} - pc^{[\mathscr{H}]} \quad (3-4-36)$$

同时考虑到 $\dot{F}^{[\mathscr{H}]} = 0$、$\dot{M}^{[g]} + \dot{M}^{[\mathscr{H}]} + \dot{M}^{[w]} + \dot{M}^{[B]} = \dot{D}^{[g]} + \dot{D}^{[\mathscr{H}]} + \dot{D}^{[w]}$，容易检验下式成立：

$$\Lambda(\dot{X}^{[g]} + \dot{\underline{\alpha}}^{[g]}) + \Lambda(c^{[g]} + c^{[B]} + c^{[\mathscr{H}]}) = sv^{[g]} \quad (3-4-37-1)$$

$$\Lambda\dot{\underline{\alpha}}^{[g]} + \Lambda(c^{[g]} + c^{[B]} + c^{[\mathscr{H}]}) = rsv^{[g]} \quad (3-4-37-2)$$

这不仅意味着，由于金融资本本身不创造剩余价值，金融资本家的消费本质上来自产业资本所创造的剩余价值；还意味着，在微观意义上，单个金融资本在循环过程中进行扩大再生产，即单个金融资本投资持有更多的金融资产（假设金融资本对金融资产的投资行为不需要投入生产资料和劳动力），并不是对剩余价值的投资过程，而仅仅是一种发生在金融资本家之间的货币和金融资产之间的转换。让我们注意到，式（3-4-37-1）实际上是用劳动价值论表述了如下客观事实：金融资本家的物质消费总是剩余产品的一部分。

金融企业 h 的净现金流——包括债务现金流和投资组合现金流——及其货币利润，本质上并不是来源于其自身的生产性，而是来自其他资本的、作为支付手段的货币的转移。这种转移支付有两个途径：一是由于金融资产所有权而产生的货币收益 $zF^{[h]}$，二是购买金融资产所需要的执行支付手段职能的货币 $q\dot{F}^{[h]}$。这更好地解释了为什么金融资本是一种"虚拟资本"。

只有当这些货币（全部或一部分）转化为金融资本家的生活资料时，这部分货币利润才真实地对应了特定量的剩余价值并成为实现该剩余价值的手段。个别金融资本视角下的金融货币利润本身并不必然是该金融资本所实际占有的剩余价值的货币表现。

而且，由于对于个别资本而言，资本的积累目标是货币利润而非真实的剩余价值，因此上述事实还意味着，金融资本可以完全通过银行体系的货币创造及金融体系内部的货币流动完成虚拟资本的自我循环并实现货币利润，而不和从事生产的职能资本循环发生关联。或者说完成这样一种资本循环，撇开在绝对数量上较小的金融资本家的个人消费所涉及的剩余价值，金融资本循环中的庞大的货币流动及所形成的账面利润，完全是和真实的剩余价值的生产及实现无关的。

可以看出，尽管从抽象的资本一般的意义上看，货币利润和剩余价值实体存在明确的对应关系——货币利润总是实现的剩余价值，也对应着资本家阶级对凝结在商品中的剩余价值的实际占有——但是从行业和微观企业的意义上看则并不总是如此。从行业来看，产业资本总体的货币利润确实是它们实现的剩余价值，也反映出它们对凝结在商品中的剩余价值的实际占有；但是银行资本和金融资本则并非如此。银行资本和金融资本的利润并不来自货币的价值尺度和流通手段职能，而是来自纯粹的货币支付。因此，银行资本和金融资本所获得的名义利润并不直接对应于一定量的剩余价值；只有当银行资本和金融资本将这些货币利润在商品市场上转化为一定量的商品时，它们才真正占有了生产过程中所创造的剩余价值。否则，这些名义利润只是以货币头寸的形式停留在银行资本和金融资本的资产负债表上。这表现为这样一个现象：银行资本和金融资本的名义资产和利润可以远高于生产过程中所实际创造出来的剩余价值。这一现象又因为下述原因进一步得到强化：在现代资本主义体系中，金融系统构成了一个货币的自我循环空间，金融系统的名义利润和生产过程中的剩余价值之间并不存在直接关联机制。

三　金融资产的再次派生

（一）金融资产 II

在前文中，金融资产被视作一种给定的外生禀赋，但在一个典型的资本主义社会，几乎所有的金融资产都不是外生给定的。相反，这些金融资产是金融资本运动的产物。这些金融资产在资本运动过程中的某个阶段被人为地"创造"出来，接着根据其具体规定也可能在资本运动的另一个阶段"消失"。每一种金融资产的数量，都随着资本增殖运动的需要不断变化。

因此，可以根据一种金融资产在模型中是否能被金融企业"创造"出来而将它们划分为两种类型：金融资产 I 和金融资产 II。在前文中已经讨论过的外生金融资产 F 属于"金融资产 I"。这类金融资产是这样一种金融协议，它们在历史和技术上由产业资本产生，并决定了产业部门向金融协议所有者支付的现金流。这里将金融资产 I 视作外生的初始禀赋，并由金融企业完全持有。因此，金融资产 I 可以在不同金融企业之间以价格 q 交易，但总量是固定不变的。

同时，任一金融企业 h 还可以"制造"自己的金融产品，即制造新的金融协议。这些新创造出来的金融资产,本书称为"金融资产Ⅱ"。金融资产Ⅱ明确了发行者 h 向持有者所支付的现金流,并且金融资产Ⅱ也可以在金融企业之间进行交易。

金融资产Ⅰ构成了金融资本的基础收益来源。这个收益是金融资本创造并运作金融资产Ⅱ的基础。原则上说,金融资产Ⅱ是由金融资产Ⅰ所派生出的"衍生品";前者是后者关于产权、收益和风险等各个属性的重新组合。应当指出的是,从微观意义上说,并不是每一个金融资本在创造自己的金融产品时,都必须直接以自己实际持有的金融资产Ⅰ为标的物。相反,金融资本可以以金融资产Ⅰ为基础进行多次组合,获得更高层级的金融资产Ⅱ。换句话说,金融资产Ⅱ可以是现存的金融资产Ⅱ的再次衍生。但从宏观总体上看,尽管逻辑网络可以十分复杂,但金融资产Ⅱ总是通过客观的支付关系基于金融资产Ⅰ制造的。

形式上,记 $\bar{\gamma}_h^{[h]}$ 代表金融资本 h 所"制造"并出售的金融资产Ⅱ的数量(若为负数,则代表对该金融资产的赎回),出于简化分析的目的,假设每一个金融资本 h 只能"制造"一种金融资产Ⅱ,并设持有该金融资产Ⅱ的货币收益率为 r_h,记 r 是由 r_h 所构成的收益率向量。s_h 是第 h 种金融资产Ⅱ的货币价格,s_h 组成了金融资产Ⅱ的价格向量 s。$\gamma^{[h]}$ 为金融资本 h 所持有的金融资产Ⅱ向量,同样可简记 $\gamma = \gamma^{[\mathscr{H}]} = \sum_{h \in \mathscr{H}} \gamma^{[h]}$。

根据上述符号,金融资本的资产变动情况为:

$$\dot{M}^{[h]} = \underbrace{s_h \bar{\gamma}_h^{[h]} - s\gamma^{\mathrm{I}[h]} - qF^{\mathrm{I}[h]} + zF^{[h]} + r\gamma^{[h]} - r_h \gamma_h}_{(1)} + \dot{D}^{[h]} - \iota D^{[h]}$$

$$(3-4-38)$$

$$\dot{\gamma}^{[h]} = \gamma^{\mathrm{I}[h]} \qquad (3-4-39)$$

$$\dot{F}^{[h]} = F^{\mathrm{I}[h]} \qquad (3-4-40)$$

其中 $F^{\mathrm{I}[h]}$ 和 $\gamma^{\mathrm{I}[h]}$ 分别为金融资本 h "投资"(购入或售出)的金融资

产Ⅰ和金融资产Ⅱ的数量向量。[1] 由于金融资本只进行金融投资,因此式(3-4-38)中的投资组合现金流为部分(1),即:

$$\dot{M}_f^{[h]} = s_h \bar{\gamma}_h^{[h]} - s\gamma^{I[h]} - r_h\gamma_h + r\gamma^{[h]} + zF^{[h]} - qF^{I[h]} \quad (3-4-41)$$

上述投资组合现金流所反映的经济逻辑是,金融资本 h 持有金融资产Ⅰ获得收益 $zF^{[h]}$ 以及金融资产Ⅱ获得收益 $r\gamma^{[h]}$,并以这些金融资产为基础资产进一步创造出金融资产 $\bar{\gamma}_h^{[h]}$。由于金融资产Ⅱ在单位时间内会对持有者产生现金支付,即持有该金融产品所获得的利息 $r_h\gamma_h$,因此它可以在金融市场上以 s_h 价格出售。那么,现金流 $\dot{M}_f^{[h]}$ 中,$-s\gamma^{I[h]} - qF^{I[h]}$ 代表了金融资本 h 在金融市场上的金融投资行为。$s_h\bar{\gamma}_h^{[h]} + r\gamma^{[h]} + zF^{[h]}$ 反映了其收益来源:出售所创造的金融产品的价格以及持有金融资产Ⅰ和金融资产Ⅱ所获得的现金流。$-r_h\gamma_h$ 则是由于"生产"并出售金融产品而形成的成本现金流。注意到,上述所有现金流都和真实的价值生产环节无关,由此流通的货币只起到支付手段的职能。

从资产负债表的角度来看,金融资本 h 制造金融资产 $\bar{\gamma}_h^{[h]}$ 并在金融市场上以商品的形式出售,其实质可以看作以基础资产现金流 $zF^{[h]}$ 和 $r\gamma^{[h]}$ 为支撑的信用融资,在资产方增加了出售金融资产 $\bar{\gamma}_h^{[h]}$ 所获得的现金资产的同时也产生了对应的负债,记为 $L_h^{[h]}$。$L_h^{[h]}$ 反映了金融资本 h 因发行金融资产而承担的债务。在本节的研究中,抽象地将这种负债理解成金融资本 h 发行的承兑债务,即金融资本 h 承担的用市场价格赎回 γ_h 的义务,则 $L_h^{[h]} = s_h\gamma_h$。那么,金融资本 h 的资产包含现金 $M^{[h]}$、持有的金融资产Ⅰ($F^{[h]}$)以及金融资产Ⅱ($\gamma^{[h]}$);负债则包括银行贷款 $D^{[h]}$ 和金融负债 $L_h^{[h]}$。那么,名义资产总额为:

$$B^{[h]} = M^{[h]} + qF^{[h]} + s\gamma^{[h]} \quad (3-4-42)$$

净资产为:

---

[1] 在式(3-4-39)和式(3-4-40)中,假设金融资产不存在"折旧"。

$$\Pi^{[h]} = B^{[h]} - D^{[h]} - L^{[h]} \qquad (3-4-43)$$

在这里，一般地考虑金融资本同时包含债务现金流和投资组合现金流的情形，则有：

$$\dot{M}^{[h]} = s_h \bar{\gamma}_h^{[h]} - s\gamma^{I[h]} - r_h\gamma_h + r\gamma^{[h]} + zF^{[h]} - qF^{I[h]} + \dot{D}^{[h]} - \iota D^{[h]} \qquad (3-4-44)$$

从而利用式（3-4-38）、式（3-4-39）和式（3-4-40）计算可得：

$$\dot{\Pi}^{[h]} = s_h \bar{\gamma}_h^{[h]} - r_h\gamma_h + r\gamma^{[h]} + zF^{[h]} - \iota D^{[h]} + \dot{q}F^{[h]} + \dot{s}\gamma^{[h]} - \dot{s}_h\gamma_h - \dot{s}_h\gamma_h \qquad (3-4-45)$$

利用 $\dot{s}\gamma^{[\mathscr{H}]} = \sum_{h\in\mathscr{H}} \dot{s}_h\gamma_h$，$r\gamma^{[\mathscr{H}]} = \sum_{h\in\mathscr{H}} r_h\gamma_h$，$\dot{F} = 0$，以及 $\dot{\gamma}_h^{[\mathscr{H}]} = \bar{\gamma}_h^{[\mathscr{H}]}$ 可知：

$$\dot{\Pi}^{[\mathscr{H}]} = zF - \iota D^{[\mathscr{H}]} + \dot{q}F \qquad (3-4-46)$$

在这种情况下，我们可以看到围绕金融资产Ⅱ进行的投资对金融资本的总体净资产没有影响。

如前所述，金融企业 h 所获得的金融利润为其投资组合现金流中超过支付给银行利息的部分，即：

$$\pi^{[h]} = \dot{M}_f^{[h]} \iota D^{[h]} \qquad (3-4-47)$$

可以验证：

$$\pi^{[\mathscr{H}]} = zF - \iota D^{[\mathscr{H}]} \qquad (3-4-48)$$

式（3-4-47）和式（3-4-48）意味着，虽然从个别资本的角度来看，可以通过在金融市场上对各种金融资产进行操作获得资本利得，但从金融资本总体的角度来看，个别金融资本的金融利润中来自新创造的金融产品Ⅱ的价格的部分，本质上全部来自另一个金融资本的金融资产投资支出。因此从总体来看，金融资本并不能够通过创造新的金融产品实现增殖。金融资本的增殖只能通过来自产业部门的货币支付，或者说，金融资本总体的投资组合收益来自产业部门的利润转移。而正如前文已经阐述的，金融租金 zF 和利息 $\iota D^{[\mathscr{H}]}$ 都只是产业资本所创造的剩余价值的一部分，因此可知虽然资本主义金融体系可以在金融资产 I 的基础上再次派生，并构建出更为"商品化"的金融产品以及更复杂的金融支付网络，但其最终价值来源仍然是产业资本所转移的剩余价值。

同时应当认识到，将式（3-4-44）加总可知 $\dot{M}^{[\mathscr{H}]} = zF + \dot{D}^{[\mathscr{H}]} - \iota D^{[\mathscr{H}]}$，因此可以看出，金融空间中的净现金流既包括从产业资本转移来的货币，又包括金融信贷所创造的货币。后者是金融循环能够脱离实体生产的重要原因。

（二）虚拟资本

考虑金融企业 h 的投资组合现金流 $M_\mathrm{f}^{[h]}$ 即式（3-4-41）：

$$\dot{M}_\mathrm{f}^{[h]} = s_h \bar{\gamma}^{[h]} + r\gamma^{[h]} - r_h \gamma_h - s\dot{\gamma}^{[h]} + zF^{[h]} - q\dot{F}^{[h]}$$

这个现金流反映了金融企业投资金融资产并获得金融利润的过程。与之相对比，生产性企业 i 投资生产资本，制造并出售真实商品所产生的现金流为①：

$$\begin{aligned}\dot{M}_\mathrm{r}^{[i]} &= p_i \bar{\alpha}_i^{[i]} - p\underline{\alpha}^{[i]} - w\alpha_l^{[i]} \\ &= p_i \bar{\alpha}_i^{[i]} + r^* \underline{\alpha}^{[i]} - (r^* \underline{\alpha}^{[i]} + p\underline{\alpha}'^{[i]} + w\alpha_l^{[i]}) - p\dot{\underline{\alpha}}^{[i]}\end{aligned}$$

$$(3-4-49)$$

其中 r^* 被解释为企业 i "因为"持有生产资料而获得的市场平均收益率向量，其第 j 个分量 r_j^* 为企业因"持有"第 j 种固定资产而获得的平均收益率（这样，利润仿佛是由企业持有的生产资料所生）。

---

① 出于简化且不失一般性的目的，假定第 i 个产业资本只生产商品 i 且市场完全出清。

在式（3-4-49）中，$r^*\underline{\alpha}^{[i]} + p\underline{\alpha}^{s[i]} + w\underline{\alpha}_l^{[i]}$ 反映了企业 i 按其持有的每种固定资产的市场平均收益率计算的销售收入。从而可以看出，式（3-4-41）与式（3-4-49）在形式上具有相似性。这给人一种错觉，仿佛金融资产 $\gamma^{[h]}$ 和 $F^{[h]}$ 与固定资产 $\underline{\alpha}^{[i]}$ 一样，都是真实的"资本"。只要持有了"资本"，利润就会自动以这些"资本"——无论是一种金融资产还是一种固定资产——的"果实"的形式自动产生出来。但事实上，虚拟资本本身不能创造任何剩余价值，它只能分享产业资本所创造的剩余价值从而实现自我增殖。

在式（3-4-41）与式（3-4-49）下，金融资本成为产业资本的虚拟"镜像"。在微观视角上它拥有与"真实资本"——产业资本高度相似的形态：利润是投资和运作某种特定资产所获得的收益。但是在宏观上，有：

$$\dot{M}_f^{[\mathcal{H}]} = zF \qquad (3-4-50)$$

式（3-4-50）揭示了，从总量上看，在金融资本的投资组合现金流中，只有来自产业资本的转移支付 zF 是"真实"的，它构成了金融资本占有剩余价值的底层机制。而作为其派生物的金融资产Ⅱ，只是决定了金融资本内部对金融资产Ⅰ及其金融收益的再次分配，正如每个微观产业资本的利润实现了对总剩余价值中属于产业资本那部分的再次分配一样。

虽然在原则上，金融资产Ⅱ是金融资产Ⅰ的派生物，金融资产Ⅰ的金融收益是金融资产Ⅱ资本利得的根本来源，但金融资产Ⅱ并不是对已经实现的金融资产Ⅰ的收益进行事后的再分配；相反，由于金融市场正是建立在未来的时间跨度和不确定性上，因此，当金融资产Ⅱ作为一种金融产品出售的时候，作为其"标的物"的剩余价值尚未被生产出来，或者至少是尚未被转移到金融部门来。对金融资产Ⅱ的交易完全只是一种基于对未来期望的、纯粹的货币支付或者说转移。原则上，这种货币支付过程和任何存在的价值实体都无关，而是交易的一方用一定量的货币换取了对方对未来的一个"书面承诺"。这样,金融资产Ⅱ的生产在理论上说可以是完全名义上的或者说"虚拟"的。

在现实中,金融资产Ⅱ的生产也可能是和某种真实的生产过程捆绑在一起的。例如,金融资本为了更好地出售某种金融资产Ⅱ,可能先要投资一个能生成金融资产Ⅰ的真实生产过程。然后以这个真实生产过程未来所能生成的金融资产Ⅰ的利益为源泉,创造出可以立即出售从而获得货币的金融资产Ⅱ。于是,围绕金融资产Ⅱ的金融市场就创造了出来。除了在出售时金融资本已经获得了销售收入之外,由于每时每刻不断发生的事件造成对该种金融资产Ⅱ的未来预期发生变化,因此个别金融资本还能够通过持有或者反复买卖该资产获得货币收益。而在这整个过程中,作为其利润基础的真实生产过程甚至可能还未正式开始,任何劳动价值都还没有被创造出来。这典型地反映了,金融资本的投资和收益构造了一个与真实生产过程相隔离的独立领域,货币在这里实现自我循环。金融资本在形式上仿佛真的成为能够创造"财富"的金钱机器。在这个场景中,真实的生产过程并不是因为能生产出价值和剩余价值而被投资,而是为了出售金融资产Ⅱ而被投资的。这种实体投资的形式远大于实质,甚至在实现金融收益之后就会被停止(哪怕还从未生产出任何价值),投资这个生产过程的资本仍然是金融资本以及"虚拟资本"。由于这种金融机制的存在,在金融泡沫期就会短时间产生大量的超过实际需求的生产投资。

另外,现代金融市场还催生出一整套几乎可以将任意商品"虚拟资本化"的制度。那些被虚拟资本化的商品资本,它不再作为处在职能资本增殖过程中的价值发挥作用,而是作为一种"虚拟资本"发挥作用,即它不是通过转化为货币来实现已经蕴含在内的剩余价值,而是以"虚拟资本"的形式分享剩余价值。现在,这种商品的市场价格,虽然仍然表现为商品的价格,但并不再是其价值的货币表现,而是表现为未来现金收益的"资本化"。在这一场合,商品不是作为价值的物质载体和人类劳动的凝结而存在,而是作为用以确定发生在未来的、纯粹的现金交易的标的物而存在。

四　工资支出的金融化

（一）基本模型

在现代资本主义经济中，工人及其工资支出越来越多地被纳入金融活动。这种金融活动包括为工人提供的各种形式的银行信贷以及面向工人个人领域的金融投资业务。现有文献中有学者将这一特征称为"劳动力再生产的金融化"。①

这种"金融化"成为资本积累的一个新领域。从资本积累所必需的货币的角度来说，其机制至少包含三个方面。（1）通过银行部门为工人提供的信贷，使得工人暂时能够在工资约束之外进行消费。由于资本主义生产一方面出于追逐利润的动机，要求在不断扩大产出总额的前提下不断压缩工资，另一方面，这些作为成本预付的货币工资却又通过购买产品从而成为资本收入的来源。这一矛盾加剧了剩余价值无法实现的困境。因此，向工人提供的消费信贷允许在预付工资不变（甚至暂时减少）的条件下扩大对产业部门所生产出的商品的需求，即扩大了剩余价值的实现。除此之外，来自金融投资市场所产生"财富效应"也将产生类似的扩大需求的效果。（2）向工人提供的消费信贷同时产生了未来的利息支付。这意味着货币工资的一部分将以利息的形式转移给银行部门，这减少了工人所能实际支配的价值，并增加了资本家阶级占有的剩余价值。由其他金融市场所形成的货币转移也将产生同样的效果。（3）工人货币工资中暂时以储蓄形式保存下来的货币，可以通过以银行和其他金融资本为中介转化为资本积累的货币来源。②

---

① 马慎萧：《劳动力再生产的金融化——资本的金融掠夺》，《政治经济学评论》2019年第2期，125~141页。
② 现有文献还指出，劳动力的金融化导致工人的债务的累积，这种债务压力强化了工人对资本的依附，从而资本获得了对生产环节的更好的控制。这进一步促进了资本积累。参见马慎萧《劳动力再生产的金融化——资本的金融掠夺》，《政治经济学评论》2019年第2期，第125~141页。

第三章 剩余价值的实现、流通和分配过程

下文通过资本循环模型进一步研究这一机制。出于研究便利,将所有的产业资本和金融资本各自分别看作一个整体。

1. 产业资本

产业资本(以上标 i 标记)的商品现金流、债务现金流和投资组合现金流分别为(同样假设 $\dot{\alpha}_l^{[i]} = 0$):

$$\dot{M}_r^{[i]} = ps^{[i]} - p\underline{\alpha}^{s[i]} - w\alpha_l^{[i]} - p\underline{\dot{\alpha}}^{[i]} \tag{3-4-51}$$

$$\dot{M}_d^{[i]} = \dot{D}^{[i]} - \iota D^{[i]} \tag{3-4-52}$$

$$\dot{M}_f^{[i]} = -zF \tag{3-4-53}$$

式(3-4-53)假设产业资本并不投资任何金融资产。[①] 因此,产业资本的投资组合现金流只包含由金融资产 I 产生的现金支出。同样假设金融资产 I 的数量是固定不变的。

2. 金融资本

假设金融资本(以上标 h 标记)持有所有的金融资产 I,并经营由此派生的金融资产 II 获得利润。假设金融资本只销售唯一的一种金融资产 II(γ),且所有的金融资产 II 都由金融资本和工人购买[②],那么金融资本的现金流分别为:

$$\dot{M}_d^{[h]} = \dot{D}^{[h]} - \iota D^{[h]} \tag{3-4-54}$$

$$\dot{M}_f^{[h]} = q\bar{\gamma} - q\dot{\gamma}^{[h]} - r\gamma + r\gamma^{[h]} + zF \tag{3-4-55}$$

在式(3-4-55)中,q 为金融资产 II 的市场价格,$\bar{\gamma}$ 为该时刻金融资产 II 的销售量(若为负则为赎回量),r 为金融资产 II 的收益率。

3. 银行

银行仅进行货币贷款业务,其现金流只包含贷款现金流:

[①] 尽管在现实中,生产性企业的货币资本也可能同时投资产业资本和金融资本。
[②] 由于只存在一个总的金融资本持有全部金融资产 I,因此金融资产 I 的交易可以不加考虑。

$$\dot{M}_d^{[B]} = \iota(D^{[i]} + D^{[h]} + D^{[w]}) \qquad (3-4-56)$$

4. 工人

假设工人可以进行银行信贷和投资金融资产Ⅱ，从而工人的各个现金流应写成：

$$\dot{M}_r^{[w]} = (w - pf)\alpha_l^{[i]} \qquad (3-4-57)$$

$$\dot{M}_d^{[w]} = \dot{D}^{[w]} - \iota D^{[w]} \qquad (3-4-58)$$

$$\dot{M}_f^{[w]} = r\gamma^{[w]} - q\dot{\gamma}^{[w]} \qquad (3-4-59)$$

由于所有的金融资产Ⅱ都由金融资本和工人所购买，因此有 $\bar{\gamma} = \dot{\gamma}^{[w]} + \dot{\gamma}^{[h]}$ 及 $\gamma = \gamma^{[w]} + \gamma^{[h]}$。于是式（3-4-55）整理可得：

$$\dot{M}_f^{[h]} = q\dot{\gamma}^{[w]} - r\gamma^{[w]} + zF$$
$$= -\dot{M}_f^{[w]} - \dot{M}_f^{[i]} \qquad (3-4-60)$$

式（3-4-60）意味着，金融资本所获得的投资组合现金流包含两个来源：一是通过所持有的金融资产Ⅰ而获得的来自产业资本的金融收益，二是由于工人投资金融资产Ⅱ而给金融资本带来的收益。投资组合现金流并不带来任何总的经济盈余，只是纯粹的社会内部的转移支付。

最重要的是，式（3-4-60）表达了，如果在某一时刻，金融资本作为一个整体，在它所创造的金融资产Ⅱ的业务上获得了正利润，那么这必然是因为工人总体的投资组合现金流是负的，即金融资本家阶级从工人那里获取了货币收入（由于假设了产业资本不投资金融资产Ⅱ）。换句话说，金融市场可以成为资本家阶级在产业车间之外进一步占有剩余价值的场所。

（二）信贷增加对利润增加和剩余价值实现的影响

工人的消费支出满足：

$$pf\alpha_l^{[i]} + q\dot{\gamma}^{[w]} - r\gamma^{[w]} = w\alpha_l^{[i]} + \dot{D}^{[w]} - \iota D^{[w]} - \dot{M}^{[w]} \qquad (3-4-61)$$

对两边依时间求导可得：

$$\frac{\mathrm{d}(pf\alpha_l^{[i]})}{\mathrm{d}t} + \frac{\mathrm{d}(q\dot{\gamma}^{[w]} - r\gamma^{[w]})}{\mathrm{d}t} + \frac{\mathrm{d}\dot{M}^{[w]}}{\mathrm{d}t} = \frac{\mathrm{d}(w\alpha_l^{[i]})}{\mathrm{d}t} + \frac{\mathrm{d}(\dot{D}^{[w]} - \iota D^{[w]})}{\mathrm{d}t}$$

(3-4-62)

式（3-4-62）意味着，如果在某时刻银行为工人提供了额外的新增贷款，即 $\frac{\mathrm{d}\dot{D}^{[w]}}{\mathrm{d}t} > 0$，那么，这笔新增的贷款除了形成新增利息 $\frac{\mathrm{d}(\iota D^{[w]})}{\mathrm{d}t} > 0$ 流回银行部门形成银行的新增利润外，剩下的部分 $\frac{\mathrm{d}(\dot{D}^{[w]} - \iota D^{[w]})}{\mathrm{d}t} > 0$ 将以不同的比例分别形成工人额外的现金资产变化 $\frac{\mathrm{d}\dot{M}^{[w]}}{\mathrm{d}t}$、购买真实商品支出的变化 $\frac{\mathrm{d}(pf\alpha_l^{[i]})}{\mathrm{d}t}$，以及在金融产品Ⅱ市场上的净现金流变化 $\frac{\mathrm{d}(q\dot{\gamma}^{[w]} - r\gamma^{[w]})}{\mathrm{d}t}$。

进一步，由于信贷对价值实现主要是一种短期影响，因此不妨简化地假设工人的消费增加来自企业非自愿存货的减少，而企业不会改变生产规模，因此 $\alpha_l^{[i]}$、$\bar{\alpha}^{[i]}$、$\underline{\alpha}^{s[i]}$ 和 $\underline{\dot{\alpha}}^{[i]}$ 均保持不变，进而可以合理地假设价格 p 和工资率 w 也保持不变。那么，式（3-4-62）则整理为：

$$p\dot{f}\alpha_l^{[i]} + \frac{\mathrm{d}(q\dot{\gamma}^{[w]} - r\gamma^{[w]})}{\mathrm{d}t} + \frac{\mathrm{d}(\iota D^{[w]})}{\mathrm{d}t} + \frac{\mathrm{d}\dot{M}^{[w]}}{\mathrm{d}t} = \frac{\mathrm{d}\dot{D}^{[w]}}{\mathrm{d}t} \quad (3-4-63)$$

又由于金融资本的利润为：

$$\pi^{[h]} = q\dot{\gamma} - q\dot{\gamma}^{[h]} - r\gamma + r\gamma^{[h]} + zF - \iota D^{[h]}$$
$$= q\dot{\gamma}^{[w]} - r\gamma^{[w]} + zF - \iota D^{[h]} \quad (3-4-64)$$

所以金融利润的变动满足：

$$\dot{\pi}^{[h]} = \frac{\mathrm{d}(q\dot{\gamma}^{[w]} - r\gamma^{[w]})}{\mathrm{d}t} + \dot{z}F - \frac{\mathrm{d}(\iota D^{[h]})}{\mathrm{d}t} \quad (3-4-65)$$

同时，银行资本的利润为 $\pi^{[B]} = \iota(D^{[i]} + D^{[h]} + D^{[w]})$，则有：

$$\dot{\pi}^{[B]} = \frac{d(\iota D^{[i]})}{dt} + \frac{d(\iota D^{[h]})}{dt} + \frac{d(\iota D^{[w]})}{dt} \qquad (3-4-66)$$

最后，根据产业资本利润为 $\pi^{[i]} = ps^{[i]} - p\underline{\alpha}^{s[i]} - w\alpha_l^{[i]} - zF - \iota D^{[i]}$，因此有：

$$\dot{\pi}^{[i]} = p\dot{s}^{[i]} - \dot{z}F - \frac{d(\iota D^{[i]})}{dt} \qquad (3-4-67)$$

考虑到 $ps^{[i]} = pc^{[i]} + pc^{[h]} + pc^{[B]} + pf\alpha_l^{[i]} + p\underline{\dot{\alpha}}^{[i]} + p\underline{\alpha}^{s[i]}$，其中 $c^{[i]}$、$c^{[h]}$ 和 $c^{[B]}$ 分别为产业资本家、金融资本家和银行资本家的个人生活消费向量，并进一步假设资本家的个人消费和企业利润正相关，即总是将利润中 $\kappa < 1$ 的比例用于个人消费，从而 $pc^{[i]} = \kappa\pi^{[i]}$，$pc^{[h]} = \kappa\pi^{[h]}$ 和 $pc^{[B]} = \kappa\pi^{[B]}$，代入计算可得 $ps^{[i]} = \kappa(\pi^{[i]} + \pi^{[h]} + \pi^{[B]}) + pf\alpha_l^{[i]} + p\underline{\alpha}^{s[i]} + p\underline{\dot{\alpha}}^{s[i]}$。那么有：

$$p\dot{s}^{[i]} = \kappa(\dot{\pi}^{[i]} + \dot{\pi}^{[h]} + \dot{\pi}^{[B]}) + p\dot{f}\alpha_l^{[i]} \qquad (3-4-68)$$

将式（3-4-68）代入式（3-4-67）有：

$$\dot{\pi}^{[i]} = \kappa(\dot{\pi}^{[i]} + \dot{\pi}^{[h]} + \dot{\pi}^{[B]}) + p\dot{f}\alpha_l^{[i]} - \dot{z}F - \frac{d(\iota D^{[i]})}{dt} \qquad (3-4-69)$$

进一步将式（3-4-69）代入式（3-4-63），并考虑到式（3-4-65）~式（3-4-67），整理可得：

$$(1-\kappa)(\dot{\pi}^{[i]} + \dot{\pi}^{[h]} + \dot{\pi}^{[B]}) = \frac{d\dot{D}^{[w]}}{dt} - \frac{d\dot{M}^{[w]}}{dt} \qquad (3-4-70)$$

这意味着，在存在非自愿存货的条件下，向工人提供的新增贷款将最终转化为资本家的利润，并且还将以 $\frac{1}{1-\kappa}$ 的资本家消费乘数扩大这一效果。当然，式（3-4-70）也说明，如果新增贷款只是被工人作为现金资产持有而不能转化为真实商品市场和金融市场的需求，那么新增贷款并不能引起利润的增长。

根据定义，产业资本生产过程中所创造的剩余价值为：

$$sv^{[i]} = \alpha_l^{[i]} - \Lambda f \alpha_l^{[i]} \qquad (3-4-71)$$

而其实现的剩余价值为：

$$rsv^{[i]} = \Lambda(s^{[i]} - \underline{\alpha}^{s[i]} - f\alpha_l^{[i]}) \qquad (3-4-72)$$

由于 p、$\bar{\alpha}^{[i]}$、$\alpha_l^{[i]}$ 和 $\underline{\alpha}^{s[i]}$ 均保持不变，所以 $m = \dfrac{\alpha_l^{[i]}}{p\hat{\alpha}^{s[i]}}$ 固定不变，从而实现的剩余价值的变化量满足：

$$\frac{\mathrm{d}(rsv^{[i]})}{\mathrm{d}t} = mp\dot{s}^{[i]} - mp\dot{f}\alpha_l^{[i]} \qquad (3-4-73)$$

又注意到式（3-4-68）即 $p\dot{s}^{[i]} = \kappa(\dot{\pi}^{[i]} + \dot{\pi}^{[h]} + \dot{\pi}^{[B]}) + p\dot{f}\alpha_l^{[i]}$，因此式（3-4-73）可以整理为：

$$\frac{\mathrm{d}(rsv^{[i]})}{\mathrm{d}t} = mp(\dot{c}^{[i]} + \dot{c}^{[h]} + \dot{c}^{[B]}) = m\kappa(\dot{\pi}^{[i]} + \dot{\pi}^{[h]} + \dot{\pi}^{[B]}) \qquad (3-4-74)$$

进一步结合式（3-4-70）可以得到：

$$\frac{\mathrm{d}(rsv^{[i]})}{\mathrm{d}t} = \frac{m\kappa}{1-\kappa}\left(\frac{\mathrm{d}\dot{D}^{[w]}}{\mathrm{d}t} - \frac{\mathrm{d}\dot{M}^{[w]}}{\mathrm{d}t}\right) \qquad (3-4-75)$$

这意味着，在企业生产规模保持不变的假设下，为工人提供贷款将促进剩余价值的实现，而且这种效应还会通过促进资本家个人消费得到进一步强化。资本家的消费倾向越强，那么新增贷款就会越有效地增加企业利润，实现越多的剩余价值。这些新增的货币利润或者说新实现的剩余价值是由原来凝结在存货中的价值转化为货币而形成的。总之，在暂时的贷款支持下，工人能够超越名义工资的限制，消费更多的价值产品。贷款允许在不改变资本家预付货币工资的前提下，给予工人更多的货币将凝结在商品中的价值实现为货币，形成资本家额外的货币利润。

另外，在贷款增加了实现的剩余价值的同时，还有：

$$\frac{\mathrm{d}(sv^{[i]})}{\mathrm{d}t} = -mp\dot{f}\alpha_l^{[i]} \qquad (3-4-76)$$

这意味着由于新增贷款而导致的工人实际消费水平的上升会导致剩余价

值的减少。当然，这是从生产过程中创造出来的总剩余价值由谁支配的角度说的。前文已经证明了，生产过程中创造出来的总剩余价值要么得到实现并转化为货币，要么以存货商品资本的形式保存。其中以商品资本的形式得到保存的剩余价值——由于商品资本仍然是一种归资本家所有的资本——仍然归资本家所有。新增贷款为工人提供了额外的购买力将这些存货消费掉并转化为货币，从而一方面增加了工人所支配的价值，减少了资本家所支配的价值，另一方面又促进了剩余价值的实现，增加了资本家的货币利润。这二者并不矛盾，这是市场不均衡条件下剩余价值和利润之间的关系的一种表现形式。

（三）劳动力再生产金融化下资本对剩余价值的进一步占有

1. "金融化"引起剩余价值的增加

虽然为工人提供的贷款增量在当下暂时提高了工人的实际消费水平，但从一个时间段来看，这种贷款实际上减少了工人工资总量中的可支配份额，并将这一部分份额转化为银行部门的利润。

将式（3-4-61）：

$$pf\alpha_l^{[i]} + q\dot{\gamma}^{[w]} - r\gamma^{[w]} = w\alpha_l^{[i]} + \dot{D}^{[w]} - \iota D^{[w]} - \dot{M}^{[w]}$$

代入工人的投资组合现金流，可整理为：

$$pf\alpha_l^{[i]} - \dot{M}_f^{[w]} = w\alpha_l^{[i]} + \dot{D}^{[w]} - \iota D^{[w]} - \dot{M}^{[w]} \qquad (3-4-77)$$

记贷款的还款期限为 T，即从零负债开始，在 T 时刻要回到零负债的水平。并且不失一般性，假设工人的初始货币资产也为零，从而有：

$$\int_0^T pf\alpha_l^{[i]} dt + M^{[w]}(T) = \int_0^T w\alpha_l^{[i]} dt - \int_0^T \iota D^{[w]} dt + \int_0^T \dot{M}_f^{[w]} dt \qquad (3-4-78)$$

其中 $M^{[w]}(T)$ 是 T 时刻工人持有的现金余额。

式（3-4-78）左边为在期限 T 内工人消费掉的生活资料的货币价格总额和"结余"的现金资产，右边为在同一时间段内工人的工资总额减去同时间段内工人向银行支付的利息再加上工人在金融产品Ⅱ市场上所获得的投资组合现金流。注意到，如式（3-4-60）所展示的，由于假设了产业资本不持有任何金融资产，因此工人获得的投资组合现金流在数量上实际上就是金融资本在金融市场Ⅱ上所获的金融利润（符号相反），这意味着工人所获得的总工资中必须有一部分转化为银行部门的利润（利息）以及金融部门的金融利润。贷款利息和金融利润的存在，降低了工人在整个还款周期中的实际工资水平，增加了资本家阶级整体所占有的剩余价值。[①] 在这个场合下，名义工资高估了劳动力价值，低估了资本家对剩余价值的实际占有。

上述场景反映了这样的观点，在劳动力再生产过程深入金融领域（包括银行部门和其他金融部门）后，金融体系形成了对劳动力的"二次剥削"[②]：债务和金融投资带来工人实际收入水平的降低，从而增加了剩余价值。在短期中，由于工资、利息和金融收益之间的数量关系并没有天生的自我稳定机制，彼此之间相对数量的变化会导致工人实际可支配收入的波动，从而引起剩余价值和劳动力价值之间比例，即剩余价值率的变化。这种波动会通过压低工人的实际生活资料水平（甚至在一段时间内低于正常水平），使得资本家获得超额剩余价值。这一点正如马克思在《资本论》中曾以农业工人为例说道："真正农业工人的工资被压低到它的正常平均水平以下，以致工资的一部分由工人手中扣除下来，变为租金的一个组成部分，从而在地租的伪装下流到土地所有者而不是工人的手中。"[③]

但在较长的时间跨度上，如果金融资本所获得的收益并没有真正降

[①] 从技术上讲，由于在现实中不同工人彼此之间的还款周期不一致，现金流的动态过程十分复杂。但工资的一部分会转化为金融收益这一点在抽象层面上来说总是成立的。
[②] 马慎萧：《劳动力再生产的金融化——资本的金融掠夺》，《政治经济学评论》2019年第2期，第125~141页。
[③] 马克思：《资本论》（第三卷），人民出版社，1975，第707页。应当指出，在马克思的原文中，实际上是以19世纪缴纳农业地租的具体形式，即租地农场主向地主阶级直接缴纳地租这一形式来讨论的。但撇开当时的具体地租形式，马克思在这里正确地指出了一个一般性问题，即租金、工资和超额剩余价值之间的变动关系。

低劳动力的价值,即工人维持劳动力再生产所需要的必要耗费,或者说如果在长期中,金融利润不是通过压低工人实际工资并获得超额剩余价值实现的,而是相反,工人的投资组合现金流、债务现金流和商品现金流——从而货币工资和生活消费——三者之间达到一个共存并相对稳定的状态,那么此时"二次剥削"反映的事实上不再是一种通过压低实际工资而实现的剩余价值率的上升,而是剩余价值在产业资本和金融资本之间的分配。如果说通过金融资产Ⅰ从产业资本处获得的现金流是金融资本分割剩余价值的直接途径的话,那么通过工人的银行债务和对金融资产Ⅱ的投资这一形态,银行资本和金融资本构建了一个分割剩余价值的间接途径。这两种途径都实现了现金从产业资本向金融体系的转移,从而实现了金融资本对剩余价值的占有。在这个状态下,产业资本、银行资本和金融资本形成了一个"自发"的协调:金融资本和银行资本通过向工人提供贷款及其他金融机制降低了产业资本所必须直接预付的货币工资量,三者共同作为总资本的不同部分,通过不同渠道,即工资、贷款和(不确定的)金融收益为工人提供货币融资以维持劳动力再生产,同时共同作为总资本的一部分获得相应的剩余价值。

不过,在这个协调中,产业资本、银行资本和金融资本的逻辑地位并不相同。正如产业资本所推动的生产过程是剩余价值的真正来源一样,向工人所支付的货币工资也是工人进行贷款和少量金融"投资"的逻辑和现实基础。虽然在今天的资本主义体系下,金融化已经深入劳动力的再生产过程,但在机制上,工人的银行债务和金融收益本质上还是以其工资为支撑的。围绕产业资本构建的雇佣劳动制始终是资本主义劳动力再生产的核心和基础。

2. "金融化"引起的剩余价值再分配方式:工人的金融租金

除了贷款利息以外,金融租金是劳动力再生产金融化的另一种形态。现在考虑如下场合:假设工人的生活资料中包含 $F^{[w]}$ 个单位特定的金融产品，每个单位金融产品需要向金融资本支付金融租金 z。① 同时出于简化的目的，假设工人总是保持预算平衡，即不存在储蓄和贷款，同时也不交易任何金融资产。从而有：

$$w\alpha_l^{[i]} = pf\alpha_l^{[i]} + zF^{[w]} \qquad (3-4-79)$$

另外，假设只有金融资本持有金融资产，那么生产性企业 i 的净现金流只包含商品现金流（包含资本家的个人消费支出）和债务现金流，因此：

$$\dot{M}^{[i]} = ps^{[i]} - p\underline{\alpha}^{[i]} - w\alpha_l^{[i]} + \dot{D}^{[i]} - \iota D^{[i]} - pc^{[i]} \qquad (3-4-80)$$

同时，生产性企业 i 的利润为：

$$\pi^{[i]} = ps^{[i]} - p\underline{\alpha}^{s[i]} - w\alpha_l^{[i]} - \iota D^{[i]} \qquad (3-4-81)$$

此外，假设金融企业 h 不进行生产性投资也不进行储蓄和贷款，于是其净现金流只包含金融资本家的个人消费支出和投资组合现金流；并假设金融部门不创造新的金融产品 II 而只是通过持有金融资产 I 而从工人外获得金融租金。从而有：

$$\pi^{[h]} = zF^{[w]} \qquad (3-4-82)$$

$$\dot{M}^{[h]} = zF^{[w]} - pc^{[h]} \qquad (3-4-83)$$

同时，对于银行有：

$$\dot{M}^{[B]} = \iota D^{[i]} - pc^{[B]} \qquad (3-4-84)$$

$$\pi^{[B]} = \iota D^{[i]} \qquad (3-4-85)$$

---

① 金融租金成为生活成本的一部分的原因很多，除了保险等典型的金融支出以外，在资本主义社会，房租、地租等也作为一种"金融租金"成为资本主义剥削的渠道。这是因为，在一个现代资本主义经济中，土地被"金融化"了，成为一个特殊的金融资产。而地租也成为金融租金的一个特殊形式。后文在对地租的研究中将做进一步分析。龚剑和李怡乐为此提供了一个思想史视野。参见：龚剑、李怡乐《劳动力的商品化与住房的"去商品化"——一项思想史的考察》，《政治经济学季刊》2018 年第 1 期，第 103~116 页。

根据以上各式，利用剩余价值的定义以及事实 $\dot{M}^{[i]} + \dot{M}^{[h]} + \dot{M}^{[B]} = \dot{D}^{[i]}$ 可以验证：

$$sv^{[i]} = m(\pi^{[i]} + \pi^{[h]} + \pi^{[B]}) + \Lambda\dot{X}^{[i]} \qquad (3-4-86)$$

$$sv^{[i]} = \Lambda(c^{[i]} + c^{[h]} + c^{[B]} + \dot{X}^{[i]} + \dot{\underline{\alpha}}^{[i]}) \qquad (3-4-87)$$

剩余价值从产业资本向金融资本的转移是通过工人支付的金融租金完成的。工人所得的工资并不全部转化为工人所实际支配或消费的价值，其中的相当一部分实际上只是以金融租金的形式转移给金融资本家。工人工资形成了剩余价值在金融资本和产业资本之间进行分配的货币"通道"。因此，工人劳动力再生产过程的金融化不仅意味着资本家阶级整体对工人剥削方式的变化，也意味着资本家内部分割剩余价值方式的变化。这种转移剩余价值的"间接"通道进一步意味着，产业资本所支付的货币工资的增加并不必然增加工人的实际工资并降低剩余价值率，也不必然意味着对实体经济产品需求的增加，而是可能进一步转化为金融资本的利润。另外，结合式（3-4-70）可以发现，为工人提供的贷款虽然可能增加所有资本家总体的名义利润，促进剩余价值的实现，但是这种增加在资本家内部，即产业资本和金融资本之间可能是不均一的。

在本节中，我们可以看出资本家获得货币利润和占有剩余价值之间的关系。在纯粹抽象的层面上，利润是剩余价值的货币表现形式，获得利润和占有剩余价值是一致的。但在更具体的分析中，尤其是包含金融系统的分析中，货币利润的运动绝不是剩余价值运动的机械反映，正如不能将货币价格看作价值的机械反映一样。以银行和金融系统为基础，（名义上的）货币利润有脱离剩余价值的生产和占有，进行独立运动的逻辑和规律。

第三章　剩余价值的实现、流通和分配过程

第五节　商业资本和一般商品的金融化

一　商业资本

（一）在商业中作为支付手段的货币资本

马克思在《资本论》第一卷"商品的形态变化"这一章节中指出，商品的第一形态的变化或者说卖（表示为 W—G）反映了"商品价值从商品体跳到金体上"①。在这个过程中，商品"同它自己的一般价值形态交换"②，这反映了商品的"价值形式的实现"③。或者说，作为商品第一形态变化的产物，金是其对立物，即作为使用价值的商品的价值形态。但在《资本论》第三卷谈及商业资本的时候，马克思又进一步指出，虽然从麻布厂主的角度来说，他靠作为商业资本的货币实现了麻布的价值，但是对于麻布本身来说，麻布的出售或者说麻布到货币的形态变化还没有发生。"麻布仍旧作为商品资本处在市场上，有待于完成它的第一形态变化，即卖掉。"④ 对于商业资本的性质，马克思指出："商品资本是在一个和它的生产者不同的当事人手中完成它最终转化为货币的过程，即完成它的第一形态变化"⑤。只有从流通领域转入消费领域，第一形态变化才最终完成；或者说，"只有商人资本的 W—G 才是执行职能的商品资本的最终的 W—G"⑥。

这些内容说明了，商业资本在向产业资本购买商品资本时，由于没有真正完成商品第一形态变化，这些货币并不是作为商品的一般价值形态或者说价值的实现形式出现的。马克思在对商业利润的讨论中非常明

---

① 马克思：《资本论》（第一卷），人民出版社，1975，第 124 页。
② 马克思：《资本论》（第一卷），人民出版社，1975，第 127 页。
③ 马克思：《资本论》（第一卷），人民出版社，1975，第 127 页。
④ 马克思：《资本论》（第三卷），人民出版社，1975，第 300 页。
⑤ 马克思：《资本论》（第三卷），人民出版社，1975，第 303 页。
⑥ 马克思：《资本论》（第三卷），人民出版社，1975，第 304 页。

确地指出："商业资本所以能获得利润，是因为它没有把包含在商品中的无酬劳动（这是投在这种商品生产上的资本作为总产业资本的一个相应部分来执行职能时包含在商品中的）全部支付给生产资本，相反地，在出售商品时却让人把这个仍然包含在商品中的、它没有支付报酬的部分支付给自己"①；"产业资本家阶级出售全部商品的价格，小于这全部商品的价值"②。即：商业资本在购买商品时所预付的货币并不是表达了商品的价值，并没有执行价值尺度的职能。这样，按照《资本论》第一卷中所阐释的流通手段职能的含义，即流通手段职能是货币作为交易媒介的技术性职能和价值尺度职能的统一来说，这些货币资本并没有真正执行流通手段的职能。此时，这些预付的货币资本虽然形式上以商品交易的形式流通，但只是在技术意义上成为一种购买手段。③

在进一步展开研究之前，有必要对流通手段的概念进行一些补充。正如前所述，流通手段是商品交易的技术性媒介和价值尺度职能的统一，但在现实的经济中，商品交易并不是按照统一价格进行的，或者更严格地说，商品的第一形态变化在全社会并不是按照统一的货币量完成的。这个货币额的多样性构成了一个价格分布 $\tilde{p}$。商品的价值正是通过价格分布的平均值或者说期望值 $E(p)$ 得以表现的。p 和 $E(p)$ 的偏离并不意味着这个货币量不执行价值尺度和流通手段的职能；相反，货币的价值尺度和流通手段的职能正是以这种偏离及其彼此抵消而实现的。但是，商业资本所预付的货币同商品价值的偏离并不属于这种情况。因为这种偏离是系统性的。这一点可以借用生产价格这一概念加以阐述。

原则上，生产价格会与价值产生偏离，在《资本论》第三卷中，

---

① 马克思：《资本论》（第三卷），人民出版社，1975，第327页。
② 马克思：《资本论》（第三卷），人民出版社，1975，第318~319页。
③ 注意到，在马克思所给出的实际算例（《资本论》第三卷，人民出版社，1975，第318~319页）中，他曾假设为了购买价值1080镑的总商品，商人实际支付的货币资本只有100镑。在这个场合，商人预付的货币甚至完全脱离了技术意义上的购买手段形式，而只是一种围绕商业信用建立起来的纯粹的货币支付。

马克思把产业资本按照包含商业资本在内而调整后的平均利润率所得到的价格——也是它在将商品出售给商业资本时的价格，重新界定为"生产价格"。而商业利润则是在这个"生产价格"基础上加上平均利润所获得的"实际价格"和"生产价格"的差额。① 在这个关系中，当不考虑商业资本时，作为价值的转化形式的生产价格，虽然在个别意义上和价值并不一致，但是总量上看，生产价格总是等于价值。从而生产价格是一种在平均利润率条件下的具体的价值形式。货币仍然承担价值尺度和流通手段的职能。但是，当存在商业资本时，此时的"生产价格"将不再等于商品价值，二者存在系统性的偏离。无论是从总量还是从个量来说，"生产价格"的货币量都不再是商品价值的外在表现或者说价值形式。商品价值是通过"实际价格"表现出来的。

综合以上观点，与其说商业资本在购买商品时所预付的货币是一种流通手段，不如说是一种支付手段。这些货币虽然形式上是通过同商品交易来流通的，但是其实质不是表达商品的价值并实现商品流通的第一形态变化；相反，它只是实现了一种货币支付。正如金融资本在形式上是以商品交易的方式购买金融产品，但相应货币并不是作为流通手段而是支付手段一样，商业资本在向产业资本购买商品时预付的货币也不是流通手段而是一种与商品交易无关的支付手段。

事实上，在商业实践中，产业资本和商业资本之间存在复杂多样的商业模式，商业资本先向产业资本买入商品然后再卖出只是其中的一种传统形式。产业资本和商业资本之间的商品货币交换行为反映的不是商品流通的一般性，而是一种剩余价值分配的特殊性，正如哈维所言，这本质上反映的是一种资本之间的"权力关系"。②

（二）商业资本对剩余价值的分配

设所有的商业企业构成了商业资本总体 $\mathcal{N}$。商业资本 $\nu \in \mathcal{N}$ 向产

---

① 马克思：《资本论》（第三卷），人民出版社，1975，第319页。
② 大卫·哈维：《跟大卫·哈维读〈资本论〉》（第二卷），谢富胜等译，上海译文出版社，2016，第149页。

业资本 i 购买的商品向量为 $\beta^{[\nu][i]}$，并记 $\beta^{[\nu]} = \sum_{i \in \vartheta} \beta^{[\nu][i]}$，表示商业资本 ν 所购买的所有商品向量。另外，设商品的出厂价格或者说收购价格向量为 ζ。假设商业资本是连接生产企业和销售市场的直接销售商，商业资本 ν 向市场直接销售的商品向量为 $s^{[\nu]}$。并假设商业资本不预付采购商品之外的任何工资及流通费用，也不进行任何金融投资。那么，商业资本 ν 的资产包括商品存货 $X^{[\nu]}$ 和现金 $M^{[\nu]}$，负债则为贷款 $D^{[\nu]}$。其资产变动满足如下条件：

$$\dot{X}^{[\nu]} = \beta^{[\nu]} - s^{[\nu]} \qquad (3-5-1)$$

$$\dot{M}^{[\nu]} = ps^{[\nu]} - \zeta\beta^{[\nu]} + \dot{D}^{[\nu]} - \iota D^{[\nu]} \qquad (3-5-2)$$

在商业资本的净现金流 $\dot{M}^{[\nu]}$ 中，$ps^{[\nu]} - \zeta\beta^{[\nu]} - \iota D^{[\nu]}$ 为商业资本 ν 所实际获得的商业利润 $\pi^{[\nu]}$。

应当指出的是，在式（3-5-2）中，商业资本的增殖形式 $ps^{[\nu]} - \zeta\beta^{[\nu]}$ 和产业资本的增殖形式 $p\bar{\alpha}^{[i]} - p\underline{\alpha}^{s[i]} - w\alpha_l^{[i]}$ 非常相似，都表示预付资本和回流货币的差额，但实际上二者具有本质的不同。在产业资本的增殖中，撇开支付工资的货币不说，在购买生产资料的货币方面，$p\underline{\alpha}^{s[i]}$ 实际上是作为价值尺度和流通手段的统一，以货币的形式表达了生产过程中所耗费并转移的价值，从而货币增量 $p\bar{\alpha}^{[i]} - p\underline{\alpha}^{s[i]}$ 是生产过程中新创造价值的货币表现。而在商业资本的增殖形式 $ps^{[\nu]} - \zeta\beta^{[\nu]}$ 中，预付资本 $\zeta\beta^{[\nu]}$ 并不表达商品的价值，只是以购买手段的技术形式出现的支付手段，$ps^{[\nu]} - \zeta\beta^{[\nu]}$ 也不表达真实的价值创造或者增殖过程。因此，在商业利润 $\pi^{[\nu]} = ps^{[\nu]} - \zeta\beta^{[\nu]} - \iota D^{[\nu]}$ 中，$ps^{[\nu]}$ 反映并实现了所销售商品的价值，而 $\zeta\beta^{[\nu]}$ 和 $\iota D^{[\nu]}$ 则是商业资本分别给产业资本和银行资本的货币支付。这个支付本质上只是用货币的方式决定了已经包含在 $ps^{[\nu]}$ 中的剩余价值如何在各个资本中进行分配。正如马克思所指出的，在外部环境允许的条件下——如在更发达的商品流通和信用机制下，以 $\zeta\beta^{[\nu]}$ 这种形式进行的预付资本是可以取消的，而只留下将实现的剩余价值的一部分留给商业资本的结果,即表现出纯粹的利润分配的实质。事实上,在马克思分析商业资本所给出的案例中,$\zeta\beta^{[\nu]}$ 在数值、形式和含义上均表现为一个纯粹的支付手段。[1]

另外,商业资本 ν 的资产变动为:

$$\dot{B}^{[\nu]} = \dot{M}^{[\nu]} + p\dot{X}^{[\nu]} + \dot{p}X^{[\nu]} \qquad (3-5-3)$$

从而经过计算容易得到其所有者权益变化为:

$$\dot{\Pi}^{[\nu]} = (p-\zeta)\beta^{[\nu]} - \iota D^{[\nu]} + \dot{p}X^{[\nu]} \qquad (3-5-4)$$

在考虑商业资本的条件下,产业资本 i 所获的实现利润为:

$$\pi^{[i]} = \zeta\sum_{\nu\in\mathcal{N}}\beta^{[\nu][i]} - p\underline{\alpha}^{s[i]} - w\alpha_l^{[i]} - \iota D^{[i]} \qquad (3-5-5)$$

商业资本 ν 的实现利润为:

$$\pi^{[\nu]} = ps^{[\nu]} - \zeta\beta^{[\nu]} - \iota D^{[\nu]} \qquad (3-5-6)$$

银行部门的利润为:

$$\pi^{[B]} = \iota(D^{[\mathscr{I}]} + D^{[\mathscr{N}]}) \qquad (3-5-7)$$

那么,根据上述等式并利用事实 $\sum_{i\in\mathscr{I}}\sum_{\nu\in\mathscr{N}}\beta^{[\nu][i]} = \sum_{\nu\in\mathscr{N}}\beta^{[\nu]}$,可以得到:

$$\pi^{[\mathscr{I}]} + \pi^{[\mathscr{N}]} + \pi^{[B]} = ps^{[\mathscr{N}]} - p\underline{\alpha}^{s[\mathscr{I}]} - w\alpha_l^{[\mathscr{I}]} \qquad (3-5-8)$$

进一步考虑到式(3-5-1)即 $\dot{X}^{[\nu]} = \beta^{[\nu]} - s^{[\nu]}$ 以及产业资本 i 的存货变动 $\dot{X}^{[i]} = \bar{\alpha}^{[i]} - \sum_{\nu\in\mathscr{N}}\beta^{[\nu][i]}$,式(3-5-8)可以改写为:

$$\pi^{[\mathscr{I}]} + \pi^{[\mathscr{N}]} + \pi^{[B]} = p\bar{\alpha}^{[\mathscr{I}]} - p\underline{\alpha}^{s[\mathscr{I}]} - w\alpha_l^{[\mathscr{I}]} - p(\dot{X}^{[\mathscr{I}]} + \dot{X}^{[\mathscr{N}]}) \qquad (3-5-9)$$

这意味着,如果假设工人的工资全部转化为生活资料,则有:

---

[1] 马克思:《资本论》(第三卷),人民出版社,1975,第302页、第309页和第317页。

$$\pi^{[g]} + \pi^{[\mathcal{N}]} + \pi^{[B]} = sv^{[g]} - p(\dot{X}^{[g]} + \dot{X}^{[\mathcal{N}]}) \quad (3-5-10)$$

首先，正如马克思所说的，商业利润本质上是产业资本在生产过程中所创造的剩余价值的一部分。商业流通过程并不创造新的剩余价值。其次，商业资本的流通过程会通过商业存货的变化进一步影响剩余价值的实现，即决定名义利润总量。在式（3-5-10）中可以发现，商业资本的存货和产业资本的存货对剩余价值的实现的影响是同质的，这是因为商业资本本质上是从原先属于产业资本的流通环节中独立出来的。

（三）纯粹流通费用和平均利润率

1. 基于"马克思—斯拉法"方法的模型

现考虑包含商业资本在内的平均利润率问题。先考虑一个简单情形。假设所有的产业资本都不包含固定资本和联合生产，那么这些生产过程可以描述为：

$$\zeta = (1 + \bar{\pi}^p)p(A + fL^p) \quad (3-5-11)$$

其中 $\bar{\pi}^p$ 为产业资本的平均利润率，A 为投入系数矩阵，L^p 为每个单位商品生产过程中的劳动耗费，f 为每个单位劳动耗费所必需的生活资料向量，ζ 为产品在由产业资本卖给商业资本时的销售价格向量。假设商业资本获得平均利润率，则有：

$$p = (1 + \bar{\pi}^m)[\zeta + p(U + fL^m)] \quad (3-5-12)$$

其中 $\bar{\pi}^m$ 为商业资本的平均利润率，U 是由在每个商品的销售过程中所耗费的物质资料所构成的矩阵，L^m 为销售过程中的商业劳动投入向量。

从式（3-5-11）和式（3-5-12）出发，对于给定的生产耗费（$A + fL^p$）和商业耗费（$U + fL^m$），如果所有产业资本和商业资本存在一个统一的平均利润率 $\bar{\pi}$，那么必然可以写成一个统一的矩阵形式：

$$(p, \zeta) = (1 + \bar{\pi})(p, \zeta)\begin{pmatrix} U + fL^m & A + fL^p \\ I & 0 \end{pmatrix} \quad (3-5-13)$$

在式（3-5-13）中，若存在（p, ζ）>0 且 $\bar{\pi}$>0，则商业资本和产业

资本共同实现了统一的平均利润率。

但是由于式（3-5-13）中，矩阵 $\begin{pmatrix} U+fL^m & A+fL^p \\ I & 0 \end{pmatrix}$ 是一个非负可约矩阵，因此在数学上只能保证 $(p,\zeta)\geq 0$ 且 $\bar{\pi}\geq 0$。这意味着，对于一个给定的生产耗费（$A+fL^p$）和商业耗费（$U+fL^m$），数学上并不必然保证存在一个合意的平均利润率。

现在考虑式（3-5-13）存在合意的平均利润率的情形。此时，对式（3-5-11）和式（3-5-12）两边同时乘以产出向量（或者说活动水平）$x>0$，得到：

$$px = (1+\bar{\pi})\zeta x + (1+\bar{\pi})p(U+fL^m)x \qquad (3-5-14)$$

$$\zeta x = (1+\bar{\pi})p(A+fL^p)x \qquad (3-5-15)$$

联立式（3-5-14）和式（3-5-15），容易证明：

$$\bar{\pi} = \frac{px - p(A+fL^p)x - p(U+fL^m)x}{\zeta x + p(A+fL^p)x + p(U+fL^m)x} \qquad (3-5-16)$$

回忆式（1-4-1）可得：

$$x - Ax = \chi + f(L^p + L^m)x + Ux \qquad (3-5-17)$$

因此，根据式（3-5-17），式（3-5-16）蕴含着，平均利润率即由资本家所占有的剩余产品的价格 $p\chi$ 同所有预付资本之比。同时，根据马克思只有产业劳动过程中的劳动耗费才创造价值和剩余价值的观点，有 $m = \dfrac{L^p x}{p(I-A)x}$。那么，式（3-5-16）可以改写为：

$$\bar{\pi} = \frac{1}{m} \cdot \frac{L^p x - \Lambda fL^p x - \Lambda(U+fL^m)x}{\zeta x + p(A+fL^p)x + p(U+fL^m)x} \qquad (3-5-18)$$

式（3-5-18）的分母反映了产业资本和商业资本预付的资本总量，分子反映了商业资本和产业资本共同支配的实际剩余价值。而如果把 f 和 b^* 相偏离的情况撇开不谈（显然 f 是否同 b^* 相偏离与商业资本参与利润率的平均化问题无关），式（3-5-18）分子中的 $L^p x - \Lambda fL^p x$

289

部分反映了该生产技术条件下的可行剩余价值 sv^{fe}。而 $\Lambda(U+fL^m)x$ 则是商业流通过程中的"纯粹流通费用",它构成了对可行剩余价值的一个扣除项。事实上,由于可行剩余价值说的是在生产过程中所创造的所有剩余(无论这一剩余最终以什么形式——不管是资本家的个人消费、扩大再生产还是纯粹的流通费用——消耗掉),因此此时平均利润率说的是,在扣除社会生产总过程中所有的必要耗费(包括生产性耗费和流通费用)之后,所有可供资本家阶级支配的剩余以总利润的形式平均分配给所有资本。由此可见,虽然纯粹流通费用必须在可行剩余价值中得到补偿,但在宏观意义上不是有待分配的总利润的一部分,且微观意义上也不能计入商业利润而是计入商业成本,因此,平均利润率应当用扣除了纯粹流通费用后的实际剩余价值来计算。对此,马克思本人也曾经明确指出:"一切只是由商品的形式转化而产生的流通费用,都不会把价值追加到商品上……投在这种费用上的资本(包括它所支配的劳动),属于资本主义生产上的非生产费用。这种费用必须从剩余产品中得到补偿,对整个资本家阶级来说,是剩余价值或剩余产品的一种扣除"[①]。

2. 对马克思在《资本论》中算例的研究和争论

关于商业资本参与平均利润率形成过程中纯粹流通费用如何补偿的问题,马克思在《资本论》第三卷中提出了与式(3-5-18)不一样的算法。他举例说[②],假设产业资本中预付的总资本为 720c + 180v = 900 镑(即不变资本 720 镑、可变资本 180 镑、总预付资本 900 镑),同时,剩余价值率为 100%。所以生产出的商品价值总量为 720 + 180 + 180 = 1080 镑。如果商业资本预付 100 镑以向产业资本购买商品,且不包含任何其他纯粹流通费用,由于商业资本不创造任何价值,则平均利润率为产业资本所生产出来的剩余价值 180 镑/所有预付的总资本 900 + 100 = 1000 镑,即 18%。此时,产业资本将商品出售给商业资本的售价

[①] 马克思:《资本论》(第二卷),人民出版社,1975,第 167 页。
[②] 马克思:《资本论》(第三卷),人民出版社,1975,第 317 页。

为 900 乘以 118% 即 1062 镑，而商业资本将该商品最后出售的价格为成本价 1062 镑加上预付资本 100 镑按照 18% 的利润率所获得的利润 18 镑，合计为 1080 镑。这恰好等于商品的价值总量。也就是说，马克思认为，在不考虑纯粹流通费用的场合，商业资本获得利润的根本原因是以低于商品价值的价格向产业资本收购商品而以等于价值的价格出售，从而实现剩余价值在商业资本和产业资本之间的分配。

但是，当假设商业资本在之前的 100 镑之外还要预付 50 镑纯粹流通费用时，马克思认为此时平均利润率为 180 镑/1050 镑（而非之前的 1000 镑）= $17\frac{1}{7}$%。从而产业资本的出售价格为 $1054\frac{2}{7}$ 镑。商业资本则要在 $1054\frac{2}{7}$ 镑的基础上，以 $17\frac{1}{7}$% 的利润率获得预付资本 150 镑的利润 $25\frac{5}{7}$ 镑。至此商品售价应为 1080 镑。但是除此之外，商业资本还有 50 镑的纯粹流通费用尚未回收，因此马克思说："商人再按照 1130 的价格（即 1080 + 50 的费用，这是他必须再收回的）把商品卖掉。"[1] 按照本节的符号，马克思的上述观点可以形式化地表达为：

$$p = (1 + \bar{\pi})[\zeta + p(U + fL^m)] \quad (3-5-19)$$

$$\zeta = (1 + \bar{\pi})p(A + fL^p) \quad (3-5-20)$$

$$\bar{\pi} = \frac{epfL^p x}{\zeta x + p(A + fL^p)x + p(U + fL^m)x} \quad (3-5-21)$$

$$px = (1 + e)pfL^p x + pAx + p(U + fL^m)x \quad (3-5-22)$$

其中，e 为产业资本的剩余价值率。

在上述等式中，特别值得说明的有三点。（1）式（3-5-20）蕴含着商业资本在购买商品时预付的货币量等于产业资本的生产价格

---

[1] 马克思：《资本论》（第三卷），人民出版社，1975，第 326 页。

量。① (2) 式 (3-5-22) 反映的是马克思所认为的商品实际价格总量等于产业资本生产过程中创造的价值总量加上纯粹流通费用的补偿。(3) 以式 (3-5-19) 和式 (3-5-20) 为前提，式 (3-5-21) 和式 (3-5-22) 是等价的。

在式 (3-5-19)~式 (3-5-22) 构成的模型中，可以发现当且仅当

$$e = \frac{L^p x - \Lambda f L^p x - \Lambda(U + fL^m)x}{\Lambda f L^p x} \tag{3-5-23}$$

成立时，即剩余价值率不是用可行剩余价值而是用实际剩余价值定义的，式 (3-5-19)~式 (3-5-21) 才在一般意义上是相容的。

因此式 (3-5-22) 中利用 e 所声明的产业资本所创造的价值 $(1+e)pfL^p x + pAx$ 并不是其产品的总价值；而在其基础上加上纯粹流通费用之后的量才是产业资本生产过程中所创造的价值总量。所以在马克思给出的算例中，当不考虑纯粹流通费用时，剩余价值率100%指的是可行剩余价值率，同时也等于实际剩余价值率；而当考虑纯粹流通费用时，就应当区分两个意义上的剩余价值率：用来计算生产过程中所创造的价值总量的是可行剩余价值率 e，而用来计算平均利润率的是实际剩余价值率 e'。这二者的关系是：

$$e' + \frac{p(U + fL^m)x}{pfL^p x} = e \tag{3-5-24}$$

由此可见，马克思的算例应当重新整理为：假设产业资本中预付的总资本为 $720c + 180v = 900$ 镑（即不变资本720镑、可变资本180镑、总预付资本900镑），同时假设可行剩余价值率为100%，则生产出的商品价值总量为 $720 + 180 + 180 = 1080$ 镑。另外，商业资本预付100镑以向产业资本购买商品以及预付50镑的纯粹流通费用，此时平均利润

---

① 在马克思的上述算例中这二者并不相等。在那里，购买商品的预付资本量是100镑，但产业生产价格为 $1054\frac{2}{7}$ 镑。

率为 130 镑（即 180 − 50）/1050 镑 = $12\frac{8}{21}$%。从而产业资本的出售价格为 $1011\frac{3}{7}$ 镑，获得利润 $111\frac{3}{7}$ 镑。商业资本则要在此基础上，以 $12\frac{8}{21}$% 的平均利润率获得预付资本 150 镑的利润 $18\frac{4}{7}$ 镑，同时补偿 50 镑的流通费用，所以最终商业资本的实际出售价格为 $1011\frac{3}{7} + 18\frac{4}{7} + 50 =$ 1080 镑，恰好等于生产过程中创造的价值总量。而商业资本和产业资本所各自分配到的剩余价值或者说所获得的利润之和也恰好等于实际剩余价值 130 镑。

对于这种算法的改进，国内外学术史上并非没有争议。由卢森贝起始，纯粹流通费用的补偿和平均利润率的计算问题在国外引起了激烈争论[1]，而在我国，该问题也一直没有正式定论。但根据最近的一些文献，学界的观点倾向于认为在计算平均利润率的时候，应当使用生产过程中创造的剩余价值扣除流通费用之后的余额作为被除数，即采用本节中的等式（3−5−23）。而对于马克思的算例，一些文献中也采用这一改进算法进行了重新计算。[2]

但是应当指出，虽然后人在算法和计算结果上与马克思的原始算例存在差异，但我们不能因此就说马克思关于纯粹流通费用补偿的观点是错误的。这是因为，马克思的算例的目的及理论意义不在于具体数字上的处理方法，而在于揭示了马克思面对纯粹流通费用补偿问题上的"困难"所给出的答案。所谓"困难"是指，如马克思所说："造成困难的

---

[1] 除了卢森贝以外，本·法因、诺菲尔德也在研究商业资本和金融资本时都采用了这种改进算法。参见：孟捷、李亚伟、唐毅南《金融化与利润率的政治经济学研究》，《经济学动态》2014 年第 6 期，第 50～59 页。

[2] 张洪平、丁堡骏：《复活马克思的纯粹流通费用补偿范式》，《当代经济研究》2008 年第 12 期，第 1～5 页；魏宇杰：《纯粹商业流通费用的补偿来源及其补偿形式》，《当代经济研究》2016 年第 3 期，第 45～53 页；王庚、刘向东、李陈华：《考虑商业资本加入的利润平均化研究——基于转形问题各体系的理论拓展》，《政治经济学评论》2021 年第 1 期，第 111～135 页。

就是这后者。b 是价格的一个新的组成部分呢,还是仅仅是用 B + b 获得的利润的一部分"?① 通过实际算例,马克思传达了他的正确观念:纯粹流通费用不是作为商业利润的一部分进行事后补偿的,而是作为一种成本上的加价包含在商品售价中的。这一点由式(3 - 5 - 22),即 $px = (1 + e)pfL^p x + pAx + p(U + fL^m)x$ 总结。该式反映了在商品的总售价中,纯粹流通费用 $p(U + fL^m)x$ 不是作为资本家所实际获得的总利润的扣除,而是一种额外的成本加价。也就是说,虽然纯粹流通费用从本质上说来自产业资本所创造的可行剩余价值的扣除或补偿,但这种扣除在流通形式上体现为商业资本所预付的资本或者说成本,而不是从商业利润中进行的事后扣除或补偿。②

总之,马克思的具体算例主要是启发性和探索性的,主要目的是"定性"而非"定量"地强调:(1) 商业资本和产业资本一样要参与平均利润率的形成;(2) 商业资本不创造剩余价值,待分配的剩余价值只能来自产业资本的生产过程;(3) 纯粹流通费用是预付资本的一部分,必须得到补偿并且获得相应的利润;(4) 这些补偿在形式上不是从商业利润中的事后扣除,而是作为一种事前预付的成本的形式。对于如何基于这些认识进一步构建严格的数量关系,马克思未来得及深入阐述。事实上,马克思在相关部分还多次备注了大量有待继续深入研究的理论问题,如商业资本如何保存不变资本的价值等。因此,后人在纯粹流通费用补偿问题上的争议、补充和对平均利润率的重新计算不是对马克思研究思路和成果的否定,相反是沿着马克思所提供的思路进行的进一步梳理考证、发展和精细化。

---

① 马克思:《资本论》(第三卷),人民出版社,1975,第330页。
② 我国学者很早就认识到在纯粹流通费用的补偿问题中"补偿来源"和"补偿形式"的不同含义。最近再次正面阐述这一点的文献有魏宇杰的论文。魏宇杰在《纯粹商业流通费用的补偿来源及其补偿形式》中认为,马克思在相关章节的算例实际上并不是讨论这部分商品的补偿"来源"问题,而是补偿"形式"问题。魏宇杰提出,在马克思看来,纯粹流通费用的补偿"来源"是剩余价值的一部分这一点是没有疑问的,但补偿"形式"是"价格的新的组成部分",即一种预付的成本。张洪平和丁堡骏在《复活马克思的纯粹流通费用补偿范式》中提出了与之相近的观点。

二 一般商品的金融化

（一）商品金融化的概念

在现代资本主义金融体系下，金融资产的形式不仅仅是纯粹观念上的金融协议或真实资产的纸制复本。金融体系还具备将一部分劳动过程所创造的真实商品"金融化"的能力。虽然真实商品在产业资本的循环过程中是作为生产资本或者商品资本参与产业资本循环的一个环节，但是"金融化"后的真实商品则是作为"虚拟资本"参与金融资本的积累过程。

假设产业资本 u 所生产的劳动产品即商品 u 在金融市场上"虚拟资本化"为一种金融投资品，并以虚拟资本的形式在金融市场上获得金融租金。设该商品的产出量为 $\bar{\alpha}^{[u]}$，生产这种商品所投入的生产资料向量为 $\underline{\alpha}^{[u]}$，这些生产资料中由于固定资本更新需要得到实物补偿的向量为 $\underline{\alpha}^{s[u]}$，直接劳动投入量为 $\alpha_l^{[u]}$。同时进一步假设商品 u 的唯一作用就是作为耐久性资本品获得金融租金，而不作为生活资料和生产资料直接消费。那么，所有的产业资本可以分成两个部分：普通产业资本 i 和生产虚拟资本品的产业资本 u，其利润分别写成：

$$\pi^{[i]} = ps^{[i]} - p\underline{\alpha}^{s[i]} - w\alpha_l^{[i]} \qquad (3-5-25)$$

$$\pi^{[u]} = p_u s^{[u]} - p\underline{\alpha}^{s[u]} - w\alpha_l^{[u]} \qquad (3-5-26)$$

关于式（3-5-25）和式（3-5-26），假设全社会总共有 n 种商品，其中普通产业资本的产出 $\bar{\alpha}^{[i]}$ 和销售量 $s^{[i]}$ 均是一个不包含商品 u 的 $n-1$ 维向量，反映商品 u 之外的其他 $n-1$ 种普通商品的生产和销售；价格 p 亦为与之对应的 $n-1$ 维向量。而商品 u 的产出 $\bar{\alpha}^{[u]}$ 和销售量 $s^{[u]}$ 则是一个标量，其价格为 p_u。包含 u 在内的所有产业资本的生产资料投入向量均是 $n-1$ 维向量。其中 $s^{[i]}$ 和 $s^{[u]}$ 满足：

$$s^{[i]} = \bar{\alpha}^{[i]} - \dot{X}^{[i]} \qquad (3-5-27)$$

$$s^{[u]} = \bar{\alpha}^{[u]} - \dot{X}^{[u]} \qquad (3-5-28)$$

现在，进一步把金融资本划分为"初级"金融资本和"次级"金融资本。初级金融资本的经济职能是在一般产品市场上以价格 p_u 将产品 u 购入，然后在金融市场上以价格 q 交易并通过差价获得利润。而次级金融资本则在金融市场上购入 u，并通过持有这些金融资产获得金融租金，同时也可以通过在金融市场上对 u 的低买高卖获得金融利得。虽然在经济实践中，初级金融资本和次级金融资本职能可能是由同一个金融资本承担的，但在理论上，为了区分二者在经济职能上的差异，在本模型中分别单独表示。在本模型中，将初级金融资本记为 h（视为一个整体），次级金融资本记为 $v \in \mathscr{V}$（$\mathscr{V}$ 为次级金融资本构成的集合）。那么，初级金融资本 h 的利润为：

$$\pi^{[h]} = qs^{[h]} - p_u s^{[u]} \qquad (3-5-29)$$

其中，$s^{[h]}$ 为初级金融资本在金融市场所销售的金融资产 u 的数量，$s^{[u]}$ 为产业资本 u 的销售量，也就是初级金融资本向产业资本 u 所购买的商品 u 的数量。而次级金融资本 v 的金融利润为：

$$\pi^{[v]} = zu^{[v]} - q\delta u^{[v]} \qquad (3-5-30)$$

其中，z 为租金率，$u^{[v]}$ 代表金融资本 v 所持有的产品 u，则 $\sum_{v \in \mathscr{V}} u^{[v]} = u^{[\mathscr{V}]}$ 构成了金融市场上 u 的存量；δ 为产品 u 作为一种耐久性资本品在物理意义上的折旧率。而且应当明确，由于 u 虽然是一种真实的劳动产品，但它在金融市场上是作为一种"虚拟资本"进行交易的。因此其金融价格 q 服从金融产品市场而非一般商品市场的规律。因此，p_u 和 q 原则上是两组存在系统性偏离的价格体系。正如海曼·明斯基指出的："资本主义的本质特征是存在两套价格体系：一套是当前产出的价格，另一套则是资本资产的价格。"[①]

[①] 海曼·明斯基：《稳定不稳定的经济——一种金融不稳定视角》，石宝峰等译，清华大学出版社，2010，第 156 页。

这种价格的系统性偏离虽然是建立在金融市场和一般商品市场的差异的基础上，但这个基础需要一个前提条件，即初级金融资本的"垄断性"。这里的"垄断性"含义是：初级金融资本是商品 u 在一般商品市场的"垄断"买方，从而也成为商品 u 在金融产品市场上的"垄断"卖方。这种垄断性保证了：（1）p_u 和 q 的系统性偏离，即不存在市场套利机制消除初级金融资本所获得的差价利得；（2）次级金融资本的运动发生在一个与产品市场相隔离的、相对独立的金融资本循环空间。次级金融市场上的资产价格和金融收益体系同产业资本的运动彼此之间具有相对独立性。也就是说，这种垄断性将市场隔离成两个相对独立的资本循环系统：产业资本的循环和金融资本的循环。

（二）金融市场和产品市场相契合的场合

在传统金融理论中，一种商品作为金融资产的价格和作为一种普通商品的价格往往被视作一致，从而金融资本在金融市场上收购一种金融资产被视作等价于在对应的普通商品市场上作为产业资本重置生产资料。金融市场和产品市场没有本质上的区别。这一观念的前提是，假设金融资本，特别是初级金融资本不存在垄断性，从而金融市场和产品市场上的套利行为将"熨平"系统性的初级金融利得。并且使得金融租金率 z 和价格 p_u 之间存在稳定而明确的耦合关系，即从资本收益的角度来说，在金融市场上投资 u 获得金融利润等价于在产品市场上生产并出售 u 获得产业利润。

从上述观点出发，假设不考虑银行资本，那么产业资本 i 的资产变动为[①]：

$$\dot{M}^{[i]} = ps^{[i]} - p\underline{\alpha}'^{[i]} - w\alpha_l^{[i]} \qquad (3-5-31)$$

$$\dot{X}^{[i]} = \bar{\alpha}^{[i]} - s^{[i]} \qquad (3-5-32)$$

---

① 同样出于简化的目的，将所有不生产 u 的产业资本视作一个代表性企业 i，并且假设 $\dot{\alpha}_l^{[i]} = 0$。

$$\dot{\underline{\alpha}}^{[i]} = \underline{\alpha}^{I[i]} - \underline{\alpha}^{s[i]} \qquad (3-5-33)$$

而根据货币利润 $\pi^{[i]} = ps^{[i]} - p\underline{\alpha}^{s[i]} - w\alpha_l^{[i]}$，可得产业资本 i 的利润率 $\overline{\pi}^{[i]}$ 为：

$$\overline{\pi}^{[i]} = \frac{ps^{[i]} - p\underline{\alpha}^{s[i]} - w\alpha_l^{[i]}}{p\underline{\alpha}^{[i]} + w\alpha_l^{[i]}} \qquad (3-5-34)$$

类似的，产业资本 u 的资产变动情况为：

$$\dot{M}^{[u]} = p_u s^{[u]} - p\underline{\alpha}^{I[u]} - w\alpha_l^{[u]} \qquad (3-5-35)$$

$$\dot{X}^{[u]} = \overline{\underline{\alpha}}^{[u]} - s^{[u]} \qquad (3-5-36)$$

$$\dot{\underline{\alpha}}^{[u]} = \underline{\alpha}^{I[u]} - \underline{\alpha}^{s[u]} \qquad (3-5-37)$$

同时，产业资本 u 的利润率 $\overline{\pi}^{[u]}$ 为：

$$\overline{\pi}^{[u]} = \frac{p_u s^{[u]} - p\underline{\alpha}^{s[u]} - w\alpha_l^{[u]}}{p\underline{\alpha}^{[u]} + w\alpha_l^{[u]}} \qquad (3-5-38)$$

在金融资本方面，假设不存在垄断性初级金融资本，因此金融资本整体就由次级金融资本构成。次级金融资本 v 包含两种资产——现金 $M^{[v]}$ 和金融资产 $u^{[v]}$，从而其资产变动情况为：

$$\dot{M}^{[v]} = zu^{[v]} - p_u u^{I[v]} \qquad (3-5-39)$$

$$\dot{u}^{[v]} = u^{I[v]} - \delta u^{[v]} \qquad (3-5-40)$$

其中，$u^{I[v]}$ 为金融资本 v 在商品市场上购买 u 的相应数量，从而 $\sum_{v \in \mathscr{V}} u^{I[v]} = s^{[u]}$，z 为金融租金率。金融资本利润率 $\overline{\pi}^{[v]}$ 为：

$$\overline{\pi}^{[v]} = \frac{zu^{[v]} - p_u \delta u^{[v]}}{p_u u^{[v]}} \qquad (3-5-41)$$

最后，假设虚拟资本 u 只以维持工人劳动力再生产所必须"持有"的金融产品执行职能（既不用于消费，也不作为生产资料），从而金融租金全部来自工人的工资。并且假设工人始终保持预算平衡，因此有：

$$w\alpha_l^{[i]} = pf\alpha_l^{[i]} + zu^{[i]} \qquad (3-5-42)$$

$$w\alpha_l^{[u]} = pf\alpha_l^{[u]} + zu^{[u]} \qquad (3-5-43)$$

其中 $u^{[i]}$ 和 $u^{[u]}$ 分别为产业 i 和产业 u 的工人所"持有"的金融产品数量，显然有 $u^{[i]} + u^{[u]} = \sum_{v \in \mathscr{V}} u^{[v]} = u^{[\mathscr{V}]}$。①

那么，容易证明产业资本 i 的资产净值变化 $\dot{\Pi}^{[i]}$ 为：

$$\dot{\Pi}^{[i]} = \pi^{[i]} + p\dot{X}^{[i]} + \dot{p}(\underline{\alpha}^{[i]} + X^{[i]}) \qquad (3-5-44)$$

以及产业资本 u 的资产净值变化 $\dot{\Pi}^{[u]}$ 为：

$$\dot{\Pi}^{[u]} = \pi^{[u]} + p_u\dot{X}^{[u]} + \dot{p}\underline{\alpha}^{[u]} + \dot{p}_u X^{[u]} \qquad (3-5-45)$$

进一步根据 $m = \dfrac{\alpha_l^{[i]} + \alpha_l^{[u]}}{p\dot{\hat{\alpha}}^{s[i]} + p_u\overline{\alpha}^{[u]} - p\underline{\alpha}^{s[u]} - p_u\delta u^{[\mathscr{V}]}}$ 得到：

$$\dot{\Pi}^{[i]} + \dot{\Pi}^{[u]} = \frac{1}{m}(1 - \varLambda f)(\alpha_l^{[i]} + \alpha_l^{[u]}) - (zu^{[\mathscr{V}]} - p_u\delta u^{[\mathscr{V}]})$$
$$+ \dot{p}(\underline{\alpha}^{[i]} + \underline{\alpha}^{[u]} + X^{[i]}) + \dot{p}_u X^{[u]} \qquad (3-5-46)$$

注意到，上式中的 $(1 - \varLambda f)(\alpha_l^{[i]} + \alpha_l^{[u]})$ 正是所有产业资本所创造的剩余价值，这意味着，金融租金 $zu^{[\mathscr{V}]}$ 构成了对产业资本所创造的剩余价值总量的一个扣除。这个扣除是通过产业资本支付给工人的工资转化为金融租金而形成的。金融资本为了补偿商品 u 的折旧而形成的现金支出 $p_u\delta u^{[\mathscr{V}]}$ 则成为一个剩余价值向产业资本的"回流"。产业资本所生产的剩余价值中扣除这两个量的综合效果 $zu^{[\mathscr{V}]} - p_u\delta u^{[\mathscr{V}]}$ 后，余下的量留在产业资本内部构成了实现产业资本积累的价值来源。

---

① 工人"持有"金融资产可以理解为持有一个对金融资本的负债，而这个债务从金融资本的角度来说是一种金融资产。

另外，金融资本 v 的资产净值变动 $\dot{\Pi}^{[v]}$ 为：

$$\dot{\Pi}^{[v]} = zu^{[v]} - p_u\delta u^{[v]} + \dot{p}_u u^{[v]} \qquad (3-5-47)$$

可见，所有金融资本实现积累的价值来源正是产业资本所创造的剩余价值转化为金融利润的部分。或者说，即便在金融资产是一个具有内在价值的真实商品的条件下，金融资本利得仍然只是产业资本生产过程中所创造的剩余价值的一种分配形式。事实上，若将所有资本看作一个整体，则总资本的资产净值变动为：

$$\dot{\Pi}^{[i]} + \dot{\Pi}^{[u]} + \dot{\Pi}^{[\mathscr{F}]} = \frac{1}{m}(1-\Lambda f)(\alpha_l^{[i]} + \alpha_l^{[u]}) \\ + \dot{p}(\underline{\alpha}^{[i]} + X^{[i]} + \underline{\alpha}^{[u]}) + \dot{p}_u(X^{[u]} + u^{[\mathscr{F}]})$$

$$(3-5-48)$$

即总资本积累的真实效应只能来自产业资本生产过程中所创造的剩余价值。应当认识到，在上述讨论中已经包含对各个资本的利润的说明，即容易证明：

$$\pi^{[i]} + \pi^{[u]} + \pi^{[\mathscr{F}]} = \frac{1}{m}(1-\Lambda f)(\alpha_l^{[i]} + \alpha_l^{[u]}) - p\dot{X}^{[i]} - p_u\dot{X}^{[u]}$$

$$(3-5-49)$$

即总资本的利润总量是产业资本所创造的剩余价值中实现的部分。

同时，各个资本的利润率分别可以重新写为：

$$\bar{\pi}^{[u]} = \frac{p_u s^{[u]} - p\underline{\alpha}^{s[u]} - pf\alpha_l^{[u]} - zu^{[u]}}{p\underline{\alpha}^{[u]} + pf\alpha_l^{[u]} + zu^{[u]}} \qquad (3-5-50)$$

$$\bar{\pi}^{[i]} = \frac{ps^{[i]} - p\underline{\alpha}^{s[i]} - pf\alpha_l^{[i]} - zu^{[i]}}{p\underline{\alpha}^{[i]} + pf\alpha_l^{[i]} + zu^{[i]}} \qquad (3-5-51)$$

$$\bar{\pi}^{[v]} = \frac{zu^{[v]} - p_u\delta u^{[v]}}{p_u u^{[v]}} \qquad (3-5-52)$$

那么，若所有资本获得了一般利润率（记为 $\bar{\pi}$），则可以证明：

$$\bar{\pi} = \frac{ps^{[i]} + p_u s^{[u]} - p(\underline{\alpha}^{s[u]} + \underline{\alpha}^{s[i]}) - pf(\alpha_l^{[u]} + \alpha_l^{[i]}) - p_u \delta u^{[\mathscr{F}]}}{p(\underline{\alpha}^{[u]} + \underline{\alpha}^{[i]}) + w(\alpha_l^{[u]} + \alpha_l^{[i]}) + p_u u^{[\mathscr{F}]}}$$

(3-5-53)

上式可以整理为：

$$\bar{\pi} = \frac{1}{m} \cdot \frac{sv^{[i]} + sv^{[u]} - \Lambda(\dot{X}^{[i]} + \dot{X}^{[u]}) - \Lambda \delta u^{[\mathscr{F}]}}{p(\underline{\alpha}^{[u]} + \underline{\alpha}^{[i]}) + w(\alpha_l^{[u]} + \alpha_l^{[i]}) + p_u u^{[\mathscr{F}]}} \qquad (3-5-54)$$

式（3-5-54）意味着平均利润率等于总剩余价值扣除以存货以及 u 的折旧补偿后的余额，再除以所有的"预付资本"。这里有几点需要注意。一是虽然 u 是作为一种虚拟资本行使职能的，但它也是一种真实的商品，其生产过程也耗费了社会必要劳动，因此也凝结了剩余劳动，构成社会总剩余价值的一部分。二是，虚拟资本 u 的折旧也构成了社会所生产的剩余价值总量的一个扣除项。这个扣除项的性质和前文所论述的商业资本流通过程中发生的对不变资本和可变资本的耗费（即非生产性耗费或纯粹流通费用）补偿是一致的：由于商品 u 是劳动力再生产进而社会再生产的一个必要条件，因此尽管表现为虚拟资本的形式，但其折旧补偿仍然是对剩余价值的一种必要的扣除。由此可见，在式（3-5-54）中，$sv^{[i]} + sv^{[u]}$ 反映的实际上是可行剩余价值，只有在这个可行剩余价值中扣除虚拟资本的折旧后剩下的部分，才是真正意义上的剩余价值。

利用式（3-5-52）容易验证，在所有资本实现平均利润率的条件下，有 $z = p_u \delta + \bar{\pi} p_u$，并且根据式（3-5-54），平均利润率 $\bar{\pi}$ 仅由剩余价值和预付资本给定，所以可知在这种情况下，金融收益率或者说金融租金率 z 是真实生产过程的派生产物。产品 u 虽然在金融市场上行使虚拟资本的职能，但本质上仍然可以看作一种真实耐久商品。这反映了，由于产品市场和金融市场的耦合性，金融租金同产品价格之间存在内在联系。

（三）金融市场和产品市场相对独立的场合

如前所述，真实商品的金融化会在金融市场产生一个独立于其一般

商品市场价格 p_u 的金融资产价格 q，这种价格上的相互独立性要求必须存在一个垄断性的初级金融资本。在本小节中，假设这个垄断性的金融资本是唯一的，并记为 h。同时假设虽然初级金融资本可以购入金融资产 $u^{[h]}$，但仅通过这种垄断性所带来的价格差获利，而不能通过所持有的金融资产 $u^{[h]}$ 获得金融租金。因此，初级金融资本拥有两种资产——现金资产 $M^{[h]}$ 和金融资产 $u^{[h]}$，且满足：

$$\dot{M}^{[h]} = qs^{[h]} - p_u s^{[u]} \qquad (3-5-55)$$

$$\dot{u}^{[h]} = s^{[u]} - s^{[h]} - \delta u^{[h]} \qquad (3-5-56)$$

初级金融资本的利润为：$\pi^{[h]} = (q-p_u)s^{[h]} - p_u \delta u^{[h]}$。应当注意到，由于初级金融资本发生的折旧是通过在商品市场上以产品价格 p_u 向产业资本 u 购买一般商品 u 来补偿的，因此其折旧成本为 $p_u \delta u^{[h]}$。类似地，次级金融资本 v 的现金和金融资产变化为：

$$\dot{M}^{[v]} = zu^{[v]} - qu^{I[v]} \qquad (3-5-57)$$

$$\dot{u}^{[v]} = u^{I[v]} - \delta u^{[v]} \qquad (3-5-58)$$

而其利润为：$\pi^{[v]} = zu^{[v]} - q\delta u^{[v]}$。次级金融资本通过在金融市场上以金融资产价格 q 向初级金融资本购置金融资产的方式来补偿折旧，因此其折旧成本为 $q\delta u^{[v]}$。

若将两种金融资本视作一个整体 $\hbar$，即总金融资本，那么利用 $\sum_{v \in \mathscr{V}} u^{I[v]} = s^{[h]}$ 以及 $u^{[\mathscr{V}]} + u^{[h]} = u^{[\hbar]}$，可知总金融资本的现金资产 $M^{[\hbar]}$ 和金融资产 $u^{[\hbar]}$ 满足：

$$\dot{M}^{[\hbar]} = zu^{[\mathscr{V}]} - p_u s^{[u]} \qquad (3-5-59)$$

$$\dot{u}^{[\hbar]} = s^{[u]} - \delta u^{[\hbar]} \qquad (3-5-60)$$

关于总金融资本的资产净值的算法，通常来说采用的是将金融资产 u 按照金融市场价格定价，即 $\dot{\prod}^{[\hbar]} = \dot{M}^{[\hbar]} + q\dot{u}^{[\hbar]} + \dot{q}u^{[\hbar]}$，那么容易证明：

$$\dot{\Pi}^{[h]} = zu^{[\mathscr{F}]} + (q - p_u)s^{[u]} - q\delta u^{[h]} + \dot{q}u^{[h]} \qquad (3-5-61)$$

按照这一定义，除了金融资产自身的价格波动以外，总金融资本的增值和积累还来源于两个方面：一是扣除折旧之后的金融租金收入，二是一般商品价格体系和金融资产价格体系的偏离。利用

$$\dot{\Pi}^{[i]} + \dot{\Pi}^{[u]} = \frac{1}{m}(1-\Lambda f)(\alpha_l^{[i]} + \alpha_l^{[u]}) - (zu^{[\mathscr{F}]} - p_u\delta u^{[h]})$$
$$+ \dot{p}(\underline{\alpha}^{[i]} + \underline{\alpha}^{[u]} + X^{[i]}) + \dot{p}_u X^{[u]} \qquad (3-5-62)$$

进一步研究可以发现：

$$\dot{\Pi}^{[i]} + \dot{\Pi}^{[u]} + \dot{\Pi}^{[h]} = \frac{1}{m}(1-\Lambda f)(\alpha_l^{[i]} + \alpha_l^{[u]}) + (q-p_u)(s^{[u]} - \delta u^{[h]})$$
$$+ \dot{p}(\underline{\alpha}^{[i]} + \underline{\alpha}^{[u]} + X^{[i]}) + \dot{p}_u X^{[u]} + \dot{q}u^{[h]} \qquad (3-5-63)$$

式（3-5-63）意味着，商品 u 的金融资产价格和产品价格之间的偏离构成了资产增值的一个来源。但是，这个增值项目如同由于资产价格变动所引起的资产增值一样，构成的是一个"虚假的"、账面意义上的资产增值，而非资本增殖的真实效应。

另外，从利润的角度来说，总体金融资本的总利润为：

$$\pi^{[h]} = \pi^{[h]} + \pi^{[\mathscr{F}]} = zu^{[\mathscr{F}]} + (q-p_u)s^{[h]} - p_u\delta u^{[h]} - q\delta u^{[\mathscr{F}]}$$
$$(3-5-64)$$

即从货币来源上看，金融资本利润包括两个方面：一是金融租金，二是金融价格体系和产品价格体系之间的系统性偏离。应当注意到，式（3-5-64）可以进一步整理为：

$$\pi^{[h]} = zu^{[\mathscr{F}]} - p_u\delta u^{[h]} + (q-p_u)\dot{u}^{[\mathscr{F}]} \qquad (3-5-65)$$

与式（3-5-62）做对比可以看出，其中 $zu^{[\mathscr{F}]} - p_u\delta u^{[h]}$ 的部分正是产业资本通过工资所进行的转移支付，或者说是产业资本转移给金融资本的剩余价值。而 $(q-p_u)\dot{u}^{[\mathscr{F}]}$ 则是由于金融价格体系和商品价格体系的偏离而产生的纯粹名义上的变化。

上述分析展示了，资本主义金融体系将真实商品金融化和虚拟资本化，并催生了一套与其社会价值相异的金融资产价格，从而投资这种商品的金融资本可以获得一种账面利润。这种账面利润没有真实的剩余价值做支撑，而只是纯粹名义上的。在一个典型的资本主义金融体系下，在繁荣期，通过这种名义变化，往往能在名义上产生与产业资本所实际创造的剩余价值极不相称的庞大的金融利润。与社会价值相偏离的金融资产价格体系会强化资本的账面增值和资本的实际增殖之间的背离。而银行体系在以这一账面利润为金融市场融资时，就为虚假的账面收益注入了真实的货币，从而进一步支撑了金融市场的自我循环。

从式（3-5-63）~式（3-5-65）中可以看出，商品 u 的金融资产价格 q 和商品价格 p_u 之间的偏离（$q-p_u$）构成了一个形式上的利润和资本积累来源。但事实上，为了反映资本的真实增殖而非账面上的名义增值，应当将总体金融资本中的金融资产项按照商品 u 的社会价值而非金融价格定价，即 $\dot{\Pi}^{[h]} = \dot{M}^{[h]} + p_u \dot{u}^{[h]} + \dot{p}_u u^{[h]}$。这是因为，从资本循环的角度来讲，资本的增殖是从货币资本转化为生产资本再转化为商品资本，最后再重新变为货币资本的过程。在这个过程中，商品的货币价格应当以价值形式的内涵加以把握。相反，商品 u 的金融资产价格 q 并不是其商品内在价值的价值形式，只是一种未来现金流的资本化；表现为金融资产价格 q 对应的货币并不作为价值尺度和交换手段执行职能，而是作为纯粹的金融支付手段执行职能。金融价格体系 q 是游离于作为价值形式的价格体系 p_u 之外的，$q-p_u$ 没有价值上的意义，因此，在衡量资本的增殖时，应当以其价值形式意义上的货币价格进行核算。这样，有：

$$\dot{\Pi}^{[h]} = zu^{[\mathscr{F}]} - p_u \delta u^{[h]} + \dot{p}_u u^{[h]} \qquad (3-5-66)$$

从而有：

$$\dot{\Pi}^{[i]} + \dot{\Pi}^{[u]} + \dot{\Pi}^{[h]} = \frac{1}{m}(1 - \Lambda f)(\alpha_t^{[i]} + \alpha_t^{[u]})$$

$$+ \dot{p}(\underline{\alpha}^{[i]} + \underline{\alpha}^{[u]} + X^{[i]}) + \dot{p}_u(X^{[u]} + u^{[h]})$$

(3-5-67)

此时，总资本的真实积累都来自产业资本所创造的剩余价值。

第六节 生产价格和地租

一 生产价格理论的内涵及其争议

在生产价格理论中存在一个长期争论：价值转形——从价值到生产价格的转形，究竟是一个真实的历史过程还是一个理论逻辑上的构建。对此，存在两种观点。第一种观点是，价值转形是，或者说至少首先是一个理论逻辑过程。对于价值向生产价格的转形是不是一个真实的历史过程，这一类观点要么认为历史上不存在按照价值进行交换的经济状态，没有历史意义上的"真实"转形过程；要么则认为，在价值转形中，历史转形是一个相对独立且次要的概念，并不是价值转形理论中必不可少的内容。而与这种观点相对立的第二种观点则认为，价值转形理论是历史和逻辑的统一，尤其强调价值转形的历史过程真实存在并且对生产价格范畴的生成具有历史上的演化意义。例如有学者认为，价值转形的历史过程反映了生产方式的历史演进，价值转形依次经历了"按个别价值交换""按不完全市场价值交换""按市场价值交换"和"按生产价格交换时期"这些历史时期。[①] 商品交换形式及价值规律的表现形式在真实的历史演进过程中完成了从价值向生产价格的转形。

笔者认为，和马克思的其他理论一样，价值转形理论也反映了历史和逻辑的统一，但是应当从劳动价值论的框架出发，正确理解价值转形历史过程的内涵。

在对转形理论的传统研究中，尤其是从否认历史转形的观点来看，

---

① 魏旭：《论价值转形的历史过程及其与逻辑过程的辩证关系》，《政治经济学季刊》2020年第1期，第41~56页。

价值转形理论讨论的是:"价值"范畴在逻辑上,特别是数理逻辑上如何转换成生产价格范畴的演绎过程。在这里,生产价格被视作一个外在于"价值"范畴且与之相对立的概念。换言之,价值转形理论讨论的是,如何通过特定的数学规则,将一定量由生产技术特征所确定的、已知的"价值"量转化为与平均利润率相适应的生产价格量。在传统上,人们使用"价值价格"(value price)的概念突出了这一观念。所谓"价值价格"就是用货币单位表示或者计价的价值,所谓按价值交换,实际上说的是按价值价格进行交换。因此严格来说,价值转形在计算上应当是价值价格向生产价格的转形。从而转形理论最终落脚于围绕两种相对价格体系(即价值价格体系和生产价格体系)的具体数值展开关于数学映射关系的研究。

在这种思考方式的影响下,价值转形的历史过程仿佛是这样的:根据生产技术特征,人们计算出一定的"价值"量,即劳动耗费量,在历史发展的较早阶段,人们基于这个计算出的"价值"量或者说劳动耗费量(严格来说是按照价值价格)进行交换,而后来随着历史的演化,人们转变为按照与"价值"不同的、由平均利润率决定的生产价格量进行交换。

上述观点反映了劳动价值论的"线性解释"或者说"计算论"思维。"价值"——以价值价格的形式——被理解为只是一种特殊的相对价格体系。但事实上,在前文已经讨论了,在马克思劳动价值论体系内,价值是一个根据抽象层级不断展开的范畴。严格来讲,生产价格只是一种具体的价值形式。当马克思谈及"价值向生产价格的转化"时,是指抽象层次上的、作为人类抽象劳动耗费实体的价值如何向具体层次上的、作为一种特殊价值形式的生产价格进行转化;或者干脆说,是指生产过程中凝结的人类劳动耗费如何通过一般利润率及生产价格体系表现出来。在这个过程中并没有涉及多个相对价格体系之间的转换关系,只是对"价值实体—价值形式"理论的进一步细化和应用。

因此,当谈及历史转形时,不能仅仅将它视作一个纯粹的经济史或商品交换史问题，即从前资本主义经济向资本主义经济发展过程中市场交换原则的演化脉络加以说明——尽管马克思肯定承认这样一个历史过程[①]，而更应当将它置于劳动价值论框架下进行把握。具体来说，撇开前资本主义生产方式下的交换关系不谈，在资本主义生产关系已经确定之后，甚至即便在当代发达资本主义经济中，价值转形的历史过程也仍然在不断发生。这是因为，资本主义生产本身就是一个不断破坏又重塑生产交换体系的动态过程，一般利润率和生产价格也只能以一种趋势加以体现和把握。在市场均衡的建立与破坏过程中，始终在发生着价值转形的历史过程，即资本主义生产过程中耗费的抽象劳动总是不断试图以一般利润率和生产价格体系的形式表现出来，不断试图将私人劳动转化为适应于一般利润率的社会劳动；却又不断被一种与之相偏离的价值形式所打断，不断将私人劳动转化为催生异质利润率的社会劳动。

事实上，根据一些学者的研究，是对地租的研究将马克思引向了生产价格的概念。所以，当马克思谈及生产价格理论时，重点在于构建剩余价值的分配机制。这个分配机制应当是与剩余价值的生产过程相分离的。[②] 更细致的研究展示了，当马克思考虑转形问题时，剩余价值的重新分配过程可以被比喻为：每个部门创造剩余价值好比是创造出凝结的冰柱，然后它们不断融化成水缓慢滴下，以水的形式平均分给所有生产部门。[③] 在《资本论》第三卷，马克思谈到"商品按照它们的价值出售"或者"价值等于生产价格"时，是基于这样的一个方法：从已知的价值出发来说明并计算生产价格和平均利润，此时总是把商品的价值和剩余价值看作一个明确的已知量（如在人民出版社1975年版的第168页或者第184页）。在马克思看来，价值转形问题无非就是把这些确定的已知量（价值）再分配成新的组合（生产价格），正如把确定的

[①] 魏旭：《论价值转形的历史过程及其与逻辑过程的辩证关系》，《政治经济学季刊》2020年第1期，第41~56页。
[②] 大卫·哈维：《资本的限度》，张寅译，中信出版集团股份有限公司，2017，第542页。
[③] 波特伦·谢弗德：《再谈转形问题：随机系统中价值向价格转形》，姜宏译，《政治经济学季刊》2020年第1期，第8~40页。

冰柱融解成水再平均分配一样。所以从理论出发点来说，马克思的转形理论本来就不是多个同时待求解的相对价格体系（如马克思—斯拉法框架下价值价格体系和生产价格体系）之间的转化问题①，而是关于在生产过程中已经凝结的劳动耗费和剩余劳动，如何在生产价格体系中得到表现和分配的问题。

尽管上述思路在马克思剩余价值理论的总体原则上讲是成立的，但马克思的表述方式淡化了下述关键点：商品的"价值"本就不是独立于交换而"已知"的量。在劳动价值论框架下，商品的价值和剩余劳动本就必须通过市场交换，以外在的价值形式——货币的量得以表现。因此在资本主义经济中，不存在在交换价值之外独立确定的"价值"，当然也就不存在"价值价格"。这一问题在传统文献中以"成本价格是否进行转形"的形式得以表现。马克思意识到了成本价格的转形问题，但是他认为这个问题对于他想阐述的转形问题没有进一步考察的必要，他反复强调自己的思路：价值转形问题要说明的就是价值超出成本价格的那一部分剩余的分配问题。②

尽管马克思的思路和算例都非常清楚：从"已知"的价值出发计算生产价格，但理论上如何知道被马克思视作"已知"的价值呢？这将人们更加坚定地引向"计算论"——似乎为了阐述转形理论，必须在生产价格之外先计算得到一个"价值"，而且这个"价值"一定是一个先于市场交换的概念（因为平均利润率和生产价格就是在交换而非生产中确定的）。为了实现这个目的，人们进入马克思—斯拉法方法的研究路径：用物质生产体系的技术和结构特征，即投入产出条件分别计算价值和生产价格，然后计算两套体系之间的数量关系是否满足"两个等式"等数量条件。但是这样一来，撇开"两个等式"能否同时成立不

---

① 马克思—斯拉法方法有时也被称为"同时体系"（simultaneous system）。这个"同时"有两层含义：一是投入产出关系中的同时性，即体现一个静态体系；二是价值体系和生产价格体系二者的独立并存关系。

② 马克思：《资本论》（第三卷），人民出版社，1975，第 184~185 页。

谈，不仅价值形式理论丧失了意义，甚至连整个价值理论也被认为是所谓的"不必要的迂回"。

事实上，从价值到生产价格的转形过程，无论是"逻辑转形"还是"历史转形"，都不应视作从一种由生产技术条件确定的相对价格体系（如价值价格体系）转变为由该技术条件确定的另一种相对价格体系（生产价格体系）的过程。这种理解在"逻辑转形"上陷入传统数量研究的困境，而在"历史转形"上则陷入对价格体系演化史的争论，这些都偏离了马克思建立生产价格理论的出发点和落脚点。相反，应当将转形问题理解为一种具体的价值形式（生产价格）如何从抽象的价值实体（劳动耗费）中生成的过程，这个生成过程既是一个在当代资本主义经济中在不断发生的真实过程（从而是一个历史过程），也是一个基于马克思劳动价值论框架的逻辑过程。也就是说，价值到生产价格的转形，研究的是生产过程中的劳动耗费（即内禀价值）的表现和分配问题。

下文形式化地说明上述观点。出于简化，考虑一个两部门经济，其中部门 I 采用的技术为 $(1, 0, -a_{11}, -a_{12}, -L_1)$，部门 II 采用的技术为 $(0, 1, -a_{21}, -a_{22}, -L_2)$。因此，该模型是一个非常典型的两部门里昂惕夫模型，可以表达为：

$$\begin{pmatrix} 1 & 0 \\ 0 & 1 \end{pmatrix} \leftarrow \begin{pmatrix} a_{11} & a_{21} \\ a_{12} & a_{22} \end{pmatrix} + (L_1, L_2) \qquad (3-6-1)$$

根据传统的转形观点，首先需要计算价值体系中的 λ_1 和 λ_2，即：

$$(\lambda_1, \lambda_2) = (\lambda_1, \lambda_2) \begin{pmatrix} a_{11} & a_{21} \\ a_{12} & a_{22} \end{pmatrix} + (L_1, L_2) \qquad (3-6-2)$$

同时还要计算生产价格体系中的 p_1 和 p_2，即：

$$(p_1, p_2) = (1 + \bar{\pi})(p_1, p_2) \begin{pmatrix} a_{11} & a_{21} \\ a_{12} & a_{22} \end{pmatrix} \qquad (3-6-3)$$

式（3-6-2）和式（3-6-3）展示了，在传统转形观点中，价值体系（λ_1,λ_2）和生产价格体系（p_1,p_2）是一对分别由相同的生产技术特征即式（3-6-1）所决定的相对价格体系；传统的价值转形研究就是研究（λ_1,λ_2）和（p_1,p_2）之间的转换关系和数量特征，特别是试图证明二者之间能保证"剩余价值和利润相等，总价值和总价格相等"这两个等式同时成立。

但是笔者认为，价值转形实际上讨论的是劳动二重性和式（3-6-3）所决定的价值形式体系二者的内在一致性。这种一致性分为两个方面：一是，抽象劳动耗费所决定的价值产品在式（3-6-3）所表示的价值体系中是如何表现的；二是，抽象劳动和具体劳动所创造、转移的价值总量，或者说劳动过程中所包含的"活劳动"和"死劳动"是如何表现在式（3-6-3）中的。这两个部分就是"两个等式"所具有的劳动价值论内涵。价值转形问题的意义不在于找出价值体系和生产价格体系之间的数学关系，而在于如何从理论上说明生产过程所决定的价值实体和流通、分配环境所决定的价值形式之间的转换关系。

对于上述第一个方面，即价值产品转化为生产价格的形式，或者说价值产品在生产价格体系中的表现，对应着 $L_1 x_1 + L_2 x_2 = m(p_1 y_1 + p_2 y_2)$，其中 x_i 为第 i 部门的产量，m 为劳动时间的货币表示（MELT），$y_i = x_i - (\sum_{j=1}^{2} a_{ji} x_j)$ 为第 i 种产品的净产品。这反映了价值产品表现为净产品的社会价值，也就是净产品的交换价值或者说以生产价格表现出来的价值形式。同时记单位劳动时间的实际工资品向量为（f_1,f_2），那么剩余价值为 $sv = L_1 x_1 + L_2 x_2 - m(p_1 f_1 + p_2 f_2)(L_1 x_1 + L_2 x_2)$。可以验证，它恰好等于社会总利润。因此，剩余劳动时间在生产价格体系中得到了它的外在表现形式，即平均利润；必要劳动时间也获得了对应的表现形式，即货币工资 $w = p_1 f_1 + p_2 f_2$。

第二个方面，即产品价值如何在生产价格体系中得以表现，实际上是上一个问题的逻辑延伸。这里的关键是，正如在第一章中已经阐述过的，具体劳动所转移的价值，或者说"死劳动"，是由生产资料的交换价值或者说价值形式决定的。换言之，成本价格是由转形后的生产价格决定的。"一方面，**成本价格**作为这个价值的一部分而分离出来了，另一方面，商品的**生产价格**作为价值的一个转化形式而发展起来了。"[①] 因此，总产品价值为 $L_1x_1 + L_2x_2 + m[p_1(a_{11} + a_{21})x_1 + p_2(a_{12} + a_{22})x_2]$，也容易验证，社会总的产品价值通过生产价格体系 (p_1, p_2) 表现为交换价值总量 $p_1x_1 + p_2x_2$，从而有 $L_1x_1 + L_2x_2 = m(p_1y_1 + p_2y_2)$ ——这正是价值产品在生产价格体系中的表现过程。

特别应当指出的是，马克思认为，成本价格需要转形，他说道："因为生产价格可以偏离商品的价值，所以，一个商品的包含另一个商品的这个生产价格在内的成本价格，可以高于或低于它的总价值中由加到它里面的生产资料的价值构成的部分。"[②] 由于成本价格包含不变资本和可变资本两个部分，且"商品的成本价格，只是涉及商品中包含的有酬劳动的量"[③]，因此无论是可变资本还是不变资本，（用马克思的话讲）作为"过去的""既定的"的预付资本量，都必须是一个在市场中由交换价值所表示的量。所以，不仅生产资料转移的价值需要以生产价格进行表示，而且可变资本即劳动力的价值也应当以生产价格形式加以表示。当然，劳动力价值以生产价格进行表达这一点也反映了剩余价值理论的必然要求：劳动力价值——生活资料的价值或者说必要劳动时间——的计算，也只能是以生活资料在市场中所表示出的价值形式或者说交换价值为依据的。

仔细阅读马克思在《资本论》第三卷（人民出版社1975年版）第

[①] 马克思：《资本论》（第三卷），人民出版社，1975，第183页。
[②] 马克思：《资本论》（第三卷），人民出版社，1975，第184~185页。
[③] 马克思：《资本论》（第三卷），人民出版社，1975，第185页。马克思在这里也说道："如果在一个特殊生产部门把商品的成本价格看作和生产该商品时所消费的生产资料的价值相等，那就总可能有误差"，以及"无论商品的成本价格能够怎样偏离商品所消费的生产资料的价值"等。虽然在这些话中马克思只强调成本价格中生产资料的部分，但结合整个生产价格理论应当判断，成本价格的计算包含生活资料和生产资料两个方面的偏离。

184~185页的论述可以认识到,对于价值向生产价格的转形,马克思有如下基本理念。第一,成本价格是不值得研究的,它是一个既定的、由市场上的交换价值即生产价格所决定的量,这个部分已经转形完成。第二,重点在于无酬劳动的转形,即要研究的是生产过程中所耗费的"活劳动"的无酬部分如何在生产价格体系中找到对应的外在表现形式或者说表达为平均利润(根据第一点,有酬部分已经由生产价格体系加以确定)。事实上,这一认识一直延续到马克思的地租理论当中(如前所述,马克思是在对地租的研究中导出生产价格理论的)。因此,马克思的整个转形理论的逻辑可以用图3-6-1表示。图3-6-1展示了价值转形理论的整体图景。虚线箭头代表的是生产价格体系作为价值形式对价值量的表现过程,以及将这些表达量进一步内化成新产品价值一部分的过程。这些量是在价值转形之前发生的"既定"量,是价值转形必须满足的条件。而实线箭头代表的是价值转形之后,生产过程中内在的劳动耗费在生产价格体系中得以外化和表现的过程。价值转形的完成可以看作虚线和实线箭头所示的过程达到一种互相匹配的"均衡"。而价值转形的历史过程则是价值生产和价值表现的矛盾关系不断向"均衡"收敛的过程。

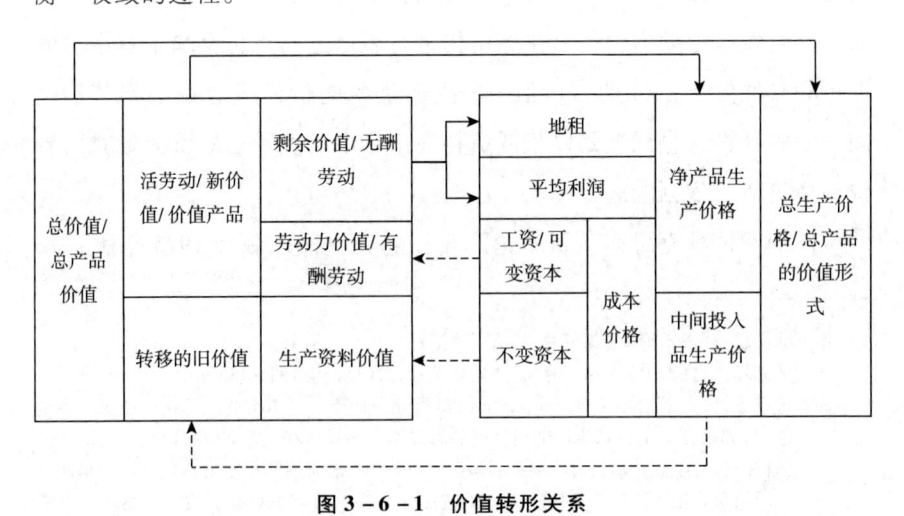

图3-6-1 价值转形关系

而传统的转形方法则体现了如图 3-6-2 所示的逻辑。

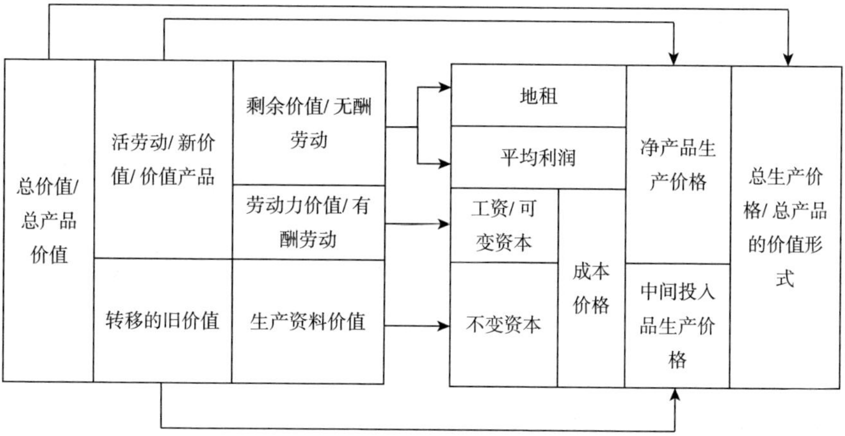

图 3-6-2 价值转形的传统解释

在图 3-6-2 中存在两个独立的体系，即位于左边的价值体系和位于右边的生产价格体系，价值转形是从价值体系指向生产价格体系的单向的线性过程。价值体系的每一个部分都需要转形成生产价格体系的相应部分。这种价值转形的传统解释植根于对劳动价值论的线性解释和计算论观点。在这个转形体系下，价值必须是一个可以脱离价值形式而单独计算的量。目前关于价值转形的研究已经说明，这种转形的各个箭头只有在特殊条件下才能保持内在一致性。同时，在这种解释下，价值向生产价格的历史转形必然表现为一种纯粹的、单向的历史过程，即随着交换体系的发展，由左边的相对价格体系（及其各个部分）逐步演化为右边的相对价格体系（及其各个部分）。这种简化理解弱化了劳动价值论的内涵，容易让人们误认为劳动价值论只是一个相对价格体系演化过程中的"历史化石"。

让我们回忆马克思的农业地租理论。马克思的地租理论正是在图 3-6-1 的基础上加以论证的。在马克思的农业地租理论中，地租表现为一种"二次剩余"。马克思的地租计算逻辑如下：在给定的成本价格或者说预付资本下，通过给定的产业资本的平均利润率计算出一个平均利润。这个平均利润构成了对剩余价值或者无酬劳动（根据预设的剩余价值率计算，从而对于地租来说是一个"既定量"）的一个扣除项，剩下的部分就是农业地租。可以看到，在这个过程中，农产品生产过程的可变资本和不变资本量是"既定"的、不需要进行转形的，平均利润是基于这个既定的预付资本加以计算的，也是不需要进行转形的。

但是，若按照图3-6-2所示的转形逻辑，马克思的地租理论必然呈现这样的形态：农产品的剩余价值分成两个部分：一个部分单独转形成根据生产价格体系计算出的地租，另一个部分单独转形成根据生产价格体系计算出的平均利润。这将面临一个更复杂的待证等式系统：剩余价值是否等于平均利润和地租之和？不变资本的价值是否等于其生产价格？工资是否等于劳动力价值？总价值是否等于总生产价格？随着我们将越来越多的研究对象——生息资本、商业利润等——引入劳动价值论框架，传统的转形逻辑将陷入越来越复杂的计算体系和待证明的逻辑。[①]

马克思的农业地租理论对农业生产的有机构成提出了相应的要求。由于地租表现为一种扣除平均利润之后的"二次剩余"，这就要求农业部门的剩余价值要大于其预付资本要求的平均利润。为了进一步展开分析，我们不妨先分析一下马克思在《资本论》第三卷中反复使用的通过预设剩余价值率来计算剩余价值这一方法。应当认识到，马克思使用的预设剩余价值率（而非预设劳动耗费）的方法反映了他的"生产价格—地租"理论的内在逻辑，即当马克思研究生产价格和地租时，一方面，预付资本或者说成本价格被视作"过去的既定量"；另一方面，他采用的是从价值出发说明生产价格和地租的解法，因此价值是一个"已知"量。这两个因素共同造成了马克思需要预设一个剩余价值率，在

[①] 王庚等人以"B转形体系"为基础，详细地考证了"B转形体系"下引入商业资本对转形问题的影响。他们的结论是，引入商业资本会对"B转形体系"的逻辑和结论产生微小影响。尽管这一影响不足以推翻整个"B转形体系"，但该文献暴露了这样的问题：在传统的转形解释下，每纳入一个具体经济现象，转形理论都要进行一次调整。关于纳入商业资本的转形问题的更多细节，可以参见：王庚、刘向东、李陈华《考虑商业资本加入的利润平均化研究——基于转形问题各体系的理论拓展》，《政治经济学评论》2021年第1期，第111~135页。

"既定"的成本价格上确定一个价值量(以及剩余价值量)作为计算生产价格和地租的前提。这是由马克思的特殊计算方法决定的。

地租的存在本质上只是要求生产过程中凝结的劳动耗费必须在生产价格体系中表现为一个大于平均利润的货币量。农业劳动耗费量固然内在地来自农产品生产过程本身,但是这个劳动耗费量在现实中表现为多大的货币量或者说交换价值,则是由交换过程决定的。只要市场交换过程将农业劳动耗费量表现为大于平均利润的货币量,那么地租就可以存在。理论上讲,当马克思讨论农业地租时,必然包含两部门经济(工业和农业)中不同部门私人劳动向社会劳动的转化,复杂劳动表现为多倍的简单劳动的问题,但马克思的算法其实是撇开这些理论问题不说(否则可以想象,严谨的表述会极其复杂,从马克思这里的研究目的来看完全没有必要),简化地在这一转化结果"已知"(通过预设的剩余价值率)的前提下,概念性地说明剩余价值是如何分解为地租和平均利润的。因此,从马克思预设剩余价值率的算例所包含的一般性来说,这无非是提前假设了劳动耗费量在市场中表现为多少货币量,进而地租则表现为这一货币量超过平均利润的"二次剩余"。

也应当认识到,虽然地租在马克思的特殊算法中表现为一种"二次剩余",但这并非意味着从理论上讲,地租之于平均利润等同于利润之于工资。地租和平均利润之间的划分,本质上不是一个价值生产的问题,而是一个价值实现的问题。在现代资本主义经济中,地租、金融利息和职能资本利润是互相交织的资本运动的系统性产物,共同构成了不同资本对总剩余价值的分割体系。不能在逻辑上将职能资本利润之外的其他资本收益看作平均利润之外的,游离于资本循环和积累过程的"余额"。

因此,从地租和生产价格理论的渊源来说,马克思分析地租的方法亦指出了图3-6-2所示的传统转形解释的错误之处。价值转形绝不是两种相对价格体系之间的核算关系,而是内在劳动耗费和它的外在货币形式之间的一致性,这种一致性既是逻辑上的,也反映了一个真实的历史过程。

二　马克思的地租理论

（一）马克思地租理论的主要内容和内涵

马克思地租理论主要包含级差地租和绝对地租两个部分。级差地租产生的价值前提是，作为其价值实体的超额利润（即超额剩余价值）已经存在，而级差地租只是将这种已经存在的超额剩余价值转移到土地所有者身上。级差地租的源泉在于农产品个别价值和社会价值的差额，因此级差地租可以从个别农业生产者彼此之间的劳动生产率差异上进行解释。

由于在第一章第三节中已经阐述了，个别生产者的超额剩余价值本质上是由那些生产率较低的生产者所耗费的个别劳动时间转移而来，因此级差地租本质上是那些劳动生产率低于平均水平的生产者的劳动向土地所有者转移的结果。在资本主义社会，农业级差地租是土地所有权"浸入"农产品市场竞争的货币产物，当不存在劳动生产率差异从而不存在超额剩余价值时，级差地租就丧失了存在的基础。

马克思也试图在理论上为绝对地租找到价值来源。他得出非常明确的结论，和级差地租一样，绝对地租也是农业剩余价值的一部分。马克思的总观点是，农产品不参与利润率的平均化，从而按价值出售。同时，由于农业的有机构成比较低，因此农产品的价值大于其按工业平均利润计算的生产价格。农产品的售价（在数量上等于农产品的价值）同生产价格之间的差额就构成了绝对地租，这个差额在数量上也是农业剩余价值和平均利润之间的差额。

绝对地租理论的重点在于协调劳动价值论框架和绝对地租的一般存在。从马克思经济学的角度来说，绝对地租必须是劳动创造的剩余价值的一部分，否则就意味着"土地"作为一种生产要素也能创造价值，并通过这种追加价值形成绝对地租。因此马克思认为，农业生产的劳动耗费不仅要能为农业资本家提供平均利润，还要能提供一个形成绝对地租的余额。于是绝对地租理论必须承认这样的要求：一方面，农业资本有机构成必须低于工业；另一方面，农产品不参与生产价格的形成，即按其自身价值出售或者说将农产品生产中的所有劳动耗费都实现为农产品的货币价格。

基于这个逻辑，马克思提出了绝对地租存在的前提："如果农业资本的平均构成等于或高于社会平均资本的构成，那末，上述意义上的绝对地租，也就是既和级差地租不同，又和以真正垄断价格为基础的地租不同的地租，就会消失……如果随着耕作的进步，农业资本的构成已和社会平均资本的构成相等，那末，这样的现象就会发生。"[1] 在另一个场合，马克思在再次强调农业有机构成较低这个假定时说道："在一个实行资本主义生产的地方……农业资本的构成是否低于社会平均资本的构成，这是一个只能用统计来判断的问题……在这个假定不成立的地方，和这个假定相适应的地租形式也就不会成立。"[2] 此时，地租"只能来自市场价格超过价值和生产价格的余额，简单地说，只能来自产品的垄断价格"[3]。需要补充的是，在马克思看来，农业中的绝对地租和垄断地租之间的差别是，前者来源于农业中生产的剩余价值并没有通过利润的平均化而转移到有机构成较高的部门，反映的是土地所有者对剩余价值的"截流"；而后者则是由于垄断力量的存在，将其他部门创造的剩余价值主动地"吸收"到农业部门中。[4] 不过，马克思本人并不认为"垄断地租"在对地租本身的研究上具有充分的一般性，相反，他认为这只属于竞争学说的范围；只有级差地租和绝对地租"这两个地租形式，是唯一正常的地租形式"[5]。

总的来说，马克思坚信，和利息一样，地租也是一种纯粹的分配，不应该在价值理论上追加任何东西，因此反映价值生产过程的剩余价值

---

[1] 马克思：《资本论》（第三卷），人民出版社，1975，第862页。
[2] 马克思：《资本论》（第三卷），人民出版社，1975，第857页。
[3] 马克思：《资本论》（第三卷），人民出版社，1975，第863页。
[4] 大卫·哈维：《资本的限度》，张寅译，中信出版集团股份有限公司，2017，第542页。
[5] 马克思：《资本论》（第三卷），人民出版社，1975，第861页。

率是预先给定的①，地租理论就是研究如何从给定的剩余价值中将地租分割出来。从而地租理论就不会和劳动价值论产生冲突——因为地租和利息一样，都是在剩余价值的大小已经确定的前提下根据各种分配制度（基于债务或者土地所有权）所进行的"二次分割"。

哈维认为，马克思似乎并不愿意承认19世纪作为封建时代"遗留"的地主阶级在资本主义之下具有任何积极作用②，因此马克思需要在地租理论中考虑这样的问题：一方面，地主是否仅仅作为"封建残留物"，是"寄生"于资本主义生产关系上的被动主体？另一方面，地租以及地主阶级在资本主义条件下的延续和存在应当如何加以理论说明。③ 哈维进一步举出了一个例子：居住在"有利区位"的工人在工作和生活中有相对优势（如更便宜的交通费用），那么持有土地的人就可以将这种优势转变为地租，同时丝毫不干扰劳动力价值本身（即不影响劳动力的再生产）。④

在对农业地租的研究中，马克思主要研究的不是一般意义上的、以各式各样"地租"形式表现出来的"租金"，而是在19世纪这一特定历史条件下的狭义的农业地租。这种农业地租反映的是与资本主义生产方式相对立的（作为封建时代残留的）地主阶级及其土地所有权。在这个意义上，马克思的地租理论本身实际上不是一个研究资本如何在资本主义框架内部运动的理论，而是研究19世纪条件下资本主义生产方式和封建残留之间围绕地租展开的经济关系。例如，马克思说："假定资本主义生产方式处于正常状态（加重号由笔者所加），也就是说，既然假定租地农场主支付给土地所有者的这个余额 r，不是从工资中扣除

---

① 关于剩余价值的计算，马克思在算例中将剩余价值率预设为已知的100%，但在理论上剩余价值率应当是由劳动耗费和工人生活资料价值进一步导出的。
② 例如，在《资本论》（第三卷）第702页（人民出版社，1975），马克思说道："土地所有权同其他各种所有权的区别在于：在一定的发展阶段，甚至从资本主义生产方式的观点来看，土地所有权也是多余而有害的。"
③ 大卫·哈维：《资本的限度》，张寅译，中信出版集团股份有限公司，2017，第513页。
④ 大卫·哈维：《资本的限度》，张寅译，中信出版集团股份有限公司，2017，第525页。

的，也不是从资本的平均利润中扣除的"①。而在谈及是否能将劣等地投入生产时，马克思指出："土地所有者的垄断是否会对投资施加那种从纯粹资本主义（加重号由笔者所加）的观点来看没有这种垄断就不会存在的限制呢？"②"如果租地农场主支付的租金是从他的工人的正常工资中扣除的，或是从他自己的正常平均利润中扣除的，那末，他还是没有支付地租，即没有支付他商品价格中不同于工资和利润的独立组成部分。"③ 在这两段话中，马克思看起来表达了这样的思想，他的地租世界包含两套系统：一套是围绕利润和工资构筑的"正常状态"运作的"纯粹"的资本主义生产和分配方式，另一套是在资本主义生产关系之外的地租体系。而地租理论要研究的是，在资本主义生产方式正常运作的前提下，资本主义生产关系之外的地租分配体系要如何"浸入"资本运动的逻辑呢？用马克思自己的话说："这里的问题在于，最坏土地支付的地租，是否象商品税加到商品价格中去一样，加到这种土地的产品的价格（按照假定，它调节着一般的市场价格）中去，也就是说，是否作为一个和产品价值无关的要素加到这种土地的产品的价格中去。"④

正如马克思自己所言，他在《资本论》中"所考察的土地所有权形式，是土地所有权的一个独特的历史形式，是封建的土地所有权或小农维持生计的农业（在后一场合，土地的占有是直接生产者的生产条件之一，而他对土地的所有权是他的生产方式的最有利的条件，即他的生产方式得以繁荣的条件）受资本和资本主义生产方式的影响而转化成的形式"⑤。因此，马克思所分析的地租是这样一种特殊的历史形式：它并没有废除封建的土地所有权或小农的土地所有权，而只是改造了封建土地所有权，使之适合资本主义需要，建立资本主义的土地所有权，并

---

① 马克思：《资本论》（第三卷），人民出版社，1975，第844页。
② 马克思：《资本论》（第三卷），人民出版社，1975，第849页。
③ 马克思：《资本论》（第三卷），人民出版社，1975，第852页。
④ 马克思：《资本论》（第三卷），人民出版社，1975，第854页。
⑤ 马克思：《资本论》（第三卷），人民出版社，1975，第694页。

使得拥有土地所有权的土地所有者成为脱离土地经营的寄生者。[①]

马克思清楚地认识到，在这样的理论背景和历史背景下对这种地租（尤其是绝对地租）的研究非常特殊，不能简单地直接推广以揭示资本主义发展中租金范畴的一般规律。尽管如此，马克思对农业地租的研究对于今天发展一般的租金理论有着非常重要的意义。

（二）地租的数理模型

1. 纯粹地租的场合

我们以一个标准的两部类模型来讨论地租，并将之视为更广义的"租金"问题的一个特例。下文将收取"地租"的产业代指为"农业"，而无法获取地租的产业代指为"工业"，二者分别对应于第Ⅱ部类和第Ⅰ部类。那么第Ⅰ部类即工业产品的市场价格（由于工业部门实现了平均利润率，因此这种市场价格也就是工业部门的生产价格）为：

$$p^{\mathrm{I}}\bar{\alpha}^{\mathrm{I}} = (1+\bar{\pi})(p^{\mathrm{I}}\underline{\alpha}^{\mathrm{I}} + p^{\mathrm{II}}f\alpha_l^{\mathrm{I}}) \qquad (3-6-4)$$

其中 $\underline{\alpha}^{\mathrm{I}}$ 和 α_l^{I} 分别代表工业部门投入的生产资料和劳动耗费，$\bar{\alpha}^{\mathrm{I}}$ 为产量，f 为单位劳动耗费的实物工资，$\bar{\pi}$ 为社会平均利润率。而第Ⅱ部类即农业的市场价格满足：

$$p^{\mathrm{II}}\bar{\alpha}^{\mathrm{II}} = R + (1+\bar{\pi})(p^{\mathrm{I}}\underline{\alpha}^{\mathrm{II}} + p^{\mathrm{II}}f\alpha_l^{\mathrm{II}}) \qquad (3-6-5)$$

其中，$\underline{\alpha}^{\mathrm{II}}$ 和 α_l^{II} 分别代表农业资本投入的生产资料和劳动耗费，$\bar{\alpha}^{\mathrm{II}}$ 为农产品产量，R 为农业资本所支付的农业地租总额。

马克思没有一般性地为地租问题中的平均利润率 $\bar{\pi}$ 的决定方式提供明确的答案，相对地，他总是视之为一个已经在工业部门中确定的已知量，并在此基础上进一步讨论地租的决定方式。不过，在对绝对地租的分析中，马克思给出了如下说明："如果非农业的社会资本的平均构成 = 85c + 15v，剩余价值率100%，生产价格（从上下文来看，这里的'生产价格'的含义应当指的是非农业产品的价值——笔者注）就 = 115。

[①] 《〈资本论〉导读》（第二版），高等教育出版社、人民出版社，2020，第441页。

如果农业资本的构成 = 75c + 25v，剩余价值率相等，产品的价值和起调节作用的市场价格就 = 125。"① 接着，如果农业和非农业生产互相平均，就得到一个二者共同的生产价格120，以及平均利润率20%。"如果农产品按照它们的全部价值出售，那末，和平均化时相比，它们就要提高5，工业品就要减少5。"② 如果市场情况不允许农产品按照它们的全部价值（即125）出售，那么结果就会介于价值125和生产价格120之间；"工业品将略高于它们的价值出售，农产品将略高于它们的生产价格出售"③。

在这一段之后，马克思进一步明确地说道："虽然土地所有权能使土地产品的价格超过它们的生产价格，但市场价格将在多大程度上高于生产价格，接近于价值，因而农业上生产的超过一定平均利润的剩余价值，将在多大程度上转化为地租，或在多大程度上进入剩余价值到平均利润的一般平均化，这都不取决于土地所有权，而取决于一般的市场状况。"④ 在这之前，马克思还说道："只要地租不等于农产品的价值超过它们的生产价格的余额，这个余额的一部分总会加到所有剩余价值在各单个资本之间的一般平均化和按比例的分配中去。一旦地租等于价值超过生产价格的余额，这个超过平均利润的全部剩余价值，就会被排出这个平均化。"⑤

在这些论述中，马克思涉及两个"生产价格"和"平均利润"的概念。其一是"理想的"生产价格和一般利润率，即当不存在任何阻碍的条件下，农业部门和工业部门的剩余价值全部参与平均化而得出的生产价格及利润率。在上述算例中，这种生产价格和利润率就是120和20%。此时，农业部门将它创造的剩余价值的一部分，即5，转移给工业部门。其二是"实际"生产价格和"实际"平均利润率，即与特定

---

① 马克思：《资本论》（第三卷），人民出版社，1975，第860页。
② 马克思：《资本论》（第三卷），人民出版社，1975，第861页。
③ 马克思：《资本论》（第三卷），人民出版社，1975，第861页。
④ 马克思：《资本论》（第三卷），人民出版社，1975，第861页。
⑤ 马克思：《资本论》（第三卷），人民出版社，1975，第859页。

地租相协调的生产价格及利润率。在本算例中，若农产品按其全部价值125出售，则实际利润率为15%，农产品的实际生产价格为115，地租为10。若农产品的剩余价值25中，有20加入各资本之间的平均化中（即有5的剩余价值被"排出"平均化过程），那么实际利润率则为17.5%，地租为5，农产品的售价为122.5。

事实上，根据式（3-6-4）~式（3-6-5）可得实际平均利润率为：

$$\bar{\pi} = \frac{p^{\mathrm{I}}\bar{\alpha}^{\mathrm{I}} + p^{\mathrm{II}}\bar{\alpha}^{\mathrm{II}} - p^{\mathrm{I}}(\underline{\alpha}^{\mathrm{I}} + \underline{\alpha}^{\mathrm{II}}) - p^{\mathrm{II}}f(\alpha_l^{\mathrm{I}} + \alpha_l^{\mathrm{II}}) - R}{p^{\mathrm{I}}(\underline{\alpha}^{\mathrm{I}} + \underline{\alpha}^{\mathrm{II}}) + p^{\mathrm{II}}f(\alpha_l^{\mathrm{I}} + \alpha_l^{\mathrm{II}})} \quad (3-6-6)$$

进一步地，利用劳动时间的货币表示 $m = \dfrac{\alpha_l^{\mathrm{I}} + \alpha_l^{\mathrm{II}}}{p^{\mathrm{I}}\bar{\alpha}^{\mathrm{I}} + p^{\mathrm{II}}\bar{\alpha}^{\mathrm{II}} - p^{\mathrm{I}}(\underline{\alpha}^{\mathrm{I}} + \underline{\alpha}^{\mathrm{II}})}$ 可得：

$$\bar{\pi} = \frac{(1 - mp^{\mathrm{II}}f)(\alpha_l^{\mathrm{I}} + \alpha_l^{\mathrm{II}}) - mR}{m[p^{\mathrm{I}}(\underline{\alpha}^{\mathrm{I}} + \underline{\alpha}^{\mathrm{II}}) + p^{\mathrm{II}}f(\alpha_l^{\mathrm{I}} + \alpha_l^{\mathrm{II}})]} \quad (3-6-7)$$

注意到 $(1 - mp^{\mathrm{II}}f)(\alpha_l^{\mathrm{I}} + \alpha_l^{\mathrm{II}})$ 正是农业和工业两部门创造的剩余价值总量，因此式（3-6-7）反映了马克思对于平均利润率以及地租的观点及算法。式（3-6-7）表明了以下几点。（1）地租 R 和预付工资 $p^{\mathrm{II}}f(\alpha_l^{\mathrm{I}} + \alpha_l^{\mathrm{II}})$ 一样，反映了一种通过货币的支付手段职能所完成的价值分配；这种分配构成了对剩余价值的扣除。（2）"理想的"生产价格和平均利润率是总地租 $R=0$ 时的特殊情形。（3）地租实质上是由于部分剩余价值未参与平均化而形成的超额利润，这种超额利润原则上是对所有资本创造的总剩余价值的扣除，而非仅是对收取地租的个别资本自身创造的剩余价值的扣除。（4）一般地租的形成并不以有机构成的差异为前提，地租本质上反映了在一定价格体系下，同实际利润率相适应的剩余价值分配结构。后文将会进一步证明，这种基于所有权的分配结构和利息等具有相近的性质。这种分配结构的存在独立于产业资本的诸如有机构成等技术特征。

在《资本论》中，马克思将式（3-6-7）表达为如下形式：

$$R = \bar{e}p^{II}f(\alpha_l^I + \alpha_l^{II}) - \bar{\pi}[p^I(\underline{\alpha}^I + \underline{\alpha}^{II}) + p^{II}f(\alpha_l^I + \alpha_l^{II})] \quad (3-6-8)$$

其中，$\bar{e}$为统一的剩余价值率（即在前文算例中使用的100%）。在这种表达式下，地租是总剩余价值中扣除平均利润后留下的"二次剩余"。以对绝对地租的分析为例，马克思认为绝对地租为农业剩余价值和农业资本获得的平均利润之间的差额，此时，若假设式（3-6-8）中的R是绝对地租，则式（3-6-8）意味着：

$$\bar{\pi} = \frac{\bar{e}p^{II}f\alpha_l^I}{p^I\underline{\alpha}^I + p^{II}f\alpha_l^I} \quad (3-6-9)$$

即实际平均利润率由工业部门的剩余价值及预付资本所调节，在假设剩余价值率已知的情况下可以求得工业部门和农业部门的生产价格和实际平均利润率，并由此进一步计算出绝对地租。这正是马克思计算绝对地租的逻辑。

2. 包含土地上的经营资本的场合

现实中的地租包括两个部分：一是上文所讨论的基于所有权的纯粹的地租，二是对依附在土地（严格来说还包括生产和生活所需的所有地理空间）上的经营资本的补偿及其收益。现考虑一个三部类模型：第Ⅰ部类和第Ⅱ部类分别为工业和农业部门，假设前者是不支付地租的"工业"部门，后者是需要支付地租的"农业"部门。第Ⅲ部类是这样的资本：在土地上进行必要的改造、投资并办理必要的技术性业务，以使土地可以实用于第Ⅱ部类的生产或者劳动力的再生产。因此，假定第Ⅲ部类是一个非生产部门。那么，有如下数量关系：

$$p^I\bar{\alpha}^I = (1+\bar{\pi})(p^I\underline{\alpha}^I + w\alpha_l^I) \quad (3-6-10)$$

$$p^{II}\bar{\alpha}^{II} = R^{II} + (1+\bar{\pi})(p^I\underline{\alpha}^{II} + w\alpha_l^{II}) \quad (3-6-11)$$

$$R^{II} + R^L = \bar{R} + (1+\bar{\pi})(p^I\underline{\alpha}^{III} + w\alpha_l^{III}) \quad (3-6-12)$$

其中，R^{II}和R^L分别表示农业部门和劳动力所支付的地租；$\bar{R}$为包括绝对地租在内的各种形式的纯粹地租，$(1+\bar{\pi})(p^I\underline{\alpha}^{III} + w\alpha_l^{III})$为第Ⅲ部类资本的补偿和平均利润。同时，有劳动力的再生产条件：

$$w(\alpha_l^{\mathrm{I}} + \alpha_l^{\mathrm{II}} + \alpha_l^{\mathrm{III}}) = \bar{R}^L + p^{\mathrm{II}} f(\alpha_l^{\mathrm{I}} + \alpha_l^{\mathrm{II}} + \alpha_l^{\mathrm{III}}) \quad (3-6-13)$$

将上述关系整理可得：

$$p^{\mathrm{I}}\bar{\alpha}^{\mathrm{I}} + p^{\mathrm{II}}\bar{\alpha}^{\mathrm{II}} = (1+\bar{\pi})[p^{\mathrm{I}}(\underline{\alpha}^{\mathrm{I}} + \underline{\alpha}^{\mathrm{II}} + \underline{\alpha}^{\mathrm{III}}) + p^{\mathrm{II}} f(\alpha_l^{\mathrm{I}} + \alpha_l^{\mathrm{II}} + \alpha_l^{\mathrm{III}})]$$
$$+ \bar{R} + \bar{\pi}\bar{R}^L \quad (3-6-14)$$

且根据 $m = \dfrac{\alpha_l^{\mathrm{I}} + \alpha_l^{\mathrm{II}}}{p^{\mathrm{I}}\bar{\alpha}^{\mathrm{I}} + p^{\mathrm{II}}\bar{\alpha}^{\mathrm{II}} - p^{\mathrm{I}}(\underline{\alpha}^{\mathrm{I}} + \underline{\alpha}^{\mathrm{II}})}$ 容易进一步证明：

$$\bar{\pi} = \frac{\alpha_l^{\mathrm{I}} + \alpha_l^{\mathrm{II}} - mpf(\alpha_l^{\mathrm{I}} + \alpha_l^{\mathrm{II}}) - mp^{\mathrm{I}}\underline{\alpha}^{\mathrm{III}} - mpf\alpha_l^{\mathrm{III}} - m\bar{R}}{mp^{\mathrm{I}}(\underline{\alpha}^{\mathrm{I}} + \underline{\alpha}^{\mathrm{II}} + \underline{\alpha}^{\mathrm{III}}) + mw(\alpha_l^{\mathrm{I}} + \alpha_l^{\mathrm{II}} + \alpha_l^{\mathrm{III}})} \quad (3-6-15)$$

上式分子部分中 $\alpha_l^{\mathrm{I}} + \alpha_l^{\mathrm{II}} - mpf(\alpha_l^{\mathrm{I}} + \alpha_l^{\mathrm{II}}) - mp^{\mathrm{I}}\underline{\alpha}^{\mathrm{III}} - mpf\alpha_l^{\mathrm{III}}$ 实际上正是经济中的"实际剩余价值"[1]，因此本情形同式（3-6-7）一致，平均利润率仍然是剩余价值扣除纯粹意义上的地租之后的余额同总预付资本之间的比例。不过，如下三个方面的原因降低了平均利润率：一是总剩余价值（或者说"可行剩余价值"）中需要进一步扣除第Ⅲ部类产生的非生产性耗费；二是总资本中可变资本包含支付地租的货币额，从而预付资本变得更高；三是第Ⅲ部类的预付资本也要获得相应的平均利润。

（三）虚假的社会价值

马克思在对级差地租的分析中曾经提过"虚假的社会价值"这一概念。他的意思是，在不考虑绝对地租的情况下，由于农产品的价格是由劣等地的个别生产价格（即个别成本＋平均利润）所确定的，那么包括优等地、中等地和劣等地在内的所有农产品的价格总量就超过农产品的生产价格总量。这个超出部分看起来仿佛就是一种没有对应劳动实体的"虚假的社会价值"，并在现实中转化为级差地租。

马克思的原文是：（对于农产品的市场价格高于实际生产价格，或

---

[1] "实际剩余价值"的概念可以参见本书第一章第四节。

者说"市场价值始终超过产品总量的总生产价格"①)"这是由在资本主义生产方式基础上通过竞争而实现的市场价值所决定的;这种决定产生了一个虚假的社会价值。这种情况是由市场价值规律造成的。土地产品也受这个规律支配。"②马克思在这段话之后继续补充道:"产品(也包括土地产品)市场价值的决定,是一种社会行为,虽然这是一种不自觉的、盲目的社会行为。这种行为必然不是以土地及其肥力的差别为依据,而是以产品的交换价值为依据。"③由于这就是马克思对"虚假的社会价值"的唯一一段论述,因此,学术界对虚假的社会价值的实质和来源一直有较大的争议。

在这一段话中,马克思表明了:(1)虚假的社会价值是由市场价值竞争过程造成的;(2)农产品的市场价值不是肥力等自然条件的产物,虚假的社会价值是以农产品的交换价值为依据的。因此笔者认为,"虚假的社会价值"是农产品生产过程中的劳动耗费在市场中表现为较多货币的过程,是在市场交换过程中较少的私人劳动转化为较多的社会劳动的结果。马克思用"虚假的"这一修辞方法表达商品生产过程中的内在价值和在交换中所表现出来的交换价值或者价值形式之间的矛盾。

还应当注意到,马克思在这里说道:"这种情况是由市场价值规律造成的。土地产品也受这个规律支配。"也就是说,在市场竞争中交换价值的实现量和生产过程中实际劳动耗费量的偏离,是价值规律的结果。并且这种偏离,不是由市场波动或者说供需的偶然不平衡产生的不稳定状态,而是由商品的交换和流通环境所决定的常态甚至均衡态。从这一角度来说,不能以"计算论"的观点机械地看待价值规律,而必须在价值和交换价值的关系上加以把握。

---

① 马克思:《资本论》(第三卷),人民出版社,1975,第744页。
② 马克思:《资本论》(第三卷),人民出版社,1975,第744~745页。
③ 马克思:《资本论》(第三卷),人民出版社,1975,第745页。

马克思在分析级差地租并由此引出虚假的社会价值概念时,是将绝对地租问题抽象掉的,不考虑工业部门和农业部门资本有机构成的差异。此时,农业部门的生产价格就等同于其产品价值,虚假的社会价值也就等于市场价格总量超出产品价值总量的余额,正是在这个意义上,农产品仿佛获得了一个"虚假"的价值。而如果将马克思对绝对地租的讨论也纳入分析,虚假的社会价值这一范畴是否会发生变化呢?

考虑一个两部类模型,假定第Ⅱ部类即农业部门包含两个子生产部门,分别记为Ⅱ-1,Ⅱ-2,分别代表优等地和劣等地。那么:

$$p^{\mathrm{I}}\bar{\alpha}^{\mathrm{I}} = (1+\bar{\pi})(p^{\mathrm{I}}\underline{\alpha}^{\mathrm{I}} + p^{\mathrm{II}}f\alpha_l^{\mathrm{I}}) \qquad (3-6-16)$$

$$p^{\mathrm{II}}\bar{\alpha}^{\mathrm{II}-1} = R^d + R^a + (1+\bar{\pi})(p^{\mathrm{I}}\underline{\alpha}^{\mathrm{II}-1} + p^{\mathrm{II}}f\alpha_l^{\mathrm{II}-1}) \qquad (3-6-17)$$

$$p^{\mathrm{II}}\bar{\alpha}^{\mathrm{II}-2} = R^a + (1+\bar{\pi})(p^{\mathrm{I}}\underline{\alpha}^{\mathrm{II}-2} + p^{\mathrm{II}}f\alpha_l^{\mathrm{II}-2}) \qquad (3-6-18)$$

其中 R^d 和 R^a 分别为级差地租和绝对地租。将式(3-6-17)和式(3-6-18)相加可得农产品的价格总量为:

$$p^{\mathrm{II}}\bar{\alpha}^{\mathrm{II}} = R^d + 2R^a + (1+\bar{\pi})(p^{\mathrm{I}}\underline{\alpha}^{\mathrm{II}} + p^{\mathrm{II}}f\alpha_l^{\mathrm{II}}) \qquad (3-6-19)$$

其中,$\alpha_l^{\mathrm{II}} = \alpha_l^{\mathrm{II}-1} + \alpha_l^{\mathrm{II}-2}$,$\underline{\alpha}^{\mathrm{II}} = \underline{\alpha}^{\mathrm{II}-1} + \underline{\alpha}^{\mathrm{II}-2}$,$\bar{\alpha}^{\mathrm{II}} = \bar{\alpha}^{\mathrm{II}-1} + \bar{\alpha}^{\mathrm{II}-2}$。级差地租 R^d 和绝对地租 $2R^a$ 共同构成了地租总额 R,是对社会总剩余价值的扣除。

如果按照马克思原文的界定,虚假的社会价值是农产品"市场价值始终超过产品总量的总生产价格"的部分,那么根据式(3-6-19),显然,农产品虚假的社会价值在数量上就是地租总额 R,也就是农业部门的超额利润。由此可知,虚假的社会价值本质上就是社会总剩余价值的一部分。

应当认识到,按照马克思原文的表述,虚假的社会价值只是地租的另一种称呼(可能也因此,马克思只在此一处谈及这一概念),但若对这一概念做适当的推广,则有助于我们进一步理解劳动价值论和剩余价值理论。[①] 现将"虚假"一词理解为农产品用货币表示的市场价格总量超过了其生产过程中投入和转移的劳动总量或者说其个别价值总额（而非马克思原文中所指的实际生产价格总额），记虚假的社会价值为 FV，则：

$$FV = mR^{d} + 2mR^{a} + (1+\bar{\pi})m(p^{I}\underline{\alpha}^{II} + p^{II}f\alpha_{l}^{II}) - \alpha_{l}^{II} - mp^{I}\underline{\alpha}^{II}$$
$$= mR + \bar{\pi}m(p^{I}\underline{\alpha}^{II} + p^{II}f\alpha_{l}^{II}) - SV^{II} \qquad (3-6-20)$$

其中 $SV^{II} = \alpha_{l}^{II} - mp^{II}f\alpha_{l}^{II}$，代表农业部门创造的剩余价值。该式意味着农产品虚假的社会价值，在数量上等于农业资本家获得的农业利润与地租之和超过农业剩余价值的余额。如果农业剩余价值恰好等于农业地租加上平均利润，那么农业部门就没有产生虚假的社会价值。或者说，农产品之所以能够在交换中实现虚假的社会价值，就在于农业部门所获得的地租和农业利润超过了其自身创造的剩余价值。

进一步地，我们同样可以定义工业部门的虚假的社会价值 FV^{-} 为工业产品的货币价格总量超过其个别价值总量的余额，即：

$$FV^{-} = (1+\bar{\pi})m(p^{I}\underline{\alpha}^{I} + p^{II}f\alpha_{l}^{I}) - \alpha_{l}^{I} - mp^{I}\underline{\alpha}^{I}$$
$$= \bar{\pi}m(p^{I}\underline{\alpha}^{I} + p^{II}f\alpha_{l}^{I}) - SV^{I} \qquad (3-6-21)$$

其中 $SV^{I} = \alpha_{l}^{I} - mp^{I}f\alpha_{l}^{I}$，即工业部门所创造的剩余价值。考虑到式（3-6-20）容易整理得：

$$FV + FV^{-} = 0 \qquad (3-6-22)$$

也就是说，农业部门所获得的虚假的社会价值本质上就是工业部门所创造出来的剩余价值中没有以平均利润的形式留在工业部门内部，而是转移到农业部门的部分。总之，"虚假"的社会价值并不是从流通环境中无中生有的，而是有"真实"的价值实体或者说与生产过程中的凝结

[①] 事实上，马克思是在分析级差地租时谈及虚假的社会价值的，此时，将虚假的社会价值界定为"农产品价格超过生产价格的部分"和界定为"农产品价格超过个别价值的部分"是一致的。但若考虑到绝对地租，则下文采用的推广概念更具有一般性。

劳动对应；其实体是工业部门所创造并转移给农业部门的剩余价值，而且这种转移既不是对资本家平均利润的扣除，也不是对工人工资的扣除。地租和虚假的社会价值可以在资本主义正常运行的基础上存在。在这个意义上，FV^-可以以一种比喻的方式被称为"反虚假价值"。

上文阐述并不涉及对农产品市场价值或者说市场价格以及资本有机构成等内容的进一步规定，因此反映了关于虚假的社会价值的一般性质。由于模型的对称性，理论上讲，虚假的社会价值完全可以发生在工业部门，此时"反虚假价值"就发生在农业部门。虚假的社会价值和"反虚假价值"总是共生的，因为本质上它们反映的就是价值实现过程中剩余价值在不同部门的转移。

正如马克思说的，虚假的社会价值本身只是市场价值规律发生作用的结果。一般性的，在任何一个交换价值体系中，虚假的社会价值都会不同程度地存在——除非所有商品恰好按其个别价值或者说私人劳动耗费量交换。平均利润率和生产价格体系是一种特殊的交换价值体系，在剩余价值于不同生产部门之间转移的同时也必然形成了虚假的社会价值和"反虚假价值"。虽然在马克思的原文及算例中，虚假的社会价值表现为同级差地租相同的东西，但在更一般的框架下说，地租和虚假的社会价值是两个不同的概念。

（四）对马克思地租模型的补充说明

相对于上述一般性讨论，马克思的地租理论还对"虚假的社会价值"追加了更多的限制和补充。下文在这些补充条件下对马克思的地租模型加以说明。为了进一步简化分析，假设优等地和劣等地的面积是一致的，且使用相同的资本量和生产技术，从而二者投入的生产资料和劳动力也是一样的。因此，优等地和劣等地的差别仅在于二者的农产品产量不同。

首先，马克思认为，农产品的市场价格是由劣等地农产品的个别价值决定的，即：

$$mp^{II}\bar{\alpha}^{II-2} = \alpha_l^{II-2} + mp^1\underline{\alpha}^{II-2} \qquad (3-6-23)$$

从而绝对地租为：

$$mR^a = SV^{II-2} - \bar{\pi}m(p^I\underline{\alpha}^{II-2} + p^{II}f\alpha_l^{II-2}) \qquad (3-6-24)$$

其中 $SV^{II-2} = \alpha_l^{II-2} - mp^{II}f\alpha_l^{II-2}$，为投资劣等地的农业资本所创造的剩余价值。此时，绝对地租等于劣等地剩余价值和平均利润之间的差额。将这一条件代入式（3-6-20），整理可得：

$$FV + SV^{II-1} = mR^d + mR^a + \bar{\pi}m(p^I\underline{\alpha}^{II-1} + p^{II}f\alpha_l^{II-1}) \qquad (3-6-25)$$

其中，$SV^{II-1} = \alpha_l^{II-1} - mp^{II}f\alpha_l^{II-1}$，为投资优等地的农业资本所创造的剩余价值。这意味着由于劣等地农产品的市场价格恰好等于其个别价值（从而没有虚假的社会价值），因此在优等地上土地所有者获得的地租（级差地租和绝对地租）以及农业资本家所获得的平均利润，来源于优等地农业资本自身所创造的剩余价值和虚假的社会价值之和。

马克思假设，农业资本所创造的剩余价值都保留在农业部门内部，尽管这本身并不意味着不存在工业部门向农业部门的转移即"反虚假价值"，但从马克思对绝对地租的研究思路来看，马克思似乎希望从农业部门本身的生产特征（如较低的有机构成）来解释地租，而非从一种价值转移的视角来解释。因此，在这里进一步假设不存在工业部门向农业部门的价值转移，即"反虚假价值" $FV^- = 0$，从而农业部门的虚假的社会价值 $FV = 0$，那么根据式（3-6-25）容易证明，优等地的绝对地租和级差地租来源于优等地上的农业剩余价值超过平均利润的部分，而且优等地的产出也是按其价值出售。由此可以进一步得到：

$$m = \frac{\alpha_l^I}{p^I\bar{\alpha}^I - p^I\underline{\alpha}^I} = \frac{\alpha_l^{II-1}}{p^{II}\bar{\alpha}^{II-1} - p^I\underline{\alpha}^{II-1}} = \frac{\alpha_l^{II-2}}{p^{II}\bar{\alpha}^{II-2} - p^I\underline{\alpha}^{II-2}}$$

$$(3-6-26)$$

以及

$$\bar{\pi} = \frac{(1 - mp^{II}f)\alpha_l^I}{m(p^I\underline{\alpha}^I + p^{II}f\alpha_l^I)} \qquad (3-6-27)$$

这意味着，在本模型中，平均利润率和劳动时间的货币表示均可由工业部门完全确定，因此原则上，正如马克思在《资本论》中的算例所展示的，在已知农业部门技术特征的条件下，即可分别求得农产品的市场价格、绝对地租和级差地租。

总之，对于马克思的地租理论，我们应当在两个层次上加以把握。一是，马克思的地租理论中包含对资本主义租金的一般性分析。在这个层次上，马克思声明了地租是剩余价值的一部分，地租实现了剩余价值在职能资本和土地所有权之间的重新分配；并包含对地租、虚假的社会价值等概念的一般性数量关系的讨论。二是，马克思结合19世纪特殊历史条件对地租所进行的具体分析（尤其是绝对地租部分）。在这一层次上，马克思为上述一般性分析附加了额外的理解：地租是由农业体系的超额利润所决定并转化来的（体现在马克思对级差地租和绝对地租的算法上），正如《资本论》第三卷第六篇的标题所展示的那样。在马克思的实际叙述中，第一个层次上的地租一般理论是隐藏在属于第二个层次的、对具体的农业地租形式的论述中的。

三 地租和金融资本的关系

马克思在《资本论》中多次对地租和金融资本的关系进行了说明。在特定的视角下，地租和金融收益之间没有绝对的界限，都是基于标的物所有权而进行的现金支付。以式（3-6-12）为例，地租中的纯粹地租 $\bar{R}$ 并不表现为第Ⅲ部类预付资本 $p^{\mathrm{I}}\underline{\alpha}^{\mathrm{Ⅲ}}+w\alpha_l^{\mathrm{Ⅲ}}$ 的产物，其数量也不依赖于这个预付资本的量，而是一种由垄断性的地理空间位置产生、由超额收益所决定的纯粹价值扣除和转移。与之类似，金融收益也不是经营金融业预付资本的产物，而是垄断性金融权力的产物。当围绕特定的地理空间建立的简单的、特殊的土地关系通过金融市场延伸成复杂的、系统的金融关系时，地租就转化为一种金融收益，土地随之转化为一种金融资产。

（一）地租和生息资本

生息资本有狭义和广义两种含义：狭义的生息资本就是特指银行贷

出的货币；而广义的生息资本则指包含狭义生息资本和虚拟资本在内的所有获得金融收益的金融资本。本部分的生息资本取狭义含义。

当谈及生息资本时，马克思认为通过信贷行为，货币表现出一种额外的使用价值或职能，即转化为资本并获得利润的职能。生息资本反映了所有金融资本的共性，即一种基于所有权的垄断权力。马克思一直将利息视作货币所有权的反映，以和职能资本家的企业主收入相对比。马克思说道："假定年平均利润率是20%……一个拥有100镑的人，手中就有使100镑变成120镑，或生产20镑利润的权力……如果这个人把这100镑交给另一个人一年……他也就给了后者生产20镑利润即剩余价值的权力"①；"100镑的所有权，使其所有者有权把利息，把他的资本生产的利润的一定部分，据为己有"②。

在《资本论》中，利息和地租二者的相近之处在于以下方面。首先，二者都是垄断性所有权的产物。货币和土地所有者纯粹以对物的所有权为依据参与剩余价值的分配，表现出与职能资本家的对立。例如，马克思在对利息和企业主收入的分析中说道：对于职能资本家而言，"代表资本所有权的是贷出者即货币资本家。因此，他支付给贷出者的利息，表现为总利润中属于资本所有权本身的部分"③；利息"单纯表现为资本所有权的果实"④。而企业主收入则"好象完全是从他用资本在再生产过程中所完成的活动或职能产生出来的"⑤，"表现为处在过程中的资本的果实"⑥。"即使产业家用自有的资本从事经营，他的利润也会分为利息和企业主收入。"⑦ 同时，"生息资本是作为所有权的资本与作为职能的资本相对立的"⑧。职能资本家"不是从他对资本的所有权

---

① 马克思：《资本论》（第三卷），人民出版社，1975，第378页。
② 马克思：《资本论》（第三卷），人民出版社，1975，第379页。
③ 马克思：《资本论》（第三卷），人民出版社，1975，第419~420页。
④ 马克思：《资本论》（第三卷），人民出版社，1975，第420~421页。
⑤ 马克思：《资本论》（第三卷），人民出版社，1975，第420页。
⑥ 马克思：《资本论》（第三卷），人民出版社，1975，第421页。
⑦ 马克思：《资本论》（第三卷），人民出版社，1975，第421页。
⑧ 马克思：《资本论》（第三卷），人民出版社，1975，第426页。

中，而是从资本同它只是作为无所作为的所有权而存在的规定性相对立的职能中，得出他对企业主收入的要求权"①。

其次，从实践形式上看，地租和利息往往都是由生产之前签订的契约所事先决定的量，从而农业利润和企业主收入都表现为总利润中扣除地租或利息后的余额。在签订契约之后，从技术上说，利息和地租可以在生产之前支付或在生产之后支付，但这并不改变如下事实：从微观实践的角度来说，利息和地租都表现为一个先于生产的预付量；但从宏观的、理论的角度来说，二者在实质上不是对剩余价值生产的投入，而是对已经生产出来的剩余价值的事后分割。

尽管有这样的相近之处，但地租和利息在数量上的决定方法并不相同。马克思认为，地租在数量关系上表现为一种"二次剩余"，是给定的农产品市场价值（由劣等地的个别劳动耗费决定）扣除给定的个别生产价格（由个别成本价格和平均利润率决定）后的余额。无论是绝对地租还是级差地租，数值都可以通过明确的客观规律加以确定。同时，这一数值与农业利润之间没有必然的大小关系。但利息则相反，利息在数量关系上并不表现为"二次剩余"，利息"在生产过程开始以前，也就是在它的结果即总利润取得以前，已经当作预先确定的量了"②。同时，利息是对平均利润的分割，其数量以平均利润为上限；并且是一个纯粹由市场竞争所决定的偶然的量，无法通过客观规律加以确定。

更重要的是，不能因利息和地租存在相近之处，就将土地视作一种生息资本。马克思明确指出，人们常常将地租"和利息相混同，以致它的独特性质为人误解"③。也就是说，利息是货币资本运动的产物，货币资本是利息的前提；而地租却不是土地资本化的结果，相反，"地租的这种资本化是以地租为前提，地租却不能反过来由它本身的资本化而

---

① 马克思：《资本论》（第三卷），人民出版社，1975，第426页。
② 马克思：《资本论》（第三卷），人民出版社，1975，第418页。
③ 马克思：《资本论》（第三卷），人民出版社，1975，第702页。

产生并得到说明"①。由于土地和地租的这种关系，土地及固定在土地上的资本，天生具有金融化的倾向。

（二）虚拟资本和土地的虚拟资本化

1. 虚拟资本

虚拟资本在现实中的典型形态是投资各种金融票据、证券和股票的资本。虚拟资本和实体资本相对立，具有独立的资本循环空间，也形成了以实体资本的生产和流通过程为标的而派生出的虚拟的投资空间。

值得指出的是，虚拟资本和生息资本是两个既有重合又有区别的概念。生息资本产生于通过贷出货币获得利息的金融业务，相应的债权（以债券和金融票据的形式）转化为一种虚拟资本，而相应的债务则转化为实体资本的融资，成为实体资本循环的一部分。为了更加明确，在本书中生息资本特指银行资本，虚拟资本特指通过投资各类金融票据获得资本利得的资本。

例如，如果生息资本转化为职能资本（以产业资本为例），那么生息资本的循环就嵌入总剩余价值的生产和流通过程中，总资本循环过程如图 3-6-3 所示。

$$G^B \to G^I - W \begin{Bmatrix} A \\ Pm \end{Bmatrix} \cdots P \cdots W' - \begin{Bmatrix} G^I \to G^B \\ \Delta G^I + \Delta G^B \end{Bmatrix}$$

图 3-6-3 包含生息资本的资本循环

其中 G^B 表示生息资本，G^I 表示产业资本。在图 3-6-3 中，生息资本体现了银行体系对货币资本的创造、转让和回流过程，这是现代资本主义经济中资本循环必不可少的过程。相反的，由于虚拟资本存在于一个虚拟的金融空间之中，其循环并未严格嵌套于总剩余价值的生产和流通过程，从而并未成为后者不可断裂的环节之一。相反，只要虚拟资本能够不断从职能资本和生息资本中吸收新的货币，那么就能实现自我循环

---

① 马克思：《资本论》（第三卷），人民出版社，1975，第 703 页。

和名义上的"增殖"。虚拟资本循环及"增殖"同剩余价值的生产和流通之间并没有必然联系。

当货币资本进入金融空间时，就开始了虚拟资本的循环。货币通过两个渠道流入虚拟资本：一是实体资本和生息资本向虚拟资本的转换，二是对平均利润和利息的分割。关于第一点，和实体资本不同，虚拟资本的"增殖"是建立在纯粹的"货币—金融资产"的流通中的，这种"增殖"只能是货币名义上的。当实体资本或生息资本（银行）不断追加新的货币参与这种"货币—金融资产"流通时，虚拟资本就可以实现自我循环和名义上的"增殖"；这个循环和增殖过程同这些金融资产在名义上的标的的剩余价值生产和实现过程之间并没有绝对的联系。对于这一点，马克思是这样写的："作为纸制复本，这些证券只是幻想的，它们的价值额的涨落，和它们有权代表的现实资本的价值变动完全无关，尽管它们可以作为商品来买卖，因而可以作为资本价值来流通。"①因此，虚拟资本及与其相流通的货币，正如马克思对生息资本所谈的，只是作为一种"价值额的独立表现"②，"不过是对某个按某种方式执行使用价值职能的东西所支付的一定货币额"③，这种在金融空间发生的虚拟资本循环并不对应着真实的价值流动过程。马克思明确指出："即使是对收益的可靠支取凭证（例如国家证券），或者是现实资本的所有权证书（例如股票），它们所代表的资本的货币价值也完全是虚拟的，是不以它们至少部分地代表的现实资本的价值为转移的"④。并且由于这种名义价值的虚拟性，"由这种所有权证书的价格变动而造成的盈亏……就其本质来说，越来越成为赌博的结果……表现为夺取资本财产的原始方法"⑤。

关于货币流入虚拟资本的第二种方法，即通过对平均利润和利息的

---

① 马克思：《资本论》（第三卷），人民出版社，1975，第540~541页。
② 马克思：《资本论》（第三卷），人民出版社，1975，第378页。
③ 马克思：《资本论》（第三卷），人民出版社，1975，第397页。
④ 马克思：《资本论》（第三卷），人民出版社，1975，第532页。
⑤ 马克思：《资本论》（第三卷），人民出版社，1975，第541页。

分割而实现货币向虚拟资本的流动,以及由此产生的价值流动,构成了虚拟资本同真实的剩余价值生产、实现过程之间的纽带。原则上讲,虚拟资本的名义价值是这种真实价值流动的贴现,虚拟资本是以真实的价值分配为存在基础的。当这种价值流动和分配发生困难时,不仅虚拟资本自身的流通会发生困难,而且实体资本和生息资本向虚拟资本的转换也会陷于停滞,新注入虚拟资本的现金流将会紧缩,从而虚拟资本的循环和增殖就陷于停滞。而由于很多虚拟资本本身构成了银行业的资产项目[1],虚拟资本的破坏形成了对生息资本进而职能资本循环和增殖过程的反作用。

这进一步增强了生息资本和虚拟资本之间的复杂关系。在现代资本主义银行体系中,虚拟资本(作为银行的资产项目)是银行进行贷款、创造生息资本的前提。而生息资本作为一切资本循环和货币融资的起点,也是虚拟资本的起点;同时在复杂的金融衍生品体系中,生息资本本身又可以进一步成为虚拟资本的标的物。因此,生息资本—虚拟资本包含互相交织的复杂网络,共同构成了资本主义金融资本和金融体系。

2. 土地的虚拟资本化

虚拟资本是实体资本和生息资本的衍生物。但土地和固定在土地上的投资也可以成为虚拟资本的标的物,或者说得以"虚拟资本化"。马克思除了对矿山、建筑地段等的地租及其名义价值进行了分析以外,还讨论了公共事业、铁路、矿山等的所有权证书(现实资本的纸制复本)如何作为虚拟资本进行运动,以及它们同其标的物之间的关系。[2] 因此,马克思事实上已经涉及土地如何作为一种虚拟资本进行投资和交易的讨论。

参照马克思对虚拟资本(包括土地在内)的观点及其算例可知,

---

[1] 事实上在19世纪,资本主义银行业就已经产生这样的情况。马克思说:"银行家资本的最大部分纯粹是虚拟的,是由债权(汇票),国家证券(它代表过去的资本)和股票(对未来收益的支取凭证)构成的……它们所代表的资本的货币价值也完全是虚拟的"。参见:马克思《资本论》(第三卷),人民出版社,1975,第532页。

[2] 马克思:《资本论》(第三卷),人民出版社,1975,第540~541页。

虚拟资本的名义价格是其标的的真实资本收益的贴现，贴现率为利息率。① 同时马克思也谈及，由于在19世纪人们仍然"把土地所有权看作所有权的特别高尚的形式，并且把购买土地看作特别可靠的投资"②，因此计算土地价格所使用的贴现率要略低于（其他较长期投资的）平均利息率。可见在土地价格问题上，马克思已经意识到现代金融资产定价的基本性质。因此，在《资本论》中事实上已经蕴含这样的观念：土地可以转化为一种虚拟的金融资产，具备金融属性，而地租则在形式上转化为相应的金融租金。

下文尝试对此进行简单的模型说明。在这里为了摆脱一般租金中的"附属物"，我们仍然撇开为了让土地能够出租而必要的投资，即前文的第Ⅲ部类资本，同时出于简化的目的，进一步撇开个别生产力差异所产生的影响，从而设级差地租为零，因此这里的地租为绝对地租。记地租为 R，利息率为 ι，按照《资本论》中的思想和算例，土地价格 $q^{\text{land}} = \dfrac{R}{\iota}$。那么根据式（3-6-8）可知：

$$\bar{e}p^{\text{II}}f(\alpha_l^{\text{I}} + \alpha_l^{\text{II}}) = \iota q^{\text{land}} + \bar{\pi}[p^{\text{I}}(\underline{\alpha}^{\text{I}} + \underline{\alpha}^{\text{II}}) + p^{\text{II}}f(\alpha_l^{\text{I}} + \alpha_l^{\text{II}})]$$

$$(3-6-28)$$

如果进一步假设农业剩余价值超过平均利润的部分都转化为绝对地租，那么式（3-6-28）可简化为：

$$\bar{e}p^{\text{II}}f\alpha_l^{\text{II}} = \iota q^{\text{land}} + \bar{\pi}(p^{\text{I}}\underline{\alpha}^{\text{I}} + p^{\text{II}}f\alpha_l^{\text{II}}) \qquad (3-6-29)$$

式（3-6-28）或式（3-6-29）反映了作为虚拟资本的土地和实体资本之间的耦合关系。

应当认识到的是，尽管马克思总体上是以利息率为贴现率对土地价格进行说明的，但这只是一种说明上的简化（事实上马克思已经说明，

---

① 马克思：《资本论》（第三卷），人民出版社，1975，第526页、第528～529页、第702页。
② 马克思：《资本论》（第三卷），人民出版社，1975，第704页。

作为一种有额外社会含义的投资,购买土地的贴现率是小于平均利息率的)。马克思主要是出于区分虚拟资本和实体资本、界定虚拟资本价格含义的理论目的,将虚拟资本视作一种特殊的生息资本加以考虑的。事实上,在对生息资本的分析中,有与式(3-6-29)类似的公式成立:

$$e - p^{\text{II}} f(\alpha_l^{\text{I}} + \alpha_l^{\text{II}}) = (\iota + \bar{\pi})[p^{\text{I}}(\underline{\alpha}^{\text{I}} + \underline{\alpha}^{\text{II}}) + p^{\text{II}} f(\alpha_l^{\text{I}} + \alpha_l^{\text{II}})]$$

此时,$\bar{\pi}$代表了反映企业主收入的"平均利润率"。

由于虚拟资本本身所具有的投机交易性质,土地的价格可以独立于利息率和地租而运动。这种在交易市场上发生的纯粹的价格波动,本身并不涉及对剩余价值的分配。同时,撇开这种价格波动不谈,在实际的金融市场上决定土地价格的贴现率也受多种因素的影响,利息率只是诸多因素之一。而土地作为一种金融资产广泛流通则意味着,其贴现率或者说投资收益率是大于生息资本的,或者说以利息率借入生息资本投资土地是有收益的。因此,严格来讲,式(3-6-28)应当写成:

$$\bar{e} p^{\text{II}} f(\alpha_l^{\text{I}} + \alpha_l^{\text{II}}) = rq^{\text{land}} + \bar{\pi}[p^{\text{I}}(\underline{\alpha}^{\text{I}} + \underline{\alpha}^{\text{II}}) + p^{\text{II}} f(\alpha_l^{\text{I}} + \alpha_l^{\text{II}})]$$

$$(3-6-30)$$

其中,r为购买土地的投资收益率。式(3-6-30)展示了虚拟资本和实体资本对总剩余价值的分割。

生息资本转化为职能资本进行剩余价值生产和流通并产生平均利润的过程中,一个100镑生息资本也只能转化为100镑的职能资本产生利润,在生息资本向职能资本的转化过程中,"它只执行一次职能,也只生产一次利润"[①]。由于真正行使职能的资本只有100镑,因此生息资本并不参与利润率的平均化。但虚拟资本并不服从这一逻辑。在非货币金融产品市场发育成熟后,虚拟资本和实体资本一样,其货币资本也是由专门从事货币经营的银行体系即生息资本所提供,其中一部分利润也要以利息的形式返回生息资本。若假设虚拟资本和职能资本之间能自由

---

① 马克思:《资本论》(第三卷),人民出版社,1975,第408页。

流动，那么一个均衡的价格体系 $(p^\text{I}, p^\text{II}, q^{land})$ 应使得虚拟资本和职能资本有相同的利润率，从而：

$$\bar{\pi} = \frac{\bar{e} p^\text{II} f(\alpha_l^\text{I} + \alpha_l^\text{II})}{p^\text{I}(\underline{\alpha}^\text{I} + \underline{\alpha}^\text{II}) + p^\text{II} f(\alpha_l^\text{I} + \alpha_l^\text{II}) + q^{land}} \qquad (3-6-31)$$

即虚拟资本也参与利润率的平均化过程。

不过，在利润率的平均化过程中，虚拟资本和职能资本的含义和作用是不同的。虚拟资本所产生的社会总资本的扩大只是纯粹名义的，不代表生产中实际投入和耗费的增加。从本质上看，它不是通过增大进行生产所必需的预付而降低平均利润率，而只是通过将总剩余价值分摊在更大的名义资本上而降低平均利润率。关于这种虚拟资本造成的总资本纯粹名义的扩大，马克思说道："在一切进行资本主义生产的国家，巨额的所谓生息资本或货币资本都采取这种形式。货币资本的积累，大部分不外是对生产的索取权的积累，是这种索取权的市场价格即幻想资本价值的积累。"[①]"随着生息资本和信用制度的发展，一切资本好象都会增加一倍，有时甚至增加两倍，因为有各种方式使同一资本，甚至同一债权在不同的人手里以不同的形式出现。这种'货币资本'的最大部分纯粹是虚拟的。"[②]

[①] 马克思:《资本论》（第三卷），人民出版社，1975，第531~532页。
[②] 马克思:《资本论》（第三卷），人民出版社，1975，第533~534页。

第四章　剩余价值的积累过程

马克思的资本积累理论是资本循环和再生产理论的自然延伸。资本循环是资本运动的基本形态，资本的再生产是健康的资本循环的结果。资本循环和再生产既是剩余价值生产和剩余价值实现达成统一的过程，同时也是资本积累的过程。资本循环和再生产的困难是资本主义经济问题的直接来源。资本循环和再生产框架蕴含着马克思宏观经济增长理论的优势：在一个统一的框架中同时研究增长的供给和需求问题。

利润率趋向下降规律是马克思资本积累理论的推论。和置盐定理不同，马克思不是从技术特征的演进规律角度来论证利润率的变化规律的，而是认为，资本积累的规律决定了技术进步的方向，同时也决定了利润率的变化方向。置盐定理不仅不是对马克思利润率趋向下降规律理论的反驳，而且是对利润率趋向下降规律理论中"反作用因素"的阐释。

第一节　资本积累过程

传统上，当人们谈及资本积累问题时，往往会产生这样一个错误的认识：利润的产生进而资本积累是由剩余价值的生产过程决定的；仿佛马克思对资本循环和周转的研究，都只不过是这一过程已经在原则上被研究完毕之后追加的技术性补充，忽略这些内容对于理解资本积累理论亦无伤大雅。或者说，传统上人们并没有将马克思的资本循环和周转理论同剩余价值生产和资本积累理论加以综合阐释。

但事实上，资本积累——表现为资本家的投资——既是资本循环的结果，又是驱动资本循环的根本力量。这是因为，尽管资本积累的前提是剩余价值和剩余产品已经生产出来，但只有通过完整的资本循环，剩余价值才能得到资本化。资本积累既是剩余价值生产的条件，又是剩余价值得以实现的条件。同时，又正是由于人们不断试图以货币为媒介将剩余价值转化为生产资本，凝结在商品资本中的剩余价值才能得以实现，资本循环才能顺利进行。

不过，资本主义生产方式的基本矛盾决定了资本积累和资本循环之间持久的内在冲突。尤其是，在当代资本主义经济中，资本的扩大支出主要是通过信贷扩张，即银行的货币创造过程实现的，而非由企业自身的货币利润积累来实现的。现代金融市场割裂了剩余价值生产和资本积累的微观关系，加剧了价值形式和价值实体之间的冲突。

上述特征决定了，在现有的经济学文献中，资本积累模型（或者说经济增长模型）表现出两种彼此对立的建模思路。在一些模型中（如古典模型），人们将投资视作储蓄的因变量，这反映了资本积累是剩余价值生产的结果这一面；而在另一些模型中（如卡莱斯基式的后凯恩斯模型），投资被视作自变量，这反映了资本积累促进剩余价值的实现这一面。

在研究马克思资本积累理论的传统文献中，大多采用了前一种即古典形式而忽略了马克思对资本循环中价值实现逻辑的阐述。这部分地是因为在《资本论》（尤其是第一、第二卷）对资本积累过程的实际表述中，第一个视角的解释确实占据了主导地位，因而马克思的论述具有强烈的古典色彩。具体来说，首先，在《资本论》第一卷中，马克思研究的是资本的生产问题，"资本的积累过程"作为第七篇，必然采用的是从剩余价值生产的角度进行说明的古典形式。其次，虽然马克思在《资本论》第二卷中研究的是资本的流通过程，并提出了资本循环问题，但整个第二卷的基本分析框架仍然是非货币化的；少量涉及货币的分析，也主要以黄金货币为对象采用了一种适应性的货币分析框架——认为货币的运动总是被动地适应着真实价值的运动，这淡化了价值实体和价值形式之间、剩余价值生产和实现之间的冲突（只在讨论黄金的生产时涉及这一点）。特别是，在部类平衡的研究中，马克思采用了古典色彩十分浓厚的假设，即生产资本的扩大再生产规模或者说资本的追加量是利润的特定比例，而这种比例表现为一个外部参数。资本循环发生在商品流通环节的偶然性和多样性就被消除了。

基于这样的情况，本节试图从资本循环的角度说明资本积累问题。

一 资本循环中的资本积累过程

在分析固定资本的章节，我们已经展示了一个关于生产劳动和积累的抽象框架（见图3-3-1）：积累来源于劳动力耗费，即活劳动的支出；同时，活劳动不断"硬化"为"死"劳动，并由此对象化，成为活劳动进一步支出和积累的基础。在资本主义社会，这个一般性过程是通过价值和货币体系加以实现的。图4-1-1将货币纳入框架，展示货币流通和价值运动的整体过程。

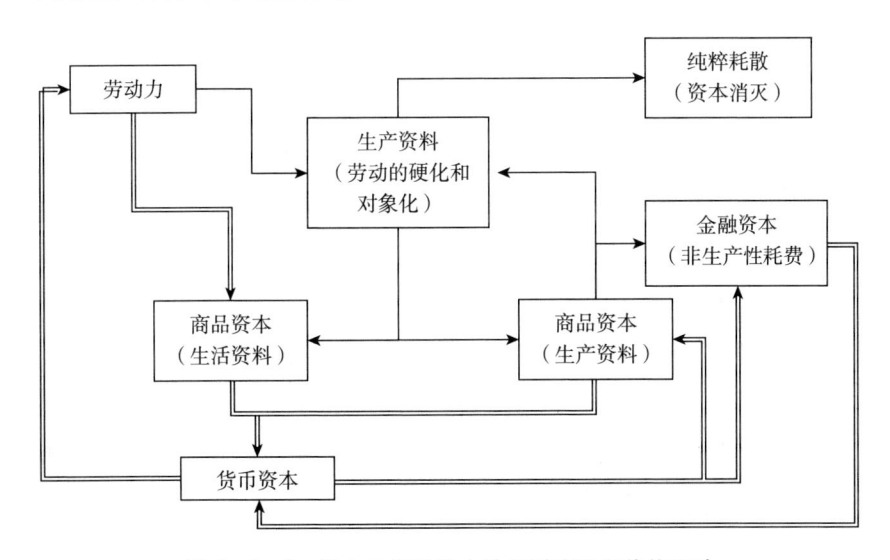

图4-1-1 资本主义经济中的货币流通和价值运动

注：图中略去了资本家的个人消费以及自然条件对使用价值生产的作用。

在图 4-1-1 中有两个体系：货币运动体系和商品运动体系。双实线代表由货币所驱动的流通环境；实线代表商品的生产和耗散过程，也就是由劳动的耗费、积累和耗散所构成的价值运动过程。可以发现，双实线构成了一个封闭的"闭环"，即货币流通总是处在循环中（撇开货币的创造和毁灭过程不谈）；而实线则不是一个闭环，有相应的"入口"和"出口"，分别代表着商品（无论是作为价值还是使用价值）的创造和毁灭的过程。以价值体系为例来说，劳动力的耗费就是这个价值体系的"入口"，而生活消费、金融资本和其他纯粹耗散都是价值的"出口"。当"流入"的价值即价值创造大于"流出"的价值即价值毁灭时，就实现了资本积累；而货币流通本身不能实现资本积累。使用价值体系也有相近的逻辑。

在图 4-1-1 中，商品和货币表现为一对并行并存的运动体系，货币的运动驱动了商品（包括一般商品和劳动力）的运动。这种驱动作用有两个方面：第一个方面是在使用价值的层次上货币驱动积累，这种驱动作用的机制比较容易从经验上加以把握；第二个方面是从价值的层次来说的，即货币驱动价值——凝结的人类劳动——的积累。对于这种驱动作用，马克思将之内化在他的价值理论中。在马克思的劳动价值论中，货币本身就是价值或者说人类劳动耗费的外在表现，因此内在劳动的凝结、"沉积"和耗散过程只能通过货币——尤其是作为资本的货币——的循环、周转和积累加以实现；相对于商品使用价值的运动外在于货币运动体系而言，价值积累过程内化于货币运动体系之中。

但是，马克思的方法论也强调了资本主义生产方式下货币和价值之间的矛盾性。货币的运动并不总是绝对地依附于价值的运动，它有自己的独立性，而这种独立的运动又会因货币作为价值的表现形式而反作用于真实的价值积累过程。在图 4-1-1 中，货币循环必须恰好适应价值的积累，才能良好地表现它。当货币的创造和毁灭不能适应价值的生产和消费时，资本主义的货币体系就产生了不稳定性。但在资本主义生产方式下，没有什么机制能保证货币体系和价值体系具有这种内在一致性。

虽然图4-1-1较为系统完整地展示了资本主义经济如何在货币流通的环境中完成资本循环并实现经济增长，但直接根据该图研究资本积累的规律一般需要利用前文所述的"要素法"进行建模。使用这种方法研究资本积累固然有模型意义较为清晰、容易扩展的优势，但也有一定的局限性：一方面模型较为复杂，在解释上相对烦琐；另一方面也无法充分发挥和展示马克思劳动价值论框架在分析资本积累问题上的优势和特点。因此下文通过"容器法"资本循环模型对资本积累过程进行解说。

让我们先观察资本循环过程。容器法下的资本循环过程如图4-1-2所示。

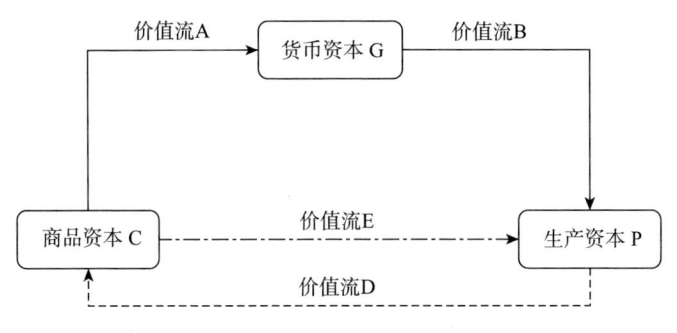

图4-1-2 容器法视角下的资本循环过程

记在 t 时刻，第 i 个企业的价值流 A 的大小为 $S_t^{[i]}$，价值流 B 的大小为 $C_t^{[i]}$，价值流 D 的大小为 $P_t^{[i]}$。在微观意义上，对于每一个个别企业而言，价值流 A 和价值流 B 一般是不一致的，而且在决定机制上是相互独立的。二者的差额以企业现金资产或负债的变化的形式表现出来。但是在宏观上，如果假设工人不储蓄，资本家不消费，则所有企业的总支出一定等于所有企业的总收入，即有 $\sum_{i \in \mathscr{J}} S_t^{[i]} = \sum_{i \in \mathscr{J}} C_t^{[i]}$。这意味着，企业获得的总利润只能等于企业的总投资。这反映了一个卡莱斯基式的观点："当工人花费自己所赚得的，资本家赚得他们所花费的时，他们的支出额决定着他们能够赚到的利润额。"① 从而在流通环节中形成的价值流 E 反映了由不断追加的投资所形成的、能消化掉在生产过程中不断积累的剩余的有效需求。对于利润和投资的关系，卡莱斯基认为："决定利润的是他们的投资和消费决策，而不是相反。"②

宏观来看，图 4-1-3 中的货币资本 G 不是一个严格意义上的储存价值流的容器。这是因为，尤其是在今天的信用货币体系下，货币本身不是一种价值实体，价值作为一种凝结的、物化的劳动，不会"停留"在抽象货币上。在完成职能之后，货币"离开了资本流通，但是价值并没有离开"③。因此严格来说，图 4-1-3 所示的资本循环其实主要是从生产资本和商品资本之间的循环角度进行表述的；换言之，社会总资本的循环过程，本质上是商品资本和生产资本之间的转化和积累过程。图 4-1-2 所"显式"包含的货币流通过程隐含在价值流 E 的决定过程中。正如哈维所言，该循环所揭示的核心是生产出来的剩余价值的资本化过程。④ 当谈到商品资本的循环时，马克思说道，商品资本的循环"要求我们不仅把它看作循环的一般形式，即能够用来考察每一个单个产业资本（第一次投资的场合除外）的社会形式，因而不仅看作一切单个产业资本共有的运动形式，而且同时看作各单个资本的总和即资本家阶级的总资本的运动形式，在这个运动中，每一个单个产业资本的运动，都只表现为一个部分运动，和其他部分运动交织在一起，并且受它们制约"⑤。也就是说，马克思认为，资本主义总资本的循环，应当是从商品资本（而非货币资本）——或者说是从价值（而非其交换价值

---

① 胡里奥·洛佩斯、迈克尔·阿祖兹：《米哈尔·卡莱斯基》，陈小白译，华夏出版社，2011，第32页。
② 转引自：胡里奥·洛佩斯、迈克尔·阿祖兹《米哈尔·卡莱斯基》，陈小白译，华夏出版社，2011，第33页。
③ 顾海良主编《百年论争——20世纪西方学者马克思经济学研究述要》（中册），经济科学出版社，2015，第873页。
④ 大卫·哈维：《跟大卫·哈维读〈资本论〉》（第二卷），谢富胜等译，上海译文出版社，2016，第61页。
⑤ 马克思：《资本论》（第二卷），人民出版社，1975，第112~113页。

形式）——通过生产过程不断循环积累的角度加以把握的。

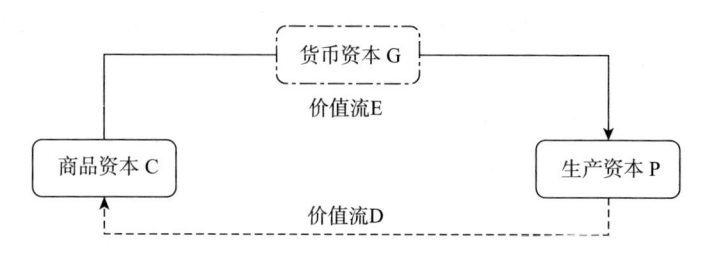

图 4-1-3　宏观视角下的资本循环过程

但是同时也应当指出，在商品资本循环的过程中，商品资本不会自动转化为生产资本，这种转换——剩余价值的资本化过程——是通过货币资本循环完成的，货币资本 G 实际上起到的是"驱动"循环的作用。和货币中性论的观点不同，货币资本并不是资本循环的"润滑剂"，而是"引擎"。

现在，记社会总投资支出为 C_t（在宏观上等于社会总销售量 S_t）。这个支出额包括可变资本和不变资本两个部分。假设工人不储蓄，则全部可变资本直接转化为对商品资本的购买力，从而将一部分商品转化为生产过程中消费掉的生活资料。而不变资本支出则包括补偿性支出和扩大再生产支出。补偿性支出包括固定资本维修、折旧和一次性使用的原材料等支出。设当固定资本存量为 K_t 时，补偿性支出为 $\delta u_t K_t$，其中 u_t 为产能利用率，δ 为折旧率。当经济整体上存在产能闲置时，产能利用率 $u_t < 1$，否则有 $u_t = 1$。假设总是存在充分的劳动力储备，且工资被维持在生存性工资的水平，记资本有机构成为固定值 κ，即可变资本 $V_t = \kappa u_t K_t$；另外记生产过程中的剩余价值率为 e，生产时间为 T_p。最后，定义在 t 时刻的边际利润率 π_t 为：

$$\pi_t = \frac{S_t - (\kappa + \delta) u_{t-T_p} K_{t-T_p}}{(\kappa + \delta) u_{t-T_p} K_{t-T_p}} \quad (4-1-1)$$

资本收益率 r_t 为：

$$r_t = \frac{S_t - (\kappa + \delta) u_{t-T_p} K_{t-T_p}}{(1 + \kappa u_t) K_t} \quad (4-1-2)$$

首先,作为基准,我们检查一下资本主义经济处于满功率运作状态的情况。出于直观的目的,暂时先假设生产时间 $T_p = 0$。在产能利用率 $u_t = 1$ 时,资本投资支出 C_t 表现为扩大再生产所需的资本积累,即维持简单再生产所需的不变资本和可变资本以及新追加的不变资本和可变资本。那么,在 t 时刻的投资支出 C_t,即价值流 E 为:

$$C_t = (1 + \kappa)\dot{K}_t + (\kappa + \delta)K_t \qquad (4-1-3)$$

而生产过程所创造的价值流 D 为:

$$P_t = [(1 + e)\kappa + \delta]K_t \qquad (4-1-4)$$

从式(4-1-3)和式(4-1-4)可以看出,资本循环的平衡条件 $C_t = P_t$ 为:

$$(1 + \kappa)\dot{K}_t = e\kappa K_t \qquad (4-1-5)$$

即生产过程所创造的剩余价值全部转化为资本积累,这正如马克思剩余价值理论所预期的。而且,注意到 $\dfrac{e\kappa}{1+\kappa}$ 是剩余价值与所用资本之比,即"资本收益率"①,记为 r^*,且 $\dfrac{\dot{K}_t}{K_t} = g_K$ 为资本积累率,式(4-1-5)进一步可以整理为:

$$r^* = g_K \qquad (4-1-6)$$

这意味着当生产满功率运行且资本循环保持平衡时,资本收益率或者说利润率等于资本积累率。这事实上就是剑桥方程式在利润完全积累条件下的形态。

---

① 马克思在《资本论》中谈及包含固定资本的平均利润率时,平均利润率的算法与这里的"资本收益率"相同,即总剩余价值与总预付资本(或者说"所用资本")之比。此处称之为"资本收益率"是为了与马克思生产价格语境下的"平均利润率"和前文谈及的"边际利润率"内涵做出区分。在不产生歧义的情况下,下文对"资本收益率"和"利润率"不做区分。

第四章 剩余价值的积累过程

其次，我们注意到，正如卡莱斯基所坚持的，闲置产能和失业工人的并存是资本主义的正常情况。[①] 马克思认为这恰好反映了资本主义剩余价值生产和实现之间的矛盾："资本过剩和日益增加的人口过剩结合在一起是完全不矛盾的；因为在二者结合在一起的时候，所生产的剩余价值的量虽然会增加，但是生产剩余价值的条件和实现这个剩余价值的条件之间的矛盾，正好因此而日益增长。"[②] 面对这一固有矛盾，资本家的反应是在产能闲置时设定一个意愿产能利用率，并根据这一意愿产能利用率雇用对应数量的工人。此处暂时假设资本家不会在有闲置产能的情况下进行扩大再生产的投资（后文将放宽这一假设），而会优先选择改变产能利用率的方式调整产量。因此，企业的投资支出将完全由可变资本 V_t 和补偿性支出 $\delta u_t K_t$ 决定，即：

$$C_t = V_t + \delta u_t K_t \tag{4-1-7}$$

代入 $V_t = \kappa u_t K_t$ 则整理可得：

$$C_t = (\kappa + \delta) u_t K_t \tag{4-1-8}$$

式（4-1-8）决定了价值流 E 的大小。注意到，由于假设存在产能闲置，企业在生产资料方面只会进行产能调整以及进行补偿性支出，因此 $K_t = \bar{K}$，投资支出完全由该时刻下企业的意愿产能利用率决定。

另外，价值流 D 的大小为：

$$P_t = [(1+e)\kappa + \delta] u_{t-T_p} K_{t-T_p} \tag{4-1-9}$$

[①] 胡里奥·洛佩斯、迈克尔·阿祖兹：《米哈尔·卡莱斯基》，陈小白译，华夏出版社，2011，第 32 页。Mauro Caminati 和 Serena Sordi 在研究中提到，经验数据显示企业的"正常"产能利用率为 75%～80%["Demand-led Growth with Endogenous Innovation," *Metroeconomica*, 2019, 70 (3): 405–422]。在马克思经济学看来，资本主义经济存在"相对生产过剩"和过度积累的内在矛盾。在（后）凯恩斯经济学看来，资本主义经济在短期中存在普遍的产能闲置；但在长期中是否会存在产能闲置则有较大的争议，如卡莱斯基支持存在产能闲置，但罗宾逊和凯恩斯等人则持反对意见（马克·拉沃：《后凯恩斯主义经济学：新基础》，孟捷译，中国人民大学出版社，2021，第 523～532 页）。

[②] 马克思：《资本论》（第三卷），人民出版社，1975，第 273 页。

将式（4-1-8）和式（4-1-9）联立可以进一步整理为：

$$P_t = \frac{[(1+e)\kappa + \delta]}{\kappa + \delta} C_{t-T_p} \qquad (4-1-10)$$

记 $\pi^* = \frac{e\kappa}{\kappa + \delta}$，含义是生产过程中所创造的剩余价值与所费资本之比，也是当所有剩余价值都顺利实现时的潜在边际利润率。式（4-1-8）和式（4-1-10）意味着，商品资本的变化为：

$$\dot{X}_t = (1+\pi^*) C_{t-T_p} - C_t \qquad (4-1-11)$$

一个均衡的宏观资本循环意味着价值流 E 和 D 的平衡，即 $\dot{X}_t = 0$[①]，同时由于在生产过程中会创造出凝结在商品形态中的剩余价值，因此，均衡状态下的资本循环需要有新的、不断扩大的投资支出将剩余价值吸收实现。但是正如卡莱斯基的观点，每一时刻的企业投资是自主的决定变量而非被决定变量，且这一自主变量不存在严格的自我稳定机制，因此资本主义经济的循环没有自发平衡的力量。

当人们谈及投资支出是一个独立于利润的自主变量时，应当理解这样一个背景：在一个货币经济中，企业投资是通过货币实现的，企业在投资之前必须获得充足的融资。这就遇到这样一个问题：从宏观整体来看，企业实现剩余价值并扩大投资所需要的额外货币是哪里来的？马克思和卡莱斯基都讨论过这个问题。在信用货币经济下的最终答案是银行信贷。[②] 这契合意大利货币循环学派的观点，即银行的货币创造是投资的起点。[③] 在后凯恩斯经济学的设想下，货币数量是内生的，是银行体系响应外部货币需求的结果，但这种响应也不是绝对被动的，金融系统也会通过信贷成本和信贷结构等因素对投资支出产生决定性的影响。无

[①] 由于这里不讨论流通时间问题，因此可以看作第三章第二节中定义的强均衡。
[②] 胡里奥·洛佩斯、迈克尔·阿祖兹：《米哈尔·卡莱斯基》，陈小白译，华夏出版社，2011，第38页。
[③] 袁辉：《意大利货币循环学派对宏观经济学的贡献》，《经济学动态》2016年第5期，第130～137页。

论如何，投资支出在产业资本循环过程中的独立性或者说外生性，与其说是在一般商品市场中决定的，不如说首先是在金融市场决定的。

接着，利用 $C_t = S_t$，并考虑到式（4-1-8）以及 $K_t = \overline{K}$ 的事实，我们知道当存在产能闲置时，有：

$$\pi_t = \frac{u_t - u_{t-T_p}}{u_{t-T_p}} \qquad (4-1-12)$$

$$r_t = \frac{(\kappa + \delta)(u_t - u_{t-T_p})}{1 + \kappa u_t} \qquad (4-1-13)$$

即边际利润率、资本收益率等不同的"利润率"，最终都是企业意愿产能利用率变化的结果。

在资本主义条件下，不仅存在产能闲置和失业并存这一市场出清"悖论"，而且存在产能闲置和扩大再生产并存的"悖论"。后者是指，在普遍存在产能闲置的大前提下，仿佛"看不出资本主义经济有任何扩张的动机"[1]。为了解决这一问题，卡莱斯基将创新作为一个"半外源性"因素引入经济系统。"创新流必须持续提供对扩张的需求。"[2] 卡莱斯基的观点十分接近产能闲置和扩大再生产并存这一"悖论"的答案。技术创新是在产能闲置背景下资本仍然进行扩大再生产的驱动力。事实上，相对于一个靠满功率生产来满足市场需求的企业而言，一个存在闲置产能或者说市场已经高度成熟的企业更倾向于对自己所看好的新技术进行投资，更新换代现有生产设备，或者对新兴产业进行预先投入。如果这种新技术在未来确实如期转化为成熟的市场需求，那么这就产生了一个良性的结果；如果企业对新技术的投资是一种错误的评估，则会导致更大规模的过度积累、债务负担和产能闲置。但无论如何，这部分投资支出在当期都会形成额外的需求。这部分需求既包含对新技术下的生

---

[1] 胡里奥·洛佩斯、迈克尔·阿祖兹：《米哈尔·卡莱斯基》，陈小白译，华夏出版社，2011，第128页。
[2] 胡里奥·洛佩斯、迈克尔·阿祖兹：《米哈尔·卡莱斯基》，陈小白译，华夏出版社，2011，第128页。

产设备的直接需求，也包含由新技术投资支出所派生的对旧商品库存的间接减少。创新流会在产能闲置的背景下引致扩大再生产以消化剩余价值。对于既有市场已经高度成熟的资本主义社会而言，技术创新的作用与其说在于对生产能力边界的扩大，不如说首先在于对投资边界的扩大。相对而言，在本身普遍存在闲置产能的经济中，单纯执行传统意义上的旨在降低融资成本的货币政策，对刺激扩大再生产的作用是有限的。

技术创新在导致扩大再生产进而价值流 E 增大的同时也会产生负面效果，即新技术的引进造成的旧固定资产面临淘汰，从而价值下降的情形。这种负面效果被马克思称为"无形损耗"，也有学者称之为"士气型磨耗"。[①] 马克思在《资本论》中具体阐述如下："机器除了有形损耗以外，还有所谓无形损耗。只要同样结构的机器能够更便宜地再生产出来，或者出现更好的机器同原有的机器相竞争，原有机器的交换价值就会受到损失。在这两种情况下，即使原有的机器还十分年轻和富有生命力，它的价值也不再由实际物化在其中的劳动时间来决定，而由它本身的再生产或更好的机器的再生产的必要劳动时间来决定了。"[②] 特别值得注意的是，马克思在这段话中明确指出：无形损耗是在物理性能和实际物化劳动不变的情况下，作为劳动实体的外在表现形式即交换价值的变化而引起的。在资本循环模型中，无形损耗可以描述为从生产资本 P 价值池中流出循环体系的价值流，它构成了一种"资本消灭"。[③] 记无形损耗的价值流为 U。

技术创新在生产资本的增殖能力方面也会产生复杂的影响。首先，它会提高资本技术构成与劳动生产率，前者在剩余价值率和不变资本价值不变的条件下，通过资本价值构成上升产生了资本收益率下降的压

[①] 藤森赖明、李帮喜：《马克思经济学与数理分析》，社会科学文献出版社，2014，第151页。
[②] 马克思：《资本论》（第一卷），人民出版社，1975，第 443~444 页。
[③] 安德鲁·克莱曼：《大失败：资本主义生产大衰退的根本原因》，周延云译，中央编译出版社，2013。

力，而后者则通过相对剩余价值生产的机制提高了剩余价值率。其次，技术创新也有可能通过减少生产过程中的原材料或固定资本损耗的方式减少不变资本的转移，在剩余价值率不变的条件下提高边际利润率，但也可能增加单位劳动力所驱动的原材料和固定资本耗费，从而在剩余价值率不变的条件下降低了边际利润率。最后，技术创新产生的以无形损耗为代表的"资本消灭"降低了作为存量的不变资本的价值，进而产生了抵消资本技术构成上升、回调资本价值构成的效应。这构成了利润率下降趋势的反作用。正如克莱曼所指出的，"资本消灭"是一种资本过度积累条件下的利润率修复机制。[1]

除此之外，技术创新必然会对现有的市场供求和相对价格产生重大影响，而马克思认为资本循环"只有在价值关系保持不变时，过程才能完全正常地进行"[2]，哈维对此进一步提出："对作为整体的产业资本循环如此重要的平稳性、连续性和流动性，只有在没有技术变革的条件下才能维持。只要引进新技术，就会导致价值革命和循环过程的不稳定。"[3]

另外，非生产性耗费，如金融和商业资本、医疗文娱、教育科研等，成为另外一个价值出口，将一定量的价值排出资本循环体系。[4] 以金融资本为例，金融资本成为价值出口有两层含义。首先，当然是从货币的意义来说，总货币资本中有相当数量的货币资本留存在金融体系中进行自我循环；其次，更重要的是从价值和使用价值的意义来说，在所有的商品资本中，有相当一部分商品资本虽然转化为货币资本得以价值实现，但并未进一步作为生产要素进入下一轮的生产资本并实现资本积

---

[1] 安德鲁·克莱曼：《大失败：资本主义生产大衰退的根本原因》，周延云译，中央编译出版社，2013。
[2] 马克思：《资本论》（第二卷），人民出版社，1975，第124页。
[3] 大卫·哈维：《跟大卫·哈维读〈资本论〉》（第二卷），谢富胜等译，上海译文出版社，2016，第73页。
[4] 此处取非生产性耗费的广义含义，即这些耗费或积累不直接作用于产业资本的生产能力的扩大。在"斯拉法超级乘数"理论中也特别强调这类自主性投资需求的作用。在该理论中，所谓自主性需求是指不直接由收入引致且不产生产能的需求。参见：刘伟、黄彪《从剑桥方程到斯拉法超级乘数——需求拉动型经济增长理论评述》，《中国人民大学学报》2019年第5期，第75~88页。

累,而是转化为现代金融体系的固定资本投资和金融体系员工的生活资料。金融体系中不断积累的货币资本推动了商品资本中越来越多的份额流入金融体系。注意,由于金融体系本身不创造剩余价值,因此在普遍产能闲置和失业的条件下,金融体系在今天成为发达资本主义吸收剩余价值的一个重要出口。此外,在闲置产能的背景下,金融体系也会对资本积累产生负面影响。马克思在谈及利润率下降问题时曾经说道:"利润率,是资本主义生产的刺激……利润率的下降会延缓新的独立资本的形成……还促进生产过剩、投机、危机和资本过剩"[1],还会导致"欺诈,而普遍促进这种欺诈的是狂热地追求新的生产方法、新的投资、新的冒险,以便取得某种不以一般平均水平为转移并且高于一般平均水平的额外利润"[2]。这段论述可以看作马克思对生产过剩、扩大再生产、创新和金融投机之间的关系的综合表述。记流入金融资本 F(或者一般地说,非生产部门)的价值流为 R,它的大小和产业资本投资之间的关系通常很复杂:正相关、负相关或者没有明显关联。这依赖于非生产性耗费所处的具体的经济机制和经济环境。

至此,我们构建了一个通过资本循环实现资本积累的完整图景,如图 4-1-4 所示。[3] 可以看到,整个资本循环构成了一个非闭合系统,价值流 Z、价值流 R 和价值流 U 都是"半外源性"的。具体来说,价值流 Z 依赖于生产性企业的意愿产能利用率和资本积累率,而这二者又决定于外源性的技术创新和半外源性的经济预期。

一方面,价值流 U 决定于生产资本无形损耗的程度,这依赖于新技术主导下的追加投资——新技术扩散得越快,旧技术下的生产资本的无形损耗就越大;另一方面,无形损耗作为一种"资本消灭",也依赖于诸如技术革新、债务风险、市场需求的变化等很多外源性的因素。马

---

[1] 马克思:《资本论》(第三卷),人民出版社,1975,第 270 页。
[2] 马克思:《资本论》(第三卷),人民出版社,1975,第 288 页。
[3] 应当指出的是,理论上,金融资本所使用的固定资产也会发生无形损耗甚至"资本消灭",但由于在资本循环中金融资本本身已经是一个价值出口,它对资本循环的影响最终来自价值流 R,因此这里对金融资本的无形损耗不加以表示。

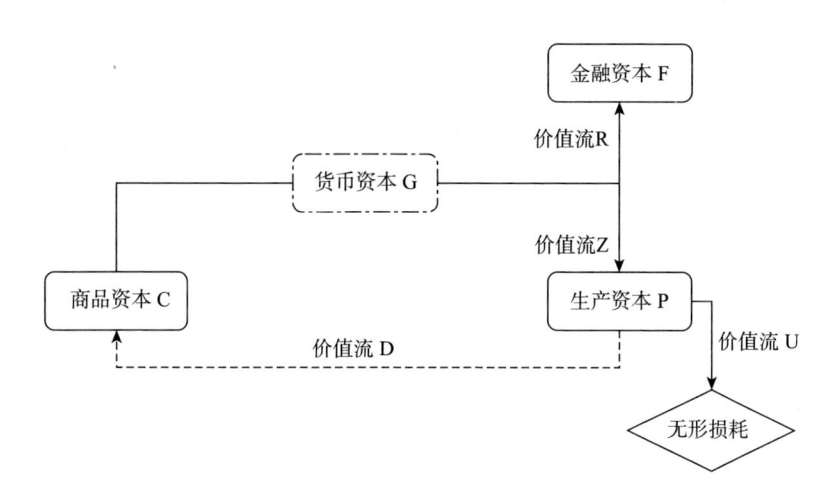

图 4-1-4　完整的资本循环

克思认为,这种资本消灭就是资本积累过程本身的产物,"这是资本主义生产的规律,它是由生产方法本身的不断革命,由不断和这种革命联系在一起的现有资本的贬值,由普遍的竞争斗争以及仅仅为了保存自身和避免灭亡而改进生产和扩大生产规模的必要性决定的"①。

价值流 R 和其他价值流之间并没有什么必然联系。如果把非生产性耗费具体理解为金融投资,那么价值流 R 依赖于具体的金融制度、金融结构以及不断变化的、表现出极大随机性的金融市场状况。

这些"半外源性"因素意味着,剩余价值的实现和积累不仅依赖于资本主义生产系统自身,而且是各种社会因素的综合结果。正如马克思所言:"社会消费力既不是取决于绝对的生产力,也不是取决于绝对的消费力,而是取决于以对抗性的分配关系为基础的消费力;这种分配关系,使社会上大多数人的消费缩小到只能在相当狭小的界限以内变动的最低限度。这个消费力还受到追求积累的欲望的限制"②。资本循环不是一个封闭的、孤立的自我演化系统,资本积累过程嵌在社会、文化、技术和制度环境中。

---

① 马克思:《资本论》(第三卷),人民出版社,1975,第273页。
② 马克思:《资本论》(第三卷),人民出版社,1975,第272~273页。

二 资本循环视角下对西方经济增长理论的再思考

目前西方经济增长理论总体上有两种思路：从供给出发的古典－新古典框架和从需求出发的"凯恩斯"框架。这形成了"两种"不相容的宏观经济增长理论：古典－新古典式的关注生产供给的"长期"理论，和凯恩斯式的关注消费和投资需求的"短期"理论。从思想史发展的角度来说，这种分离从根本上源自西方经济增长理论演化过程中的一种缺陷：从斯密开始，西方经济学中就缺乏再生产理论。而事实上正是再生产过程将供给面和需求面统一在一起。在资本主义社会，作为需求的两种表现——消费和投资，正是表现了劳动力再生产和资本再生产的过程。

下文将在资本循环的视角下，对西方经济增长理论进行反思，并得出了如下结论：由于缺乏系统的资本循环和再生产框架，不同的西方经济增长理论都只关注了资本循环过程中的某一条价值流（价值流 D 或者价值流 E），并且相关模型都将"投资等于储蓄"视作默认的分析前提。事实上，这一假设本身就意味着资本循环或者再生产的平衡，即剩余价值的顺利实现，这确实是由于西方经济学中缺乏再生产理论而导致的无奈之举。

（一）古典经济学中的增长观

在古典经济学的语境下，经济增长问题归根结底就是资本积累问题。[①] 从斯密开始，古典经济学就建立了这样一个传统：在对经济增长的研究中，相对于再生产问题，更关注资本积累和技术进步问题。在这一过程中，古典经济学家进一步保持着对"投资等于储蓄"这一均衡条件的默认。例如，李嘉图"认为，整个社会的生产量超过消费量就意

[①] 从思想史的严格意义来说，古典经济学中的增长观比较复杂多样，这里只取理论阐述较为系统、对当代西方经济学影响较大的观点。

味着资本增加,而整个社会资本的增加就是积累"①,即默认 $I = S = Y - C$。基于这一认识,李嘉图认为要推动资本积累有两种方式:要么提高劳动生产率从而增加总产出 Y,要么减少非生产性消费(即提高储蓄率)。他正是在这个逻辑下认为,被他视作非生产性消费的地租等是资本积累的障碍。李嘉图支持萨伊定律,内在逻辑在于他认为消费需求有无限性,永远高于生产,因此不会发生普遍的生产过剩。在古典经济学时代,尽管各个人的理论基础不同,但几乎所有古典经济学家都是基于"消费是一种扣除,储蓄是一种积累"这一总体认识来把握经济增长的。

马尔萨斯是较为特殊的一位,他从自己的价值理论出发,提出了经济增长过程中的利润实现问题并且反对萨伊定律。马尔萨斯在概念上还提出了非生产性耗费(包括对外贸易)对利润实现的作用。与李嘉图相反,他认为地租——非生产性阶级的收入——是利润实现的源泉。②但是这些意见并不是在一个系统的再生产问题意识中被提出的。

无论如何,尽管有作为再生产研究先驱的坎蒂隆和魁奈的著述在前,但古典经济学也并没有建立起真正的、系统的再生产理论。③ 这影响了整个西方经济学在增长理论上的基本理念。正如下文将展示的,在这样一个抛弃了再生产理论,只留资本积累理论的西方经济学中,宏观经济增长理论——无论是侧重供给方的古典-新古典式,还是侧重需求方的凯恩斯式——全都是在"投资等于储蓄"这一条件下完成构筑的。

(二)新古典经济学的增长模型——以索洛模型为例

在新古典经济增长理论中,资本循环同样被"默认"是平衡且流畅的。以索洛模型为例,如图 4-1-5 所示,隐含假设是 $Y = C + I$,即所有的产出都可以分解为消费和投资,以及恒等式 $I = S$。从会计恒等式

---

① 颜鹏飞、陈银娥主编《新编经济思想史》(第三卷),经济科学出版社,2016,第80页。
② 应当注意到,在整个古典经济学的理论体系中,生产性和非生产性的区分一直是资本积累理论进而经济增长理论的关键。
③ 吴易风:《经济增长理论:从马克思的增长模型到现代西方经济学家的增长模型》,《当代经济研究》2000年第8期,第1~4页、第71页。

的角度来说，投资 I 蕴含着存货投资的内涵。但在进一步的推理中，索洛模型认为 $\dot{K} = I - \delta K$，即投资和折旧之间的差额构成了生产性资本存量的变化。也就是说，在索洛模型中 $I = S$ 不仅是一个会计恒等式，而且是一个均衡条件。在均衡下，所有的产出都被完美地转化成实际消费和生产性投资。在资本家不消费的假设下，这意味着所有的产出 Y 都被完美地转化为新的生产性投资，即工人的生活资料和企业的生产资料。用资本循环的语言来说，就是价值流 D 必然等于价值流 E，或者更具体地说，在索洛模型中，价值流 E 是被动适应于价值流 D 而存在的。

图 4-1-5 索洛模型所蕴含的资本循环

索洛模型中所默认的均衡条件 $I = S$，背后有从古典经济学时代开始的思维传统。在古典经济学中，尽管人们十分重视投资的作用，但当人们谈及"投资"时，往往习惯于说"储蓄"[1]，即储蓄是为了投资、投资来自储蓄，二者具有高度的同一性。这个思维传统被新古典经济学以形式化的方式转变为一种"不证自明"的分析前提并进一步发扬，最终把属于生产范畴的投资行为还原为消费者的效用最大化行为[2]，从而在新古典增长模型中，投资函数为储蓄函数（或对应的消费函数）所取代。

另外，在新古典模型中，经济产能总是在满功率状态下运行。换句话说，对经济增长起决定性作用的是产品的供给，这反映了一种所谓的"长期"情形。

新古典经济学的增长理论在如下意义上有很强的古典传统：它本质

---

[1] 刘文超：《后凯恩斯主义增长理论研究》，经济科学出版社，2016，第 52 页。
[2] 刘文超：《后凯恩斯主义增长理论研究》，经济科学出版社，2016，第 59 页。

上是一个没有再生产理论的资本积累理论。无论是索洛模型还是后来的真实经济周期模型等,都是从"消费—积累"权衡的视角把握资本积累动态过程的。在这一视角下,经济增长唯一的问题就是资本积累问题,增长唯一的限制就是自然禀赋的限制。

与之相适应,新古典经济学取消了古典经济学中的"生产性/非生产性"论题。以金融资本为例,在新古典范式中,通过假设消费者和企业投资的一致性,金融投资和生产投资的关系成为一个消费者的理性选择问题,而且预设了金融资产和实体资产的高度统一性。这确保了"实体部门和金融部门最佳的协调与同步"[①]。总之,新古典增长理论,在理论上将增长原因归结为生产条件的变化,即要素积累和技术进步,而在建模上则将一切增长问题都归结为动态最优化下的资本积累问题。

(三) 经济增长的"凯恩斯"解释

针对新古典模型中对需求方的忽视,目前处于主流地位的"凯恩斯"式经济增长理论(下文称为"主流解释")——以汉森和希克斯的"IS-LM"解释为例——做了改进。在主流解释中,$Y = C + I$ 不再作为一种隐含假设加以默认,而是作为一种显式的均衡条件(即"收入恒等式",它蕴含着会计恒等式 $I = S$)进入分析框架。这是通过提出独立于储蓄的投资函数来实现的。从而在主流解释下,如图 4-1-6 所示,价值流 E 成为一个独立变量,表示为"计划投资" I^e,(在一个简化版本中) 决定于金融市场上的融资成本,即利息率 i[②],从而有 $I^e = I^e(i)$。主流解释通过显式地提出了均衡条件 $Y = C(Y) + I^e(i)$ 或者更直观地说 $S = Y - C(Y) = I^e(i)$,揭示了"如果"价值流 E 和价值流 D 是平衡的,那么产出 Y 和利息 i 将包含何种替代关系。这就是"凯恩斯交叉图"的本质。在这个意义下我们可以看到,主流解释事实上发现了投资支出作为独立变量,是驱动经济的"引擎",并进一步研究它将如何同

---

① 刘文超:《后凯恩斯主义增长理论研究》,经济科学出版社,2016,第 59~60 页。
② 严格地说,主流解释中的投资支出特指价值流 E 中的生产资料支出,因为在主流解释中消费支出是一个由产出决定的适应性变量。

宏观产出之间相互反馈，以及在资本循环平衡时二者之间呈现何种关系。

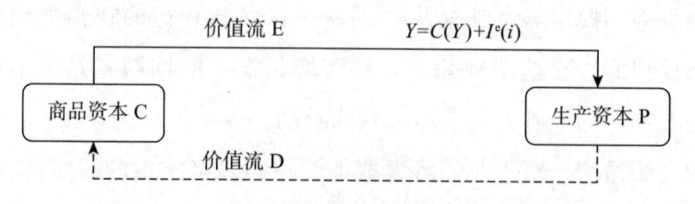

图 4-1-6 "主流"凯恩斯模型所蕴含的资本循环

因此，主流解释有如下问题。首先，尽管显式地提出了资本循环平衡的要求，但在实际分析中并不研究这种要求及其内在矛盾，而是研究"当这种要求被满足时"经济变量之间的关系。其次，在图4-1-6中可以看到，如果说新古典增长模型只关注供给方而把需求方隐藏在假设之中，主流解释则完全聚焦需求端，而从未谈及价值流 D，即剩余价值生产的问题[①]。最后，由于不研究资本循环平衡，而是将之作为一个分析起点，因此主流解释中所谓的"货币分析"有相当的局限性。

由于缺乏对生产面的关注，主流解释淡化了资本积累在其经济增长理论中的角色。这可以被解释为他们寻求一种在产能闲置条件下的所谓"短期"分析。同时，在主流的"凯恩斯"解释中，"非生产性"论题以一个隐含的方式回归。主流解释中暗含了这样一个观念：至少在逻辑上，"非生产性"的支出确实可以在不改变生产的前提下通过扩大有效需求而促进总产出的增长。这体现了对"非生产性活动是经济增长的阻碍"这一古典经济学设想的挑战。

与主流解释平行，后凯恩斯增长理论是当今"凯恩斯"增长学说的另外一个分支。除了对主流解释的不满以外，后凯恩斯经济增长模型还反映了凯恩斯有效需求原则与古典经济学传统的结合[②]，尤其是对分配的重视。但若仅从资本循环的视角来看，后凯恩斯增长理论则和基于

[①] 在 IS-LM 分析中，系统不是通过生产环节的供求平衡闭合的，而是通过产品市场和金融市场的平衡闭合的。该闭合反映的是总需求。

[②] 马克·拉沃：《后凯恩斯主义经济学：新基础》，孟捷译，中国人民大学出版社，2021，第515页。

汉森和希克斯解释的主流解释有异曲同工之处。以罗宾逊－卡尔多模型为例，在该模型中经济增长决定于两个方程：剑桥方程式 $\alpha r = g^s$[①] 和投资方程 $g^i(r^e)$。罗宾逊－卡尔多模型通过显式地提出均衡条件 $g^i = g^s$ 以及 $r = r^e$，保持着"投资等于储蓄"或者说"实际投资等于计划投资"这一假设。如图4-1-7所示，罗宾逊－卡尔多模型实际上探求的是当（随着价格和数量机制调整至）投资等于储蓄时[②]价值流 E 的大小，因此也没有对价值流 D 进行任何讨论。事实上，在罗宾逊－卡尔多模型及其扩展版本中，虽然形式上可以包含产出 Y，但其大小其实是没有影响的（有影响的只是"工资—利润"这一分配关系）。"后凯恩斯主义利润决定理论的实质是利润实现理论，而不是利润生产理论"[③]，从而在这个角度上，以罗宾逊－卡尔多模型为代表的后凯恩斯增长模型并不会给主流解释带来实质性的变化，它们和主流解释的差别仅在于对价值流 E 的理解不同：前者关注从分配关系上来把握利润实现问题，而后者则从金融市场和产品市场交互的角度来理解。[④]

图 4-1-7 后凯恩斯模型所蕴含的资本循环

在部分后凯恩斯增长模型中，非生产性耗费以具体的方式，如管理成本、技术调整成本等进入模型。但是这些模型大多并不正式地从理论上提出非生产性耗费对价值实现的作用，而是将其作用隐藏在均衡求解

[①] 其中，r 为利润率，α 为利润中的储蓄比例，g^s 为积累率或增长率。
[②] 马克·拉沃：《后凯恩斯主义经济学：新基础》，孟捷译，中国人民大学出版社，2021，第519页。
[③] 刘文超：《后凯恩斯主义增长理论研究》，经济科学出版社，2016，第22页。
[④] 事实上，后凯恩斯增长理论还包括"新卡莱斯基增长理论""斯拉法超级乘数理论"等模型。在资本循环的意义上，这些分支和罗宾逊－卡尔多模型具有相似性。这里取后凯恩斯增长理论诸模型的共性进行讨论。

的过程中。在这种框架下,非生产性耗费的概念以及它之于经济增长的作用十分"碎片化"和"定制化",即根据实际研究需要定义一个非常具体的非生产性成本及其形式,并将之纳入增长模型,从而难以对不同文献进行对比并形成一致的理论。

总之,"凯恩斯"式的增长理论,尽管正式提出了利润或者说剩余价值实现问题,但是走向了新古典增长理论的反面,即这些理论都成为一种"需求拉动型经济增长理论"①,而并没有意识到,利润实现问题应当从资本循环和再生产的角度进行把握。在缺乏资本循环和再生产理论这一问题上,和新古典范式相比,"凯恩斯"增长理论陷入用另一条腿"跛行"的困境。

(四) DSGE 框架

严格来说,DSGE 是一个方法而不是一个理论。一个"标准"的 DSGE 框架的理论基础是由新古典和新凯恩斯增长理论嫁接组成的。DSGE 框架包含两个方面。一个是通过生产函数描述的企业生产决策,即"供给"。它对应了资本循环中的价值流 D。另一个是由效用函数描述的家庭消费 - 投资决策,即"需求"。它对应了资本循环中的价值流 E。可以说,DSGE 是对新古典和新凯恩斯的综合。但这种综合也必然蕴含着双方的共同缺陷,即通过"资源约束条件"假设了 $Y = C + I$(及其各种变体形式)。正如其理论基础新古典和新凯恩斯一样,DSGE 本质上是一个以供求平衡为前提的均衡模型,其运行在本质上是平稳的,不稳定和危机总是由较大的外生的、偶然的冲击所导致的②,经济系统最终都会返回由供给侧决定的均衡③。货币金融体系仍然是一种古典

---

① 刘伟、黄彪:《从剑桥方程到斯拉法超级乘数——需求拉动型经济增长理论评述》,《中国人民大学学报》2019 年第 5 期,第 75~88 页。
② 李向阳:《动态随机一般均衡模型:理论、方法和 Dynare 实践》,清华大学出版社,2018,第 15 页。
③ 张云、李宝伟、苗春、陈达飞:《后凯恩斯存量流量一致模型:原理与方法——兼与动态随机一般均衡模型的比较研究》,《政治经济学评论》2018 年第 1 期,第 154~179 页。

"面纱"。DSGE 只能通过制造一些"金融摩擦"引入货币金融体系，而其作用往往限于放大偶然冲击对均衡结果的影响，而非研究不均衡本身。而且，与新古典增长理论类似，在 DSGE 框架中，一切增长问题最终都是优化选择下的资本积累问题。

第二节 资本积累视角下的利润率趋向下降规律

一 马克思的利润率趋向下降规律理论：一个资本积累理论

（一）作为资本积累理论的利润率趋向下降规律

马克思将不变资本对于可变资本的相对增长看作资本积累和生产力不断发展的标志。"由于资本主义生产内部所特有的生产方法的日益发展，一定价值量的可变资本所能支配的同数工人或同量劳动力，会在同一时间内推动、加工、生产地消费掉数量不断增加的劳动资料，机器和各种固定资本，原料和辅助材料，——也就是价值量不断增加的不变资本。"[1] "社会劳动生产力的发展，即表现为可变资本同总资本相比相对减少和积累由此加速的那些规律"[2]。"所投总资本中转化为活劳动的部分越来越小……只是劳动生产率提高的另一种表现。"[3] 马克思将这一过程进一步归纳为固定资本的扩张："而这种发展正好表现在：由于更多地使用机器和一般固定资本，同数工人在同一时间内可以把更多的原料和辅助材料转化为产品，也就是说，可以用较少的劳动把它们转化为产品。"[4]

另外，在分析利润率趋向下降和剩余劳动绝对量上升时，马克思说道："社会资本所推动和所剥削的劳动的绝对量在增大，因而社会资本所占有的剩余劳动的绝对量也在增大……单个资本家所支配的资本支配

---

[1] 马克思：《资本论》（第三卷），人民出版社，1975，第236页。
[2] 马克思：《资本论》（第三卷），人民出版社，1975，第245页。
[3] 马克思：《资本论》（第三卷），人民出版社，1975，第240页。
[4] 马克思：《资本论》（第三卷），人民出版社，1975，第237页。

着日益增加的劳动量，从而支配着日益增加的剩余劳动量，甚至在它们所支配的工人人数并不增加的时候，也支配着日益增加的剩余劳动量。"① 在这里，马克思提到了进行分析的第一个要素——资本所支配的劳动量，理论上这个劳动量包含多个子要素，即工人人数、单个工人的工作日长度和劳动强度。马克思的这句话亦说明了，劳动要素可以从"社会资本"即总资本的角度，也可以从"单个资本家"的角度加以研究。在后文的算例中，马克思专门讨论了工人人数变化的影响。

马克思进一步说道："在资本主义生产的发展中，那个只是必须再生产和保存的价值量，甚至在所使用的劳动力不变的情况下，也会随着劳动生产率的提高而增加。但是，随着劳动的社会生产力的发展，所生产的使用价值——生产资料是其中的一个部分——的总量，还会增加得更多。"② 结合上下文，马克思表达了这样的观点。随着劳动生产力的发展，首先，即便撇开劳动力增加不谈，投入生产的价值量也会增加，这个价值量的增加既包含生产资料价值量的增加，也包括生活资料价值量的增加。其次，这种更多的劳动耗费，是表现在更多的生活资料和生产资料的使用价值上的，而单位使用价值上的劳动耗费是减少的，即"同一个价值量所代表的使用价值量和奢侈品的量会不断增加"③。接着，马克思指出："而追加劳动——通过对它的占有，这种追加财富能够再转化为资本——并不是取决于这种生产资料（包括生活资料）的价值，而是取决于它的量，因为工人在劳动过程中不是同生产资料的价值发生关系，而是同生产资料的使用价值发生关系。"④ 这意味着，劳动耗费或者说新创造出来的价值不是由预付资本的价值量所决定，而是由其使用价值量所决定的。

将上述观点组合，设劳动力数量为 N，将劳动强度和工作日长度视

---

① 马克思：《资本论》（第三卷），人民出版社，1975，第 241 页。
② 马克思：《资本论》（第三卷），人民出版社，1975，第 243 页。
③ 马克思：《资本论》（第三卷），人民出版社，1975，第 244 页。
④ 马克思：《资本论》（第三卷），人民出版社，1975，第 243 页。

为一个整体变量 ω，表示单位劳动力所支出的劳动耗费（下文称为"劳动强度"），单位劳动力所消费的生活资料量记为 f。另外，设生产过程中投入的固定资本使用价值量为 K，记这些固定资本所推动的原材料等作为生产资料的流动资本为 ϕK；同时 $N = \kappa(K)$，$\omega = \omega(K)$，函数 κ 和 ω 反映了资本所推动的劳动力数量和劳动强度决定于固定资本的量，从而生产过程中所新创造的价值也是一个由固定资本所决定的量。应当认识到，从理论上讲，在资本主义条件下，固定资本的不断积累与扩张，既可以作为人的脑和手的替代和延伸，而减少劳动时间和降低劳动强度；也可以作为强化资本对劳动过程的控制，从而提高劳动强度、延长劳动时间的手段，因此 ω 和 K 之间的数学关系是不确定的。这种矛盾特征也出现在固定资本积累和劳动力使用之间的关系中。固定资本的增加固然会需要追加更多的劳动力，但马克思也指出：伴随着资本积累和生产资料的增加，"一方面，这会提高工资……由此使工人人口逐渐增加。另一方面，这会使创造相对剩余价值的方法（机器的采用和改良）得到采用，由此更迅速得多地创造出人为的相对过剩人口……因此，从资本主义积累过程——它只是资本主义生产过程的一个要素——的性质来看，自然会得出如下的结论：用来转化为资本的已经增加了的生产资料的量，总会随时找到相应地增加了的、甚至过剩的可供剥削的工人人口。"① 从而，N 和 K 之间的数学关系也是不确定的。

尽管存在这样的复杂性，但马克思认为，随着固定资本的不断积累，资本技术构成 $\dfrac{(1+\phi)K}{N}$ 在总体上是不断上升的，同时生产资料同活劳动之间的比值 $\dfrac{(1+\phi)K}{\omega N}$ 也是不断上升的。马克思将这些性质看作资本主义生产方式和技术进步的典型事实。

另外，从价值的角度来说，记单位生活资料的价值为 λ^{II}，单位生产资料（包括固定资本和流动资本）的价值为 λ^{I}，那么，社会总预付

---

① 马克思：《资本论》（第三卷），人民出版社，1975，第 243~244 页。

不变资本为 $C=(1+\phi)K\lambda^{\mathrm{I}}$，预付的可变资本为 $V=\lambda^{\mathrm{II}}fN$。资本积累造成了工人消费的生活资料使用价值量 fN 不断上升，单位价值 λ^{II} 下降但不及使用价值的上升速度，从而总的可变资本不断上升；同样，所投入的生产资料的使用价值量 $(1+\phi)K$ 不断上升，固然 λ^{I} 在下降，但整体上预付的不变资本在上升。

马克思定义资本价值构成为 $\dfrac{C}{V}=\dfrac{(1+\phi)K\lambda^{\mathrm{I}}}{\lambda^{\mathrm{II}}fN}$，可以将之进一步改写为 $\dfrac{C}{V}=\dfrac{\lambda^{\mathrm{I}}}{\lambda^{\mathrm{II}}f}\cdot\dfrac{(1+\phi)K}{N}$，以资本技术构成 $\dfrac{(1+\phi)K}{N}$ 上升为出发点，资本价值构成 $\dfrac{C}{V}$ 上升从而资本有机构成上升的前提是，单位生产资料价值和单位劳动力价值的比值 $\dfrac{\lambda^{\mathrm{I}}}{\lambda^{\mathrm{II}}f}$ 的下降幅度小于资本技术构成的上升幅度。

当马克思阐述他的利润率趋向下降规律时，首先是基于对资本主义生产方式的总归纳："由于更多地使用机器和一般固定资本，同数工人在同一时间内可以把更多的原料和辅助材料转化为产品"[①]。由于马克思将商品看作人类劳动耗费和有用性的统一，因此在使用价值意义上同样的劳动能推动更多的生产资料，意味着同样的活劳动推动着更多的过去耗费并"对象化"了的"死"劳动。对于马克思而言，物化劳动与活劳动之比 $\dfrac{\lambda^{\mathrm{I}}(1+\phi)K}{\omega N}$ 的上升趋势是生产资料与劳动耗费之比 $\dfrac{(1+\phi)K}{\omega N}$ 上升这一历史趋势的劳动价值论表现。马克思当然完全知道不变资本使用价值的增加和价值的增加是不同的，并且固定资本的这种积累过程会降低单位生产资料和生活资料的价值，从而起到某种抵消作用。他说："不变资本价值量的这种增加，——虽然它只是在某种程度上表现出在物质上构成不变资本的各种使用价值的实际数量的增加，——会使产品相应地日益便宜。"[②] 但他基于使用价值和价值统一的辩证逻辑，认为

[①] 马克思：《资本论》（第三卷），人民出版社，1975，第237页。
[②] 马克思：《资本论》（第三卷），人民出版社，1975，第237页。

生产资料特别是固定资本在使用价值上或者说物理量上的积累和作为人类劳动耗费的凝结的积累在长期中拥有相同的发展过程和趋势。

由此可以看出，马克思从抽象的、历史的视角来理解总资本积累的规律。在劳动价值论的框架中，马克思一方面把资本积累看作总的使用价值在量上的积累和在质上的变迁，另一方面又将它视作总的人类劳动不断流动和凝结的过程；并最终通过劳动价值论从总体人类劳动耗费——而非具体的技术关系——的角度来把握资本积累的进程。故马克思研究的是资本技术构成和价值构成的统一体，即反映技术构成的"特殊"价值构成——资本有机构成。①

同时，马克思基于劳动价值论"展开结构"中的最抽象层次对资本积累问题加以阐述，是从劳动凝结实体的角度来把握价值范畴的，而对价值形式（货币）、价值转形等属于展开结构中"下一级"的理论内容加以舍象。因此，马克思舍象掉了对资本积累过程中单位商品价值——通过货币的量得以表现的——λ^{I} 和 λ^{II} 的相对变动（马克思认为二者在绝对量上均趋于下降）的考察，以及资本主义生产过程中的其他矛盾（部分内容仅在利润率趋向下降规律的"反作用因素"部分中加以补充说明）。

马克思将上述分析应用于对利润率趋向下降规律的讨论，根据社会平均利润率 $\pi = \dfrac{\omega N - \lambda^{II} fN}{\lambda^{I}(1+\phi)K + \lambda^{II} fN}$，由于 $\dfrac{\omega N - \lambda^{II} fN}{\lambda^{I}(1+\phi)K + \lambda^{II} fN} < \dfrac{\omega N}{\lambda^{I}(1+\phi)K}$，且马克思认为 $\dfrac{\lambda^{I}(1+\phi)K}{\omega N}$ 在整体上是上升，因此 π 具有

---

① 马克思为了将反映资本技术构成变化的价值构成区分出来，使用了"有机"一词。虽然在19世纪中叶人们开始认识到在化学上有机物和无机物之间并没有绝对区分，但至今人们仍使用"有机"一词描述事物所拥有的生物的、复杂的、组织协调的、演化的性质。马克思在《资本论》中还说过："尽管生产方式不断地每天发生变革，总资本中这个或那个或大或小的部分，在一定时期内，会在那些组成部分保持某个既定的平均比例的基础上继续积累，结果在它们增长的同时，并没有发生任何有机的变化，因而也没有产生利润率下降的原因。"（马克思《资本论》第三卷，人民出版社，1975，第293页。）在这里，马克思表现出基于利润率趋向下降规律的演化视角，即立足于资本主义生产方式的历史发展和演化来把握利润率趋向下降规律。

不断下降的趋势。对于这个过程,马克思是这样明确地总结的:"因为所使用的活劳动的量,同它所推动的物化劳动的量相比,同生产中消费掉的生产资料的量相比,不断减少,所以,这种活劳动中物化为剩余价值的无酬部分同所使用的总资本的价值量相比,也必然不断减少……因而利润率必然不断下降"①;"利润率下降,不是因为对工人的剥削少了,而是因为所使用的劳动同所使用的资本相比少了"②。

应当认识到,马克思绝非试图从技术意义上"证明"如下"定理":资本主义的每一次技术变迁必然是一种资本有机构成上升的技术进步,而且平均利润率也必将伴随每一次技术进步下降。事实上,一方面,无论是在理论上还是在实践中,技术变迁的动力、原则、类型及其对短期利润率的影响均具有极大的多样性和不确定性,而且马克思也确实分析了各种因素的复杂影响;另一方面,更重要的是,与其说马克思试图一般性地研究抽象的"技术进步"对利润率的影响,不如说想研究的是资本主义积累的历史过程。马克思使用了大量篇幅从李嘉图的利润率趋向下降学说出发对资本主义生产方式和历史过程进行分析。③ 在这种分析视角下,表现为资本有机构成不断提高的技术形态变化,本质上是物化劳动不断堆积从而生产力不断发展的过程。正如马克思所言:"利润率的下降和积累的加速,就二者都表示生产力的发展来说,只是同一个过程的不同表现。"④

换言之,当马克思分析利润率趋向下降规律时,实际上是从19世纪利润率不断下降的现实出发,阐述资本主义发生"有机"变化的演化方向,并论证这个有机变化正是资本积累内生的产物(一种量变引起质变的历史过程,而非由于某种外在于资本主义生产方式的偶然因素),反映了资本主义发展的历史规律。对马克思利润率趋向下降规律的研

---

① 马克思:《资本论》(第三卷),人民出版社,1975,第237页。
② 马克思:《资本论》(第三卷),人民出版社,1975,第274页。
③ 马克思:《资本论》(第三卷),人民出版社,1975,第十五章。
④ 马克思:《资本论》(第三卷),人民出版社,1975,第269页。

究，不能脱离资本和物化劳动的积累过程，而仅以一种纯粹的技术选择和更替的视角来理解马克思语境下的资本有机构成的上升过程。

（二）资本积累过程中利润率趋向下降规律的内在矛盾

马克思一方面从辩证历史哲学的角度将利润率趋向下降规律视作资本主义"有机"演化的外部表现，另一方面也认识到，资本积累过程蕴含着多种相互矛盾的趋势和现象。货币核算意义上的、现实中的利润率在多大程度上趋于下降，并由此表现出资本主义的"有机"演化，决定于各种相互对抗的因素中哪些力量占据上风。

第一个因素在于劳动力和剩余价值率方面。固定资本的不断积累和对既有固定资本的强化使用，在使单位劳动力能推动更多生产资料的同时，也会造成工作日的延长和劳动强度的提高，后者进一步提高了对单位劳动力的剥削程度。[①] 可见伴随着资本积累过程，资本主义生产方式产生了两个相反的趋势，前者促进剩余价值率的提升而后者造成总劳动支出的减少。

但马克思整体上认为："靠提高劳动剥削程度来补偿工人人数的减少，有某些不可逾越的界限；因此，这种补偿能够阻碍利润率下降，但是不能制止它下降。"[②] 生产资料，尤其是固定资本的大规模积累和使用，成为"阻碍利润率下降但归根到底总是使这种下降加速的原因"[③]。

第二个因素在于资本积累过程中的资本贬值和"消灭"。固定资本的大规模积累和使用蕴含着对自身的否定，即技术进步——其本身也是人类劳动不断积累的产物——所造成的对已积累资本的更替和"毁灭"过程。"利润率下降，同时，资本量增加，与此并进的是现有资本的贬值，这种贬值阻碍利润率的下降，刺激资本价值的加速积累。"[④]

这一过程实际上是对第一个因素的补充，正是伴随着技术进步所发

[①] 马克思：《资本论》（第三卷），人民出版社，1975，第258～259页。
[②] 马克思：《资本论》（第三卷），人民出版社，1975，第276页。
[③] 马克思：《资本论》（第三卷），人民出版社，1975，第260页。
[④] 马克思：《资本论》（第三卷），人民出版社，1975，第277页。

生的过去耗费的"死"劳动不断"贬值"和"耗散",在新技术下较少的活劳动能以加速的方式促进资本积累。

第三个因素在于技术变革的驱动因素。一方面,马克思强调,若没有利润动机,资本家不会进行技术革新。马克思在一个算例中展示了成本不变,但有机构成提高的技术如何不被资本家所采纳。① 这个算例展示了很典型的置盐定理色彩:只有那些能降低成本(因此降低个别生产价格进而带来超额利润)的技术进步才会被资本家使用。"一种新的生产方法,不管它的生产效率有多高,或者它使剩余价值率提高多少,只要它会降低利润率,就没有一个资本家愿意采用。"② 另一方面,马克思认为:"资本主义生产方式包含着绝对发展生产力的趋势"③,"它的历史使命是无所顾虑地按照几何级数推动人类劳动的生产率的发展"④,二者之间的内在矛盾决定了利润率趋向下降规律只能以一种长期的、趋势性的,作为总资本的性质加以表现。

马克思还分析了相对过剩人口的影响。作为资本有机构成不断提高的结果,相对过剩人口不断增加从而劳动力价格低廉且数量众多,于是资本家基于利润动机放弃用机器替代劳动力的技术进步。而一些新产生的部门(可能由于专门的固定资本体系尚未建立)会暂时以活劳动占优势的生产方式吸纳大量的相对过剩人口。但是,这种对相对过剩人口不断抛出和吸纳的过程,并不影响在长期中资本有机构成不断提高的历史发展趋势。

总之,马克思并非试图形式化、技术性地"证明"技术进步和利润率下降存在某种必然关系(正如很多从技术意义上对该理论提出批评的学者那样);相反,他从资本主义生产方式历史发展的视角检查了资本积累过程所催生的利润率趋向下降规律的内在矛盾性。

---

① 马克思:《资本论》(第三卷),人民出版社,1975,第291页。根据注释,这一段内容是由恩格斯根据马克思的手稿改写的。
② 马克思:《资本论》(第三卷),人民出版社,1975,第294页。
③ 马克思:《资本论》(第三卷),人民出版社,1975,第278页。
④ 马克思:《资本论》(第三卷),人民出版社,1975,第292页。

(三) 利润率趋向下降规律和固定资本积累的关系

资本积累——作为人类劳动的"硬化"和"对象化"——通过固定资本的不断积累表现出来。这种固定资本的积累不仅是直接生产过程中生产资料的积累，而且包括在"独立"固定资本等"建成环境"上的积累。在第三章第三节中已经阐述过，当讨论利润率趋向下降规律时，马克思也是以机器设备等固定资本的大规模应用作为资本有机构成提高的历史出发点的。马克思说道：（资本有机构成的不断提高）"也只是劳动的社会生产力不断发展的另一种表现，而这种发展正好表现在：由于（加重号由笔者所加）更多地使用机器和一般固定资本，同数工人在同一时间内可以把更多的原料和辅助材料转化为产品"①。作为一个资本积累理论，利润率趋向下降规律和资本主义生产中固定资本的使用和积累有天然的关系。

在资本主义社会，机器等固定资本的使用有两大类原因。一是技术替代，即在既有产品的生产过程中用机器替代手工劳作以获得更高的产量和效率，这一过程往往还伴随着资本对劳动过程控制的强化以及劳动者的去技能化，使劳动者日益依附于机器。二是技术创新，即为了投资新兴产业而预付的大规模固定资本投资。② 技术创新在实际中又包含不同层次，有的技术创新程度较低，只是通过引入新的机器设备生产品质较高的旧产品，有的技术创新程度较高，开启了全新的产业分支。技术替代和技术创新二者的差别在于：前者是确定性的，从市场、利润到企业组织等都是已知的，此时是否引入机器设备有明确的"对标"对象，即和过去相比能有更高的利润；但后者是不确定的，企业引入固

---

① 马克思：《资本论》（第三卷），人民出版社，1975，第236~237页。
② 在进入工业时代之后，每一个新兴产业的诞生，都不可能脱离大规模的固定资本的先期投资。哈维的观点是：新产品最初是用劳动密集型的技术、以较小的规模来生产的，最终则转化成了大批量生产的、不变资本较密集的产业（大卫·哈维《资本的限度》，张寅译，中信出版集团股份有限公司，2017，第301页）。这一点在《资本论》中也有相近的描述（马克思《资本论》第三卷，人民出版社，1975，第263页）。因此，若以充分规模化的、在产业链中存在确定位置和作用为标准，新兴产业的确立都是大规模固定资本投资的结果。

定资本并不是因为能降低成本提高利润，而是为了进入一个全新的生产领域，此时引入机器没有明确的衡量指标，主要是一种对未来发展的预期。

从现代企业投资理论的角度来说，在技术替代中，对固定资本的投资可以用净现值法或者内含报酬率的方法来决定，因为这种类型的投资可以产生比较明确的现金流，有比较明确的同类项目进行"对标"等。但在面向新兴产业或者说新模式的固定资本投资中，企业往往会采用实物期权的方式来决策。这里的意思是，由于新兴产业意味着不可逆投资、先动优势等无法量化的特征，企业进行固定资本投资可以看作与虚拟行为人"自然"签订了一个期权合同，获得未来进一步投资"增长机会"的权利。在实际投资决策中，这种"期权"设计一般不是技术替代中那种"投资"或"不投资"的二元决策系统，而是一个随着经济发展不断观察调整的多步骤的决策过程。

因此，尽管马克思在《资本论》中强调利润准则在固定资本投资中的重要作用，但对于这一观点，一方面应当在第一次工业革命背景下19世纪机器大工业的时代特征上进行理解，另一方面应当看作对资本主义技术进步的一个抽象表述：在资本主义条件下，资本是否愿意促进技术进步最终是以其利润（而非生产力的一般性提高）为衡量标准的。这反映了资本主义增长逻辑的局限性。而在具体的投资实践中，利润导向只是一个抽象原则，决策依据极为复杂。

但是现有研究往往将利润准则视作一种绝对的投资标准，而且大多将它模型化为一个静态的技术权衡。以置盐定理为例，其模型设定企业在进行技术选择时遵循的是一种静态的成本准则，即只有那些引起成本下降的新技术才会被使用。从而企业用固定资本替代劳动力的唯一动机就是能降低生产成本。置盐定理证明了，如果企业执行这种准则，那么平均利润率必将不变甚至上升。

从这个角度来说，置盐定理存在模型缺陷。它本质上是一个比较静态模型，没有真正意义上的固定资本和流动资本之分。[①] 从而马克思所研究的资本有机构成的提高，在置盐框架下就表现为流动资本中不变资本和可变资本的比例的变化，具体来说也即单位劳动力所能推动的原材料、能源等耗费的增加。但是，这种流动资本有机构成的提高在实际中——也正如马克思所言的——必然是以大规模的机器、厂房、铁路等固定资本投入为大前提的，这是工场手工业向机器大工业转化的历史前提。脱离这一事实，抽象地谈论劳动力（进而生活资料）同生产资料之间的替代关系并没有太大的意义。而这恰恰是置盐模型的本质：置盐定理就是讨论为了生产棉布，用更多的玉米（表现为更多的劳动耗费）和用更多的棉花（原材料），哪个是更经济的？

有很多批评者强调技术进步并非不可逆转，即当产业后备军过于庞大以致工资下降时，就会发生劳动力对机器的反向替代，从而造成资本技术构成下降。这个问题在置盐定理的框架下表现得十分直接，人们花了大量的精力讨论"资本使用－劳动节约（capital using-labour saving）"和"资本节约－劳动使用（capital saving-labour using）"两种技术进步类型之间的交互关系。但是这没有完全体现马克思用有机构成替代技术构成的理论内涵。马克思想讲的故事是，在机器大工业的浪潮下，伴随着大规模的机器投资和应用，每个工人能对更多的棉花进行操作。马克思强调技术进步的"有机"性。资本主义对机器的应用首先是一个历史前提和必然发展，资本家的竞争以及对相对和超额剩余价值的追逐会使技术进步和资本积累表现为不断扩张的固定资本投资，进而不断上升的资本技术构成。换句话说，尽管在局部中存在资本家出于利润动机对"资本使用－劳动节约"型技术进步的抵制，从而产生利润率趋向下降的反作用因素，但这种抵消因素并不构成对资本主义生产方式发展历史和演化方向的否定，即资本主义生产方式总是不断实现劳动的凝结和"对象化"，并在此基础上进一步支出活劳动，促使更多的劳动"硬

[①] 在它所谓包含固定资本的扩展版本中，固定资本是以联合生产的方式来"模拟"的，并不是真正意义上的固定资本。

化",成为进一步生产和积累的基础。在这个历史尺度上,资本主义中的技术进步方向是不可逆转的,除非人们错误地假设资本主义生产方式会进入如下发展轨道:发生劳动力对机器总的、系统性的反向替代,并不断摧毁已经积累起来的"硬化"和"对象化"的劳动。

二 对置盐定理的再研究

(一) 置盐定理的数学表述

置盐定理认为:如果资本家采用成本下降型技术进步,且技术变化前后真实工资率不变,那么技术进步不会引致平均利润率的下降;而在一些场合下,平均利润率反而会上升。

正式地,置盐定理用数学形式可以表示如下。假定技术进步前社会处于均衡状态,设 p^0 为生产价格向量,r^0 为平均利润率,A^0 为投入系数矩阵,b 为实物工资向量[①],L^0 为劳动投入向量,则经济系统表示为:

$$p^0 = (1 + r^0)p^0(A^0 + bL^0) \qquad (4-2-1)$$

现假设在基本品部门 i (后文详细解释) 引入了一个新技术,即 $A_i^0 + bL_i^0 \to A_i^1 + bL_i^1$,该技术进步满足用当前价格向量 p^0 衡量,部门 i 的成本下降,即 $p^0(A_i^1 + bL_i^1) < p^0(A_i^0 + bL_i^0)$ 这一条件,从而部门 i 暂时获得超额利润。置盐定理保证了,若新技术引入后经济会达成新的一般均衡,即:

$$p^1 = (1 + r^1)p^1(A^1 + bL^1) \qquad (4-2-2)$$

则对于技术变化前后的平均利润率,必有 $r^1 > r^0$。

事实上,置盐定理本质上是 Perron-Frobenius 定理的一个直接应用,就数学而言是简单的。不过为了更好地展现其经济学意义,参考 Bidard 所采用的方法[②],现给出一个不直接利用 Perron-Frobenius 定理的证明。

[①] 由于置盐定理强调工资的"基本品"特征,因此为了和大多数文献相一致,下文用 b 来表示工资品的实物向量。

[②] Christian Bidard, "The Falling Rate of Profit and Joint Production," *Cambridge Journal of Economics*, 1988, 12: 355 – 360.

记 $M^j = A^j + bL^j$ ($j=0$ 或 1)，因为在里昂惕夫经济下，M^j 总存在非负的左特征向量 p^j 和非负右特征向量 x^j，有：

$$p^j = (1 + r^j) p^j M^j \qquad (4-2-3)$$

$$x^j = (1 + g^j) M^j x^j \qquad (4-2-4)$$

且 $r^j = g^j$ 成立。若部门 i 引入新技术满足 $p^0(A_i^1 + bL_i^1) < p^0(A_i^0 + bL_i^0)$，这意味着：

$$\eta_i = p^0 - (1 + r^0) p^0 (A_i^1 + bL_i^1) > 0 \qquad (4-2-5)$$

记 H 为 η_i 构成的行向量，经济意义为技术进步后各部门获得的超额利润。则有 $(1 + r^0) p^0 M^1 + H = p^0$。两边同乘以 x^1 可得 $(1 + r^0) p^0 M^1 x^1 + H x^1 = p^0 x^1$。同时注意到 $x^1 = (1 + r^1) M^1 x^1$，即有 $p^0 x^1 = (1 + r^1) p^0 M^1 x^1$。这蕴含着：

$$r^1 - r^0 = \frac{H x^1}{p^0 M^1 x^1} \qquad (4-2-6)$$

由于 $x^1 \geq 0$，则可得 $r^1 \geq r^0$。置盐定理证毕。

可以看出，置盐定理的数学原理和经济学解释意义都十分直接。式（4-2-6）意味着平均利润率的上升本质上来自技术进步引致的超额利润在所有部门中的平均分配——这一点尤其容易被主张平均利润率形成机制的马克思经济学家所认同，即置盐定理论证了个别部门利润率变化最终在经济全局中表现出"扩散"效应：在某一个部门由于技术改进导致利润率上升（或下降）后，该变化最终会扩散到经济全局，造成全局性的利润率上升（或下降）。

在进一步讨论置盐定理前，有必要在技术层面做一点补充说明。

从 Perron-Frobenius 定理的角度出发，严格来讲，只要矩阵 M^j 是非负不可约矩阵，那么 $x^1 > 0$ 总是成立，从而 $r^1 > r^0$ 成立，而非 $r^1 \geq r^0$ 成立。也就是说，若把置盐定理理解为 Perron-Frobenius 定理的应用的话，似乎置盐定理应当得到一个更强的结论，即利润率总是上升，而不仅仅是"不下降"。但在置盐信雄的原始论文中，置盐定理非常明确地声明，如果发生技术进步的部门是非基本品部门，则新的利润率保持不变；如果是基本品部门，则利润率上升。在这里，非基本品部门指的是那些产品不构成工人生活资料，也不构成生产工人生活资料的生产资料的生产部门；而相反，基本品部门则是那些直接或间接地构成或影响工人生活资料的生产部门。那么，应当如何理解基于Perron-Frobenius定理的式（4-2-6）和置盐定理的原始表述之间的这种细微差异呢？或者说，置盐信雄所说的"非基本品"究竟是有什么数学含义呢？

答案在于，如果存在"非基本品"，那么矩阵M^j就一定是一个可约矩阵，从而就不能使用Perron-Frobenius定理进行分析。证明如下。假设在所有n种商品中，最后$n-k$种商品都是非基本品。这意味着，实物工资向量写为$b=(b_1,b_2,\cdots,b_k,0,\cdots,0)^T$，投入系数矩阵则是形如：

$$\begin{pmatrix} a_{11} & \cdots & a_{1k} & a_{1k+1} & \cdots & a_{1n} \\ a_{21} & \cdots & a_{2k} & a_{2k+1} & \cdots & a_{2n} \\ \vdots & \ddots & \vdots & \vdots & \ddots & \vdots \\ a_{k1} & \cdots & a_{kk} & a_{kk+1} & \cdots & a_{kn} \\ 0 & \cdots & 0 & a_{k+1k+1} & \cdots & \vdots \\ \vdots & \ddots & \vdots & \vdots & \ddots & \vdots \\ 0 & \cdots & 0 & a_{nk+1} & \cdots & a_{nn} \end{pmatrix}$$

的矩阵。显然，根据$M^j=A^j+bL^j$，可知M^j的元素$m_{ij}=0$（$i>k$，$j\leqslant k$），因此矩阵M^j是一个可约矩阵。如果M^j是一个可约矩阵，那么其特征值和特征向量则一般地不符合非负特征，从而在由式（4-2-3）和式（4-2-4）所组成的分析框架中，一般利润率和生产价格向量都没有良好的定义。事实上，这种无法定义一般利润率和生产价格向量的情况，在置盐信雄的原始论文中已经得到说明。

现在，进一步分析M^j可约而又恰好拥有定义良好的一般利润率和生产价格向量的特殊情形。将M^j记为：

$$M^j = \begin{pmatrix} M_1^j & M_2^j \\ 0 & M_3^j \end{pmatrix}$$

其中 $\begin{pmatrix} M_1^j \\ 0 \end{pmatrix}$ 是基本品的生产过程，M_1^j 是一个不可约矩阵；而 $\begin{pmatrix} M_2^j \\ M_3^j \end{pmatrix}$ 则是非基本品的生产过程。假设技术进步发生在非基本品部门，即 $\begin{pmatrix} M_2^0 \\ M_3^0 \end{pmatrix} \to \begin{pmatrix} M_2^1 \\ M_3^1 \end{pmatrix}$，而 $\begin{pmatrix} M_1^0 \\ 0 \end{pmatrix}$ 保持不变。如果在技术变革前后一般利润率和生产价格向量都定义良好，则意味着：

$$(p_1^0, p_2^0) = (1 + r^0)(p_1^0, p_2^0) \begin{pmatrix} M_1^0 & M_2^0 \\ 0 & M_3^0 \end{pmatrix} \quad (4-2-7)$$

$$(p_1^1, p_2^1) = (1 + r^1)(p_1^1, p_2^1) \begin{pmatrix} M_1^0 & M_2^1 \\ 0 & M_3^1 \end{pmatrix} \quad (4-2-8)$$

其中 p_1^i（$i=0$ 或 $i=1$）代表基本品的生产价格向量，p_2^i（$i=0$ 或 $i=1$）代表非基本品的生产价格向量。式（4-2-7）和式（4-2-8）意味着：

$$p_1^0 = (1 + r^0) p_1^0 M_1^0 \quad (4-2-9)$$

$$p_1^1 = (1 + r^1) p_1^1 M_1^0 \quad (4-2-10)$$

同时成立，此时根据 Perron-Frobenius 定理，M_1^0 拥有唯一的非负特征值和特征向量，因此 $r^0 = r^1$ 成立。因此正如置盐信雄所声明的，若技术进步发生在非基本品部门，且存在定义良好的一般利润率和生产价格向量，则一般利润率保持不变。而且可以进一步发现，在这种情形下，非基本品部门的投入系数矩阵事实上和生产价格向量以及一般利润率的决定无关。[1] 在下文中不再考虑非基本品的影响。

---

[1] 最近的一些研究文献显示，马克思曾经在习作中围绕基本品和非基本品的概念研究了利润率的决定问题。在这些习作中，马克思的研究方法在形式上十分接近置盐信雄所使用的斯拉法方法，结论也有一定的相似之处。但后来马克思并没有完成这个研究。参见：守健二《MEGA 中马克思经济理论的新视角——马克思原始的六部门模型》，《当代经济研究》2020 年第 4 期，第 46~57 页。

(二)在置盐定理中的利润率趋向下降规律

1. 剩余价值率效应和资本有机构成效应

注意到式(4-2-1)意味着:

$$r^0 = \frac{p^0 x^1 - p^0(A^0 + bL^0)x^1}{p^0(A^0 + bL^0)x^1}$$

同时考虑 $p^0 x^1 = (1 + r^1)p^0 M^1 x^1$,所以有:

$$r^1 - r^0 = \frac{p^0 x^1 - p^0(A^1 + bL^1)x^1}{p^0(A^1 + bL^1)x^1} - \frac{p^0 x^1 - p^0(A^0 + bL^0)x^1}{p^0(A^0 + bL^0)x^1} \quad (4-2-11)$$

记 $e^0 = \dfrac{p^0 x^1 - p^0(A^0 + bL^0)x^1}{p^0 bL^0 x^1}$,即技术变化前的"利润-工资比",用来表示技术变化前的剥削率;$e^1 = \dfrac{p^0 x^1 - p^0(A^1 + bL^1)x^1}{p^0 bL^1 x^1}$,即技术变化后的"利润-工资比",用来表示技术变化后的剥削率。① 式(4-2-11)可以进一步整理为:

$$r^1 - r^0 = \underbrace{\frac{e^0}{\frac{p^0 A^1 x^1}{p^0 bL^1 x^1} + 1} - \frac{e^0}{\frac{p^0 A^0 x^1}{p^0 bL^1 x^1} + 1}}_{\text{OE}} + \underbrace{(e^1 - e^0)\frac{p^0 bL^1 x^1}{p^0(A^1 + bL^1)x^1}}_{\text{SE}}$$

$$(4-2-12)$$

因此,利润率的变化量可以分解成两个方面的效应:上式中"OE"部分反映了在相同的剥削率水平下,由于资本有机构成变化而导致的利润率的变化,即"有机构成效应";"SE"部分反映了在相同有机构成水平下,由于剥削率本身发生变化而导致的利润率的变化,即"剩余价值率效应"。

让我们注意到,虽然马克思在论述利润率趋向下降规律中提出,在剥削率保持不变的情况下,有机构成上升会导致相同的剥削率表现为较低的利润率②,但是他同样认为,技术进步在造成有机构成上升从而利

---

① 严格来说,置盐定理所使用的斯拉法框架是没有"剥削率"这一概念的。
② 马克思:《资本论》(第三卷),人民出版社,1975,第236页。

润率下降的同时，也可能产生剥削率上升从而利润率上升的效应，这二者的效应是相反的。对于这一点，马克思说明道："剩余价值率的提高是决定剩余价值量从而决定利润率的一个因素……这个因素不会取消一般规律……因为使剩余价值率提高……的同一些原因……趋向于使利润率降低，同时又使这种降低的运动延缓下来。"① 因此可见，式 (4-2-12) 揭示了马克思所说的这种双重效应。也就是说，置盐定理事实上只是反映了马克思在论述利润率趋向下降规律中已经提出的技术进步所产生的两个方面的总影响。

2. 马克思 - 置盐型技术进步

在置盐定理中，判断技术进步是否会发生的衡量标准是"成本准则"，即资本家仅仅以成本为标准选择技术②，而不论在这个进步过程中发生的是机器替代劳动力还是相反。

但是如前所述，相对于置盐定理中的观点，马克思对资本主义技术进步的理解更具有历史感。马克思在承认利润率标准的同时认为，从大历史尺度来看，资本主义的技术进步总是趋向于机器（或者说固定资本）对劳动力的替代。无论单个资本家是"自愿加入"，还是"被迫卷入"技术更新的浪潮③，总体上看，越来越多的机器加入劳动过程都是资本主义技术进步的历史趋势。他从而认为，一个典型的资本主义技术进步不仅满足利润率要求，同时还产生了机器对劳动力（而非劳动力对机器）的相对替代；这种技术进步会导致资本技术构成上升，并最终导致资本有机构成上升。在《资本论》第三卷中，他说道："随着资本主义生产方式的发展，可变资本同不变资本相比……会相对减少，这是资本主义生产方式的规律。"④ 同时，他肯定地说道："本章开头假定的序

---

① 马克思：《资本论》（第三卷），人民出版社，1975，第 260~261 页。
② 可以证明，以当前价格核算，成本下降型的技术进步必然会造成采用新技术的部门的个别利润率上升。
③ Nakatani Takeshi, "On the Definition of Values and the Rates of Profit: Simultaneous or Temporal," *Kobe University Economic Review*, 2005, 51: 1-9.
④ 马克思：《资本论》（第三卷），人民出版社，1975，第 236 页。

列，表示了资本主义生产的实际趋势"①，"可变资本的相对减少和不变资本的相对增加（尽管这两个部分都已经绝对增加）……只是劳动生产率提高的另一种表现"②。因此可以说，一个资本有机构成上升的技术进步，是马克思讨论利润率趋向下降规律的逻辑和历史前提。

在以往的文献中，马克思对技术进步的这一理解被表达为所谓的"CU – LS"（capital using-labour saving）进步③，下文称为"CU – LS"条件；把同时符合利润准则和满足"CU – LS"条件的技术进步称为"马克思 – 置盐型技术进步"。正式地，定义"马克思 – 置盐型技术进步"为：对于部门 i，在一个 $(A_i^0, L_i^0) \to (A_i^1, L_i^1)$ 的技术变化前后，如果以下两点同时成立，则该技术变化为"马克思 – 置盐型技术进步"：

（1）$p^0(A_i^1 + bL_i^1) < p^0(A_i^0 + bL_i^0)$（超额利润率条件）；

（2）$A_i^0 < A_i^1, L_i^0 > L_i^1$（"CU – LS" 条件）。

需要说明的是，严格地说，马克思并不主张将超额利润率条件作为技术进步的绝对前提。在对利润率趋向下降规律的讨论中，马克思用算例和文字详细说明了利润率下降和利润量上升之间的矛盾，并主张资本主义进程将接受那些利润总量上升的技术变迁，尽管它可能造成利润率的下降。值得指出的是，前文中对"资本有机构成"的数学定义是 $\dfrac{p^0 A^i x^1}{p^0 b L^i x^1}$ ($i = 0$ 或 1)，它由 p^0 和 x^1 所指定。在这个定义下，"CU – LS" 条件，即资本技术构成上升必然意味着资本有机构成上升。同时，由于一个马克思 – 置盐型技术进步意味着 $A_i^0 < A_i^1, L_i^0 > L_i^1$（"CU – LS" 条件）以及 $p^0(A_i^1 + bL_i^1) < p^0(A_i^0 + bL_i^0)$（超额利润条件），则容易证明，这些条件共同保证了 $e^1 > e^0$，以及 $\dfrac{p^0 A^1 x^1}{p^0 b L^1 x^1} > \dfrac{p^0 A^0 x^1}{p^0 b L^0 x^1}$。这意味着，在式（4 – 2 – 12）中，OE 部分始终为负值，即马克思 – 置盐型技术进步必

---

① 马克思：《资本论》（第三卷），人民出版社，1975，第 237 页。
② 马克思：《资本论》（第三卷），人民出版社，1975，第 240 页。
③ John E. Roemer, "The Effect of Technological Change on the Real Wage and Marx's Falling Rate of Profit," *Australian Economic Papers*, 1978, 17: 152 – 166.

然产生有机构成上升所引致的相同剥削率下的利润率下降效应；以及 SE 部分为正，即相同有机构成条件下由剥削率上升所引致的利润率上升效应。

3. 一个算例说明

设实物工资向量为 $b = (0.1, 0.1)^T$，假设技术变化之前，直接劳动投入向量为 $L^0 = (1, 1)$，系数矩阵 A 为：

$$A^0 = \begin{pmatrix} 0.2 & 0.2 \\ 0.2 & 0.2 \end{pmatrix}$$

并假设部门 2 发生技术变革，变革之后直接劳动投入向量变为 $L^1 = (1, 0.1)$，系数矩阵变为：

$$A^1 = \begin{pmatrix} 0.2 & 0.24 \\ 0.2 & 0.24 \end{pmatrix}$$

显然，这是一个马克思 – 置盐型技术进步。经计算，$r^0 = 0.67$，$r^1 = 0.82$。如置盐定理所保证的，技术改进造成了利润率的提高。进一步计算可得 $p^0 = (1, 1)$，$x^1 = (1, 1)^T$，$e^0 = 2$，$e^1 = 4.091$。经检验，式 (4-2-12) 成立，且"OE"值为 -0.27，即在相同的剥削率水平下，有机构成上升导致了利润率下降了 0.27；"SE"值为 +0.42，说明在相同有机构成情况下，剥削率上升导致利润率上升了 0.42；其利润率变化的总效应为 +0.15，正如 $r^1 - r^0 = 0.15$ 所主张的一样。在一定意义上讲，置盐定理和马克思的利润率趋向下降规律并不矛盾，它本质上只是揭示了某种类型的技术进步有可能由于造成剩余价值率上升这一"反作用因素"而覆盖资本有机构成上升所起到的作用。

（三）置盐定理和马克思利润率趋向下降规律的关系

由于置盐定理本质上是 Perron-Frobenius 定理，其结果在数学层面上是稳健的。因此，人们从置盐定理的四个经济前提入手对它进行反思，它们是：

（1）认为置盐定理所采用的方法本身是错误的；

（2）认为置盐定理假设在技术变化前后真实工资率不变这一要求并不现实；

（3）认为置盐定理的证明没有包含固定资本、联合生产和非生产性投入的问题；

（4）认为置盐定理所假设的成本下降型技术进步具有极大的局限性。

虽然围绕上述四个方面对置盐定理的有效性进行批评具有很大的理论意义，但从考察置盐定理和利润率趋向下降规律关系本身的角度来看，上述的第（1）、第（2）和第（3）点都只是间接的。首先，一个理论正确与否不能单纯通过它与替代性理论的比较得到，不能单纯因为置盐定理采用的是斯拉法框架而非劳动价值论框架就对其结论的正确性做出判断。其次，马克思本人在讨论利润率趋向下降规律时，虽然认可"并不是说利润率不能由于别的原因而暂时下降"[1]，但是，马克思主要强调的仍然是资本积累导致的资本有机构成上升对利润率产生的直接影响，而非由于资本积累导致劳动力市场变化引起的真实工资率上升而对利润率产生的"挤出"效应。因此，从真实工资率角度展开的讨论只是一种间接的佐证。最后，同真实工资率一样，联合生产和非生产性投入问题不是马克思本人阐述利润率趋向下降规律的核心机制，因此基于这些因素对置盐定理的批评也只能是间接的。而固定资本固然在利润率趋向下降规律中有基础作用，但马克思对固定资本的理解同斯拉法框架存在根本不同，置盐定理的缺陷无法仅通过在现有的斯拉法框架中加入固定资本来说明。

在《资本论》讨论利润率趋向下降规律的"规律本身"章节中，马克思所有的论述和算例都展示了这样一个思想：利润率趋向下降规律是在利润量上升的背景下表现出来的。具体而言，就是在单位资本上所表现的利润量下降和资本总量的更快速积累这一"矛盾"上表现出来

---

[1] 马克思：《资本论》（第三卷），人民出版社，1975，第237页。

的。也就是说,马克思认为,随着资本积累的不断发展,资本家的技术进步过程虽然造成利润率下降,但资本积累造成了更大规模的利润总量的上升。因此,马克思主张的利润率趋向下降规律和资本积累过程是分不开的。例如,马克思在第三卷第241页(人民出版社1975年版)的算例中把利润率趋向下降规律展现为一个 $20c+80v+40m=140$ 的生产过程通过技术进步转变为一个 $80c+20v+20m=120$ 的生产过程。在这个过程中,剩余价值率上升的同时单位资本(本例中为100个单位资本)的利润量进而利润率下降了。但是,这个技术进步仍然发生了,这是因为这种技术进步"决不排斥……社会资本所推动和所剥削的劳动的绝对量在增大,因而社会资本所占有的剩余劳动的绝对量也在增大"[1]。"尽管利润率不断下降,资本所使用的工人人数……从而它所生产的利润的绝对量,仍然能够增加"[2]。另外,在第246~247页中他详细地阐述了利润率趋向下降规律如何表现在单位资本上,同时又由于资本总量的增长而引起较高的利润总量。最后他总结道:"单个商品的利润量和商品总额的利润率下降,而商品总额的利润量却增加……社会总资本或单个资本家所生产的已经增加了的商品总量的利润量则增加。"[3]

可见,马克思的利润率趋向下降规律的核心思想是,在资本积累的过程中,一方面资本积累引致的技术进步造成单位资本的利润下降,另一方面资本积累本身造成资本总量上升。显然,这样一个技术进步过程和置盐定理所假设的条件完全不同。置盐定理假设,资本家选择技术进步的标准是成本下降,可以证明,这一标准等价于单位资本的利润上升。但是,马克思对技术进步的理解并非如此,他的利润准则强调的是利润总量而非利润率。在上面的引文中,资本家会接受一个利润率较低,但资本积累带来更大利润量的技术进步。而且,这一技术进步应该理解为一个资本积累的历史产物,而非如置盐定理所描述的那样是一个

---

[1] 马克思:《资本论》(第三卷),人民出版社,1975,第241页。
[2] 马克思:《资本论》(第三卷),人民出版社,1975,第242~243页。
[3] 马克思:《资本论》(第三卷),人民出版社,1975,第256页。

个别资本家所考虑的短期技术比较和选择。总的来说，资本主义生产方式的历史趋势和个别资本家的行为并不能简单等同。

事实上，置盐定理所假设的成本准则是否合理，学术界历来有争议。① 现有文献在置盐定理的基础上分别用不同方法证明了，当且仅当技术选择是成本下降的时，一般利润率会上升（或不变）；如果技术选择造成成本上升，那么一般利润率会下降（或不变）。② 因此，正是对技术进步的认识差异从根本上决定了置盐定理和马克思看待利润率变化趋势的差异。

马克思的算例所蕴含的技术进步导致利润率下降这种情形，在置盐的框架下可以写为，对于引入技术进步的部门 i，有：③

$$\eta_i = p^0 - (1 + r^0) p^0 (A_i^1 + bL_i^1) < 0 \quad (4-2-13)$$

从而有：

$$r^1 - r^0 = \frac{\Lambda x^1}{p^0 M^1 x^1} \leqslant 0 \quad (4-2-14)$$

置盐框架拒绝这种技术进步，而马克思则认为，只要这一种技术进步会由于（资本积累所引致的）扩大产量而带来更多的利润总量，那么这种技术进步就是符合资本积累历史趋势的。即只要：

$$r^1 p^1 (A_i^1 + bL_i^1) x_i^1 - r^0 p^0 (A_i^0 + bL_i^0) x_i^0 > 0 \quad (4-2-15)$$

成立，上述成本上升的技术进步仍然是可能的。事实上，从马克思所给

---

① E. Dietzenbacher, "The Implications of Technical Change in a Marxian Framework," *Journal of Economics*, 1989, 50 (1): 35 - 46.
② Christian Bidard, "The Falling Rate of Profit and Joint Production," *Cambridge Journal of Economics*, 1988, 12: 355 - 360; E. Dietzenbacher, "The Implications of Technical Change in a Marxian Framework," *Journal of Economics*, 1989, 50 (1): 35 - 46.
③ 马克思对技术进步的理解十分广泛，置盐定理框架本身存在局限性，考虑到二者内涵上的差异，严格意义上讲，马克思给出的算例和置盐定理的框架不存在完全对应的数学关系。此处取马克思算例中表现的利润率下降的思想。当然，在《资本论》第三卷第241页（人民出版社1975年版）的算例中，若假设马克思采用了按当前价值计算（即单位商品价值不变）利润率的方法，则马克思的算例严格等价于一个成本上升型的技术进步。

第四章 剩余价值的积累过程

出的实际算例来看,他认为资本主义技术进步从长期来看恰恰就是这种类型的,而非置盐定理所认为的成本下降型的。

例如,依然如在本小节前面的算例中所设,实物工资向量为 $b = (0.1, 0.1)^T$,技术变化之前直接劳动投入向量为 $L^0 = (1, 1)$,系数矩阵 A 为:

$$A^0 = \begin{pmatrix} 0.2 & 0.2 \\ 0.2 & 0.2 \end{pmatrix}$$

与前文假设不同,现假设部门 2 在发生技术变革之后直接劳动投入向量变为 $L^1 = (1, 0.1)$,系数矩阵变为:

$$A^1 = \begin{pmatrix} 0.2 & 0.39 \\ 0.2 & 0.39 \end{pmatrix}$$

这个技术进步固然仍是一个"CU – LS"型,即资本技术构成上升型的技术进步,但这种技术进步造成了部门 2 单位产品的成本上升,不满足置盐定理的要求。经过计算可得,$r^0 = 0.67$,$r^1 = 0.43$,正如置盐定理所论证的,这种技术改进最终造成了平均利润率的下降。

同时,进一步计算可得 $p^0 = (1, 1)$,$x^0 = k^0 (1, 1)^T$,$p^1 = k(0.75, 1)$,$x^1 = k^1 (1, 1)^T$,其中 k^i ($i = 0, 1$) 为任意非零正实数。此时,只需选择适当的 k^i(如 $k^0 = 1$,$k^1 = 100$)使得:

$$r^1 p^1 (A_2^1 + bL_2^1) x_2^1 - r^0 p^0 (A_2^0 + bL_2^0) x_2^0 > 0 \quad (4-2-16)$$

成立,则这种技术进步在降低了平均利润率的同时,仍然为部门 2 带来了超额利润,满足马克思所主张的技术进步条件。另外,经检验,在这个技术进步中,式(4 – 2 – 12)仍然成立,"OE"值为 – 0.35,"SE"值为 + 0.11,总效应为 – 0.24。这说明技术进步虽然带来了剩余价值率的上升,但不足以抵消有机构成上升产生的下降效应,总的来说利润率下降了。

应当认识到,马克思本人对技术进步过程有多种角度的考察。一方面,他说道:"一种新的生产方法,不管它的生产效率有多高,或者它使剩余价值率提高多少,只要它会降低利润率,就没有一个资本家愿意采用。"① 另一方面,马克思所采用的算例说明了他同时认为资本家有可能会采用利润率较低但会扩大资本积累从而导致更大的利润总量的技术进步。马克思甚至还指出由于竞争的压力,资本家会"被迫"采用资本有机构成较高的技术。② 因此,在马克思的分析中,资本主义技术进步不存在某个单纯的具体动机(如利润率动机),而是一系列指向资本积累的复杂历史进程。事实上,在资本主义发展实践中,资本家进行技术更新的动机确实十分复杂:有些是出于成本考虑,有些出于产品改良动机,有些可能为了更好地控制劳动过程③,有些可能出于市场扩张和生产效率动机,有些则是被迫卷入了技术更新的浪潮。无论个别企业的微观动机如何,资本主义在总体上总是不断深化着机器大工业。

可见,马克思的利润率趋向下降规律理论不在于论证每一种具体的技术进步形态都必然会导致利润率下降,而在于声明不断扩大的资本积累过程会通过提升有机构成的途径影响利润率(当然,在《资本论》第一卷中他同时认为资本积累还会通过影响劳动力市场而影响利润率),并且主张在长远中这个机制会表现为历史现实。在这样的总原则下,这一理论同时也承认某些具体的技术进步会导致利润率上升的"反例",只要这些技术进步并非从根本上否定资本积累过程。

当我们把资本积累的历史演化纳入经济模型中时,置盐定理和利润率趋向下降规律的差异就植根于两个问题。(1)技术进步的演化是否有一个明确的方向,即是否总是趋向于马克思所谓的资本有机构成上升。(2)在现实中,马克思所论述的利润率趋向下降规律的"相反因素",特别是"剩余价值率效应"是否会足够大以至于抵消掉所有的"有机构成效应"。

---

① 马克思:《资本论》(第三卷),人民出版社,1975,第294页。
② 马克思:《资本论》(第三卷),人民出版社,1975,第295页。
③ Anwar Shaikh, "Political Economy and Capitalism: Notes on Dobb's Theory of Crisis," *Cambridge Journal of Economics*, 1978, 2(2): 233-251.

对于这两个问题，置盐框架所给出的答案是：（1）技术进步并没有确定的方向，人们只是单纯按照成本准则选择那些可以降低成本从而获得较高利润率的技术。（2）以上述成本准则为前提，如果技术进步发生了，其必然结果是"相反因素"大过了"有机构成效应"从而造成了平均利润率的上升。

不过，尽管置盐框架包含上述答案，但第一个答案只是置盐定理赖以成立的一个假设或者说分析起点而不是一个论证结果。因为置盐定理的框架只是简单地提出人们从来不会选择那些不会降低成本从而提高利润率的技术。即在置盐定理看来，利润率决定了技术进步而非技术进步决定了利润率。

相反，对于马克思来说，利润率的下降是资本积累的结果。在他的利润率趋向下降规律理论中，马克思认为，利润率会伴随着资本有机构成的提高而不断下降。但是马克思并没有抽象地声明技术进步本身必然会导致利润率的下降。马克思把利润率的下降看作技术演化，即有机构成变化的结果，但这种技术特征的演化不是独立发生的，而是被资本积累所推动的。因此，在马克思看来，如果技术进步被资本积累的浪潮推向一个确定的方向，那么利润率的变化也必然如此。

总之，马克思站在资本积累的历史视角上，认为利润率是由物质生产的技术特征即有机构成决定的。但这种技术特征又被资本积累过程所制约。相反，置盐框架抽去了资本积累的历史视角，认为利润率本身就是技术进步的原因，即利润率决定了技术特征演化的方向而非相反。在置盐框架下没有为资本积累的历史故事留出空间。

虽然置盐定理似乎蕴含着技术进步的"剩余价值率效应"总是能够抵消"有机构成效应"，但置盐定理并非"证明"了技术进步总是意味着正的总效应。严格意义上讲，置盐定理是说"如果"技术进步对单个部门产生了正的总效应，那么最后这个正的总效应将扩散到所有部门，使得在全社会形成一个正的总效应。显然，如果假设全社会只有一个生产部门，那么置盐定理无非是说，如果采用了造成利润率上升的技术，那么这个技术将带来利润率的上升。在这个特殊情形下，置盐定理只不过一个同义反复。实际上，式（4－2－6）证明了在置盐框架下，当且仅当新技术降低了单位商品的成本时，平均利润率会上升。因此，置盐定理的假设——成本准则，就预先决定了置盐定理的结论。

为了突出置盐定理和马克思的理论之间的差异，人们可以轻松地想象一个笔者称为"逆置盐定理"的模型。假设某个企业（因为任何一种原因，如可能是因为该企业必须和其他厂商进行竞争，或者被迫卷入技术浪潮）愿意接受一种降低个别利润的技术，那么根据式（4－2－14），这将导致经济中的平均利润率下降。可见，由于模型中缺乏资本积累的因素，置盐定理和"逆置盐定理"在逻辑上是平等的。它们都只是一个对市场均衡机制作用结果的说明，我们得不出任何关于马克思在其利润率趋向下降规律理论中真正想阐述的资本主义的演化方向。

如果说置盐框架和马克思理论之间的根本差别在于前者缺失了对资本积累过程的把握，那么人们是否能够通过为置盐框架赋予资本积累的内容而将之用来表述马克思的理论呢？

回答这一问题的关键在于如何使置盐的成本准则同马克思的资本积累理念相一致。我们注意到，事实上，对于特定的时间和给定资本的数量，企业不能够通过一个更低的利润率去获得一个更大的利润量。也就是说，只要企业在微观上是静态利润导向的，那么它就一定会选择置盐的成本准则，从而最终平均利润率一定会上升。那么，在马克思主义的历史的、宏观的视角下资本积累所导致的技术进步究竟如何能够从置盐框架所主张的追求静态利润最大化的微观企业行为中引致出来呢？

为了回答这个问题，笔者认为，微观企业的技术进步行为总是发生在宏观的资本积累背景下的，是由资本积累的总进程所规制的。我们必须在资本积累的背景下理解企业追求利润从而进行技术进步的动机。其关键机制如下：资本积累会推高对劳动力的需求，从而导致真实工资暂时上升并降低了利润。这时，相对于工人，机器变得更加便宜而且更有效率。为了追求利润，资本家将采用那些用机器替代劳动者的新技术。

这是资本主义技术进步的根本驱动力。

正式地，假设在技术进步之前，经济均衡为：

$$p^0 = (1 + r^0)p^0(A^0 + bL^0) \qquad (4-2-17)$$

同时部门 i 拥有一个潜在的技术 (A_i^1, L_i^1)，但是目前这个技术之所以尚未被采用是因为在现有的价格体系 p^0 下，对于部门 i 而言，旧技术比新技术成本更低，即 $p^0(A_i^0 + bL_i^0) < p^0(A_i^1 + bL_i^1)$。根据置盐的成本准则，这时候不会发生技术进步。

现在，随着资本积累，真实工资上升为 $b^1 > b$。由于 $b^1 > b$，因此 $A_i^0 + b^1 L_i^0 > A_i^0 + bL_i^0$ 总是成立。假设此时经济达到一个新的均衡：

$$p^* = (1 + r^*)p^*(A^0 + b^1 L^0) \qquad (4-2-18)$$

根据 Perron-Frobenius 定理，矩阵元素的变大将导致更大的特征根。这意味着 $r^* < r^0$，资本积累将导致工资的上升并降低平均利润率。

假定在价格体系 p^* 和真实工资水平 b^1 下，前文所述的替代技术变得比旧技术便宜，即 $p^*(A_i^0 + b^1 L_i^0) > p^*(A_i^1 + b^1 L_i^1)$，那么显然，根据成本准则将发生技术进步。记技术进步后的利润率为 r^1，即新均衡为：

$$p^1 = (1 + r^1)p^1(A^1 + b^1 L^1) \qquad (4-2-19)$$

那么根据置盐定理，显然有 $r^1 > r^*$。这反映了由于真实工资的提高，资本家将引入用机器替代劳动力的新技术来"挽救"利润率。

根据 $p^0(A_i^0 + bL_i^0) < p^0(A_i^1 + bL_i^1)$ 和 $b^1 > b$，可以得到 $p^0(A_i^1 + b^1 L_i^1) > p^0(A_i^1 + bL_i^1) > p^0(A_i^0 + bL_i^0)$。这意味着，若把整个技术进步的动态过程看作一个整体，即 $(A^0, bL^0) \to (A^1, b^1 L^1)$，那么以旧价格体系 p^0 衡量，新技术提升了成本，这意味着 $r^1 < r^0$。所以最终我们有 $r^0 > r^1 > r^*$，即在资本积累的过程中，利润率下降伴随着技术进步一起发生。

我们的完整故事是这样的。最初，由于真实工资较低，所以相对于机器，资本家更偏好使用劳动力。但随着资本积累，真实工资上升、利润率下降。当真实工资足够高时，资本家将引入"CU-LS"型技术进步，以机器替代工人，这种技术进步提高了利润率，但是从整体来看，利润率仍然下降了。我们可以看到，在这个故事中，每一次面对技术进步的选择，资本家总是服从成本准则，从未选择会导致利润率下降的技术。但是，资本积累仍然决定着技术进步的方向并导致利润率下降；如果离开了资本积累，技术进步本身并不必然蕴含着特定的方向和更低的平均利润率。

图书在版编目(CIP)数据

马克思剩余价值理论：理论阐释与数理分析／裴宏著．－－北京：社会科学文献出版社，2023.4（2024.5重印）
ISBN 978-7-5228-1702-6

Ⅰ.①马… Ⅱ.①裴… Ⅲ.①马克思主义政治经济学－剩余价值－研究 Ⅳ.①F0-0

中国国家版本馆CIP数据核字（2023）第071420号

马克思剩余价值理论
——理论阐释与数理分析

著　者／裴　宏

出 版 人／冀祥德
组稿编辑／陈凤玲
责任编辑／田　康
责任印制／王京美

出　　版／社会科学文献出版社·经济与管理分社（010）59367226
　　　　　　地址：北京市北三环中路甲29号院华龙大厦　邮编：100029
　　　　　　网址：www.ssap.com.cn
发　　行／社会科学文献出版社（010）59367028
印　　装／唐山玺诚印务有限公司

规　　格／开本：787mm×1092mm　1/16
　　　　　　印　张：25　字　数：357千字
版　　次／2023年4月第1版　2024年5月第2次印刷
书　　号／ISBN 978-7-5228-1702-6
定　　价／128.00元

读者服务电话：4008918866

版权所有 翻印必究